西洋の自死

THE STRANGE DEATH OF EUROPE

Immigration, Identity, Islam

DOUGLAS MURRAY

ダグラス・マレー［著］
中野剛志［解説］
町田敦夫［訳］

移民・アイデンティティ・イスラム

東洋経済新報社

【解説】日本の「自死」を予言する書

中野剛志（評論家）

本書は、英国のジャーナリストであるダグラス・マレーの問題作にしてベストセラー、*The Strange Death of Europe: Immigration, Identity, Islam* の邦訳である。

その書き出しからして衝撃的だ。

「欧州は自死を遂げつつある。少なくとも欧州の指導者たちは、自死することを決意した」

そして、恐るべきことに、この書き出しが単なる煽り文句ではなく、否定しがたい事実であることが、読むほどに明らかになってゆくのである。

欧州が自死を遂げつつあるというのは、欧州の文化が変容し、近い将来には、かつて西洋的と見なされてきた文化や価値観が失われてしまうであろうということである。つまり、我々がイメージする欧州というものが、この世からなくなってしまうというのである。なぜ、そうなってしまうのか。それは、欧州が大量の移民を積極的かつ急激に受け入れてきたことによってである。

本書には、移民の受け入れによって、欧州の社会や文化が壊死《えし》しつつある姿が克明に描かれている。一つの偉大な文化が絶滅しつつあるその様には、身の毛がよだつ思いがするであろう。しかも恐ろしいことに、この欧州の文化的絶滅は、欧州の指導者たちの決断が招いた事態なのである。

もっとも、この移民の受け入れによる文化的な自死という戦慄すべき事態は、対岸の火事などではない。これは、日本の問題でもある。

日本の「自死」

日本は、移民に対しては閉ざされた国であると考えられてきた。しかし、経済協力開発機構（ＯＥＣＤ）加盟35カ国の外国人移住者統計（２０１５年）によれば、日本は２０１５年に約39万人の移民を受け入れており、すでに世界第４位の地位を得ているのである。

さらに、２０１８年６月、日本政府は、２０１９年４月から一定の業種で外国人の単純労働者を受け入れることを決定した。その受け入れ人数は、２０２５年までに50万人超を想定しているという。そして、11月２日には、新たな在留資格を創設する出入国管理法改正案が閣議決定された。

ついに日本政府は、本格的な移民の受け入れへと、大きく舵を切ったのである。しかも、国民的な議論がほとんどなされぬままに、である。

皮肉なことに、本書が日本で発売されるのは、本格的な移民受け入れのための出入国管理法の改正案が臨時国会で成立した直後、すなわち、日本の指導者たちが欧州の後を追って自死を決意した直後ということになる（いずれも時期は予定）。

はなはだ遺憾ではあるが、我々日本人は、本書を「日本の自死」として読み換えなければならなくなったのである。

本書が日本人にとって必読である理由がもう一つある。それは、移民やアイデンティティという政治的に極めてセンシティブな問題を考えるにあたり、本書の著者マレーに匹敵するような優れた書き手が、残念ながら日本にはいないということである。

マレーは、保守系雑誌『スペクテイター』のアソシエート・エディターを務めていることからも分かるように、保守派のジャーナリストである。しかし、彼の筆致は、日本におけるいわゆる「保守系」の論壇誌に登場する論者たちとは、まったくもって比較にならない。

最近も、『新潮45』という雑誌にLGBTに関する下品な駄文を発表し、同誌を休刊に追い込んだ自称「保守」の評論家がいた。陋劣な偏見への固執を「保守」と勘違いし、しかもそれを臆面もなく曝け出したために、顰蹙を買ったのである。

昨今の日本では、この評論家と同様に「保守」を自称する連中が書籍やSNSを通じて、ヘイトスピーチまがいの言説を垂れ流すようになっている。

さらにややこしいことに、保守系の論者たちがこぞって支持する安倍晋三政権こそが、本格的な移民の受け入れを決定し、日本人のアイデンティティを脅かしているのである。これに対して、彼らは何の批判もしようとしない。こうなっては、日本において「保守」と呼ばれる論者に何を期待しても無駄である。

いずれにしても、すでに移民国家への道を歩み始めてしまった以上、今後、日本においても、本書に描かれているような問題が顕在化するであろう。その時、おそらく、この問題を巡る論争は決着のつかない不毛な対立となり、議論はまったく深まることなく、ただ徒《いたずら》に社会が分断されていくであろう。

移民受け入れ正当化の論理

具体的には、こうである。

一方には、移民の流入により賃金の低下や失業を余儀なくされたり、移民の多い貧しい地域に居住せざるを得ないために治安の悪化やアイデンティティの危機に晒されたりする中低所得者層がいる。

他方には、移民という低賃金労働力の恩恵を享受しながら、自らは移民の少ない豊かで安全な地域に居住し、グローバルに活動する富裕者層や、多文化主義を理想とする知識人がいる。彼らエリート層は、移民国家化は避けられない時代の流れであると説き、それを受け入れられない人々を軽蔑する。

そして、移民の受け入れに批判的な政治家や知識人に対しては、「極右」「人種差別主義者」「排外主義者」といった烙印を押して公の場から追放する。

その結果、政治や言論の場において、移民の受け入れによって苦しむ国民の声は一切代弁されず、中低所得者層の困窮は放置されたままとなる。

これは、単なる悲観的なディストピアの未来像ではない。マレーが詳細に報告するように、すでに欧州で実際に起きていることなのである。

英国の世論調査によれば、英国民の過半数が移民の受け入れに否定的である。しかし、公の場においては、一般国民の声は一切反映されず、移民の受け入れを当然視し、歓迎しさえする言説であふれている。移民の受け入れは既定路線として粛々と進んでいく。

欧州において、移民の受け入れは、次のような論理によって正当化された（第3章）。

「移民は経済成長に必要だ」

「高齢化社会では移民を受け入れるしかない」

「移民は文化を多様で豊かなものとする」

「どっちにしても、グローバル化の時代では、移民の流入は止められないのだ」

これらの主張はいずれも、日本の移民推進論者たちにも踏襲されている。もっとも、マレーが鮮やかに論証するように、どの主張も論拠を欠いている。ところが欧州のエリートたちは、この主張のうちの一つが破綻すると、別の主張で置き換えつつ、移民の受け入れの正当化を続けてきたのである。

こうした一見もっともらしい浅はかな主張の後押しを受けて、おびただしい数の移民が欧州に流入した。その結果、欧州各地で文化的な風景が失われ、いくつかの町や都市は、まるで中東やアフリカのようになっていった。それだけではない。治安は明らかに悪化し、テロが頻発するようになったのである。

リベラリズムによる全体主義

もっと深刻なのは、西洋的な価値観が侵害されたことであろう。

エリートたちは、宗教的・文化的多様性に対する寛容という、西洋的なリベラルな価値観を掲げて、移民の受け入れを正当化してきた。しかし、皮肉なことに、こうして受け入れられたイスラム系の移民の中には、非イスラム教徒あるいは女性やＬＧＢＴに対する差別意識を改めようとはしない者たちも少なくなかった。このため、移民による強姦、女子割礼、少女の人身売買といった蛮行が欧州で頻発するようになってしまったのである。

ところが、ここからが読者を最も驚愕させる点なのだが、欧州の政府機関やマスメディアは、移民による犯罪の事実を極力隠蔽しようとしたのである。それどころか、犯罪の被害者すらもが、加害者である移民を告発することをためらった。というのも、そうすることによって、人種差別主義者の烙印を押されることを恐れたからである。

そして実際に、移民による犯罪を告発した被害者に対して人種差別主義者の汚名が着せられたり、あるいは告発した被害者の方が良心の呵責を覚えたりといった、倒錯としか言いようのない現象が頻発したのである。

この異常事態は、もはや「全体主義的」と形容せざるを得ない。寛容を旨とするリベラリズムがねじれて、非リベラルな文化に対しても寛容になり、ついには、人権、法の支配、言論の自由といったリベラリズムの中核的価値観を侵害するに至ったのである。まさに、「リベラリズムの自死」と言ってよい。

この「リベラリズムの自死」あるいは「リベラリズムによる全体主義」と言うべき異様な雰囲気の中で、保守派のマレーは本書を世に問うた。移民の受け入れを徹底的に批判し、それを欧州の「自死」であると堂々断罪してみせたのである。これは、ジャーナリストとしての政治生命を賭したレジスタンスと言っても過言ではない。

それだけに、本書の構成力、論証力そして文体は見事と言うほかない。日本の自称「保守」は、マレーの爪の垢を煎じて飲むといいだろう。

欧州人の精神的・哲学的な「疲れ」と「罪悪感」

マレーは、膨大な調査結果を参照するだけでなく、数々の現地取材も重ねている。そして、移民問題という極めてデリケートな問題を扱うに当たり、冷静かつ公正に論証を積み上げつつも、決して曖昧な表現に逃げようとはせず、自らの主張を明確に断定してみせる。

中でも圧巻なのは、本書の後半で論じられているように、欧州人の精神や思想にまで分析を施していることである。

例えば、マレーは、欧州人が移民の受け入れに反対するのを極度に躊躇《ため》う心理の底に、かつての帝国主義に対する罪悪感が横たわっていると指摘する（第10章）。この過去に対する罪悪感が現在の行動を支配し、歪めるという病理は、我々日本人にも大いに心当たりがあろう。

あるいは、マレーは、欧州人の精神的・哲学的な「疲れ」の問題を論じる（第13章）。要約すれば、すべてを疑い、相対化し、脱構築する現代思想によって、欧州人は疲れ果て、燃え尽き症候群に陥ってしまい、もはや移民問題に取り組むエネルギーを失ってしまったというのである。

「欧州の哲学者たちは真実の精神や偉大な疑問の探索に奮い立つのではなく、いかにして疑問を避けるかに腐心するようになった。彼らは思想と言語を脱構築し、協調して哲学の道具にとどまろうとした。実際のところ、偉大な疑問を避けることが哲学の唯一の務めになったかに思えることもある。その代わりを果たすのが、言語の難しさへのこだわりと、固定化されたものすべてに対する疑念だ。まるでどこにもたどり着きたくなくて、すべてを問いたがっているかに見える。おそらく言葉と思想が導くものを恐れて、その両方の牙を抜こうとしているのだ。ここにも広漠たる自己不信が存在する」（344ページ）。

この「疲れ」の問題は、ニーチェやシュペングラー以来の西洋思想の難問である。この西洋思想の難問を、移民という実際的な問題を論じる文脈の中に置くところに、深い教養に裏打ちされた英国の保守系ジャーナリズムの神髄が現われている。

とはいえ、過去に移民に対する懸念を少しでも口走った政治家や知識人は、軒並み公の場から追放されてきた。では、このような「過激」な書を世に問うたマレーの運命や如何に？

マレーによれば、本書は英国でベストセラーとなり、一般読者のみならず、意外にも批評家からも好評を得たようである。「政治的文筆、かくあるべし」と言うべき彼の優れた文章力の勝利であろう。これは、良く言えば、本書を受け入れる健全なリベラリズムが英国にまだ残っていたということを示している。だが、悪く言えば、欧州が自死を遂げつつあることを誰も否定できなくなったということでもある。

そして日本もまた、欧州の後を追うかのように、自死への道を歩んでいる。もっとも、一人のマレーも出さぬままにだが……。

２０１８年11月

イントロダクション

「自死」の過程にある西洋文明

欧州は自死を遂げつつある。少なくとも欧州の指導者たちは、自死することを決意した。欧州の大衆がその道連れになることを選ぶかどうかは、もちろん別の問題だ。

私が「欧州は自死の過程にある」と言うのは、「欧州委員会の規制の重みが耐えがたくなっている」という意味でもなければ、「欧州人権条約がある特定のコミュニティを十分に満足させてこなかった」という意味でもない。「私たちの知る欧州という文明が自死の過程にある」という意味である。英国であれ西欧の他のどの国であれ、その運命から逃れることは不可能だ。なぜなら我々は皆、見たところ、同じ症状と病弊に苦しんでいるからである。結果として、現在欧州に住む人々の大半がまだ生きている間に欧州は欧州でなくなり、欧州人は家《ホーム》と呼ぶべき世界で唯一の場所を失っているだろう。

欧州の死は歴史上常に論じられてきた主題だったし、人類の大量死が定期的に予言されない欧州など欧州ではないと指摘する向きもあるかもしれない。しかしそうした予言の中には、特に時機を得たものもあった。1942年初版の『昨日の世界』で、シュテファン・ツヴァイクは第二次世界大戦に向かっていた時期の欧州のことをこう書いている。「欧州は混乱状態の中で自らへの死刑を宣告したように感じる。西洋文明の揺りかごにして神殿である我らが聖なる故郷、欧州に対してだ」

そんな時期にも、わずかながらツヴァイクに多少の希望を与えるものが存在した。その一つは、彼が最終的に逃れた南米の国々に欧州の文化の支脈が見られたことだ。彼はアルゼンチンやブラジルで、一つの文化をある土地から別の土地へと移植しうること、従ってたとえその文化を生み出した木が枯れても、なお「新たな花と新たな果実」が誕生しうることを目撃した。万が一、当時の欧州が自らを徹底的に破壊していたとしても、「先人たちの成し遂げてきたことが完全に失われることは決してない」と、ツヴァイクは慰めを覚えていたのである。(1)

今やツヴァイクが記したような破局を主因に、欧州の木はついに失われた。現在の欧州は自らを再生産しようとも、自分を守るために闘おうとも、それどころか議論の場で欧州自身の側に立とうとすらもほとんどしてこなかった。権力者たちは、欧州の市民や文化が世界から消えてしまっても別に問題はないと考えているように思える。

一部の者たちは明らかに、ベルトルト・ブレヒトが1953年の詩「解決策」に書いたごとく、「現にいる人々を消し去り、別の人々を選ぶ」ことを決意した。なぜなら――スウェーデンの保守系の前首相フレドリック・ラインフェルトの言葉を借りれば――欧州の国々は「蛮行《バーバリズム》」だけを生み出すのに対して、外部の国々は良いものだけをもたらすからだ。

文明ぐるみの実存的な疲弊

現在の病弊に単一の原因はない。ユダヤ＝キリスト教の伝統、古代ギリシャと古代ローマ、啓蒙思想の発見といった支脈から形成された文化は、これまで何物にも揺らぐことはなかった。それにもかかわらず最終幕が始まってしまったのは、ある二つの連鎖反応が同時発生し、そこからの脱出が今やほとんど不可能になったからだ。

一つめは欧州に向かって人々の大移動が起こったこと。このプロセスは第二次世界大戦後、労働力の不足を理由に西欧のすべての国々で始まった。程なく欧州は移民なしではやっていけなくなり、たとえ望んでも流入を止められなくなった。その結果、欧州の人々の家であった場所は、徐々に世界全体の家になっていったのだ。

欧州的だった場所が次第にそうではない場所になった。パキスタンからの移民が押し寄せた場所は、その地理的な位置以外のすべての点においてパキスタンに似たものになった。近年の移民とその子どもたちは、彼らの出身地の食べ物を食べ、彼らの出身地の言語を話し、彼らの出身地の宗教を信じるからだ。欧州北部の冷涼で雨の多い町の通りを、パキスタンの丘陵やアラビアの砂嵐に向いた服を着た人々が埋め尽くした。

「帝国の逆襲」が起きたのだと、含み笑いも露わに評する人々がいる。だが欧州の諸帝国がかつての植民地から放逐されたのに対し、この新たな植民者たちは明らかに永住を意図していた。

欧州人はいつも何らかの方法を見つけて、これがうまくいくという振りを装ってきた。たとえば、こう主張したのだ。この程度の移民は正常なものだと。また仮に一世が欧州の文化に同化できなくても、二世や三世、あるいはその先の世代が同化するかもしれないと。さらには移民が同化しようがしまいが問題ではないと。いずれ行き詰まる可能性の方が高いのに、私たちは一貫してそのことから目を背けてきた。その結果、近年の移民危機が加速していったのだ。

そこで問題になるのが二つめの連鎖反応だ。たとえ何百万人という人々が欧州に流入してこようとも、それと同時に（偶然であれ、必然であれ）欧州が自らの信念や伝統、正当性に対する信頼を失っていなかったなら、それがかくもこの大陸にとっての最後通牒のように聞こえることはなかっただろう。

このような展開をもたらした要因は多々あるが、その一つは西欧の人々がスペインの哲学者ミゲル・デ・ウナムーノの言う「生の悲劇的感情」を失ったことだ。彼らはツヴァイクとその同世代の人々が痛みと引き替えに学び取ったことを忘れた。すなわち人々の愛するものはすべて、歴史上で最も偉大で洗練された文明であろうとも、それに値しない人々の手で一掃されうるということだ。この「生の悲劇的感情」を避ける数少ない方法の一つは——単純に無視することを別にすれば——人類の進歩の潮流を信じることによって、それを遠ざけることである。この戦術はまだ今のところ最も一般的な対処法になっている。

だが私たちはしばしば自分自身が作りだした恐ろしい疑念の上を渡り、時にはその薄氷を踏み抜いてしまうものだ。今日の世界に存在する他のどの大陸や文化にも増して、現在の欧州は過去の罪悪感に苦しんでいる。この外向的な自己不信と並走しているのが、同じ罪悪感のより内向的なバージョンだ。というのも欧州には実存的な疲弊の問題があり、また欧州の物語は尽き果て、新たな物語の始まりが許容されねばならないとの感情がある。大量移民（欧州の人口の大部分を別の人々で置き換えること）は、その新たな物語を想像させる一つの手段なのだ。

変化は休養と並んで好ましいものだと、私たちは考えていた節がある。こうした文明ぐるみの実存的な疲弊を覚えるのは、現代の欧州に限った現象ではない。だが新たな社会が台頭し始めたまさにその時に活力を失った社会は、大々的かつ画期的な変化を求めずにはいられないものだ。

この問題を議論することが可能だったなら、何らかの解決策も見つかったかもしれない。しかし移民危機の絶頂にあった２０１５年においてさえ、それを論じたり思索したりすることは制約されていた。危機のさなかの２０１５年９月、ドイツのメルケル首相はフェイスブックのマーク・ザッカーバーグ最高経営責任者（ＣＥＯ）に、欧州市民が彼女の移民政策への批判をフェイスブックに書き込めないようにする手立てではないかと尋ねている。「何か手を打っているのですか？」とメルケルは質し、ザッカーバーグは打っていると請け合った。(2) 現実には、批判も思索も討議も自由であるべきだ。顧みれば、自らの〝家〟を世界に開放していた我々が、議論をこれほど公然と制限していたとは驚くべきことである。

1000年前、ジェノヴァとフィレンツェの人々は現在ほど同化していなかった。だが今や彼らは皆、同じイタリア人と認識されている。両者の差異は、時とともに広がっていくのではなく、小さくなる傾向にあった。現在の思潮は、ジェノヴァ人とフィレンツェ人がイタリア人として同化したように、エリトリアやアフガニスタンの人々も、来たるべき歳月のどこかの時点で欧州に同化するというものであるように思える。エリトリアやアフガニスタン出身の人々は肌の色も違うし、人種的なルーツも遠く離れているかもしれない。しかし欧州は欧州であり続け、その住人はヴォルテールや聖パウロ、ダンテ、ゲーテ、バッハの精神に同化し続けるだろうと。

欧州人のアイデンティティとは何か

広く流布した幻想の多くがそうであるように、ここにも一片の真実がある。欧州の特質は常に変化してきたし、またその特質には――ベネチアのような交易都市が示すとおり――外国の思想や影響力に対する並外れた受容性が含まれていた。古代ギリシャやローマの時代から、欧州の人々は世界を探索せんと船を出し、何が見つかったかを祖国に報告した。まれに欧州以外の人々が同種の好奇心を返してくることもあったが、それでもやはり船は出航し続け、土産話や発見物を持ち帰っては、欧州の空気に同化させた。その受容力は絶大だった。だが無限ではなかった。

文化の境界がどこにあるのかは、人類学者が果てしない議論を繰り返しながらも、解決できずにいる問題だ。しかし境界はあった。たとえば欧州は一度たりともイスラムの大陸ではなかった。それでも我々の文化は絶えず微妙に変化しているという意識は、欧州人の心に深く根を張っている。

この謎を理解する古代ギリシャの哲学者は、「テセウスの船」という有名な逆説をまとめあげた。プルタルコスが記すとおり、英雄テセウスが航海に使った船はアテネの市民の手で保存されていた。市民は船の部材が朽ちると新たな木材で置き換えた。さて、テセウスが航海に使った部材がすべて置き換えられてしまっても、それはまだテセウスの船なのだろうか？

我々は今日のギリシャ人が古代ギリシャ人と同じ人々ではないことを知っている。現在の英国人やフランス人が1000年前のそれと同じではないことも知っている。それでも彼らはギリシャ人、英国人、フランス人だと認められ、またその全員が欧州人だと認められている。我々はそうした人々のアイデンティティの中に、一定の文化の継承を認めるのだ。

言葉を換えれば、それは特定の特質（褒められたものも、そうでないものもある）や慣習、行動様式を伴った伝統である。ノルマン人やフランク人、ガリア人の大移動が大きな変化を生み出したことは認めよう。また歴史をひもとけばわかるとおり、そうした大移動の中にはある文化に長期的な影響をほとんど及ぼさなかったものもあれば、回復不能の変化を与えたものもある。問題は変化への受容性に伴うものではなく、その変化があまりに急激に訪れたり、あまりに差異がありすぎたりすると、我々が別の何かに――場合によっては決してなりたくなかったものに――なってしまうということなのだ。

それと同時に、我々はなぜこんなことがうまくいくと考えられているのかにも困惑を覚える。個人が特定の文化に同化することは（その個人と文化の双方が適度な熱意を持つ限りにおいて）肌の色にかかわらず可能だろう。その点については一般論として同意するが、一方で我々は欧州人が何でも好きなものになれるわけではないことも承知している。たとえば我々はインド人にも中国人にもなれないのだ。それなのに我々は、世界中の誰もが欧州に移住し、欧州人になれるのだと信じるよう期待されている。「欧州人」であるということが人種に関わるものではないのだとしたら——そうではないことを祈るが——なおのこと価値観に関わるものでなければなるまい。それゆえに「欧州の価値観とは何か」という問いが非常に重要になる。しかしこの議論にも我々は完全に困惑してしまうのだ。

たとえば我々はキリスト教徒なのか？　この問題は2000年代に、新たな欧州連合（EU）憲法の条文を巡る議論の焦点となった。その中に、この大陸のキリスト教の伝統に対する言及がまったくなかったからだ。教皇ヨハネ・パウロ2世とその後継者は、この遺漏を修正しようとした。ヨハネ・パウロ2世は2003年にこう書いている。「EUの世俗的な性格には十分に敬意を払うが、将来の欧州憲法を立案している人々には改めてこう訴えたい。欧州の宗教的な伝統、とりわけキリスト教のそれへの言及をぜひ含めるようにと(3)」

この議論は欧州を地理的、政治的に分断しただけではなく、隠しようもない大望を露わにした。なぜなら西欧では宗教が退潮していただけではなかったからだ。その空隙にはある願望が湧きあがっていた。すなわち21世紀の欧州は権利、法、制度の自立的な体系を持ち、またその体系はそれらを生み出した根源が消えても存続しうるのだと示そうとする願望だ。

我々はカントが論じた鳩よろしく、空気のない場所に住めば風に悩まされずにもっと速く飛べるのではないかと考えた。現実には、その風があるから飛べるというのにだ。この夢の実現には多くのものがかかっていた。宗教のあった場所には、膨らみ続ける「人権」（それ自体がキリスト教に端を発する概念だ）という言葉が入り込んだ。この「人権」が欧州はもはや持たなくなっているという信念に依拠したものなのか、それともそれ自体で存在するのかという疑問は、未解決のままにされた。だが、膨大な数の移民が「同化」を期待されている時に、これは未解決にしておくにはあまりに大きすぎる問題だった。

罪悪感を抱える疲弊し死にかけた文化

同じ頃、国民国家の地位と目的を巡って同じくらい重要な問題が持ちあがった。ウェストファリア条約が締結された1648年から20世紀後半に至るまで、欧州の国民国家は一般に、憲法秩序と自由権の最良の保証人であると同時に、平和の究極の保証人であると見なされていた。しかし、これも間違いなく損なわれたのだ。

欧州の中心人物の1人であるドイツのコール首相は、1996年に「国民国家は21世紀の大問題を解決することができない」と主張した。欧州の国民国家を解体し、一つの大きな政治連合に統合することは極めて重要であり、それは実際、「21世紀の戦争と平和を決する問題」になると。(4)

意見を異にする人々もいた。その20年後に行われた英国の国民投票では、半数を少し超える国民がコールの論に納得していないことを表明している。だがこれもまた、個人の見解はどうあれ、大規模な人口の変質が起きている時に、未解決にしておくにはあまりに大きな問題だった。

本国にあって自らに確信が持てないにもかかわらず、我々は自分たちの価値観を国外に広めるために最後の努力に打って出た。だが欧州の政府や軍隊が「人権」の名のもとに何かに関与するたびに（2003年のイラク、2011年のリビア）、事態は悪化するように感じられ、最後にまずい結果になった。シリアの内戦が始まった時、西洋の国々は人権の名のもとに介入するよう求められた。人権は間違いなく侵されていたが、我々はそのような権利を守りたいという欲求は感じなかった。なぜなら本国でそれを信じているかどうかは別にして、それを国外で広められるという信念は失われていたからだ。

ある段階になると、「最後のユートピア」と呼ばれてきたもの（人間の権利を神や暴君の決定権から切り離す初めての普遍的な体系）が、欧州の大望の不成就によって成立するのではないかとも思われ始めた。(5)もしそれが事実なら、21世紀の欧州人は現在を秩序立て、未来に歩みを進めることを可能にする統一的な思想を何も持てないままとなる。

過去についての統一的な物語や、現在と未来についての統一的な見解が失われるのは、いつの時代でも深刻な問題だ。しかし容易ならざる社会的変革と動乱のさなかにそれが起これば、その帰結は致命的なものとなる。欧州が自己を見失ったまさにその瞬間に、世界が欧州に流入しているのだ。強力で独断的な文化なら、異文化から数百万人が流入してもうまく対処できたのかもしれない。しかし罪悪感を抱える、疲弊し、死にかけた文化に数百万人が流入したのでは、うまくいくはずがない。今でさえ欧州の指導者たちは、数百万人の新たな移民を同化させるための精力的な努力について口にする。

そうした努力もやはり失敗するだろう。できるだけ数多く、広範な人々を同化させるには、できるだけ幅広く、異議の出されない形で同化を定義する必要がある。欧州が世界の〝家〟になるつもりなら、世界を包含するほど幅広く自らを定義しなければならない。それが意味するのは、この大望が破綻するまでの間、欧州の価値観は非常に幅広くなり、その分、無意味に浅くなることだ。

過去においては、欧州のアイデンティティは極めて限定された、哲学的にも歴史的にも厚みを持った基盤（法の支配や、この大陸の歴史と哲学に由来する倫理）に帰すことができた。ところが今日の欧州の倫理と信念（事実上の欧州のアイデンティティとイデオロギー）においては、「敬意」と「寛容」と（何よりも自己否定的なことに）「多様性」が重視されている。そのような浅薄な自己定義でもあと数年はやっていけるかもしれないが、社会が長く命脈を保つために不可欠な深い忠誠心を呼び起こすことはとても望めないだろう。

これは何世紀にもわたって存続し、優れた人類の功績を世界と分かち合ってきた欧州の文化がなぜ生き残れないのかを示す理由の一つに過ぎない。最近のオーストリアの総選挙や極右政党「ドイツのための選択肢（ＡｆＤ）」の躍進が示すように、文化が損なわれる見込みが高いにもかかわらず、文化を守るための選択肢は歓迎しがたいものであり続ける。

シュテファン・ツヴァイクは「混乱状態」を認めた点でも、「西洋文明の揺りかごにして神殿」が自らに死刑宣告を下したことを認めた点でも正しかった。ただ、時期だけを読み違えた。その刑は数十年の時を経てから、我々自身の手で、我々自身に対して執行されることとなったのだ。その歳月の間に、欧州は欧州人の故郷であることをやめ、「ユートピア」になることを選んだ。ただし元々のギリシャ語の語義である「どこでもない場所」という意味においてだ。本書にはそのプロセスを記す。

＊＊＊

本書のリサーチと執筆を行う過程で、私は長年旅慣れた大陸の各所を回った。だがその中には、この仕事を手がけなければ訪ねなかっただろうと思われる場所も数多くあった。数年がかりで私が旅したのはギリシャの最も南東端に位置する島々や、イタリアの最南端の辺境、スウェーデンの北部、そしてフランス、オランダ、ドイツなどの国々の数えきれないほどの郊外の町だ。

執筆期間中に数多くの市民はもちろん、左右両派の政治家や政策立案者、国境警備員、情報機関職員、NGOの職員など大勢の方々と話す機会を得た。多くの点で最も有益だったのは、欧州に着いたばかりの人々と話すことだった（時には文字通り前の日に到着したという人々もいた）。南欧の島々で受け入れられた人々や、北に向かう過程で各所に滞在・定住した人々は、誰もが独自の物語を持っていた。また、多くは独自の悲劇を抱えていた。その全員が欧州を、自分が最も良い人生を送れる場所と見ていた。

進んで話に応じ、各人の物語を明かしてくれたのは、当然ながら自薦の人々だった。夕刻に移民キャンプの外でたたずんでいると、少なくとも寛容と感謝の精神を持って我々の大陸にやって来たとは思えない人々を見かけることもあった。だが他の多くの人々は極めて友好的だったし、自らの物語を語れることを喜んでもいた。彼らをこの大陸に向かわせた状況や、欧州の対応ぶりに対する私の見解がどのようなものであれ、会話を終える時には常に、私は無条件に心から言える唯一の言葉を贈った。「幸運を祈る」と。

目次

第3章 移民大量受け入れ正当化の「言い訳」 75

第4章 欧州に居残る方法 109

第5章

水葬の墓場と化した地中海　129

第6章

「多文化主義」の失敗　155

第1章

移民受け入れ論議の始まり

少数派になった「白人の英国人」

欧州で進行しつつある変化の規模と速度を理解するには、ほんの数年ほど時代をさかのぼり、現在の移民危機が発生する以前の、「正常な」移民が行われていた時期に立ち返ってみることが有効だ。また最近の混乱からは多少なりとも距離があった頃の国家について考察することも無駄ではあるまい。

２０１２年に英国内のイングランドとウェールズにおける最新の国勢調査の結果が発表された（調査の実施は前年）。そこには前回の国勢調査以降の10年間で、英国がどれほど変わったのかが示されていた。ここで２００２年当時のある人物が、その国勢調査から見出した事実を基に、次の10年間を予測したと仮定しよう。その人物が次のように語ったとしたらどうか。「今後10年以内にこの国の首都では白人の英国人が少数派となり、イスラム教徒の人口が倍増するだろう」

こうした言説が果たしてどのように受けとめられただろうか。「心配性」「人騒がせ」といった言葉が間違いなく向けられ、果ては「人種差別主義者」や当時は新語だった「イスラモフォビア（イスラム嫌い）」のそしりを受けていた可能性も高い。いずれにせよ、そうした予測が温かく迎えられなかったことは確実だろう。疑う向きはその典型例を一つだけ思い起こしてみるとよい。２００２年に『タイムズ』紙のある記者が将来の移民の動向に関して上記よりはかなりトーンを抑えた予想を書いたところ、デビッド・ブランケット内相（当時）から「ファシズムすれすれ」だと糾弾されたのだ。[1]

だがどれほど批判されたにしても、２００2年にそのような分析を行った人々は完全かつ全面的に正しかった。２０１1年に実施され、２０１2年末に結果が公表された次の国勢調査によって、上記ばかりか、それを遥かに超える事実までが明らかになったのだ。イングランドとウェールズの居住者中、国外で生まれた人々の数は、直近の10年間で３００万人近く増えていた。またロンドンの住民の中で、自らを「白人の英国人」と回答した人々はわずか44・９％だった。さらにイングランドとウェールズに住む人々のうちの３００万人近くは、英語を主たる言語とする成人が１人もいない家庭に属していた。

これらは歴史的に見ても、一国の人種構成として極めて大きな変化ではある。英国ではしかし、宗教から見た人口構成に関しても同じように特筆すべき変化が起きていた。たとえば同年の国勢調査では、キリスト教を除くほとんどすべての宗教で信者数が増えていることが明らかになっている。昔ながらの英国の国民的宗教だけが唯一、急激に衰退しているのだ。前回の国勢調査以降、自分はキリスト教徒であると回答した住民の割合は72％から59％に低下した。イングランドとウェールズに住むキリスト教徒の実数は４００万人以上も減少し、３７００万人から３３００万人へと落ち込んだ。

キリスト教の信者数が激減する――そして今後も減り続けるだろうと予想される――一方で、イスラム教の信者数は、移民の大量流入の影響もあって2倍近くに増えていた。２００1年から２０１1年の間に、イングランドとウェールズに住むイスラム教徒の数は１５０万人から２７０万人に増加している。しかもこれは公式な数値に過ぎず、不法移民も含めればその数はもっとずっと多くなるはずだ。英国に不法入国した――つまりは国勢調査に回答する可能性の低い――人々は、少なくとも１００万人はいると考えられる。また、最も急速にイスラム教徒数が増えた二つの自治区（10年間で20％以上の増加）は、そもそも英国きってのイスラム人口を抱えていたところだった（ロンドンのタワーハムレッツ区とニューハム区）。両区が属しているのは国勢調査に回答しない住民が英国内でも最も多い地域で、およそ5世帯に1世帯が未回答だ。これらすべてが示唆しているのは、ただでさえ目をむくような国勢調査の結果すら、実際の数字を大幅に下回っているだろうということである。それでもなお、そこから見えてきたものは衝撃的だった。

だが、1年かけても分析しきれないほどの内容だったにもかかわらず、国勢調査の話題は――一過性のニュースが総じてそうであるように――2日もすると忘れられた。問題は、これが一過性の話題などではなかったことだ。それは英国の直近の過去と、直面する現在を説明するものであり、また避けがたい未来を垣間見せるものでもあった。

その国勢調査結果を分析すれば、どうにも動かしようのない一つの結論が見えてくる。すなわち大量移民は英国をまったく違うものに変えつつあるということだ（実際、すでに変えた）。2011年の英国は、もはや何世紀にもわたって続いてきた英国とはまるで異なる場所になっていたのだ。しかし、たとえばロンドンの33区中23区で今や「白人の英国人」が少数派になっているといった事実に対しては、国勢調査結果それ自体と同様に前向きな反応が寄せられた。[2] 英国の国家統計局（ONS）のあるスポークスマンは、この調査結果を大いなる「多様性」の表れだと歓迎している。[3]

一方、政界とメディアの反応は、驚いたことにたった一つのトーンに凝縮されていた。主要な政党の政治家は皆、同年の国勢調査結果に対し、等しく祝福を送ったものだ。それは何年も前から変わらぬ風潮だった。2007年には当時のロンドン市長のケン・リビングストンが、ロンドンで働く人々の35%が外国生まれであるという事実を誇らしげに語っている。(4) 残る問題は、そこに最適な限度があるのかという点だった。ここ何年もの間、英国の変化に対して期待と楽観以外の感情を示すのは不適切であるかのような雰囲気があった。それを下支えするために、これは別に目新しい現象ではないのだという弁明がなされてきた。

移民労働者を迎えることの意味

有史以来の大半の期間はもちろん、それ以前の数千年間もまず確実に、英国の人口構成は極めて変化に乏しかった。1066年のノルマン征服（おそらく英国史上最も重大なできごとだ）の時でさえ、ノルマン人の数はイングランドの人口の5%ほどにしかならなかった。(5) それ以前やそれ以後の歳月に見られた人的移動といえば、ほとんどすべてが現在の英国の前身となった国々及びアイルランド島の間の行き来だったのだ。

やがて第二次世界大戦後の復興期に入ると、英国は輸送セクターや新設された国民保健サービス（NHS）の分野で特に顕著だった労働市場のギャップを埋める必要に迫られる。かくして大量移民の時代が始まったわけだが、出だしはゆっくりとしたものだった。1948年の英国国籍法によって旧大英帝国領（現在の英連邦）からの移民が解禁され、１９５０年代前半までに年間数千人の人々がそのスキームを利用するようになる。50年代末までに移民の数は数万人になり、60年代には6桁に突入した。やって来た人々の大半は西インド諸島やインド、パキスタン、バングラデシュの出身者だ。彼らはしばしば工場労働に従事し、家族や親族にも自分たちを追って英国に渡り、同じ仕事に就くことを勧めた。

こうしたすべてのことや、それが英国に及ぼす意味について、国民の間には一定の懸念があった。しかし代わる代わる政権を取った労働党と保守党は、どちらもその流れを止めるための手を、これといって打てなかった。フランス、オランダ、ドイツなどの欧州大陸の国々が皆そうであったように、移民労働者を迎えることの意味はもちろん、彼らがいずれ帰国するのかどうかさえ定かではなく、ましてコンセンサスなどほとんどなかったのだ。そこに隠れていた意味が部分的にせよ明らかになったのは、移民が帰国しないことや、その機会を利用して自分たちの親族を呼びよせることが明らかになってからのことだった。

その後の歳月の間に、たとえば移民間の犯罪などを対象とする極めて限定的な法律も作られた。しかし大きな流れを逆転させるための取り組みはほとんど行われなかった。国民の間に増大する懸念を解消するべく立法措置が行われた時でさえ、予想外の結果が生じた。たとえば１９６２年の英連邦移民法は紛れもなく移民の流入を制限し、一部に帰国を促すためのものだったが、実際には正反対の効果を発揮した。多くの移民が〝チャンス〟のあるうちに親族全員を英国に呼びよせようとしたのである。

１９６２年以降は渡航前に仕事を確保する必要がなくなったことから、英連邦からの移民が改めて増加した。1971年に移民法が制定されるまで、その流入を止める試みは何ら行われなかった。これほどの規模の移民を容認する計画など一度たりとも策定されなかったにもかかわらず、気がつけば左右両派の歴代政府がその状況への対処を強いられていた。それは誰も正確には予測できなかった状況だったが、そこから広がる波紋にはその後のすべての政府が対応せざるをえなかった。

そうした波紋の一つに人種間のトラブルの激化があった。1958年のノッティングヒル暴動は、西インド諸島からの移民と白人のロンドン市民の間の暴力的な衝突として、今もなお記憶されている。しかしその種の暴動の記憶が薄れないのは、それらが「標準」ではなく「例外」だったからに他ならない。よそ者に対する草の根レベルの疑念や懸念は間違いなく存在したが、そのような不安につけ込もうとする試みはことごとく失敗した。

その典型例が英国ファシスト同盟の元指導者で、当時は「ユニオン・ムーブメント」を率いていたオズワルド・モズレーの言説だ。モズレーがノッティングヒル暴動に乗じて1959年の総選挙に打って出た時、得票率は10％にすら届かなかった。英国民は大規模な移民が引き起こす問題の存在こそ認めてはいたが、かつて排撃した過激主義者がその解決策をもたらすことがないのを知っていたのだ。

「血の川」演説

だがトラブルは生じた。とりわけ招かれて渡英したにもかかわらず、着いてみたら差別の標的になっていたという人々に。この問題に対処するため、英国議会は1965年、68年、76年に人種関係法を可決した。それにより肌の色や人種、民族、出身国に基づいて差別を行うことが違法になった。このような法整備が事前になされず、問題が起きて初めて対応が検討されたというのは、いかに考慮が足りなかったかの証左だろう。たとえば1948年に人種関係法が整備されなかったのは、将来英国に渡ってくる人々の数や、結果的に好ましくないことが起こりえるという事実を誰も予見できなかったからだった。

この時期の世論調査は、英国民が自国政府の移民政策に強く反対していることや、英国に来る移民の数があまりに多すぎると感じていることを一貫して示していた。1968年4月にギャラップが実施した世論調査によれば、75%の英国人は移民の管理が十分厳格に行われていないと考えていた。この数字は程なく83%へと跳ね上がる。(6) その前後に、短い期間ながら、移民問題が主要な政治課題になりかけたからだ。

その4月、当時の保守党の「影の内閣」で閣僚を務めていたイーノック・パウエルが、バーミンガムで行われた自覚の会合で演説を行った。その演説は一時的にせよ、大いに論争を呼んだ。「血の川」という実際には使われなかったフレーズで有名になった彼の演説は、当時のペースで移民が続いたら将来の英国がどうなるのかについての予言に満ちあふれていた。

「神々はまず滅ぼそうとする相手の気を触れさせる」と、パウエルは説く。「我々は気が触れているに違いない。文字通りにだ。養ってやらねばならない年間5万人もの人間の流入を、国家として許すとは。彼らの大多数は将来、移民の血を引く人口の増加に貢献するだろう。この国はまるで自分自身を火葬する薪をあくせくと積み上げているかのようだ(7)」

パウエルが語ったのはアイデンティティと英国の将来に関することだった。しかし同時に、実際的な懸念、たとえば公的な予算が厳しさを増す中で、病院や学校の用地を探す有権者のことについても触れられていた。

パウエルは直ちに保守党党首のエドワード・ヒースから影の閣僚を解任された。政界の主流派からの支援も——彼自身の政治生命は言うに及ばず——一切断ち切られた。一方で、彼の見解に対する国民からの支持は高かった。世論調査によれば、一般国民の約4分の3がパウエルの意見に賛同しており、69%はヒースが彼をクビにしたのは誤りだったと考えていた(8)。

何年もあとになって、保守党でパウエルとライバル関係にあったマイケル・ヘーゼルタインは、このように述べている。パウエルが演説の余韻の残る中で保守党の党首選に立候補していたら、地滑り的な勝利を上げていただろうと。そして総理大臣の指名選挙では、「国民的な地滑り」を起こして勝っていただろうと(9)。だが政治的にはパウエルの抜け道はなかった。彼は単にキャリアの停滞を余儀なくされただけでなく、残された人生の数十年間を政治的荒野で過ごすことになったのだ。

「血の川」演説以降、パウエルは自らのキャリアを破壊しただけでなく、充実した移民論議や率直な移民論議が行われる可能性を、少なくともひと世代の間、潰してしまったというのが、英国内での共通認識になった。パウエルの言葉づかいが非常にどぎつく、その警告がとても恐ろしいものだったために、移民に懸念を抱く人々はことごとく「パウエル主義者」という汚名を着せられるリスクを負った。

その通りには白人女性は1人しか住んでいない

確かにパウエル演説の一部はあまりにも政敵に攻撃されやすいものだった。また彼より遥かに右翼的な者たちに格好の隠れミノを与えた。しかし彼の演説とそれに対する反応を読んで何よりも驚くのは、今となっては控えめな言説だと思われる部分に関しても、彼が厳しく叩かれていることだ。たとえばパウエルは、白人女性が1人しか住んでいない通りが英国内にあると強調した。だが演説後のインタビューや討議では、この女性のくだりは作り話だと片付けられがちだった。なぜならそんな通りが実在するとは誰も信じなかったからだ。

しかし誰かが1968年のパウエルに、「このバーミンガム演説の場を借りて、聴衆の多くがまだ存命している間にロンドンでは〝白人の英国人〟が少数派になると予言してはどうか」と勧めていたとしたら? パウエルはその助言者を頭のイカレた人物だと見なしていたはずだ。欧州の他の国々でも事情は同じで、移民が破滅を招くと予言した最も有名な人々でさえ、現実を過小評価したり、実際よりも控えめに述べたりしていたのである。

パウエルの演説のためにひと世代は移民論議ができなくなったということは、政治家たちが自らの政策の帰結と取り組む義務を免れたということでもあった。彼らの多くは、英国の軌道はもはや修正不能だとの結論を下していた。1960年代にはまだ、たとえば英国内で罪を犯した移民を本国に送還すべきかについて議会で討議されていた。[10] 後には市民権を得るためだけに行われる偽装結婚を防ぐための法律が作られた。[11]

しかし1970~80年代になると移民コミュニティの規模が拡大し、たとえその規模を縮小することが望ましいと考えられたとしても、政策によってそれを行うことは不可能になっていた。欧州大陸の各国と同様、英国は自らが意図していなかった立場に陥り、この新たな現実が生み出す難題や利益への対応を随時考え出さなければならなくなったのだ。そうした難題が包含するものに対する暗黙の不安の尺度の一つになったのは、この時期を通じ、真実をしごく率直に表明することさえもができなくなったことだった。

強まる「多文化主義」スローガン

1984年1月、ブラッドフォード市で学校長を務めるレイ・ハニーフォードという人物が、『ソールズベリー・レビュー』と呼ばれる少部数の雑誌に、ある一文を寄稿した。そこでは、生徒の90%が移民の親を持つ地域で学校経営を行うことの諸点が考察されていた。

彼はイスラム教徒の父親の中に、娘たちをダンス、演劇、スポーツなどの授業に参加させない者がいることを論じた。また学期中に我が子をパキスタンに連れ帰るといったあれこれの文化的慣習を、行政側が黙認していることについて触れた。

同時に彼は、自分が住んでいる国の言語を話し、文化を理解することを、生徒たちに奨励するよう主張してもいる。人種関係問題の指導者たちがそうしているように、社会と平行線をたどるような生き方は奨励するべきでないと。

批判を向けられた人種関係産業の側は、すぐさま反ハニーフォードのキャンペーンを組織した。イスラム教徒だったブラッドフォードの市長はハニーフォードの更迭を要求し、何年もあとになってからも彼を「文化的排外主義者」などの言葉で非難した[12]。

抗議の声と「人種差別主義者」という叫びが国中に渦巻く中で、ハニーフォードは辞職を余儀なくされ、二度と教育界では働けなくなる。怒りを買ったその一文の中で、彼は「政治と言語が堕落したおかげで、この問題について率直に書くことが難しくなった」と記していた。彼自身の受けた扱いが、その何よりの証左になった形だ。

こうした議論を提起したからといって、なぜその他の点では不満を持たれていなかった人気の高い学校長が退職に追い込まれなければならなかったのか。唯一考えられるのは、当時はまだこの問題に関する明瞭な真実さえもが受け入れられる環境になかったということだ。「多文化主義」という名の政治的・社会的なパラダイムができあがっており、１９８４年の時点ではその信念の基礎を打ち砕くことがまだ不可能だった。

レイ・ハニーフォードにとってはたいした慰めにはならなかっただろうが、彼の一文の発表から20年を経ずして、多くの人々がおそらく彼は何かを見通していたのだと言うようになった。彼が２０１２年に他界する頃には、その主張の主旨が広く受け入れられるようになっていた。

１９８０年代から90年代にかけては「多文化主義」という新たなスローガンのもと、インド亜大陸やその他の地域から英国への着実な移民の流れが続いた。しかし暗黙のコンセンサスによって移民が――常に増加傾向ではあったものの――目立たぬように制限されていた。

大きく開かれた国境

やがて１９９７年の総選挙で労働党が地滑り的な大勝利を収める。その後に起きたのは、そのコンセンサスを反故にすることだった。マニフェストに記したわけでも、それを明言していたわけでもなかったのに、トニー・ブレア内閣はひとたび政権を奪取すると、大戦直後の歳月を遥かに超える規模で国境を開放した。また偽装結婚の申請をふるい分けるために設けられていた規定を撤廃した。彼らは英国経済に欠かせないと考えられるすべての人々に国境を開いた。だがその定義はあまりに幅広く、レストランの従業員までが「熟練労働者」に含まれてしまうほどだった。

ブレア政権は欧州以外の地域ばかりではなく、新たにＥＵに加盟した東欧の国々にも門戸を開いた。これらすべてが相まって、２０１１年の国勢調査に表れた国の形が造られたのだ。

１９９７年以降の移民の急増がいかにして起こったかについては、もちろん様々な主張がある。一つは労働党のスピーチライターだったアンドリュー・ニーザーが2009年に述べたように、ブレア政権が意図的に移民規制を緩めたとするものだ。彼らがそうしたのは、「右派の鼻面に多様性を押しつける」ことと、いずれ労働党に投票するようになる有権者（浅はかにもそうなると思い込んだ）を作ることを望んだためだった(13)。

この回想談が騒ぎを引き起こしたあと、ニーザーはこの特定の記憶を〝修正〟している。当時の労働党の職員たちの中には、ニーザーなど知らないと言いだす者も現れた。だがあの時期に起こっていたことを見れば、誰もが――どれほど年若くても――確かにそのような印象を受けたことだろう。

たとえば第一次ブレア内閣の難民・移民担当相だったバーバラ・ロシュは、英国の移民と難民に関する政策を根底から見直そうとしていたことが、指名された瞬間から明白だった。首相が他の懸案に集中している間に、ロシュは英国政府の政策を全面的に転換させた。それ以降は難民申請者が全員――主張が真実であろうとなかろうと――英国に滞在できるようになる。なぜなら、ロシュがある当局者に語ったとおり、「退去させるのは時間がかかりすぎるし、感情的」だからだ。ロシュはまた、当時の移民に対する規制が「人種差別主義的」であり、移民論議を巡る「空気」全体が「有毒」だと考えていた。

在任期間中、彼女は繰り返し、英国を変革したいという念願を表明している。同僚の閣僚の1人はこう述べた。「ロシュは英国への入国を管理することが自分の仕事だとは考えていない。我々が〝全体論的な観点から〟大局を見ることを通じて、多文化主義的な社会の利点を知ることを望んでいるのだ」

ブレア首相とジャック・ストロー内相はいずれも、新たな難民政策に疑問を呈することにも、ロシュの下では英国に入国した全員が、仕事の有無にかかわらず「経済的な移民」に転じるという事実にも関心を示さなかった。党内や外部から政策を批判されると、ロシュは常に人種差別だと退けた。実際、ロシュは移民政策に言及することさえもが人種差別だと言い張っていた。白人が多すぎると内閣の同僚たちを批判したこともある[14]。

彼女と少数の取り巻きが目指したのは、英国社会を丸ごと変えることだった。イーストエンドのユダヤ人の血を引くロシュは、移民が良いこと以外の何物でもないと信じて疑わなかったのだ。自ら変化をもたらした10年後、ロシュはあるインタビューで満足げにこう語っている。「ロンドンの多様性を愛している。ただ心地よさを感じます[15]」

予測もコントロールもできない

1997年の労働党政権におけるロシュらの行動は、その政策が意図的な社会変容を目指すものだったとする説を裏付ける。それは移民をある種の破城槌《はじょうつい》として使用した、英国民に対する文化戦争だったのだ。その見方と完全に逆行するとは言えないもう一つの説もある。すべては歴代の政権の下ですでに制御不能になっていた官僚的失態であり、新生労働党《ニュー・レイバー》は単にその度合いをはなはだしきものにしただけだとする説である。

労働党政権が到来を予測した新たな移民の数と、実際に渡英してきた人数との差異は、その説の動かぬ証拠だ。たとえば新たなEU加盟国の国民に英国への自由な入国が認められた2004年、英国政府は年間1万3000人前後がこのスキームを利用するとの予想を発表していた。政府の委託で行われたある研究によれば、制限が解除されても人の流入は「完全にコントロールできる」とされていた。

政府はコントロールなどしなかった。労働許可に関するルールが改正され、技能の有無にかかわらず移民が入国し、「外国人労働者」として滞在できるようになった。大半が対象者だ。完全に予想されたことだが、たちまちその人数は大量移民の熱心な擁護者たちの推計をも上回るようになった。EU圏外からの移民は1997年の年間10万人から2004年の17万人へと、せいぜい倍増する程度だと予想されていた。現実には5年間で、政府の予想を100万人近く上回る人々が到着した(16)。

政府の専門家が何よりも予測し損ねていたのは、英国が平均所得の極めて低い国々や最低賃金の存在しない国々の人々にとって、特に魅力的な渡航先になるということだ。結局、これらの政策のおかげで英国在住の東欧出身者の数は、2004年の17万人から2013年には124万人にまで増加した(17)。

こうした大幅な移民数の過少推計は、もちろん戦後の移民の歴史を知る者にとっては予測できたことだった。戦後の移民の数も実際よりかなり少なめに見積もられた経緯があったからだ。だがそのことは、ブレア政権の初期においては、移民の管理に細やかな注意を注ぐことがさほどの優先課題ではなかったことも同時に示している。

何より重要なのは、すべての移民制限が――東欧からの「白人」に対するものさえ――「人種差別的」

だと印象づけられ、内外の反対派が声を上げにくくなったことだった。移民急増策が見過ごされていたにせよ、公式に承認されていたにせよ、明らかに政権の内部からは反対を受けていない。

その原因や動機が何であれ、移民数の激増や英国の急速な変容に対する国民の反応がとてつもなく寛容なものであったことは、めったに指摘されることがない。ブレア政権発足後の10年間、人種差別感情が大規模ないし持続的に噴出したこともなければ、暴力事件が発生したこともなかった。英国で唯一の人種差別主義政党である英国国民党は、その後の世論調査でも低迷した。

世論調査や、実際にこの国に住むことによってわかるのは、ほとんどの国民が移民や民族的背景の異なる人々に対して個人的な悪意を抱かなかったということである。ただ、たび重なる世論調査の結果、これらすべてが英国とその将来に及ぼす意味を、大多数の人々が深く憂慮していることが明らかになった。それにもかかわらず、一部のエリート政治家が極めて穏やかにこの問題を提起しようとした時でさえ（たとえば保守党は2005年の選挙用ポスターで移民の「制限」を提案した）、他のエリート政治家から糾弾された。その結果、真剣な国民的議論が何ら行われないままとなった。

おそらく左右両派の歴代政権がこの問題の議論を何十年間も先延ばしにしてきたのは、国民の賛同が得られないことを案じたばかりではなく、もはや事態は制御不能になっているのではないかと疑っていたからだろう。2010年に自由民主党との連立政権を組んだ保守党は、移民の数を年間数十万人規模から数万人規模に削減すると選挙前に公約し、政権奪取後もその約束を繰り返した。だがその目標にはまったく近づかなかった。保守党の単独政権となった次の内閣でも公約は維持されたが、結果は同じだった。どちらの内閣も移民の削減を約束していながら、連立政権の5年間と単独政権の初期を通じて、移民数は単に減少しなかったばかりではなく、年間33万人という最多記録を更新するほど増加したのだ。(18)

第2章

いかにして我々は移民にとりつかれたのか

根を張り始めた外国人労働者

細かな差異はあるにせよ、この数十年の間に西欧のあらゆる国でほとんど同じことが起こってきた。第二次世界大戦後、それぞれの国が外国人労働者の入国を許し、後には奨励するようになったのだ。1950年代から60年代にかけて西ドイツ、スウェーデン、オランダ、ベルギーなどの国々が、労働力の需給ギャップを埋めるためにこぞって「ゲストワーカー」のスキームを導入した。ドイツ語で言うなら「ガストアルバイター」だ。このスキームを利用して、欧州各国に同じような国々から人々が渡航した。

ドイツでは主としてトルコから労働者が流入した。1961年に両国間で関係する合意が結ばれたあと、数が大きく膨れあがったのだ。オランダとベルギーにはトルコからだけでなく、かつて植民地にしていた北アフリカなどの国々からもやって来た。こうした労働者の流入は、部分的には人手不足（とりわけ工業セクターの未熟練労働者のそれ）を補うためのものではあったが、他方では植民地解放の結果でもあった。

19世紀にフランスは北アフリカに進出し、その一部を植民地化した。英国はインド亜大陸を手に入れた。植民地が解放されたあと、それらの元市民（アルジェリア人ならフランス市民ということになる）は、程度の差こそあれ、何らかの借りを返してもらえると感じたのだ。あるいは少なくともゲストワーカーのスキームにおいて優先権を与えられるだろうと。

「帝国の逆襲」という言葉には、そうした旧植民地の人々が逆進出してくるのは20世紀においては避けられないことであり、また公正でさえあったかもしれないという考え方が表れている。もちろん彼らは征服者ではなく、市民としてやって来たわけではあるが。

欧州の各国政府は英国政府とまったく同じ思い違いに苦しんだ。その最たるものは、初期のゲストワーカーが仕事の終了とともに帰国し、彼らの存在が一時的な現象に終わるものと思い込んだことだ。欧州中の政府が驚いたことに、そうした労働者の大半は入国した国に根を下ろすことになった。そして家族を呼びよせようとした。家族には支援が必要であり、子どもたちは学校に行く必要があった。いったんそうした根が張られれば、引き抜かれる可能性は薄くなる。それにたとえ望郷の念が強くとも、いったん西洋の生活水準を享受した外国人労働者たちは、出身国に帰るより滞在し続けるケースの方が多かった。

それまでにも欧州は必要に応じて国境を開放していたが、どうも自分たちが――国力の衰えた状況にあってさえ――世界の多くの国々から見れば大いに魅力的であることを少しもわかっていなかったようだ。

ゲストワーカーの取り決めが終了しても（たとえばドイツとトルコの合意は1973年に終了）依然として移民は続いた。当初はゲストワーカーだった労働者は、渡航した国の一部になった。市民権を得た者もいれば、二重国籍を取得した者もいる。このプロセスの始まりから50年を経ずして、ドイツには少なくとも400万人のトルコ出身者がいた（2010年時点）。

一部の国々、特にフランスはこれとは微妙に異なるアプローチをとった。たとえばフランスが、アルジェリアからの移民に門戸を開放した際には、シャルル・ド・ゴールが1958年6月4日にアルジェリアで表明した、次のような考え方にならった。「アルジェリアの全土にはただ1種類の居住者しかいない。同じ権利と同じ義務を持つ、完全なるフランス人がいるのみだ」

それでも北アフリカからフランスへの移民が本格化し始めると、そのド・ゴールさえもが内々にこう漏らしている。人種の異なる人々がフランス国内の「ごく少数派」にとどまる限りにおいてのみ、フランスは彼らに門戸を開けるのだと。ド・ゴールの親しい友人たちによれば、フランスが背景の異なる何百万人もの移民を同化させられるかどうかについて、彼自身は何の確信も持っていなかったという(1)。

懸念を表明する人々を攻撃する政治家

だが欧州各国は、いくつかの差異はあったにせよ、戦後の移民問題に関してよく似た体験をした。短期的な政策を通じて、考えうる限りで最も長期に及ぶ波紋を広げてしまったのだ。どの国も気がつけば遅れを取り返すことに汲々としていた。その場に応じて主要な政策決定を行わなければならなかった結果である。

どの国でも議論は10年単位で同じように変遷していった。1950年代の予測が間違いだったと判明したように、その後の数十年の予測も間違いだったのだ。来ると予想された人数と実際に来た人数の間には、どの国でも常に開きがあった。政府の統計が語る物語と、欧州の大衆の目に映る物語は別物だった。

市民の懸念に応える形で、左右両派の政府や主要政党が移民の制限を主張した。時にはこの問題に対する強硬さを互いに競い合う様相にもなった。だが歳月を経るにつれて、これは単なる選挙用のポーズなのかもしれないと思われ始めた。大衆の意見と政治的現実とのギャップは、意志の欠如や大衆への無頓着とは別の要因から生じているように見えてきたのだ。何も手が打たれなかったのは、おそらく実権を持つ人々の誰ひとりとして何か手が打てるとは信じていなかったからだった。それが政治の真実であるならば、決して口にされるはずがない。そんな土台に立脚したら、誰も当選できなくなっただろう。そのため欧州の全土で、政治家たちが達成できるはずもないとわかっていることを話したり、約束したりする伝統が生み出されたのだ。

おそらくはそれが理由なのだろう、政治家たちは進展する現実への対応策として、まずは懸念を表明する人々に攻撃の矛先を向けるようになった。たとえその懸念が一般大衆の意見を反映していたとしてもだ。政治家とメディアは懸念を解消するかわりに、市民に非難を投げ返した。単に「人種差別だ、偏狭だ」とそしるだけではなく、様々な逃げを打って行動を回避したのだ。これらの行動は、英国の2011年の国勢調査のあとにも確認できた。国民に対して「ただこれを乗り越えるべき」だと要求したのもその一環だった。

当時ロンドン市長だった保守党のボリス・ジョンソンは、国勢調査の結果を受けて「移民問題をくよくよ考えるのはやめて、統合の種をまこう」と題するコラムを執筆し、その中でこう述べている。「ダムの決壊を嘆くのはよそう。それは起こってしまったのだ。同化のプロセスをできるだけ陽気なものにする以外に、今できることは何もない(2)」

左派系のシンクタンク「ブリティッシュ・フューチャー」のサンダー・カトワラは、似たようなトーンで国勢調査に反応した。「こうなることを望むか望まないかという問いは、言外に選択肢があること、『多様性など持たずにおこう』と言えることを示唆している」と。しかしそれは不可能だと、彼は強調する。「これが我々なのだ。なるべくしてこうなった(3)」

もしかしたら2人とも正しく、現状を検分した政治家なら誰もが言うようなことを言っただけなのかもしれない。しかし彼らの指摘にはどこか冷ややかなトーンがある。とりわけ「ただ乗り越えること」を望まない人々、社会の変容を嫌い、それを求めることなどなかった人々がどこかにいるかもしれないという感覚が、まるで抜け落ちている。

ジョンソンもカトワラもとんと気がついていないようだが、すべての主要政党が長年にわたって大衆の意見とはまるで食い違う決定を下してきたことに、一定の怒りを抱えている人々も存在するのだ。少なくとも2人は、自分たちの言説に深刻な政治的権利の剥奪に類するものが存在することを、考えてもみなかったようである。私がこんなことを言うのは、単に彼らの言葉が現在進行中の物語を無理矢理終わらせるようなものであったからばかりではない。その語調が、多数派の有権者というより、何かの報復を求める少数派に向けるようなものだったからだ。

コンセンサスからはみ出すことの代償

「国民はそれを乗り越えるべきだ」という主張が出されたのと同じ月に、ユーガブ社の世論調査によって、67%の英国人が過去10年間の移民を「英国にとって悪いこと」だったと見ていることがわかった。「良いこと」だったと考えていたのは、わずか11%だった。[4] 三大政党のどの政党の支持者をとっても傾向は変わらない。

それ以前の世論調査でもそれ以降の世論調査でも、結果は似たようなものだった。英国の有権者の過半数は、移民問題を毎度のごとく一番の心配事として挙げていたばかりではなく、過密化を通じて公共サービスや住宅問題に悪影響を与えるもの、さらには国民のアイデンティティの感覚を損なうものと日常的に見なしてきたのだ。

もちろん政界には「一線」を踏み越えたり、「非難ゲーム」に陥ったりすることを避けようとする力が働くから、今日まで過ちを逃れおおせてきた政治家たちが、こうした受けるべき呪いを受けてもなお、将来もまったく同じ過ちを繰り返すつもりでいる可能性もある。

2012年までに英国のすべての主要政党の指導者が、移民の人数は多すぎると認めた。だがそれにもかかわらず、その全員が「国民はそれを乗り越えるべき」だと主張した。事態を変える明確な

――そして今にして思えば有効な――政策は誰も持ちあわせていなかった。いくつかの世論調査では、移民問題に手を打つと言いながら政治家が何もできずにいることが、有権者と政治家の間の信頼関係を瓦解させる主因の一つになっていると示されている。

もっとも、一般国民の大多数が抱く懸念に言及できずにいるのはエリート政治家だけではない。2011年の国勢調査結果が発表された晩、BBCの看板討論番組「ニュースナイト」でこの話題が取りあげられた。すると討論参加者の4分の3が国勢調査結果に100%満足していると表明し、不安視する理由は何もないと語った。

たとえば自身が成功したザンビア（かつての北ローデシア）移民である哲学者のA・C・グレイリングは、「総じて大変肯定的な、祝うべきことだと思う」と述べている。批評家で劇作家のボニー・グリア（やはり大成功を収めた米国からの移民）は、肯定的なことだという見方に賛同したうえで、ボリス・ジョンソンと同様に「これは止められない」と話した。(5)

討議を終始支配していたのは「ビートに合わせろ」という態度だ。「流れに乗りたい」という誘惑がこの議論の中でかくも強かったのは、おそらくコンセンサスからはみ出すことの代償が恐ろしく大きかったからだろう。これが予算に関する討論番組であったなら、たとえ間違ったことを言っても「財政を知らない」とか、「国民感情がくみ取れていない」といった批判を受ける程度であったに違いない。ところがこと移民問題に関しては、圧倒的な国民感情に同意したり、ましてやそれを代弁したりしようものなら、世評やキャリアや日々の暮らしが危険にさらされてしまうのだ。

だがロンドン中心部のスタジオで形成された〝進歩的な〟コンセンサスからは、一般家庭に身を置く大多数の人々の目に映るものがほぼ完全に欠け落ちていた。それを公然と口にしたがる人々はほとんどいないのだ。移民のプラス面について話すのは容易になった。それらに同意することは、偏見のなさや寛大さ、心の広さといった美徳を表現することだ。しかし移民のマイナス面にうなずいたり、まして公言したりすれば、心が狭い、不寛容、外国人嫌い、人種差別主義を隠そうともしないなどといった非難を招くことになる。そのため国民の多数派の意見が、ほとんど表出できなくなった。

たとえある程度の移民が好ましいものであり、その国をより興味深い場所にすると信じていたにしても――大半の人々はそう信じているわけだが――だからといって移民が多いほど好ましいと思っているわけではない。またどれほど多くのプラス面があるにせよ、そこにマイナス面が何もないということでもない。そのこともまた、悪意の非難を受けることなく、同じように気安く公言できるべきだろう。

というのも大量移民は社会に同じレベルの利益をもたらし続けるわけではないからだ。大量移民が我々を全体としてより豊かにすると称えることができるなら、大量移民が我々をある部分（特に我々が決して望んでいなかった文化的問題の発生や復活）においてより不幸にすると説くこともできなければなるまい。

「人種差別主義者」と批判されることを恐れて

2011年の国勢調査結果の公表を前にした1月、9人のイスラム教徒の一団（7人はパキスタン、2人は北アフリカの出身）がロンドンの中央刑事裁判所で有罪を宣告された。性的な目的で11〜15歳の子どもを人身売買したかどだった。現代版の奴隷として売られた11歳の少女は、彼女の〝オーナー〟である虐待者のイニシャル（モハメッドの「M」）を焼き印されていた。法廷での証言に従えば、モハメッドは「彼女を自分の所有物にするとともに、他人にそのことが確実にわかるようにするために焼き印を押した」のだという。これはサウジアラビアやパキスタンの地方部で起きたことでもなければ、同じ時期に同様の事件が多発した英国北部の町で起きたことでもない。2004〜12年にロンドンからもそう遠くないオックスフォードシャーで起きたのだ。

集団レイプや小児虐待が移民の専売特許であるなどとは誰にも言えない。だがこの種の小児レイプ団が勢力を伸ばしたことにより、明らかに一部の移民が特殊な文化的思想や性向を保持していることが露わになった（後に政府が行った調査でも、それが確認された[6]）。その一つが女性（特に非イスラム教徒の女性）や他の宗教、異人種、性的マイノリティなどに対する前近代的な見方だ。そうした事実を指摘することで「人種差別主義者」の烙印を押されることへの恐れと、それよりずっと穏健なことを述べただけでキャリアを台無しにされてしまったレイ・ハニーフォードのような例が見られたことが相まって、これほどの事実が明るみに出るのでさえ何年もかかってしまった。

このことはテレビの収録スタジオにはとても収まりきれない恐るべき影響力と、ずっと深刻な結果を伴っていた。こうした集団レイプ事件が地元警察や地方議員、福祉担当者らの反対を押しきって法廷に持ち込まれると、彼らの多くが「人種差別主義者」と批判されることを恐れて、移民絡みの犯罪の報告を怠っていたことが発覚したのだ。

メディアも大同小異だった。大衆が結論を導くのを妨げようとするかのように、婉曲語法に満ちた報道に終始した。オックスフォードシャーのケースでは、被告人の大半がパキスタン出身のイスラム教徒であるにもかかわらず、「アジア系」と伝えられている。被害者たちがイスラム教徒ではないことを理由に選ばれたという事実は、法廷ではごくまれにしか言及されず、メディアでもほとんど報道されなかった。警察や検察官やジャーナリストは、恐れも偏向もなく自らの職務を遂行するかわりに、大衆と事実の間に割って入ることが自分たちの職務であるかのように振る舞ったのである。

当然ながら移民に関する〝容認可能〟な議論においては、これらは一切取りあげられていない。移民をテーマにしたBBCの討論番組で集団レイプを取りあげることは、病気のペットについてのドキュメンタリー番組で獣姦を取りあげるようなものなのだ。良いことやハッピーなことだけが話題にされ、良からぬことは無視される。強硬な論客が消えただけではなく、人々が持つ日常的な懸念も伝えられなくなった。怒りに満ちた告発だけではなく、生まれ育った社会が多数派の人々の考えを斟酌することなく変えられてしまったという単純な悔恨さえ報道されなくなったのだ。

終わりのない多様性への賛美

「ニュースナイト」のような和気あいあいとした討論番組から失われたものがもう一つある。それはかつて「私たちの文化」と呼ばれていたものへの言及だ。多様性への賛美が終わりなく続く中で、そもそもその多様性を促進した当の文化を賛美することができないとは、これほど皮肉なことはない。2011年の国勢調査に対する政界やメディアの反応全般の中に、我々はまたもや自死に向けた旅の道行きを見た。

この数十年間に英国がとてつもない変化を経てきたというのに、彼らは「これは目新しいことではない」と主張する。この議論は欧州全域で聞かれるものだが、昨今の英国ではしばしば話がこう続く。「英国は昔から人種や素性が異なる人々のるつぼだった。実際のところ、我々は移民国家なのだ」

この主張は、たとえばロバート・ウィンダーがブレア政権期に出版した移民に関する著書に記されており、しばしば政府の政策を擁護するために使われる。同書で何より論じられているのは「我々全員が移民なのだ。どこまでさかのぼれるかの違いでしかない」という点だ。ウィンダーはまた、英国は常に「雑種国家」だったとも書いている。(7)

バーバラ・ロシュも2011年にロンドンのイーストエンドでの講演で同じことを主張した。「移民について考える時、ついつい私たちはそれが19世紀に起きたことだと考えたくなるものです。私はユダヤ系で、親族の一部は19世紀後半にやって来ました。母方はセファルディ（訳注：15世紀にイベリア半島を追われたユダヤ人）ですから、一部の親族はそれよりもずっと前に来ています。ところが移民はかなり最近のものだと考えられる傾向があります。19世紀でなければ戦後の現象だろうとね。これほど真実からかけ離れたことはありません。私は常に英国は移民の国家だと信じてきました(8)」

もちろんロシュ女史がそれを信じるのはご自由だ。しかし、だからといってそれが真実だとは限らない。

常に行われる過去の改変

20世紀の後半に至るまで、英国に来る移民の数は極めてわずかなものだった。たとえば米国などとは違い、英国はいまだかつて「移民の国家」だったことなどなかったのだ。少数の人々が移住してくることはしばしばあったが、大挙してやって来た例はほとんど知られていない。実際、移民は非常に珍しかったため、その実例が発生すると何世紀にもわたって語り継がれた。

今日、英国に渡来した移民のことを論議する時、しばしば言及されるのがユグノーのことだろう。ユグノーはフランスで迫害を受けた新教徒で、1681年に英国のチャールズ2世から安息の地を提供された。ユグノーの例は人々が考えている以上に示唆に富む。第一に、当時の仏英の新教徒が文化的にも宗教的にも近しかったにもかかわらず、ユグノーが英国に同化するのに何世紀もかかったからだ。自分はユグノーの家系だと称する人も今もって数多い。

ユグノーに関してもう一つ顕著なのは――それが頻繁に引き合いに出される理由でもあるわけだが――その規模である。1681年以降、最大5万人のユグノーが英国に到着したと見られている。これは当時としては間違いなく大移動であっただろう。しかしながら近年の英国が目にしている大量移民は、それとは比べ物にならない規模だ。ブレア政権期以降、英国にはただ一度迎え入れたユグノーと同じぐらいの数の移民が、一度限りということではなく、2カ月ごとに入ってきている。しかもこの移民はフランスの新教徒から構成されているわけではまったくない。

「移民国家」というストーリーを擁護するためにしばしば持ち出されるもう一つの例が、1970年代前半にイディ・アミンに追放されて英国にやって来た3万人のアジア系ウガンダ人だ。英国内では、この一度限りの移民の記憶は概して誇らしく、気持ちのいいものとして受けとめられている。単にそれがうちひしがれた人々にとって一定の、しかし確かな救いになったからだけではない。英国に来たアジア系ウガンダ人たちが、しばしば国民生活に対して目に見える善意の貢献をしたからだ。この時にただ一度流れ込んだ3万人強の人々と同数の移民が、1997年以降は6週間ごとに英国に到着している。

近年の人的な移動は、欧州に移民危機が起こる前でさえ、量的にも質的にも頻度の点でも、かつてとは様変わりしていた。しかしこの事実に反して、近年の大きな変化を論じる時に、今起きていることはかつて起きていたことと変わらないという振りをすることが好まれている。そうすることの少なからぬ利点は、移民から生じた現在の問題はすべて、我々が過去に対処し、克服してきたものだと言えることだ。それにより、現在の困難はすべて正常なものだと見せかけることができる。

だがこうした過去の改変は、段階的に進められる議論の一つのステップに過ぎない。その後にも、大量移民に対する暗示的・明示的な主張が様々に展開される。欧州の国には文化がないとか、その文化やアイデンティティは非常に脆弱であったり、疲弊していたり、悪質だったりするので、消えても嘆くことはないといったふうが装われるのである。

冷静で意図的な国家的破壊行為

「ニュースナイト」でのボニー・グリアの発言を再び引用しよう。「何があろうと英国人のアイデンティティがあるから安心だと、英国人はよく口に出したり、暗黙に了解したりしています。私はこれをいつも興味深く思っていました。英国人の特質、英国人であることの特質の一つは、米国人のように堅固なアイデンティティの定義を持たないことだと思います」

世界の他のどこかの国でこのような主張が受け入れられるとはとても思えない。ましてや移民の口から「あなた方の文化は昔からこうだった」「実際には存在しなかった」と言われたのだ。同じことをグリアの故郷のシカゴで――それも主要なテレビ局で――言う者がいれば、「ニュースナイト」でのような礼儀正しい受けとめ方はとてもされなかっただろう。

大量移民の時代になってからというもの、こうした議論のより乱暴なバージョンも増えてきた。英国のテレビ局「チャンネル4」は、2006年に「100％英国人」と題したドキュメンタリーを放送している。この番組では局側が人種差別的だと信じる白人の英国人の一団（マーガレット・サッチャーの政権で閣僚を務めたノーマン・テビットを含む）を選び、彼らのDNAテストを実施した。そのテスト結果は、対象者全員が実際には「外国人」であることを証明するために使われた。勝ち誇ったように各人に提示された結果から導き出されたのは、「ほらね、私たちは皆、本当は外国人なのです。だから移民や国家のアイデンティティに関して何も不安を感じる必要はありませんよ」という結論だ。

もちろんここでも、白人以外の英国人に同じことをするような無礼な人間はいないだろう。しかし英国人や他の欧州人に対して、それ以外の人々とは別のルールが適用され始めている。そのすべては変化に対処するための方策であるように思えるのだ。仮に止めることができないのであれば、受け入れ国側の気の持ちようを変えることによって解決するしかないという類の変化への。

その延長上にあるのが〝原告側〟からのより厳しい論駁だ。西洋の社会はこのような破壊を受けて当然だというのである。「白人が何をしたか知っているか？」と、彼らは問う。「特にお前たち欧州人が？　お前たちは世界中を旅して様々な国に住み、略奪を行った。そしてその国の独自の文化を消そうとした。これは応報だ。もしくはカルマだ」

作家のウィル・セルフ（現在はブルネル大学の現代思想の教授）は、2011年の国勢調査結果が公表されたその同じ週に、BBCでまさにこの攻撃的な科白を口にした。同局の主要な討論番組「クエスチヨン・タイム」で、彼はこう明言している。「スエズ危機に英国がどう絡んでいたかについては、ほとんどの人々がこう思っている。基本的には海の向こうに出かけていって、黒や茶色の人々を服従させ、彼らの持ち物や労働の果実を奪ったのだと。それが英国のアイデンティティの中核だった。それが大英帝国だった。近年になってからも様々なエリート政治家たちがその復活を試みているが、あまり成功していない(9)」

一部のエリート政治家が近年になってから大英帝国の復活を試みてきたという主張はさておくとして、彼の発言から聞こえてくるのは紛う方なき、あからさまな復讐の響きだ。そうした本能は人種や宗教の境界を越えたものであることや、他者だけではなく自分にも向けられやすいものであることを示しつつ、セルフが言外に語ったのは、英国は歴史上の行状のために独自に罰せられなければならないということである。

この議論の波紋は思うだに衝撃的だ。というのも、これが部分的にせよ近年の我が国の変容に拍車をかけていたのだとすれば、我々がこれから経験することは偶然のできごとでもなければ、単なる国境の緩みでもなく、冷静で意図的な国家的破壊行為だということになる。動機は脇に置くとしても、そこからは我が国の政治家が向き合うことを避けている究極の疑問が浮かびあがる。こうしたすべてはあとどのくらい続くのか？　この変容は終わりに近づきつつあるのか？　それとも始まったばかりなのか？

「ただ甘んじて受け入れろ」

2011年の国勢調査はこの問題に取り組む素晴らしい機会になりえたはずだ。ところが第二次世界大戦以降の移民論議がことごとくそうだったように、その機会はあっさりと見過ごされた。単に回答が与えられなかったということではない。的を射た問いがほとんど出されなかったのだ。

たとえば調査結果を巡る満足感が広がる中で、誰もこう問うことをしなかった。もし「白人の英国人」が首都で少数派になったという事実が——国家統計局（ONS）のスポークスマンが言うように——「多様性」の表れだとするなら、いつそうでなくなる時が来るのだろうか？ ロンドンの一部の自治区ではすでに「多様性」が失われつつあることが、国勢調査によって示されている。移民の出自を持つ人々が十分にいないからではない。それらの自治区に多様性を持たせるだけの白人の英国人がもはやいないからである。

2011年の国勢調査以降も英国に来る移民の数は増え続けている。また公式な数字と実際の数字とのギャップも大きく開き続けている。同年の国勢調査以降、入国から出国を差し引いた正味の移民数は年間30万人を遥かに超える人数で推移してきた。ところが毎年新たに発行される国民保険番号（仕事をするためにはそれが必要）の数は、その2倍以上なのだ。

英国の人口増は今やほぼ完全に移民と、その出生率の高さに負っている。2014年の場合、イングランドとウェールズでの出生数の27％は外国生まれの母親によるものだった。また新生児の33％は少なくとも一方の親が移民だった。後者の数字は１９９０年代に比べると倍になっている。

現在の人口の動向が継続し、移民数にこれ以上の増加がない場合、ＯＮＳが試算する最も穏健な英国の人口の先行きはこうだ。現在６５００万人の人口が10年以内に７０００万人になり、２０５０年までに７７００万人に到達。２０６０年には８０００万人を超えている。[10] ただしこの推計は現在のレベルを下回る移民を想定したもの。２０１１年以降のレベルが継続するなら、英国の人口は２０４０年にも８０００万人を超え、２０６０年には９０００万人（２０１１年の5割増）に達しているだろう。

人口学的な予測というのは油断がならないことで悪名高い。大勢の人々をごまかすだけの変数がそろっている。だが学界の真摯な人口学者たちの間では、以下のようなコンセンサスができている。仮に近年のようなペースで移民が到来しなかったとしても、英国の人口構造は本書の読者の大半がまだ生きているうちに、より重要な点で変わるというのである。

たとえばオックスフォード大学の人口学教授デビッド・コールマンは、現状を基準にしたとしても、２０１１年の国勢調査で自分は「白人の英国人」だと回答した人々は、２０６０年代には英国の多数派ではなくなっていると示した。しかも渡英する移民の数が現在のまま継続したり、ましてや増加したりすれば、「その時期はもっと早まるだろう」と、彼は強調する。その時、英国は、コールマン教授が言うように、「現在の居住者にはそれと見分けがつかないような」場所になっていることだろう。[11]

おそらくは大量移民の擁護者たちが単純にその数に浮かれることをやめ、自分たちがどれほどの「多様性」を望んでいるのか、また何を最適な目標数値と見ているのかを表明すれば、問題が理解しやすくなるのだろう。目標はロンドンの——または全国の——白人英国人が25%を割ることか。あるいは10%であるべきか。それともゼロか。

最後に問うべきさらなる難題は、様々な批判が向けられる中で、そうした「白人の英国人」がいつになったら自分たちの被る不平等についての抗弁や不平を聞き入れられるようになるのか（あるいは、いつか聞き入れられる日が来るのか?）ということだ。

このような趨勢を止めようとする英国政府の思いきった計画がない限り、このプロセスに歯止めをかける手立ては見えてこない。だが過去70年間にわたる歴代の政権は、移民に関わることを何ひとつ予期したり先手を打ったりすることができずにきた。また、そうした計画への反対論が非常に重視され続けた。再度ウィル・セルフの発言を聞こう。2011年の国勢調査結果の発表後、BBCのスタジオで盛んな喝采を浴びながら、彼は言った。「移民に反対する側に並んで議論をしている人々は、たいてい人種差別主義者です（聴衆の喝采）。人間を、特に黒や茶色の肌の人を嫌っているんです」

白人の英国人が祖国の変化について沈黙を保つことしかできなくなったのはとうの昔のことだ。近年はさらに、痛罵も祖国の喪失も受け入れ、何も言わず、不満も抱かずに自己破壊にいそしむことを期待されているかのように見える。「乗り越えろ。今に始まったことじゃない。お前たちは最低だった。今のお前たちは無価値だ」と。

政治家や有識者が英国民（特に白人の労働者階級と中産階級）の不安に向き合う姿勢には、著しく懲罰的な色彩があることを認めないわけにはいかない。おそらくどこかの時点で「ただ甘んじて受け入れろ」という段階は終わるだろう。その波紋は予想だにできない。だがその一方で、どこかの政治家がその結末に先んじて手を打とうとするなら、そして人道的な行為に携わったつもりになるなら、彼らは振り出しに戻る以上のヘマをしかねない。

近年になって多くの労働者階級や中産階級の白人有権者が口にし、決まり文句だとあざけられてきた言葉を、主要な政党の指導者の発言と引き比べてみるとよい。彼らはこれまでずっと中傷され、侮辱され、不安を無視され続けてきたが、祖国が失われつつあると語った平均的白人有権者の言葉は正しくはなかったか？

あなたが彼らの考え方や発言についてどう思おうと、人々はどこかの段階で立ち止まり、こう思案するに違いないのだ。ほぼ全員が忌み嫌い、退けようとしてきた声が、最終的には最も正しい予測をした声だったのではないかと。

第3章

移民大量受け入れ正当化の「言い訳」

移民大量受け入れ正当化の論理

20世紀後半から21世紀前半を通じて、欧州の各国政府は国民の承認を得ることなく大量移民政策を進めた。だがそのような大きな社会変革を、問題を軽減するための議論を重ねることなく、その社会の意思に反して強制することはできない。欧州人がこの間に聞かされた主張は、道徳的なものから技術的なものまで多岐にわたる。それらはまた必要性や政治の風向きに応じても変化した。しばしば持ち出されたのは、たとえば次のような主張だ。「大規模な移民は我々の国々の経済を利する」「〝高齢化する社会〟では移民を増やすことが必要だ」「いずれにせよ移民は我々の社会をより文化的で、興味深いものにする」「たとえ上記がすべて誤りでも、グローバル化が進む限り、大量移民は止められない」

こうした弁明は互いに絡み合い、置き換え可能になっていきがちだ。そのため一つが破綻しても、常に別のものが取って代わる。経済的な議論から始まるケースがしばしばだが、道徳的な議論から始まることもある。仮に大量移民があなたをより豊かな人間にしなかったとしても、その時にはより良い人間にするだろうと。あるいは大量移民が貴国をより良い国にしなかったとしても、少なくともより豊かな国にするだろうと。

時を経るうちに、これらの議論のそれぞれを論拠に自らの正しさを証明しようとする人々が分派を作っていった。どのケースでも理由付けは何らかのできごとが起きたあとになされる。そのため、いずれにせよ発生していたであろうできごとの正当化が図られたという印象が残る。

「経済成長に必要だ」という正当化

近年はずっと、時には重箱の隅をつつくようにして、欧州が経ている社会的変化はこの大陸を大いに豊かにするものなのだと証明する努力がなされてきた。事実はその逆だ。21世紀の福祉国家に住む者なら、誰もがそのことを実感することができる。仕事を持つ欧州人は、現代の福祉国家の基礎が(病気になったり、失業したり、退職する年齢になったりした時に)国家からサービスを引き出すことができるという点にあることを知っている。なぜなら職業生活の全期間を通じて、そのシステムに金を払い込んできたからだ。中にはあまり金を払い込まない人々もいるが、その分はあまりサービスを使わない人々が補っている。

移民先の国に初めて到着し、それまでシステムに一切金を払い込んでこなかったある家族が、欧州の福祉国家が提供する住居、教育、福祉、手当などに見合った金を税金として払い込むまでには、少なくとも幾ばくかの時間がかかるだろう。そのことは誰の目にも明らかだ。同様に、労働市場(特に低賃金のそれ)に関わる全員にとって明白なことがある。相対的に閉ざされた労働市場は、働き手が世界中から入ってこられる労働市場とは機能が異なるということである。雇用主の立場から見れば、安価な労働力を大量に移入することには明白な利点があるだろう。しかし大きく開かれた労働市場では、低賃金労働に従事する人々が、賃金水準や生活水準の遥かに低い国々から来た——従ってもっと安い賃金でも喜んで働く——人々に仕事を奪われてしまうことも、同様に明白だ。

他にも同じくらい明白なことがある。たとえば英国では長年、住宅が不足してきた。それを補うために少なからぬ緑地帯を潰さなければならず、2016年の段階では年間24万戸を新築しなければならなくなっている。ざっと数分に1戸を建てる計算だ。すでに英国にいる人々の増加を考えただけで、この24万戸という数字が避けがたい現実となっている。だが、ことはそれだけにとどまらない。毎年同じ数の住宅を新築し、毎年新たに英国にやって来る人々を住まわせなければならないのだ。実際、近年と同じペースで移民が続けば、英国は1年ごとにリバプールと同規模の都市を新たに築く必要がある。だが当然、建築戸数は追いついていない。

学校用地についても同じだ。英国における学校用地の不足は、都市伝説でもなければ、すでに英国にいる人々の出生率の増加の産物でもない。学齢期の子どもたちを持つ移民が新たにやって来ることによるものである。2018年には地方自治体の60%が小学校の用地不足に悩むと見られている。同じような無理は国民保健サービス（翻訳サービスだけで年間2000万ポンド以上を支出している）や、他のあらゆる社会福祉の分野にもかかわってくるだろう。

これらの諸点が極めて明白であるだけに、それが事実でないという振りをするにはある種の共同作業が必要になる。その一例がブレア政権期の大量移民を招く根拠となった報告書だった。2000年に完成した「移民：経済的・社会的分析」は内務省経済資源分析班と内閣府パフォーマンス&イノベーション班の合作だ（彼らの組織名自体、反対派をげんなりさせて注意力を奪うためのものであるように思える）。どちらの組織も大量移民の推進派であることがすでに知られた人々から構成されており、従って閣僚たちの既存の方針を下支えする「知的裏付け」を供給する意図を持っていたのは明らかだった[1]。

この重要な報告書の中に、「全体として移民は英国生まれの人々の賃金や雇用にほとんど影響を与えない」という一節があった。例外的な移民を平均的なものとして取りあげ、「英国生まれの労働者が移民によって害を受けるという証拠はほとんどない」と言い張るのが、執筆者たちの論の立て方だ。

報告書はこう続く。「移民の間では起業したり、自営業を営んだりする人々の割合も高いようだ（英国内の移民に限って言えば、他の欧州諸国の移民よりも一層高い）。たとえばル・フィガロ紙の推計だと、1995年以来、15万人のフランス人起業家が英国に移っている（英仏海峡トンネルで連絡がよくなったことも一因だろう）。そうした企業の中にはインターネットやその他のハイテクベンチャーが含まれる。ケント州アシュフォードに移転してきたコンピュータ設計会社はその一例だ」

何十年間も第三世界から移民を迎え入れたあとで、フランスのハイテク起業家を移民の典型として取りあげるのは、少なからぬ不誠実さがなければできないことだ。第二次世界大戦後に英国に来た人々の大半は、貧しい社会で生まれた教育水準の低い人々だった。だからこそ彼らは英国に来ることで、運勢をより良いものにしたいと望んだのだ。専門資格を持つ人々もいたが、多くは移民先の社会でその有効性を認められず、職階の底辺からスタートしなければならなかった。

だが移民の貢献度は英国ですでに働き、税金を払っている人々と同等かそれ以上だと示すためには、先進国で高い教育を受けた裕福な移民だけを取りあげる以外に方法はない。「平均的な移民」が国の経済を活性化させるという決まり文句が成り立つのは、そうした「例外」をあたかも「標準」であるかのように見せかけた時だけなのだ。

経済を口実に大量移民を擁護しようとする試みは、すべてがこのトリックに依拠している。この手を使おうとした人々の一例が欧州委員のセシリア・マルムストロームと国連代表のピーター・サザーランドだ。２人は２０１２年に著した一文の中で、欧州が大量移民に国境を開かなければ「起業家や博士号を持つ移民」などがすべて「ブラジル、南アフリカ、インドネシア、メキシコ、中国、インドなどに殺到」し、欧州はより活力のない場所になるだろうと論じた[2]。

この分野の数少ない研究の一つが、ユニバーシティ・カレッジ・ロンドン（ＵＣＬ）の移民調査分析センターから出されている。２０１３年に公表された「英国に対する移民の財政的影響」と題する――最終的なものというよりは暫定的な――調査報告書がそれだ。この報告書はめったに見られないほど広範にメディアで報道された。ＢＢＣは、「最近の英国への移民は『正味で貢献をしている』」という見出しを掲げ、トップニュースでこの話題を取りあげている。それによれば、「最近の移民」の国家財政に対する貢献度は――システムから金を流出させているどころか――「目を見張るほど強い」のだという[3]。

ＵＣＬ自身の肯定的な記者発表に追随し、全国メディアが「最近の移民の波（２０００年以降に英国に着き、英国内の外国生まれの住民数をかくも急増させた人々）は、受け取る給付金よりも税収への貢献額のほうが遥かに多い」という主張に焦点を当てた[4]。

調査報告書の別の場所では、移民は納税者にとってのコストであるどころか、実際には移民先の国の国民よりも国家の財政的重荷になる割合が低いという主張がなされた。また最近の移民は英国人に比べて公営住宅を必要とする割合が低く、国からの給付金や税額控除を受ける割合も「英国生まれ」を45％下回ると断じた。

こうした主張を耳にして、一部の国民は間違いなく首をひねったことだろう。あのソマリア人やパキスタン人やバングラデシュ人たちが、いつの間にそれほど多額の金を国庫に納めることができたのかと。だが、この研究もまた例のおなじみのトリックを使っていたのだ。最も裕福かつ英国人との文化的差異の少ない移民を、移民の典型として挙げていた。UCLが主に注意を向けたのは「高い教育を受けた移民」であり、とりわけ欧州経済圏（EEA：EU及びノルウェー、アイスランド、リヒテンシュタイン）から近年になってやって来た移民だった。

調査報告書では、これらの移民の納める税金が受け取る給付金を34％上回っているのに対し、「英国生まれ」の納める税金は受け取る給付金を11％下回っているという事実が強調されている。大量移民の財政的なメリットを疑う人々は、仕事の都合で英国に移ってくる裕福なリヒテンシュタイン人と、突然向き合う羽目になった。

だがこの調査報告書を一皮むくと、メディアとUCL自身によって歪曲された調査結果が、いかに現実とかけ離れているかがわかるだろう。UCLは「2001～11年にEEAからやって来た移民は、英国経済に約220億ポンドの貢献を果たした」と推定するが、出身国を問わないすべての移民の財政的影響を調べると、まったく別の物語が浮かびあがる。実際のところ、前述のような肯定的な主張をなしえるのはEEAからの「最近」の移民だけなのだ。

UCL自身の研究にひっそりと示されていたように、EEA域外からの移民は、実際には納めた税金を約950億ポンド上回るサービスを享受していた。つまり1995年から2011年の間に英国にやって来た（都合のいい裕福な移民だけではなく）すべての移民を取れば、支払った金額よりも受け取った金額の方が相当に多かったのだ。言い換えるなら、大量移民は当該の期間を通じ、英国を少なからず貧しくしていたのである。

方法論や歪曲の仕方、重要なデータの隠蔽などを批判されたUCLは翌年、最終的な調査結果を公表した。その時までに数字はさらに厳しいものになっていた。950億ポンドという前年の数字は、英国にのしかかる移民のコストを遥かに下回っていたのだ。1995年から2011年にかけての移民は、実際には英国に1140億ポンドほどのコストを負わせていた。しかも最終的な数字は1590億ポンドまで跳ねあがる可能性があった。

言うまでもないが、実際には移民が英国に1000億ポンド以上のコストを負わせていたという発見はニュースにはならず、そのような見出しが誰かの目に触れることはなかった。重要な発見を除外してしまった報告書の最終版など、どうしてニュースにできようか。(5)

こと移民に関することとなると、至るところで同じ立証方式が用いられる。結論に合わせて根拠を探し出すのである。英国政府は2000年に移民に関する報告書を出した際、大量移民の支持者として知られる2人の学者（サラ・スペンサーとジョナサン・ポーテス）の手を借りて、バーバラ・ロシュのような政治家が進めたがっている政策の正当化を図ろうとした。そのような仕事には通常の学問的厳格さの水準は適用されない。ある主張が望ましいとされるところ、必ずそれを支持する「証拠」が見出された。不都合だと考えられる状況が存在するところ、必ず「証拠を欠く」とか単なる「事例証拠（個別事例に基づく証拠）」だと論じられた。

たとえば「英語が第一言語ではない移民の子どもたちが数多く集中すると、学校側に負担をかけたり、他の保護者の間に不安を広げたりしかねない」という問題も、「事例証拠」しかないとされている。それも単なる「事例」ではなく、「一部の人」しか見聞きしていない事例に過ぎないと。

報告書の中では、大量移民が「住宅市場や交通機関などのインフラへの負担を増したり、過密や混雑を激化させたりするかもしれない」という点も、単に「理論上のこと」だと説明された。現実はまるで違うと報告書は言いたいのだ。どうして人々が流入したからといってより多くの家屋が必要になるなどと考える人がいるのでしょうね、と。

大量移民をそれ自体望ましいものとして支持してきた執筆者たちの経歴を考えれば、これらは特段驚くには当たらない。ただ、移民の利益に関する経済的な分析としてまとめられたその報告書は、実際には社会の変化の青写真であるばかりか、その応援団にもなっていた。執筆者たちは大量移民を擁護する論陣を張る中で、移民の子どもたちは「英国の学校により広範な多様性」をもたらすだろうと主張する。英国の労働者にとっての潜在的な懸念も、同様にことごとく一蹴された。たとえば大規模な移民によって「英国生まれの労働者に害が及ぶ証拠はほとんどない」と。実際、「移民は英国人の雇用の見通しに何ら影響を与えないだろう」とされた。

学界の片隅に巣くうスペンサーやポーテスのような人物に政府の仕事を任せたことで、彼らの意見は単に箔がついたばかりではなく、国家のお墨付きをも獲得した。報告書が出されてからは、ロシュのような閣僚が「大量移民は純然たる経済的利益をもたらす」と力説する時などに、その根拠を示せるようにもなった。なぜ労働党内閣がこれほど猛烈に移民を増加させてしまったのかと不思議に思う人もいるだろうが、一つにはこのような仕事が潤滑油としての効果を発揮したためである。

現実を言おう。他の分野の利益はさておき、移民の経済的利益を享受できるのはほとんど移民のみなのだ。事前の費用負担なしに公共施設を利用できるのは移民である。出身国よりも高い賃金の恩恵を受けられるのも移民である。それに彼らの稼ぐ金は――あるいはその多くは――往々にして地域経済に還流することなく、英国の外に住む家族に送られる。

大量移民はすべての人を豊かにするとか、誰もが移民の生み出す富の潮流に乗れるといった議論に与するメディア関係者は、ある重要な点を常々忘れているようだ。一国のGDPが成長しても――労働力人口が増えれば成長するに決まっているわけだが――個人がそこから利益を得られるとは限らない。肝心なのは1人当たりのGDPなのだ。そして大量移民が1人当たりのGDPを改善するという証拠は何もない。それゆえに、この議論に敗れた大量移民の擁護派は、別の議論へと移る傾向がある。

「高齢化社会では受け入れるしかない」という正当化

経済的な側面からの大量移民の擁護論が賄賂の魅力に支えられているとするなら、大規模な移民に対するもう一つの弁明にのしかかっているのは脅威の影だ。この議論においてなされるのは、欧州人は老化しているとか、欧州社会は高齢化しつつあるとか、もっと人口を増やさないと社会を構成する若者の数が足りなくなり、老齢になった欧州人が慣れ親しんだライフスタイルを維持できなくなるといった主張である。

実はこれもまた、大量移民の国際的な権威にして擁護者でもある欧州委員のセシリア・マルムストロームと国連代表のピーター・サザーランドが論じていることの一つだ。2012年に彼らはこう述べた。「欧州の人口の高齢化は歴史的に前例のないものだ。労働者の数は急激に減少し、今世紀半ばまでにはほぼ3分の2になりかねない。欧州の社会モデルや、都市の活力、イノベーションや競争の能力、そして――高齢者が若者に大きく依存するようになるために――世代間の関係に重大な影響が生じるだろう。新たな来訪者のエネルギーや活気を歓迎する国々が国際的に最も競争力を高めるのは歴史が示すところだが、欧州は国境を締めつけることによって、その逆方向に向かっている」(6)

この試練への最良の回答は国外から次の世代を迎え入れることだと、2人は結論づけている。なぜこれがひどく貧弱な議論であるのかを論じる前に、小さな真実の種がそこに含まれていることを認める価値はあるだろう。

ある社会が安定した人口を維持していくためには2・1内外の出生率が必要になる。すなわち、その社会が長期的に人口を増やし続けるためには、住民2人につき2・1人の子どもを持つ必要があるということだ。欧州では近年、出生率が軒並みこのレベルを下回っている。たとえば2014年のポルトガルの出生率はわずか1・23で、何らかの対策を採らなければ次の世代には人口が半減してしまう数値だ。今の千年紀が始まる時点で、出生率が肝心要の2・1に達していた国は欧州に一つもなかった。ドイツ（1・38）をはじめとするいくつかの国々は、その水準を大きく下回っていた。(7)

興味深いのは一時期、極左の政党、特に西欧各国の緑の党が、人口爆発の抑制を目的に、まさにこうなることを狙ったキャンペーンを展開していたことだ。彼らはたとえば、世界にとって「最適な人口」を維持するために、すべてのカップルが設ける子どもの数を1人にとどめるべきだと主張した（中国が同様の政策を強要するようになってからは、不快な響きを内包するものになってしまったが）。先進国がその先頭に立つことが期待されていた。

だが第三世界から欧州に来る移民が膨れあがるにつれ、緑の党は人口の上限を定めたり、出産を抑制したりせよとは主張しなくなった。欧州の白人には子作りをやめろと喜々として告げていたのに、暗い色の肌をした移民に同じ要求をすることは、なぜか気が進まなかったようだ。それでも、欧州人が十分な数の子どもを設けなくなったから、次の世代を移民で構成しなければならないという考え方は、いくつかの理由でひどく誤っている。

第一に、一国の人口が常に一定であるべきであるとか、増え続けるべきであると仮定するのは間違いだ。欧州の国民国家の中には、世界でも有数の人口密度を持つ国が含まれている。人口が増え続けたからといって、それらの国々の生活の質が向上するとは限らない。

そのうえ、そうした国々に着いた移民は、人口がまばらな地方部にではなく大都市に行くものだ。スコットランドの高地やダートムアの荒れ地にはたいがい向かわない。そもそも英国はベルギーやオランダと並んで人口密度の高い欧州の国家であるわけだが、仮にイングランド地域だけを取り出せば欧州第二位の人口密度ということになる。(8) 絶え間のない人口の増加は、すでに住宅不足に悩んでいる地域や、公共交通機関などのインフラ整備が追いつけずにいる地域に、様々な問題を引き起こす。欧州人の生活の質に関心を持つ者なら、どうやって人口を増やすかではなく、どうやって減らすかを考えるだろう。

ここで、移民は人口を一定に保つためだけに必要とされているのだと仮定しよう。ある国が人口を安定させたがっている、またはゆっくりと増やしたがっているとするなら、次は他国から人を迎え入れる前に、自国民が足元で十分な子どもを設けていない理由があるのかを考えることが先決ではないか。国民は子どもを欲しがっていないのか、それとも欲しがってはいるが持つことができないのか？　後者だとするなら、次は国民が子どもを持てる環境を作るために政府として何かできることがないかを問うべきだ。

英国を含む多くの国々で得られる証拠からすると、出生率が人口を維持できるレベルを下回っているのは、国民が子どもを欲しがっていないからではない。事実はその正反対だ。たとえば労働党政権下で移民が爆発的に増えていた2002年に、ONSがある人口問題の調査を行った。それによると、子どもを欲しがっていないのは英国人女性のわずか8％であり、子どもは1人だけでいいという女性もたった4％だった。最も多くの英国人女性（55％）は子どもを2人持つことを望んでいた。別の14％は3人の子どもを欲しがり、さらに別の14％は4人を欲しがっていた。5人以上の子どもを望む女性も5％いた。人口を安定させ、もしくはゆっくりと増加させたいなら、たとえ子どもは1人もいらないという女性が8％いようとも十分達成可能なはずである。[9]

なぜ欧州人が設ける子どもはこんなにも少ないのか。近年、この疑問は社会学だけでなく、生物学的な観点からも解明が図られてきた。だが多くの欧州人には覚えがあるはずのことが一つ見逃されている。欧州の大半の国々に住む中間的あるいは平均的な所得の夫婦は、1人の子どもを持つことにさえ不安を抱えているのだ。少なくとも一定期間は夫婦の片方のサラリーが失われることもあり、その子をどうやって養おうかと悩んでいる。2人めを持つことには、さらに多くの懸念と不安が伴う。

欧州人ならほとんど誰もが、知り合いの中に何組か、夫婦そろって立派な仕事を持っていながら、「3人めの子どもができたらやっていけない」と思っているカップルがいる。実際のところ、今や3人以上の子どもを持つのは三つのタイプの人々だけなのだ。すなわち非常に裕福な人々か、貧しい人々か、最近の移民たちである。

移民にとっては——特に第三世界から来た移民にとっては——欧州の福祉国家から子どもたちのた

めに支給されるものは、何であれ出身国で期待できたものよりは上だろう。一方で生粋の欧州人たちは、学校用地の奪い合いや、平均的な住宅価格をその地域の平均年収の5〜10倍に押し上げている住宅不足、さらには1人の子どもの（ましてや3〜4人の子どもの）養育にかかる費用をどうやって工面するかという問題に不安を抱いている。

スペンサーとポーテスの見解に反して、一部の親たちが地元の学校の終わりなき「多様化」を喜ばず、我が子が似通った文化的背景を持つ人々に囲まれて教育されることを望むケースもあるだろう。その場合、親たちは——都市部や郊外の住人なら特に——中産階級の住む界隈に家を買えるだろうか、そしてそこから子どもたちをより「多様」でない学校に通わせられるだろうかと気をもむことになる。自分たちの望むやり方で子育てをする費用が確保できないとなれば、多くの人々は欲しいだけの数の子どもを持つことをあきらめるだろう。

自国が将来どのような姿になっているかという問いは、次の世代をどのように生み育てていくかという大問題へとつながる。人々が将来を楽観している時は、この世に子どもたちを生み出すことについても楽観的になりがちだ。しかし民族的な分裂や宗教的な分断に満ちた未来を予期するなら、この世に我が子を送り出すことに慎重になるかもしれない。

欧州各国の政府が本当に人口減少を案じ、出生率の高い人々を世界の他の地域から呼び入れることを考えているのなら、まずは既存の国民の出産を後押しできる政策がないかを検討する方が賢明だ。たとえばポーランドでは、自国民の出生率を高め、移民への依存度を下げるために、右派政党「法と正義」が近年、児童手当を増額してきた。最低でも各国政府は、現在行っていることの中に事態を悪化させているものがないかを検証するべきだ。

次に人口の高齢化の問題がある。今日の欧州の住人が歴史上のどの時代よりも長生きになったのは事実だ。大きな戦争や疫病さえなければ、次の世代は医学の進歩によってさらに長く生きられるに違いない。人が長く生きることはその社会にとっての大変な重荷であり、悩みの種であるかのように言われることも多いが、もちろん大半の個人にとってはむしろ幸いなることとして記憶されるだろう。若さに執着する文化を高齢者の経験とバランスの取れたものにするなど、社会に様々な利益をもたらす可能性もある。「人口の高齢化」が「悩みの種」であるかどうかは考え方次第なのだ。いずれにせよ、たとえ長寿が社会にとっての呪いだったとしても、次の世代を別の大陸から〝輸入〟する前に、やれそうなことは数多くある。

第二次世界大戦後の一時期には、リタイア後の第二の人生はせいぜい数年間だと考えられていた。それが今では20年もの余生があると想定されている。この経済的難題への解決策として自明なのは、退職年齢を引き上げ、働いていた間に拠出した以上の金を、年金や医療の形で引き出さないようにすることである。一部の国々では自然な流れとしてそうなってきた。たとえば英国では２００４年から２０１０年までの間に、平均的な退職年齢が１歳上がっている（男性は63歳から64歳へ、女性は61歳から62歳へ）[10]。

実のところ、退職年齢の引き上げは常にこのように容易かつ自発的に実施されるわけではない。ギリシャで退職年齢が引き上げられたのは、2008年の金融崩壊と何波にもわたるユーロ圏危機が発生したあとのことだった。それまでのギリシャでは数多くの職業（美容師やラジオアナウンサー、トロンボーン奏者など一風変わったものを含む）に就く人々が50代でリタイアできていた。しかし経済的現実の直撃を受け、退職年齢の引き上げを余儀なくされたのだ。

だが安直な大衆受けを狙う政府が経済的現実への屈服を拒むことも、よくある話である。2010年、フランスのニコラ・サルコジ大統領はどうにか強硬な反対を押しきり、退職年齢を60歳から62歳へと引き上げた。2年後、後任のフランソワ・オランドはそれを60歳へと引き戻した。

60代になるまで働き続けたくないという考えを持つ人々は常に存在する。しかし勝手知ったる社会で長く働いた方が、見知らぬ人ばかりの社会で死んでいくよりもいいと思う人もおそらくいるだろう。高齢の労働者がする仕事などないと論じる向きもあるが、これには高齢者の生産性を上げるために経済をどう変えていくかという真剣な考察が必要だ。

2012年のインタビューで、ドイツのメルケル首相は欧州大陸が抱える難題を簡潔に説明した。「現在の欧州は世界人口の7%余りを占めるに過ぎず、世界のGDPの25%前後しか産出していません。その欧州が世界の社会保障支出の50%を調達しなければならないのだとしたら、その繁栄とライフスタイルを維持するためにかなりの努力をしなければならないのは明らかです。私たち全員が、毎年稼ぐ以上の金額を使うのをやめなければなりません」(11)

この問題には非常に多くの回答が考えられるが、簡単なものは一つもない。しかしその中でも最も無駄に複雑なのは、次世代の労働力の基盤を築くために大量の移民を社会に輸入しようとするものだろう。それは第一に、予測できないファクターがあまりに多いからだ。戦後の欧州への移民の歴史は、すると期待されたことをしない人々の歴史に他ならない。欧州各国の政府は次世代の移民が自国の経済にいかに貢献するかを知っているつもりでいるのかもしれないが、彼らがこれまでに一度でも正しい予測をしたと示すような証拠はない。

予測可能であるにもかかわらず、完全に無視されているファクターも存在する。たとえば移民もまた年老いるという事実である。多くの政策立案者には意外に思えるだろうが、大人数の若い移民を輸入しても人口の高齢化の問題は解決されない。なぜなら移民もまた高齢化するからだ。そしてそうなった時、彼らは他の全員と同じ権利を要求するだろうし、また要求して当然でもあろう。論理的な結論を言うなら、この短期的な解決策は長期的にはより深刻な頭痛を引き起こす。なぜなら移入する移民の数をピラミッドの形状よろしく続々と増やしていかなければ、増え続ける人々が慣れ親しんだライフスタイルを維持できなくなるからだ。

一方、欧州のあらゆる国々で聞かれるのは、特に若い欧州人が「しようとしない」仕事があるという議論である。それが事実だとしたら、それは低賃金の仕事をするより働かないでいた方がましという状況を生み出した福祉政策の結果だろう。また若者たちの教育水準が上がり、魅力に欠ける平凡な仕事を見下すようになった結果でもある。社会に広がるこのような見方を受けて、たとえばこう提案する声がある。欧州生まれの人間はスーパーマーケットの棚に商品を並べるような仕事にはもはや魅力を感じないから、移民を入れる必要があるのだと。

英国のEU離脱論議が交わされていた頃、残留を支持する大金持ちの起業家が、英国に来る移民は必要だと主張した。自分の娘には「ポテト・ピッカー（ジャガイモの収穫作業員）」になってほしくないからと。[12] 自分たちはそんな仕事をするような人間ではないが、他の人々はそれに適しているという人種的なほのめかしはさておくとしても、私たちはなぜ欧州の若者が「そんな」仕事をしないのかを自問するべきだろう。

同時にまた、私たちはこの現状に完全に満足しているのかも自問しなければならない。欧州には職にあぶれた若者が大勢いる。その多くは高賃金の職に就くのに必要なスキルを持っていない。これほど多くの未熟練労働者がすでに欧州にいるというのに、なぜ未熟練労働に従事する人々を招き入れるのか？

大量移民は年金生活者をサポートする利点があるからと擁護されることもあれば、若者が望まない仕事をしないで済むようになる利点があるからと擁護されることもある。だがどちらの擁護論を採るにせよ、問題は年々歳々大きくなっていくばかりだ。なぜなら、それに応じてサポートを必要とする高齢者は増えていき、就業の機会に恵まれる若者は減っていくのだから。これは欧州がはまり込んだ、歳月を経るごとに抜けだすことが難しくなっていく悪習である。

「多様性は良いものだ」という道徳・文化的な正当化

欧州各国に流入する大量移民の擁護論には、いともあっさりとその論法が変わるという顕著な特徴がある。経済的な論拠が否定されるや、道徳的な議論や文化的な議論が取って代わるのだ。彼らはいかなる譲歩もせず、自らの所信を次のように申し立てる。「仮に大量移民が我々を財政的に豊かにしないとしよう。それでも構わない。なぜなら大量移民は別の面で我々を豊かにするのだから。たとえ我々が財政的に貧しくなるとしても、失われた経済的利益は文化的利益で取り戻せるだろう」

この議論は欧州の社会が少々退屈で固定化した場所だということを前提にしている。このような推断は他の多くの社会でも受け入れられないだろう。この伝で行けば、他の大陸は異文化からの大量移民なしでも向上できるが、欧州の各国は大量移民から特に恩恵を受けている——そして今後も受けるだろう——ということになる。まるで欧州の中心には穴が空いていて、それを埋めないことには我々が貧しくなるという合意ができあがっているかのようだ。今や移民は異なる文化、異なる意見、異なる言語、そしてもちろん枚挙にいとまがないほどの新奇な料理をもたらしているのだからと。

大量移民の擁護論の多くがそうであるように、ここにも一定の真実が含まれている。欧州にはすでに多くの言語、文化、料理が存在するが、だからといって世界やその文化についての知識を増やしたくないと考える者はいないだろう。他国の知識から何かを得ようとしない文化があるとしたら、間違いなくその文化は貧しくなっていくのではないか。

さはさりながら、この議論は数多くの誤信に基づいている。その一つめは、世界とその文化を学びたいなら、世界を旅するのではなく、世界を自国に招き入れるのが――そして滞在させるのが――最良だとする考え方だ。二つめは、移民の価値はその数が増えるに従って増大し続けるとする考え方だ。文化の異なる人間が1人町にやって来れば、町はその文化から恩恵を受ける。別の1人があとを追ってくれば、町の受ける恩恵は倍になる。その後も新たな人間が到着するごとに、恩恵は増え続ける……。

しかしある文化の知識や恩恵というものは、その文化から到来する人間の数に応じて増えていくわけではない。食べ物などは、この議論の中でややしつこいほど持ち出されている恩恵の一つではある。だがその例に則して言えば、トルコ料理から得られる楽しみの総量は、その国に来るトルコ人の数に応じて年々増大はしない。10万人のソマリア人やエリトリア人やパキスタン人が新たに欧州に来るごとに、文化的な豊かさが10万倍ずつ増幅されることはないのである。

もしかすると欧州は料理に関して学ぶべきことはもうすでに学んでしまい、従って得るべきものはすべて得たのかもしれない。そしてこれ以上のインド人を我々の社会に招き入れなくても、インド料理を楽しみ続けることはできるのかもしれない。

仮に「多様性」がそれ自体良いことなのだとしたら、それぞれの国にやって来る移民の圧倒的多数が一握りの国々の出身者に偏っている理由が説明できない。欧州に「多様性」をもたらすことを積極的に求めるなら、大量移民の最初の数十年間が過ぎた後は、旧植民地だけではなく、一度も植民地になったことのない国々や、我々がまったく知識を欠いている国々の人々を探すのが賢明だろう。

ただ、「多様性」はそれ自体良いものなのだとする主張の背後には、それとは裏腹な、おそらく一般国民に知らしめるには体裁の悪いある思想が隠されている。オックスフォード大学移民・政策・社会センターのサラ・スペンサーは、労働党が２０００年にある報告書を作成した際に招聘した学者の１人だった。彼女が選ばれたのは、大量移民それ自体の支持者であることがブレア政権に知られていたからだ。スペンサーが中心になって取りまとめた報告書は経済分析を本来の目的とするものだったが、彼女が最も興味を引かれたのは移民の社会学的な側面だった。

１９９４年に編集した書籍 *Strangers and Citizens*（『見知らぬ者と市民』未邦訳）の中で、スペンサーは「英国の国籍を持つことが忠誠の観念に基づいていた日々は終わった」[13]と論じている。他の箇所では共著者らとともに、国民国家は変わったということ、近代の国家は「多様な生き方を包含しうる開放的かつ形式的な集団」になったということ、またそうした国家においては「移民政策はその国の文化的多様性を推進する手段としても見られなければならない」ということを主張していた。[14]

スペンサーは、その1年後にもまた別の出版物の中で「伝統的な国籍の概念は純然たる象徴性のレベルにまで低下したかもしれない」という意見を、我が意を得たりとばかりに引用している。さらに「我々は部分的に重なり合ったアイデンティティからなる、多様性に富んだ集団である。普遍的な価値観や単一の忠誠心によっては結ばれておらず、また結ばれることもできない。我々が一つに結ばれることがあるとしたら、それは権利と責任を相互に享受することを通じてであるに違いない」との持論を展開した[15]。

これは何が国民や国家を構成するのかに関するひどく風変わりな理解であり、そこには奥深く、また大半の国民にとっては受け入れがたい含意が内包されている。サラ・スペンサーは2003年に同化についての考え方を記し、その含意を概説した。すなわち同化とは移民が受け入れ先の社会に適応するために行うものではなく、「移民と受け入れ先の社会による双方向的な適応のプロセス」なのだと[16]。国民に対して「移民から利益を得られる」と語るなら、それは肯定的なことだ。しかし「移民のためにあなた方が変わらなければならない」と語るなら、そうすんなりとは受け入れられないだろう。そのために肯定的な部分ばかりが強調されている。

だが「多様性」はそれ自体良いものだとする大量移民の擁護論は、ある大きな、それも最近まで口には出せなかった問題点から目を背けている。大半の文化が好ましく興味深い点を持つのと同じように、どの文化にも好ましからざる不愉快な点がやはりあるのである。そして肯定的な側面が最初から強調されたり誇張されたりするのに対し、否定的な側面は何年もあとになってからでなければ認められない（それも認められたらの話だ）。

一部の移民グループが受け入れ先の国民ほどリベラルではない考え方を持っていたことが判明するまでに何十年もかかったことを思い起こしてみよう。ギャラップ社が2009年に行った意識調査によれば、調査対象となった英国内のイスラム教徒500人のうち、同性愛を道徳的に容認できると考えていたのはゼロ％だった[17]。2016年に実施された別の調査では、英国内のイスラム教徒の52％が同性愛を違法とするべきだと考えていることがわかった。[18]

こうした調査結果への反応として一般的なのは、「ひと世代かふた世代前には多くの英国人もそうだった」というものである。そのあとには言外に「英国の同性愛者たちは新住民の意識が追いつくまでのひと世代かふた世代を、忍耐強く待つべきだ」という言葉が続く。その間ずっと無視されているのは、そういうふうには事が運ばず、移民たちの意見が――人数の増加やその他の手段を通じて――国民の意識をまるごと変えてしまうかもしれないという可能性である。

2015年にユーガブ社が同性愛に対する英国人の態度を調査した時、質問項目の一つとして、同性愛は「道徳的に容認できる」と思うか、「道徳的に誤りだ」と思うかを尋ねた。このような質問は地方部では隠れた同性愛嫌悪をあぶり出す一方、現代的で多様性に富んだ都市部では物事全般に対する鷹揚さを反映したものになるのではないかと予想した向きもあっただろう。

ところが実際に示されたのは、それとは正反対の事実だった。ロンドンを除く地域では16％前後の人々が「同性愛は道徳的に誤りだと思う」と答えたのに対し、ロンドンではその数字がほぼ2倍の29％に達したのだ。[19] なぜロンドンの住民は、それ以外の地域の2倍近くも同性愛を嫌っていたのか。首都の民族的多様性とは、すなわち時代遅れの道徳観を持った人々を過度に招き入れることだったからに他ならない。だが一部の移民コミュニティの同性愛に対する見方がふた世代ばかり遅れていたとするなら、女性に対する見方は少なくとも何世紀も遅れていた。

英国に住むシク教徒と白人の労働者階級の間で何年も語られてきた噂話に、ついにメディアの取材が入ったのは2000年代前半のことだった。それにより、イングランド北部一帯の町で北アフリカやパキスタン出身のイスラム教徒たちが多くの未成年の少女に組織的なグルーミング（性的行為を目的に青少年と親しくなること）を行っていたことが明らかになった。どのケースでも地元警察は怖気を震って捜査に乗り出せずにいたことが判明。メディアもまた取材をするうちに腰が引けた。

ブラッドフォード市の社会福祉を取りあげた2004年のドキュメンタリー番組は、放送の延期を余儀なくされている。自称「アンチ・ファシスト」や地元警察が、チャンネル4に対し放送中止を訴えたためだ。〝アジア系〟の男たちによる白人少女の性的搾取を取り扱った部分は、扇動的だと非難を浴びた。特に地方選の前に放送すれば、極右の英国国民党の支持率が上がりかねないと、当局者たちは強く主張した。番組は結局、選挙の数カ月後に放送されている。だがこの一件とその後のできごとは、欧州全土に広がろうとしていたある問題とその反応の縮図になっていた。

その当時、グルーミングの問題を争点に選挙運動などすれば――あるいは口に出すだけでも――恐ろしいトラブルを招いた。労働党の下院議員アン・クライアーは、英国北部の選挙区で未成年の少女へのレイプ問題を取りあげたために、たちまち各方面から「イスラム嫌悪」や「人種差別主義者」のそしりを受けた。一時は警察の保護を受けたほどだ。中央政府や警察、地元当局、公訴局などがこの問題に向き合うまでには何年もかかった。

ついにそれが実現すると、ロザラムの町での虐待の捜査だけで1997～2014年の間に1400人以上の子どもが性的に搾取されていたことが判明した。被害者は全員が地元出身の非イスラム教徒の白人少女で、最年少は11歳だった。全員が暴力的にレイプされており、中にはガソリンをかけられて、火をつけると脅された者もいた。他にも銃で脅された者もいれば、誰かにしゃべったらこうなるという警告として、他の少女が乱暴にレイプされるのを無理矢理見せられた者もいた。

加害者たちは全員がパキスタン出身の男性で、組織的に行動していたことが判明した。だが地元議会のある職員は、「人種差別主義者だと思われそうで、加害者の民族的出自を明らかにすることには不安があった。別の職員はそうしないようにと上司から明確な指示を受けたことを記憶していた」と話す。地元警察も「人種差別主義」だと糾弾されることや、地域の人間関係に影響が及ぶことを恐れて、行動を控えていたことが明らかになった。[20]

ロザラムの一件も、英国各地の町で起こった同種の事件と同様、2人のジャーナリストがこの話を公表しようと決意したおかげで明るみに出たものだ。しかし加害者たちを生み出したコミュニティは終始、この問題に向き合う姿勢を見せず、どうにか隠蔽しようとした。被告人たちの家族は判決が出たあとの法廷でも、すべては政府によるでっち上げだと主張している。[21] 英国北部に住むあるイスラム教徒は、自らのコミュニティのメンバーが白人の少女を組織的にレイプしたことを批判したために、同じ英国在住のイスラム教徒から殺害の脅迫を受けたと話す。[22]

聞こえてくる物語はどの場所でも同じだ。被害者の少女たちが選ばれたのは、最終的に裁判を担当した判事たちの言葉を借りれば、異なるコミュニティで育った非イスラム教徒だからであり、「カモ」だと見なされたからだった。男たちの多くは女性に対する――特に付き添いのいない、あるいは保護されていない女性に対する——考え方を、パキスタンをはじめとする男性優位のイスラム文化からそのまま持ち込んだのだろう。そのような女性観が英国内であらわにされるのを見ながら、すべての地域に住む英国人が、法の支配を含む英国の規範だったもののために立ち上がるのを怠った。

善意に解釈するなら、そうした文化から大量の人々が流入したために、当局者たちがどこで線を引くかについて神経質になったということなのだろう。だが、ことはそれだけにとどまらなかった。グルーミングのスキャンダルが勃発するたびごとに、コミュニティ間の問題を引き起こすことや、人種差別主義者と批判されることを恐れて、当局者たちが見て見ぬ振りを決め込んでいたことが露見した。英国の警察は1999年のマクファーソン報告書で「組織的な人種差別主義」を糾弾された傷が癒えておらず、その批判が再び繰り返されることを恐れていたのだ。

西欧のあらゆる場所で、同じような事実が少なくとも同じように緩慢に明らかになった。それはしばしば、英国でタブーが破られるのとほとんど同じタイミングだった。どの国でも、当局が民族や宗教に基づく犯罪統計の作成と分析を拒んだことによって、発覚が遅れていた。2009年にはノルウェーの警察が、オスロでの「被害届の出たレイプ事犯はすべて」非西洋系の移民の犯行だったことを明らかにした。[23] 2011年にはノルウェーの統計局が、「移民が犯罪統計に占める割合は人口比を上回っている」と指摘している。ただし同局は、その原因が文化の差異にあるのではなく、移民の中に若い男性が多いことにあるのだろうと説明していた。

オスロ警察の暴力犯罪部門のトップを務めていたハンネ・クリスティン・ローデは、ノルウェーの当局者たちが現状を認めることに異様なほど消極的であると証言した。レイプ事件と「女性が自分自身の価値を持たない」文化から来た移民との「明らかな統計的関連性」に関しては、「これは大問題でしたが、そのことについて話すのは困難でした」と述べている。レイプ犯の女性観については、「それは文化の問題です」とローデは言う。(24)

もちろんこの種のレイプ組織の事案は、移民全体の行動から見れば日常的なものでも代表的なものでもないだろう。しかしそれらは想像しうる限り最も簡単に発見し、捜査し、罰することのできる悪行ではないのか。その問題に向き合うまでに警察や検察でさえ何年も、いや、ケースによっては10年以上もかかったとなると、何とも悩ましい可能性が頭に浮かぶ。

レイプ組織の事案は女性性器切除（FGM）などと同様に、比較的対処しやすいものであるはずだ。ところが西欧の社会は、わずかでもその問題に取り組むまでに何年も苦労してきた。となると一部の移民が出身国から持ち込んだ比較的軽微で暴力性の薄い不品行には——それらが把握しにくいことは差し引くにしても——さらに監視の目が及ばないだろう。大規模な組織的小児レイプでさえ明るみに出るまでに10年以上かかるのだとしたら、それほど暴力的でも恐ろしくもない不適切な性向が明るみに出るまでに——明るみに出るとしてだが——どれほどの歳月がかかるのだろうか。

以上の点からわかることが一つある。大量移民のメリットが間違いなく存在し、誰もがそれを認められる一方で、別の文化から膨大な人々を招き入れることのデメリットは長い時間を経なければ確認されないのだ。そうなる前に、一般国民は「それほど悪い取引ではないぞ」という合意に達してしまうように思える。「斬首や性的暴行は少しばかり従来の欧州より増えるかもしれないが、少なくとも料理の選択肢はずっと広がるではないか」と。

「グローバル化が進む以上、移民は止められない」という正当化

大量移民を擁護する最後の弁明ないし口実は、理屈にも言い訳にもならない代物だ。他の擁護論がすべて論破されようとも、これだけはずっと残るだろう。どのみち何もできないのだから気にすることはないという議論である。「誰の手にも負えない。これが我々の運命なのだ」と。

現在の危機が始まった当初、私はアテネで、移民の現状を巡る欧州の政策はどうあるべきかという討議に参加した。私なりの意見を述べながら観察したところ、他の参加者（ギリシャのエコノミストのアンティゴネ・リベラキや、フランスの政治家兼社会活動家のベルナール・クシュネルら）は、聴衆に「できることは何もない」と語ることが多かった。その後、クシュネルが事前に用意したスピーチ原稿を机上に置いた時、その1行めが消されているのが見えた。彼のスピーチはまさに、「欧州はギリシャへの移民の流れを止められない。できることは何もない」という主張から始まる予定になっていたのだ。それはおなじみの嘆き節だが、比較的賢明な政治家はそれが潜在的な破滅をもたらすものであることにしばしば気づいている。

2015年、英国のテレサ・メイ内相（当時）を含む主要な政治家たちは、次のように主張した。欧

州各国は第三世界の国々の生活水準を向上させ、彼らの渡欧を防ぐよう努めなければならないと。だが実際は、多くの研究で示されているとおり、生活水準が（ぜいたくなレベルとまではいかないだろうが）向上して初めて、本格的な大量移民が始まるのだ。本当に貧しい人々は密航業者に支払う金がない。

「できることは何もない」という見方に学問的な箔をつける試みもなされてきた。近年、移民をテーマとする学術論文の中で、移民の流入は実際にはあらゆる形の移民規制によって引き起こされているのだという主張が広がっている。オックスフォード大学とマーストリヒト大学に籍を置くハイン・デ・ハースなどは、移民規制が機能していないばかりか、欧州と彼らの祖国との間の正常な往来を妨げることによって、むしろ移民を増大させていると断定した。こうした論理は学者の間では人気だが、もちろん「あらゆる形の移民規制」に反対する人々によってのみ主張されているに過ぎない。

その背後にある不発に終わった民主的爆弾のことを指摘する前に、この主張の真偽を考察してみる価値があろう。近年、第三世界にマスメディア（特にテレビ）が普及したことと、旅行費用が低下したことで、世界中の人々の旅に出たいという願望とその機会が、かつてなく高まっている。だがグローバル化によって本当に世界中の人々の欧州行きを阻止できなくなるというのなら、そのグローバル化に何の影響も受けていない国々があることも指摘するべきだろう。

経済的な吸引力が原因だというのなら、現在の日本に西洋から空前の移民の波が押し寄せていない理由がない。２０１６年の名目ＧＤＰを基準にするなら、日本はドイツや英国をしのぐ世界第三位の経済大国だ。しかし欧州のどの国をも上回る経済力を持ちながら、もちろん日本は移民をせき止め、居残りを思いとどまらせ、外国人が日本国籍を得ることを難しくする政策を実行することで、大量移民を防止してきた。日本の政策に賛成するかどうかは別にして、この高度につながり合った時代においても、現代の経済国家が大量移民を防止することは可能であること、またそれが「不可避」なプロセスではないことを日本は示した。

同様に、中国は世界第二位の経済大国ではあるが、欧州ほどの規模の難民申請者や経済移民は向かっていない。それが望ましいことかどうかはさておき、相当に豊かな国であっても、必ずしも世界中の移民が目指す場所にならずにいることは可能なのである。

人々が欧州に来たがる理由は富や仕事ばかりではない。好ましい移民先となるような理由を、欧州自身が付け加えてきたからだ。中でもよく知られているのは、ひとたび欧州に着いた移民は滞在を認められやすいということである。同様に、欧州の福祉国家は到着した移民の面倒を見てくれるであろうことも知られているし、仮にたいして面倒を見てもらえなかったとしても、彼らの出身国はもちろん、他のどこよりもましな生活水準と各種の権利を享受できるだろうことも知られている。

欧州は世界のたいていの場所よりも寛容で平和的でもてなし好きな大陸だとも――我々にとってはまんざらでもないことだが――信じられている。そういう大陸が数多くあるなら、欧州はたくさんの寛容な社会の一つという地位にとどまれたかもしれない。しかし入国するのも居残るのも容易で、なおかつ安全に滞在できる場所が欧州以外にないと知れわたれば、結果的にこの大陸は注目を浴び、長期的には「まんざらでもない」などとは言っていられなくなるかもしれない。

いずれにせよ、世界各地の移民が欧州に押し寄せるのは避けられないことではない。彼らがやって来るのは、正当な理由といくつかの誤った理由によって、欧州が自分自身を世界の移民にとって魅力的な場所にしてきたからなのだ。

打てる手は間違いなくある。移民を制限しなければならないのだとしたら、欧州は様々な手段を駆使して、世界の人々にとって今ほど魅力的には見えない場所に――さらには実際に魅力的ではない場所に――なれるのだ。世界により厳格な顔を見せ、滞在すべきでない人々を送還すればいい。将来的には「先着優先」をベースにした福祉政策を採用し、新たに着いた移民への給付を差し止めることも考えられる。魅力があるから移民が来るというなら、魅力をなくす方策を見つければいい。

こうしたことを考えるのは、決して楽しいことではない。なぜならそれは欧州人の自己認識に影響を与えるものだからであり、長期的には我々がそうあることを好んできた自己認識が変わりさえしかねないからだ。だがその道のりは案ずるほど険しくはないかもしれない。日本が厳格な移民規制を敷いているからといって、それゆえに野蛮な国だと主張する者はほとんどいないだろう。いずれにせよ、移民の流入は止めようがないなどと考えるのは、単に正しくないからだけではなく、不満が蓄積されるがゆえに危険である。

西欧では長年、移民の問題は大衆が懸念する事項の最上位にあった。それぞれの国の世論調査では、この問題が一般国民にとってほとんど最優先の関心事であることが一貫して示されている。国民の大多数が長年感じている懸念に何の解決策も採られないなら、間違いなく不満と怒りが積みあがるだろう。

その対応が単に懸念を無視することだけでなく、手を打つことは不可能だと論じるものであったなら、その時には過激な代替案が醸成され始める。うまくすればそうした懸念は選挙で表現されるだろうが、悪くすれば街頭で表面化しよう。他の問題が、ことにこれほど大衆の懸念事項の上位にある問題が、「できることは何もない」という対応で済まされることなど、とても考えられない。

この問題に対するこうした最終的かつ宿命論的な対応さえもが、とことん考え抜かれることのなかった政策の結果だった。「できることは何もない」という主張は、政治家や学者の目にはもはや揺るぎないものとなったように思える。結局のところ、何かが起こるという予想は次から次へと外れていった。現に起こったことは、起こると考えられていなかったことか、または違う形で起こると考えられていたことだった。

ブレア内閣の政策をエスカレートさせた張本人の評決を考えてみよう。英国政府の仕事を終えたあと、サラ・スペンサーは大英帝国勲章を授けられている。だが、その時点ではすでに彼女たちの福音主義の波紋が表面化し始めており、スペンサーは泣き言めいた発言をするようになっていた。政府で働き、移民の〝堰《せき》〟を開けることになった歳月の間、「同化のための政策は存在しなかった。私たちはただ移民が同化するものと信じていた」と、彼女は認めたのだ。(25)

以上のすべては今日我々が直面している最大の危機の前に言われていたことだ。しかし、この後にやって来る大陸規模の大移動を弁明する際にも、基本的な議論として繰り返されることになった。

第4章

欧州に居残る方法

ランペドゥーサ島で起こったこと

ランペドゥーサ島はイタリア領内で最も南に位置する島だ。シチリア島よりもむしろ北アフリカの海岸線に近く、シチリア島まで行くには主要なフェリーで9時間かかる。ランペドゥーサ島に上陸すると、そんな孤立感がひしひしと感じられる。面積は8平方マイル（約20平方キロメートル）で、その景観はイタリアというよりもチュニジアやリビアのそれにずっと近い。

ランペドゥーサは過去何世紀にもわたり、魅力には欠けるが地中海の要衝に位置する島ならではの歴史を歩んできた。支配者は何度も替わり、人口は絶えず減少したり回復したりを繰り返した。海賊の襲撃は常に悩みの種だった。特に16世紀には、トルコから来た海賊が1000人の島民をとらえ、奴隷として連れ去っている。18世紀にある英国人が島を訪ねた時には、たった1人の住民しか発見できなかった。

歴代のランペドゥーサ公が——彼らはその称号を授けられてからもシチリア島の宮殿にとどまるだけの分別を持ちあわせていたわけだが——島の人口の回復を促進した。近年の悲惨なニュース以外のことで今日、この島の名前に聞き覚えがあるとすれば、それはこの称号を持っていた1人の人物のおかげだ。小説「山猫」を書いたジュゼッペ・トマージ・ディ・ランペドゥーサは最後のランペドゥーサ公だった。だが彼の名を持つ島には、彼やその世界を思わせるものは何もない。没落するシチリアン・バロックの威風は、簡素な低層の家々が建ちならぶ埃っぽいこの島からはかけはなれたもののように思える。

このところの島の人口は5000人ほどで、多くは一つしかない港の周辺に住んでいる。港に通じる1本の大通り（ローマ通り）には商店もあり、島の若者たちはその周辺にたむろしたり、スクーターに2人乗りして数少ない町の通りを飛ばしたりしている。高齢の女性たちは教会の前の広場に置かれたベンチで集い、男たちは何年も会っていなかったかのような挨拶を絶え間なく交わす。ここは野心を持った若いイタリア人ならどんな手を使ってでも逃げだしたいと思うような場所だ。ところが毎日何千人もの人々が、この島に到着しようと命を危険にさらす。

もちろん北アフリカから逃れ出る人々は昔からいた。そして島の墓地を見ればわかるとおり、その旅の危険性が知れわたったのはここ数年のことではない。墓地には地元の島民と並んで、ランペドゥーサに向けて旅立ち、海中でその旅を終えた者たちが埋葬されていた。地元政府が設置した墓標の一つには「身元不明の移民、ここに眠る。2000年9月29日」と記されている。

2000年代には移民を満載した船が定期的にランペドゥーサ島に到着したものだ。北アフリカやサブサハラ（アフリカのサハラ砂漠以南の地域）の人々ばかりではなく、中東や極東の人々までが運ばれてきた。密航業者がつけるその船旅の値段は高額だったが、他に手段のない人々はその短い渡航の料金を払った。どんなに推進力の乏しい船でも1日もかからずに着くとあって、島への航路は新生活への最良のルートの一つとして知られるようになっていた。一度ランペドゥーサに上陸すればイタリアに入国でき、一度イタリアに入国すれば欧州に入れるのだ。

欧州との初めての出会いは少し奇妙なものになる。乗ってきた船が海岸線に近づいても、到着地点と彼らがあとにしてきた場所とを区別するようなものは、これといって見られない。島の南側に開けた入り江に入ると、小さな港と数軒のひなびた商店やカフェが見えてくる。かつてはよく休暇を過ごすために島にやって来た、イタリア人観光客向けの店だ。漁業は今もこの島の主要産業になっている。入り江を見晴らす高い円柱の上には聖母子像が設置され、港を出入りする船を見守っている。

北アフリカから到着する人々の数に懸念を抱き始めた地元当局は、２０００年代に彼らの収容センターの建設を余儀なくされた。最初のセンターが最大３５０人を収容できるよう設計されたのは、移民の流れを迅速に処理し、船でシチリア島かイタリア本土に移したうえで、難民申請の審査を行えばいいと考えたからだった。ところが新設されたセンターはすぐに用をなさなくなった。収容能力を上回る数の人々が到着し始めたためだ。２０００年代には５００人でも過密状態になるセンターに２０００人が滞在することもあり、周囲一帯にテント村が広がった。そうした時には地元の怒りが問題化する恐れも生じた。

ただでさえ財政が困窮していたイタリアは、この時期を通じてほとんど何の支援も受けることなく、資金面と人道面の重荷を負った。政府が急場しのぎの策に出たのも驚くことではない。カダフィ大佐がリビアを支配していた最後の10年間に、イタリア政府は彼の政権と密かに合意を結び、滞在する権利を持たないアフリカ人を祖国に送還することにしたのだ。この合意の詳細が明らかになると、イタリアは他の欧州諸国から厳しく非難された。だがイタリアは、その後に欧州のすべての国に広がる不安や妥協を一足先に経験していただけだった。

そのうえ程なく他の国々にも知れわたる図式で、ランペドゥーサにやって来るほぼ全員がイタリアに居残った。難民申請が却下され、異議申し立ても認められず、国外退去命令が出されたあとになっても、彼らは滞在し続けたのだ。入ってくる人数が増えすぎ、一連の手続きにすでに多額の費用がかかりすぎていたために、強制送還に要する追加的なコストまで確保できなかった。

ある段階になると、避けがたきを公式に受け入れたのか、非公式に黙認しただけなのかはさておき、移民を祖国に送り返すのは経済的にも外交的にもコストがかかりすぎると考えられるようになった。彼らを国内に紛れ込ませ、欧州の他の国への移動を模索させたり、イタリアで生きる道を探させたりした方が簡単だったのだ。

ある者は市民権を得ることができた。だが大半の者はイタリアや欧州大陸の地下経済に足を踏み入れ、祖国のレートとたいして変わらない賃金で働くことになった。多くの場合、雇い主は同国人のギャングだった。それが欧州における彼らの唯一のネットワークだったからだ。

この難題が長い国土に埋没するようにとイタリアの他の地域が願っている間も、ランペドゥーサの収容センターには恒常的に人があふれ、弥縫策を取り続けなければならなかった。時には危険な状況にもなった。民族間の対立が原因で、しばしばけんかや争乱も発生している。収容センターは文字通り収容のための施設だったが、移民たちは町をうろつき始めた。当局が正門からの外出を防ごうとすると、一部の移民は裏手のフェンスに穴を開け、そこから外に出ていった。

センターは刑務所ではなく、移民は受刑者ではなかった。彼らが厳密には何であり、どんな地位にあったのかは、その場の空気次第で変わった。移民たちは次第に自分たちの持つ権利を、そしてイタリアの当局が自分たちに対して何ができて何ができないのかを知ることになった。

新来の人々に対して基本的には並外れた理解と同情を示してきた島民が、時としてその数の多さにいらだったのも不思議ではない。最盛期にはほんの数日間で、優に島の人口を超える数の移民が流入することもあった。地元の商店員たちは着いたばかりの移民に乏しい商品を売り、時には無料で与えることもあった。しかし当局者たちはもっとうまく人の流れを処理しなければならないことを承知していた。ことに移民たちをもっと迅速に島から退去させ、シチリア島や本土行きの船に乗せなければならなかった。これが2000年代の、移民の流入がまだ「しずく」に近かった時期のランペドゥーサの実状だ。

「しずく」を「洪水」に変えた「アラブの春」

「アラブの春」を経た2011年以降は、その「しずく」が「洪水」になった。部分的には、それは政権交代や社会不安を逃れる人々が増加したためだった。別の部分では、密航業者の活動を制約していた独裁者たちとの密約が崩れたためだった。2011年以降は数百人、数千人の人々が日夜ランペドゥーサに押し寄せた。乗ってくるのは今にも壊れそうな木造船だ。密航業者はそうした古びた漁船を北アフリカで買い取り（あるいは盗み）、どんなオンボロ船であろうと「乗客」から「運賃」を取り立てたのだった。

それらの船をどう処理するかが、すぐにランペドゥーサの課題になった。地元当局は他に使い道のないそうした老朽船を、港の片隅や島内の他の場所に引き揚げた。朽ちた船の墓場だ。船の数が増えすぎた時には、時々一カ所に集めて焼却した。

「アラブの春」の1年めは島にとって最悪の年だった。500人が島を発つフェリーを待っているところに、別の1000人が到着するといったことがよく起こった。2011年以降、移民センターはしばしば1000～2000人の人々であふれかえった。

それにもちろん、船出した全員が島にたどり着けたわけではない。密航業者が用意する船は次第に質が悪くなっていた。島の当局は流れ着く遺体のために墓所を新設した。身元を調べ、不明だった者には漂着時に割り振った識別番号と十字架を添えて埋葬した。以前、私は「他の遺体はどこですか？」と島民に尋ねた。「大半は海だ」と、相手は答えた。

シリアの内戦が始まった当初は到着する移民の多くがシリア人で、中には比較的裕福な中産階級の人々もいた。ある時は身なりのいいシリア人がヨットでランペドゥーサ港に到着し、岸辺を歩いて、通常の入国手続きを取った。だが2011年以降は比較的貧しいシリア人がやって来るようになり、その数も減少した。彼らはエジプトを抜けるあるルートのことを語った。そこには子どもたちが酸素マスクを着けなければならない、広大なトンネル網があるということだった。

様々な民族の集団が、様々なルートを通ってやって来た。しかし彼らは様々な期待や、様々な願望を抱いてもいた。ほとんどの移民はイタリアにとどまりたいと表明した。エリトリア人だけはそうしなかったが、それはおそらく植民地時代の支配者の記憶があったからだろう。彼らだけは常に欧州の他の国々まで北上したがった。

一部の人々が当初から指摘していたように、移民の年齢構成はそれ自体、示唆に富んでいた。おそらく80％は若い男性だ。子どももいた。中には大人に付き添われていない未成年者もおり、待ち受ける当局にとっては最大の懸念の種になっていた。一人旅のナイジェリアの子どもたちは、その多くが身売りされて欧州に送られてきた。まれに女性もいて、たいていは欧州に着いたら仕事をやると約束されていた。イタリアなどの欧州の国に到着すると密航業者の仲間が待ち受けていて、彼女たちに金を貸す。相手に借金ができたその時になって、約束されていた仕事とは売春だったことをようやく知るのである。男性の付き添いなしに女性がその旅に出ることの危険性は誰もが知っている。イスラム教徒の女性や少女が1人で渡って来ることはまれだ。

ランペドゥーサ島に着いてからの移民の行動も実に様々だ。金がある者はローマ通りに買い物に行く。シリア人は着いてすぐに服を買うことで有名だ。一部の移民は酒を買う。真っ先に携帯電話用のカードを買う者も多い。自宅の家族に電話して欧州への到着を告げたり、渡りをつけてある相手と次の行動を取り決めたりするために使うのである。

移民の誘因になった「マーレ・ノストルム」「トリトン」作戦

ある日、私は通りで3人の若いエリトリア人と出会った。全員がせいぜい16歳だ。彼らは買ったばかりの帽子を誇らしげに身に着けていた。「アイ・ラブ・ランペドゥーサ」というロゴの入った土産物用の帽子だった。一方、教会の広場ではサブサハラ出身の8人の少年が、年長の移民から指示を受けているようだった。彼らは島にとけ込んでいなかった。

町をうろつく移民の小集団の中には、地元の人々に努めて手を振ったり、会釈をしたりする者たちもいる。その一方には、島民をねめつけ、すでに怒りをためた様子で道を歩いている移民たちもいる。常に目につくのは、若い男性が圧倒的に多いことだ。彼らは家族を代表してここに来た。いずれは家族に送金したいと願っている。そして何より家族を自分のもとへ呼びよせられるよう願っている。

2013年までに移民の流入は膨大なものとなり、政府はランペドゥーサに着いて間もない移民を空路でシチリア島や本土に移すという異例の対応を取った。同年7月、教皇フランシスコがランペドゥーサ島を訪問し、地元から熱狂的な歓迎を受けた。彼は海中に花輪を投げ入れ、野外ミサを執り行った。そのミサではきれいに着色した小さなボートを祭壇代わりに使用した。教皇はその機を利用して、進行中の事態に対する「グローバルな無関心」をとがめ、世界に対し「再び良心に目覚める」よう迫っている。島民たちには、自分たちの島で起こっていることがようやくまともに認知されたように思えたことだろう。

やがて2013年10月3日、主にサブサハラのアフリカ人を満載してリビアのミスラタを出航した船が、ランペドゥーサ島沖で沈没した。イタリアの沿岸警備隊が100人以上を救助したが、300人以上が溺死した。大きな悲嘆の声が上がった。イタリアでは全国的な服喪の1日が設けられ、すべての学校で半旗が掲げられるとともに、1分間の黙とうが捧げられた。ランペドゥーサでは大多数の島民が参加して、沈黙の灯明行列と夕べのミサを執り行った。相当な数の遺体が運び込まれたために、島にある小さな空港の格納庫を仮設の死体置き場にするしかなかった。

その後には政治的な悲嘆の声が、イタリア国内だけでなく、世界中で上がった。国連事務総長だった潘基文《パン・ギムン》は、この悲劇は「安全で秩序立った移民を行うためのより多くのチャンネル」の必要性を証明したと述べている。同月のうちにさらに多くの船が沈み、数十人の命が失われると、寄せられる反応はますます大きくなっていった。近隣国マルタの首相は地中海が「共同墓地」になりつつあるとぼやき、欧州各国にさらなる支援を求めている。ランペドゥーサ島周辺の海域で起こりつつあったことに、ついに国際的な関心が向けられ始めた。支援の輪を広げたイタリア政府は、直接的な反応として「マーレ・ノストルム（我らの海）」作戦をスタートさせた。イタリア海軍がランペドゥーサ島沖の7万平方キロメートル近い海域をパトロールし、移民の船を捜索・救出するというものだ。海軍のフリゲート艦とヘリコプターを援護する沿岸のレーダー・ネットワークは、イタリア政府にひと月約900万ユーロの出費を強いた。NGOがこの作戦に協力し、移民船が見つかった時に支援するべく政府の船に同乗した。この作戦が多くの人命を救ったことに疑いはないが、同時に新たな問題も生み出した。

その一つは、リビア沿岸の無法地帯で暗躍する密航業者がそれまでほど性能の高い船を使わずに済むようになったということである。マーレ・ノストルムは欧州の国境をリビア側に近づけた。今や密航業者は、どんな船であれただ出航させるだけでよかった。それが浮かび続けてさえいれば、イタリア海軍がランペドゥーサ島までの中間地点か、時にはもっとリビア寄りで見つけてくれる。海軍船は移民船が波に耐えられそうならランペドゥーサの港まで曳航したが、通常はまず移民たちを自分たちの船に移した。この作戦は1年も続かなかったが、国際移住機関（ＩＯＭ）などの国際組織に称賛された。ＩＯＭは後に、当該期間中にイタリア船は約15万人を欧州に連れ帰ったと推定している。この作戦によってかえって渡航を企てる移民が増えたのではないかという指摘を、ＩＯＭは繰り返し否定した(1)。

それでも移民の人数があまりに多く、終わりも一向に見えてこないことから、マーレ・ノストルムに要する費用は、うち続くユーロ圏危機でぐらついていたイタリア政府にとってあまりに過大であることが程なくはっきりした。そこでイタリアへの支援がほとんどなされないままに終わった1年間が過ぎると、マーレ・ノストルムの仕事はＥＵの対外国境管理協力機関（フロンテックス）が実施する「トリトン」作戦に引き継がれた。こちらもやはり北アフリカから渡ってくる船を探し、難民をフロンテックス船に乗り換えさせたり、ランペドゥーサ島やシチリア島のアウグスタ（ここを目指す移民船も多かった）などの港に曳航したりするものだった。実施期間中、フロンテックスやその他の機関の高官は、作戦が移民の誘因になっているという見方を否定し続けた。

だが、そうでないはずがあろうか。地中海の片側にはアフリカ、中東、極東の全域から集まってきた人々がいる。その中には何カ月もかけてリビアの海岸までたどり着き、最後の航海に臨もうとしている者もいた。イタリア政府の政策やEUの姿勢についての噂は間違いなく伝わっていただろう。密航業者にとって、それは大いに好都合だった。需要が高まれば高まるほど、より高い料金を課して、より多くの人々を乗船させられたからだ。

密航業者の行状はやって来た移民から伝わった。地中海を渡るだけで4000ユーロも払わされた者もいた。値引きにはたいてい裏があった。レイプが横行し、特に女性は男性の付き添いの有無にかかわらず餌食にされた。リビアに着いた移民の多くは、そこまでに支払った以上の金額を要求された。持ち物は奪い取られた。移民の携帯電話を使って、彼らを虐待したり拷問したりする動画を撮影する密航業者もいたという。その動画を移民の家族に送信し、追加料金を送金しなければさらに痛めつけると脅迫するためだった。イタリアに到着した移民に対応する当局者たちは、密航業者のアジトがどこにあるかを知ることになる。だがリビア国内で悪党たちを罰する手立ては皆無に近い。

世界は彼らを一様に「移民」または「難民」ととらえるが、本人たちにしてみれば、それぞれがかなり違った人々だ。育った背景も違えば、同じ船に乗り合わせた理由も違う。そのことを立証する一つの例が、乗船後にさえも存在する移民の間のヒエラルキーだろう。移民グループの間の人種差別は日常茶飯事だ。たとえばチュニジア人やシリア人はサブサハラのアフリカ人を——単なる地図上の隠喩ではなく——見下している。船が出航すると、船内の良い場所（前部や甲板）は、中東や北アフリカ出身の裕福なグループに占拠される。エリトリア人やソマリア人などは船倉で座るか立つかする。船が沈んだ場合には、後者の人々が最も溺死する可能性が高い。

送還しない方が法を守り抜くより楽という現実

2015年の夏、私はランペドゥーサ島で20歳前後の2人のエリトリア人と話した。彼らは港の片隅に黙って座り、自分の足をもてあそんだり、渡ってきた海を眺めたりしていた。水平線の彼方では巨大な海軍船が監視作業に当たっていたが、2人が私に示したのはイタリア政府の船舶に挟まれて港に停泊している1隻の船だ。彼らはその前週、それに乗って到着していた。その船はリビアから出航するくたびれた老船の中では、比較的まともな方だった。沿岸警備隊に発見され、ヘリコプターの先導で入港した。2人のエリトリア人は船内で最も低い場所である、暗い船倉内で旅をしていた。船は浮かび続け、おかげで彼らは生き続けることができた。

海の真ん中で壊れかけた船から移民を移す作業に当たるNGO職員は、ひどい逸話を知っている。NGO職員が同乗していない時に政府の船が移民船を発見するようなことがあると、彼らは日中だろうと夜間だろうとせいぜい1～2時間で港まで駆けつけるのだ。海上の海軍船に乗船したり港に上陸したりした時、移民たちは「君たちはイタリアに入った！」と告げられる。続いてNGO職員が彼らの安全を保証する。前述のとおり、エリトリア人を除く多くの人々が、ここで大いに喜び、笑顔を見せる。

彼らの祖国では、国民が役人に――とりわけ警官に――疑念を抱いているものだ。だからNGO職員から「ここ欧州では警官も役人もあなた方のために仕事をするだろう」と保証されるのは、大変に重要なことなのだ。あるNGOの女性職員によれば、海の真ん中で海軍船に乗り込んできた移民や、ランペドゥーサの波止場に着いた移民には、ただ「欧州へようこそ」という言葉を真っ先にかけるという。

北アフリカからの危険な航海に乗り出す前から、移民たちは辛い経験を重ねてきた。それを思えば驚くには当たらないが、彼らの多くは疲労困憊し、心に傷を負った状態でランペドゥーサにたどり着く。その旅の途中で家族を亡くした者もいる。2015年のこと、1人の大柄なナイジェリア人男性が港の一角にしゃがみ込み、子どものように泣きながら地面を拳で叩いていた。乗ってきた船が沈没し、息子の1人は救えたものの、妻ともう1人の息子は彼の目の前で溺れたのだった。

だが、それでも彼らはリスクを承知でやって来る。なぜなら沈没した船や船上での死のことをいかに聞かされようと、船出した者たちの大半は溺れることなくイタリアの領海に到達し、そこまで行けば欧州市民になれるからだ。政治や宗教、宗派などによる迫害から逃れた者であれ、先進国でのより良い暮らしを求めた者であれ、全員が難民だと申請する。正当な主張をする者も多く、イタリアは彼らに保護を与える義務を負う。ジュネーブ条約とEUのダブリン規約の下、移民が最初に入国し、難民申請を行った国が、それを審査し、保護を与えなければならないのだ。

だが誰が誰で、何が真実なのかを知る方法はほとんどないというのが苦い現実だ。もし難民申請者の流入が近年ほど大規模でなかったら、指紋や面談の内容などを慎重に審査できただろう。聞き取った話の裏も取り、追跡調査もできたかもしれない。しかしこれだけのペースでこれだけの人数が到着したのでは、とてもそんなことは望めなかった。

別の二つの要因が事態をさらに悪化させている。数多くの――時期によっては圧倒的多数の――移民が、身元が特定されない方が有利だからと、わざと書類を持たずにやって来るのだ。当局が時間に追われる中では、年齢を偽ったり、他人になりすましたり、別の国から来た振りをすることさえもできる。ある特定のグループ、たとえばシリア人が難民認定されやすいという噂が広まると、大勢の人々が自分はシリア人だと主張する。たとえシリア風の話し方ができないことや、シリアのことを何ひとつ知らないことが、審査する側の職員に知られていてもだ。

こうした現象は、少なくとも部分的にはある種のNGOによって引き起こされたものだ。彼らは「国境なき世界」運動の一環として、欧州に向かうあらゆる移民を擁護している。移民の流入が増加した2010年代、一部のNGOは移民が欧州に到達する前から支援を始めることを決意した。インターネットや携帯電話のアプリで入手しやすい情報を提供し、「未来の欧州人」に手続きを案内した。そこには到着後にどこに行き、何を話せばいいかの助言も含まれていた。第一線の職員たちは、時間の経過とともに、移民たちが自分の身に起こるだろうことや予想すべきことを、より明確に知るようになっていったことに気づいている。部分的には、それは移民に成功した人々から祖国へと情報が伝わった結果だろう。しかし他方では、欧州に居残る方法を――その申請の正当性を問わず――移民に教えようとする運動の成果でもあった。

これらのＮＧＯが推測したとおり、21世紀のイタリアにはすべての申請を丁寧に審査する金も時間も意志もない。もちろん難民認定を拒まれる人々もいるが、その時には異議を申し立てることができる。その異議申し立てが却下されても、それ以上の措置が取られることはめったにない。いったんイタリアに到着した移民が、滞在する権利を却下され、祖国に送り返されたなどというケースは、ほとんど見られないのである。ごくまれにイタリア国内で犯罪を犯した移民が送還されることはあるが、そうするためのハードルはかなり高い。全員をイタリアや欧州に紛れ込ませてしまう方が、法に定められた一線を守り抜くより楽なのである。ひとたびランペドゥーサまでの船旅を生き延びれば、死ぬまで欧州にいられるというのが現実だ。

移民ルートの模索は続く

もちろん虚偽の難民申請をしようとする人々も、祖国よりずっと良い暮らしを求めている。ランペドゥーサ島にいると、この膨大で終わりなき人の流れを公平かつ協調的に欧州全域に分配するスキームだって簡単に作れるのではないかと思えなくもない。

だがイタリアの実情を知っただけでも、それは世間知らずな考え方だとわかるのだ。一握りの初期の裕福な移民を別にすれば、大半の人々は結局、ミラノの鉄道駅の外や、ラベンナの駐車場で寝るはめになる。運が良くてもギャングの下で働いたり、ベネチアの橋の上やナポリの路地でまがい物のぜいたく品を売る生活だ。警官やパトカーのライトを見たらすぐ、模造品のバッグや偽ブランドのサングラスをかき集め、その場から遁走しなければならない。確かに祖国よりは保護が厚く、自由で安全かもしれないが、彼らの未来が明るいとはとても言えない。

それにランペドゥーサは一つの小さな島に過ぎない。近年は移民を満載した船が、ランペドゥーサの周辺にあるマルタ島やシチリア島などの島々にも着いている。移民危機が始まる前年の2014年だけで、17万人がこの経路を使ってやって来た。当局者たちはリビアの権力の空白を埋めることで、この問題を解決したいと話している。しかし彼らは、フランスを含む欧州各国の政府がカダフィに賄賂を渡していた時期にも移民の流れが続いていたことを忘れている。そして船がリビアからだけではなく、エジプト、チュニジア、アルジェリアからも出ることを忘れている。

さらに言うなら、いずれにせよこれはルートの一つであるに過ぎない。地中海の西端にはモロッコからスペインに入るまったく別のルートが存在する。移民たちは何十年も前からアフリカと欧州とを隔てる最も狭い隙間、ジブラルタル海峡を越えて流入していた。モロッコは北アフリカのどの国よりも欧州と良好な関係にあるのだが――それゆえに密航業者の活動を阻止するための取り決めを結べる可能性が最も高いのだが――スペインへの移民は絶えなかった。

実際、1990年代前半のこのルートを使った移民の流れは、来たるべき事態の先触れだったようだ。当時の密航業者はこの約14キロの船旅の料金として600ドルを取っていた。そして現在と同様、毎日のように船が出航し、たどり着けなかった人々の遺体がスペインの浜辺に打ち上げられていた（行程の最後の部分を泳ぐよう、しばしば密航業者が移民たちに強いるからだ)。

当時もやはり、移民の動きは継続的であり、また多様だった。1992年のある報告書によれば、10カ月の間にスペイン当局に拘束された不法移民は、タリファ(訳注:ジブラルタル海峡のスペイン側に位置する岬)だけで1547人にのぼる。その中には258人のエチオピア人、193人のリベリア人、64人のソマリア人が含まれていた。「新ルートの噂はモロッコの遥か先まで知れ渡った。拘束された者たちの中には、アルジェリア人や増える一方のサブサハラのアフリカ人はもちろん、フィリピン人や中国人、さらには時として東欧人まで混じっている」と、報告書は記す。

移民たちの中には抑圧から逃れてきた者もいれば、単に仕事やより良い生活水準を求めてやって来た者もいた。当時スペインの内務副大臣だったサンティアゴ・バレラは、こう述べている。「北アフリカには構造的な問題がある。その政治状況や経済状況がどう発展していくのか、我々にはわからない。人口学的なプレッシャーも膨大だ」

彼が言わんとしたのは、モロッコの人口の70%が30歳未満であり、また公式な失業率が17・5%に達するという情勢のことである。「我が国の問題を他の欧州諸国のそれと比較することはまだできない。しかしこれは将来ここで起こりうることの警告だ。スペインは非常に短期間に、移民を送り出す土地から移民が流れ込む土地へと移行した」(2)

バレラがこの発言を行ったのは、従来フランスやベルギーに向かっていた北アフリカ移民が、当時はビザが不要だったイタリアやスペインで仕事を探すようになってからのことだ。移民たちは旅行者としてどちらかの国に入り、その後に欧州の他の国へと移っていけた。欧州が当時から域内の国々の間の国境を低くし、一度欧州に入れば誰もが自由に移動できるようにしようとしていたことも誘因の一つになった。

1990年代には不法入国の抑制が図られたが、モロッコが同国を発った外国人の再受け入れを拒んだため、計画は実らなかった。スペインのある高官は、たとえ政府が首尾よく移民船を自国の領海から追い払えたとしても、「彼らは別の進入路を見つけるだろう。もっと大きな船を使い、ここは別の場所に上陸することになる。イタリアかポルトガルを試すだろう。海の向こうに悲惨な状況がある限り、彼らは渡って来続ける」と語っている。(3)

スペインはイタリアやギリシャに比べればまだしも移民の流れをせき止めることに成功してはいるが、やはり今日に至るも流入は続いている。2010年代になってその流れが集中したのは、欧州行きを模索するすべての人々をじらせてやまない北アフリカのスペイン領、メリリャとセウタだった。移民たちがそれらの飛び地を囲むフェンスや壁を絶えず破ろうとするため、警察との衝突が発生し、頻繁に不安が高まっている。

このような強力な圧力が飛び地にかかり続ける一方では、移民船が依然としてスペイン本土やアルボラン島のような同国領の小さな島に向けて出航し続けている。2014年12月、50人以上のサブサハラのアフリカ人を乗せた1隻の船が、モロッコ北部のナドールの近くを発ち、荒れた海をスペイン南岸へと進んだ。カメルーン人でイスラム教徒の船長は、悪天候はお前のせいだと、船上で祈っていたナイジェリア人でキリスト教徒の牧師を責めた。船長と船員たちはその牧師を殴って船外に放り出し、続いて他の乗客の人定にかかると、キリスト教徒だと判明した者たちを同じように殴りつけ、海に投げ込んだ。(4)

主要なルートはあともう一つしかない。このルートもやはり何年も前から存在しており、変化があったのは規模だけだ。危機が決定的となった年、世界の注目が地中海の別の端に集まった。

第5章

水葬の墓場と化した地中海

地中海に沈む船

イタリアの島々と同様に、移民船はギリシャの島々にも長年、やって来ていた。そしてイタリアの当局と同様に、ギリシャの当局も長年、この問題に自力で対処せざるをえなかった。イタリアもそうだったが、このような難題を抱えるのにこれほど不適当な国もなかなかない。2015年の時点で、ギリシャ経済は6年にもわたるデフォルト危機のさなかにあった。ドイツを中心とするユーロ圏諸国から緊縮経済を強いられる一方で、ギリシャは入り組んだ国境線沿いで勃発する人道的な危機とも闘っていたのである。

イタリアの島々がそうであったように、他の欧州諸国が注意を払い始める何年も前から、ここへの移民は続いていた。そしてランペドゥーサ島がそうであったように、ギリシャの島々も他の大陸に近接しているばかりではなく、自らの歴史の囚人となっている。トルコの海岸線から船ですぐの距離にある北エーゲ諸島やドデカネス諸島は、北アフリカに近い島々以上に、欧州大陸の泣き所だった。ギリシャの島々でも財政問題と社会問題ですでに消耗しきっていたところに移民の流れが増加したので、イタリアと同じように移民を本土に移送し、彼らが他の欧州諸国へと北上してくれることを祈った。

歴史を通じて、これらの島々の海岸線の無防備さは、この地域の標準から見ても際立っていた。そのためビザンチン帝国やオスマントルコなどがことごとくこれらの島々に攻め入り、それぞれの時代に領有した。レスボス島の北端からは、他のギリシャの島々よりもトルコの方がよく見える。ここでは欧州とトルコを隔てているのは幅8キロの海だけだ。密航業者が移民たちに「欧州への旅の最後に川を1本渡る」などと吹き込めるのも納得がいく。北アフリカからランペドゥーサ島に向かうよりも短時間の航海だが、現行のレートは1500ドルだ。海が荒れることもある冬の時期、海岸にいざなわれた移民たちの中には、壊れそうな船を見せられ、乗船を拒む者もいる。すると乗らなくても1500ドルは返されず、別の船に乗るにはさらに1500ドル必要だと告げられる。

ひとたび海岸を離れれば、90分〜2時間でギリシャに到着だ。リビア―イタリア・ルートの密航業者とは違い、トルコの密航業者はこんな短い渡航のためにわざわざ木造船は使わない。彼らのお気に入りはプラスチック製の船であり、従ってランペドゥーサに着いた船が時々火葬の薪のごとく積みあげられて燃やされるのとは違い、こちらは焼却もままならない。おまけに使われているプラスチックが粗悪であるために、島でのリサイクルにも適さない。やむなくギリシャ本土でのリサイクルに回すため、適宜そうしたプラスチック船の山を、より大型の船で運んでいる有様だ。ただし短い航路であっても、船は天候の良し悪しにかかわらず、もちろん沈没することもある。

世界が自分たちに何の関心も向けなかった歳月にも、こうしたギリシャの島々の住人たちはランペドゥーサの島民と同様、慈悲の精神で対応した。現在起きていることだけではなく、彼ら自身の歴史を踏まえてのことだ。これらの島々に住む家族の多くは、かつて自らが移民だった。1922年にギリシャとトルコの間の戦争が終わった時、これらの島々は小アジアから逃れてきたギリシャ市民であふれた。

300万人以上のギリシャ人が、レスボス島などを経由して現在のトルコから脱出したのだ。今日のレスボス島では、住民の3人に1人がこの時の難民の血を引いている。

トルコとレスボス島の間の〝川〟に点々と船が浮かび、ちょっとした艦隊のような状況を呈する日、多くの移民が初めて目にするのはレスボス島北岸の小村スカラ・シカミネアスだ。その小さな港は1922年の難民たちが開いたもので、水辺には2軒ばかりのレストランバーが、また岬の上にはちっぽけな礼拝堂がある。

これらの島々では何世紀も前から移民が見られたが、近年の状況は過去にないものだ。移民の数が増える一方である点もさることながら、やって来る人々の出身地が違う。差異を言い立てる島民はほとんどいないが、新顔の移民たちは隣国の戦乱を逃れて本国に戻るギリシャ人ではない。遥か遠方の戦乱を逃れ、ここまで来る過程でしばしば多くの安全な国々を通過してきた人々だ。一方、貧困や失業、将来性のなさから逃れてくる人々も増えている。彼らは欧州を自らの問題の解として、そしてギリシャを欧州への入り口として見ているのだ。

イタリアと同様、ギリシャの島々への流入も「アラブの春」を受けて——特にシリアの内戦の勃発に伴い——加速した。だが、これもイタリアと同様に、移民たちは中東よりもずっと遠くからもやって来た。アフガニスタンのように不安定な政府を持つ騒乱に満ちた国々からだけではない。パキスタンのように表面的には安定した政府を持つ欧州の同盟国からも来た。アフリカからやはり4～5カ国を経由してトルコ沿岸の出航地点まで到達する移民の流れもあった。

だが何年も前から移民の流入が続いていたギリシャにあってさえ、２０１５年には状況が一変した。極東や中東やアフリカで新たな事態が発生したためではない。北方のドイツであることが起きたためだった。

アフリカや中東の人々に生きるに値する欧州での暮らしのことを伝えたテレビニュースは、もちろん欧州の人々にアフリカや中東での暮らしのことを伝えもした。そして地中海で転覆し、沈没する船の話題は、夜のニュース番組でまれに見るほどの強い印象を残した。南欧の海が水葬の墓場と化しているというのだ。かねてイタリアとギリシャの人々の心を動かしてきたそうした悲惨な話題が、２０１１年以降、ゆっくりとではあったが他の欧州諸国の知るところとなった。

「大胆王メルケル」のメッセージ

中でもこの話題について最も多くの発言がなされ、懸念が集まったのはドイツだった。しかしその後の展開は、慈悲深さとはほど遠い空気の中で進行していった。ドイツに入国する移民の波は、２０１４年の時点ですでに20年ぶりの規模になっていた。この年、ドイツに難民申請を行った人々は推定20万人にのぼる。

それに応じて、一部のドイツ人は治安上の不安や、アイデンティティに関する不安を覚え始めた。近隣国と同様、すでに数十年間もゲストワーカーに国境を開放しているのに、そのうえこれほどの規模の難民や亡命申請者まで受け入れたら、ドイツはどうしてやっていけるだろう？ 新手の移民の大半がやはりイスラム教徒だとしたら、いったいこの国にどんな影響が及ぶのか？

個人的にはしばしば口にされていたこうした懸念が、２０１４年になると街頭でよりかまびすしく表明されるようになる。ドレスデンなどのドイツの都市では、移民の急増に反対し、「ペギーダ（西洋のイスラム化に反対する愛国的欧州人）」を自称する運動が起こった。

メルケル首相は２０１４年12月31日の新年メッセージで、これらの運動を批判した。ドイツ国民は、かのグループの人々のように心に「偏見や冷たさや憎悪」を持ってはならないのだと。代わりに彼女が求めたのは、難民に対し新たに心を開くことだ。彼女はこう説いた。「世界各地の戦争や危機が、第二次世界大戦以降では最も多くの難民を生み出している。多くの人々は文字通り死から逃れてきた。私たちが彼らを助け、難民申請者を受け入れることは言うまでもない」

メルケルはドイツの人口の高齢化についても触れ、多くの人々が懸念を抱く移民たちが、実際には「私たち全員にとっての利益」であることが判明するだろうと説明した。(1) 翌年5月にはトーマス・デメジエール連邦内務相が、同年中に45万人の難民がドイツに着く見込みだと、ベルリンで発表した。

やがて２０１５年7月になると、ドイツのメディアで移民物語の人道的な側面が一気にクローズアップされる。その主役は、家族とともにレバノンから逃れてきていた14歳のパレスチナ生まれの少女だった。子どもたちと首相がロストックで一問一答を交わすというスタイルの生番組で、この少女は家族が強制送還されないか不安だと、メルケルに訴えた。それに対する首相の答えは、人間としての自然な共感と、より広範な政治問題との折り合いをつけることがいかに難しいかを象徴的に示していた。

メルケルは目の前に座る少女に、「とても好感の持てる人」に見えると話した。だが一方で、「政治は難しいものなの」とも付け加えた。「レバノンには他にも大勢の人々がいるから、もし『全員来てもいいですよ』などと言えば、ドイツはとても対処できなくなってしまうでしょう」と。メルケルは審査のスピードアップこそ約束したが、「(一部の人々は)送還しなければならない」とも明言した。

その後、首相が次の質問を待っている間に、少女がある音を立てた。それはプロデューサーや司会者が各局のニュースネタになることを確信する、人の心をとらえて放さない一瞬だった。少女が泣き出したのだ。メルケルは少女に歩みより、なだめた。司会者は生放送で「恩赦」を与えさせようとしたのか、しばし首相とやり合った。ギリシャやイタリアからの移民の急増ぶりを、首相は間違いなく意識していただろう。しかし少女の物語に目を奪われ、ドイツの多くのメディアはメルケルが「冷たい対応」をしたと批判した。その冷たさは――それを「冷たさ」と呼ぶならだが――すぐに彼女から消える。

ギリシャとイタリアが着いたばかりの移民の欧州大陸への移動を認める中、ドイツの内務省は翌月、2015年の移民受け入れ見込み数を80万人に上方修正した。2014年の受け入れ人数の4倍以上だ。その翌週にも同省はギリシャとハンガリー経由でドイツにやって来る人々をどうするかについて、連邦移民・難民庁と協議した。規定に従い、ハンガリーに送り返すのか? そうはしないことが合意された。

8月25日、移民・難民庁がある事実をツイッターで公表する。「我が国は現在のところ、もはやシリア市民に対してダブリン規約を適用していない」と。このメッセージはたちまち世界を駆け巡った。続いて8月31日、メルケルが最も重要な声明を発表する。ベルリンの外国人記者団の前で、彼女はこう述べた。

「ドイツ人の徹底ぶりは素晴らしいものですが、今はドイツ人の柔軟性が必要とされています。欧州は一体となって行動し、また各国が保護を求める難民への責任を分かち合わなければなりません。普遍的な市民権はこれまでのところ、欧州やその歴史と不可分でした。欧州が難民問題を解決し損ねれば、その普遍的な市民権との緊密なつながりは断ち切られてしまいます。それは私たちが思い描く欧州ではありません(2)」

ドイツの首相が欧州の門戸を開いていた。彼女は「ヴィア・シャッフェン・ダス（我々にはこれができる）」という言葉で同胞を激励し、その意欲をかき立てた。「ドイツにはこの仕事を成功させるだけの政治的・経済的な強さがあります。これまでの仕事を成功させてきたのと同じように」と。

メディアの多くはメルケルを支持した。『エコノミスト』誌は「大胆王メルケル」との見出しを掲げ、記事中でこう力説した。「難民問題に関して、ドイツの首相は勇敢で、果断で、正しい(3)」と。

それはメルケル1人で決められることではなかったのだが、それでもドイツの首相の力強い声明に、全欧州が望むと望まざるとにかかわらず彼女のもとに参集した。域内の自由な移動を絶対的な原則とする欧州が、域外に対する境界をも開放することとなったのだ。よそから来た人々が大挙して欧州内を移動することで、大陸全域にわたる問題が引き起こされ始めた。ドイツの近隣国は何十万人もの人々が自国の領土を歩いてドイツへと北上する姿を目にすることになった。2015年中には40万人前後の移民がハンガリーの領内を移動したが、そのうちハンガリーに難民申請をした人数は20人にも満たなかった。

この膨大な人の流れは欧州の他の地域でもあまねく発生している。合法的にはドイツに入る手立てを持たない何万人ものバルカン半島の住人たちが、自国を北上していく大量の人の流れに加わった。

人の移動は同時に北欧でも急増した。スウェーデン政府が移民の受け入れを表明すると、すぐに毎日数千人がデンマークに向かうようになる。その一部はスウェーデンへの移動ではなく、デンマークに居残ることが目的だった。2015年中にデンマークに難民申請を行った人々は2万1000人を超えたが(2年前の3倍)、それを遥かに上回る人数がスウェーデンに流入した。

もちろん批判はあったし、この政策に真っ向から抵抗する人々もいた。だがこの決定的な時期に、数の膨大さゆえに個々人の人格が捨象されかけていた移民の移動が、突如として人間の顔をまとうことになる。

一枚の写真が反対論を封じる

すでに8月の末にはメルケルの政策に対する反対論が、ドイツ国内で表明され始めていた。そんな折も折、メルケルがある会議のためにウィーンに到着するのに合わせたかのように、オーストリアの路上で71人の移民の遺体を乗せたまま廃棄されたトラックが発見された。この時点で議論はすでに反響を呼んでいた。続いてメルケルが例の決定的な声明を出した2日後、シリア系クルド人の一家がギリシャのコス島を目指し、トルコのボドルムからプラスチック船で出航するというできごとがあった。船は沈没し、3歳の少年アイラン・クルディらが溺死する。少年の遺体はすぐにトルコの浜辺にうつぶせの状態で打ち上げられ、あるカメラマンがその様子を撮影した。

その写真は世界を駆け巡った。この問題はかねて頭と心、現実と感情のせめぎ合いだったが、この重要な転機に至って心が全身を押しきってしまったのだ。その写真はメルケルの門戸開放政策に対する反対論の勢いを殺いだ。批判派はなぜ死んだアイランの写真に心を動かさずにいられるのかを説明しなければならなくなった。平素は厳しい移民の管理を求める各紙も、突如一面の写真に見合ったトーンに論調を変える。一部の新聞社と政治家は、このような苦難を軽減するために、今こそシリアへの爆撃を始めるべきではないかと問うた。

他方では俳優やその他のセレブが、ツイッター上で「Refugees Welcome（難民歓迎）」というハッシュタグを使用し、欧州は門戸を開放しなければならないと主張した。これに反対することは、すなわち死んだ子どもに無関心であるということになってしまった。

驚くには当たるまいが、従来はEU主導の移民の割り当てに懸命に抵抗していた英国の首相までもが譲歩し、さらに2万人のシリア難民を（5年間かけてではあるが）受け入れることで合意した。野山を通過し、道路を進み、国境を越える移民たちをマスコミのカメラマンが追うに連れて、欧州の他の場所でも〝ダム〟は決壊を続けた。

アンゲラ・メルケルは、ドイツが受け入れる移民の数に制限はないと表明した。「我が国は強壮かつ経済的に健全な国家であり、必要なことを行う強さがあります」と。

『ニューヨーク・タイムズ』紙は続く48時間にわたってナイジェリアなどからの移民の急増を報じた。移民たちは欧州で市民権を取得するチャンスの窓が開けたと見ていたのだ。

このような決断を批判することは、決断を下すことよりもたやすい。しかしこの決断を下すことは、おそらく通常の場合よりもたやすかった。欧州各国の政治家たちは、どこかの海岸線に立って、船が近づいてくるのを見ているようなものだった。目の前にいる人間が上陸できずに苦しんでいれば、大半の人は——現代の欧州人なら尚更——困っている人を衝動的に助けようとするだろう。相手を海に押し戻そうとする者はめったにいないはずだ。

「政治は難しいものなの」と語り、14歳のレバノン人少女の前で一線を固持しようとしたわずか数カ月後、アンゲラ・メルケルは寛大さを示すことを決めた。その決断は彼女個人というより欧州大陸を代表して下されたものだったが、彼女にそれを促した衝動は特に例外的なものではなかった。上陸してくる全員を歓迎したいという願望は、歴史的に見れば自然な感情ではなかったかもしれない。しかし現代の欧州人にとってはすでに自然なものとなっており、その逆の行動を取るなど想像もつかないことに思われた。

島々にあふれる人

レスボス島の住民は——他の島々の住民もそうだが——その完璧な一例だ。島の主要港のミティリニもトルコに極めて近い位置にある。ミティリニに向かう移民船もまた、出航する時点で目の前に欧州が望めるわけだ。港の中心には聖セラポン教会のドーム型屋根がそびえている。教会名の由来になったのはキプロスの主教で、632年にミサを執り行っている最中にアラブ系のイスラム教徒に虐殺された。ドームの内部にはイグナティオス主教の石棺が収められている。こちらはオスマン帝国に占領されていた19世紀に抵抗運動を率いていた人物だ。

港の水辺には商店やバーやサッフォー・ホテルなどの宿泊施設が並ぶ。古代ギリシャの女流詩人サッフォーを生んだ島だけに、それにあやかる名前が至るところで目に入る。

8万7000人が暮らすこの島は、面積でも人口でもギリシャの島嶼の中では最大級だ。日中の暑さの中ではオイルや魚や海水の臭いに、初めて海上から目にした時よりも港の印象は悪化する。しかし夜風が吹き始めると水辺のバーやカフェが生き返ったようになり、スピーカーから流れるポップソングに活気づく。

ランペドゥーサ島と同様、コントラストは強烈だ。これはある支援要員に聞いた話だが、あのイタリアの島でも夏の数カ月間は、島にパーティーをしに来た裕福なイタリア人の流す曲が断崖やビーチに響く中で、移民（生者の中に遺体も混じる）を満載した船が海からやって来るという。ミティリニでも、それぞれの地獄から抜け出し、あるいは通過してきた移民たちが、ギリシャの暮らしの最良の面が見られる場所で、新生活への第一歩を踏み出す。

2015年の一時期には、人口3万人のミティリニの町に1日8000人のペースで移民が到着した。船は空港と町を結ぶ長い海岸通りの脇に引き揚げられた。一部の移民は徒歩で町に入った。別の者たちは船を降りるとタクシーを呼び、郊外にあるモリア難民管理センターまで行くよう頼んだ。地元のドライバーたちによれば、ボートを降りた移民たちは皆、モリアまでのタクシー料金が10ユーロであることを事前に知っていたという。

イタリアの島々がそうだったように、ギリシャの島々でも地元当局が孤立無援をかこった。レスボスの市長は島民の反発をあおり、近隣のサモス島の市長も同じことをした。彼らは連携を取ったか？いや、市長室が言うには、誰もが我が道を行った。

だが個々の島の内部でも組織は複雑だった。移民の「流入」が「洪水」と化した時、モリアの元軍用キャンプが一時的なセンターに転用されている。すなわち、関連するアテネの役所の管理下でだ。やはりレスボス島にあるカラテペ・キャンプは地元の自治体が管理している。理由を聞くたび、相手はため息をつく。

いずれにせよ、しばらくの間は移民全員の手続きを処理し、その後の行程のための書類を交付する作業がうまくいっていた。着いて2日もすると、移民たちは港に戻り、今度はフェリーでアテネかカヴアラに向かった。ギリシャの当局は、そこからは移民が消えても気にしなかった。当局も知ってのとおり、ほとんどの移民は自国民にさえ仕事が行きわたらない国にとどまりたがらなかったのだ。彼らは欧州の南東部を移動し続け、自分たちを受け入れてくれると思える国に、わけてもドイツとスウェーデンに向かった。

移民の数が当局を圧倒するほどになると、手続きが長期化し、不穏な空気が生まれた。2015年9月にはメルケル首相の声明を契機とする移民の流入がピークに達し、レスボス島の一部の移民と地元の機動隊との間に深刻な衝突が発生した。手続きの遅れで2週間も島にとどめ置かれるようになると、港にたむろした移民たちが「保護してくれ」とか「アテネに行きたい」といったシュプレヒコールを叫ぶようになる。シリア移民の中には警官隊に石やボトルを投げつける者もいたが、一方には彼らを止めようとする者もいた。

その場しのぎの解決策はいくつか出されたものの、2015年の冬から2016年の年初にかけて、手続きは停滞し始める。移民は相変わらず流入し続けたが、他の欧州諸国が当初に見せた熱意は早くも衰え始めていた。ミティリニには一時、2万人の難民がいた。モリアもカラテペもその4分の1の人数すら収容できる設計にはなっていない。しかしミティリニの住人たちは、自分たちを数で上回るほどにもなった移民たちに怒りをぶつけることはなかった。二つの移民センターが満杯になると、街中のあらゆる緑地や石ころだらけの空き地、道路のロータリーや歩道などにテントが立てられた。厳冬期を迎えると、住民たちは家を開放したりガレージを片付けたりして、最悪の天候から逃れようとする移民たちを迎え入れた。

どこにも行き場がない移民キャンプの「ビジター」

2016年夏、諸外国との協定や欧州域内からの警告によってこれらの島々への移民の流れは止まるはずだったが、船はやはり来続けた。それでもEUとトルコが3月に結んだ緊急協定によって幾分か重圧は薄れ、流入は減速していた。EUがトルコ政府に60億ユーロを支払い、加えて多くのトルコ人に欧州でのビザなし旅行を認める見返りに、欧州にやって来る移民の数は目に見えて少なくなったのだ。8月中にはレスボス島への移民が1日200人(日によっては20人)ほどにまで減少した。

海が鏡のようにないでいた同月のある夜、3隻の船が渡航に成功し、2隻は島の北部に、そしてもう1隻はミティリニの港に着いた。4隻めはトルコの海軍に阻止された。移民や支援要員の間では、トルコ海軍は協定に従い引き返させなければならない移民船を看過しているとの噂がある。実情は、移民船を見かけた時に、何隻かは止めるが、残りは見逃しているのである。

レスボス島第二のキャンプ、カラテペは地元自治体が2015年に開設したもので、家族連れや女性、子ども(大人の同行者がいない未成年者を除く)を収容している。定員は1500人だが、2016年8月には半分しか埋まっていない日々もあった。トルコの最近の政変で、当局は前年夏のような流入が再び始まるのではないかと警戒したが、この時点では島は比較的静穏だった。キャンプの入り口には商売をして金を稼げるチャンスがある。露天商は食べ物の移動販売車を出したり、飲み物の屋台を設置したりした。

それを除けば、キャンプに入ろうとするのはコンゴから来たある若い男性だけだった。彼自身はモリアのキャンプに収容されていたが、カラテペにいる姉妹とその子どもたちに会いに来たのだ。私と一緒に真昼の日差しを浴びて待つ間、彼はキャンプの外でビールを飲み、煙草を吸った。コンゴに残ることは不可能だったと、彼は言う。コンゴの反政府勢力とつながりがあるため、祖国は彼にとって安全な場所ではなくなっていた。彼は大学教育を受け、コンゴの精神科病院で働いていたと話した。また、電話が壊れてカラテペにいる姉妹に通じなくなったと。人々は拘束されているわけではない。しかし誰もがキャンプに入っていけるわけでもない。

キャンプの内部は、いかにも1000人以上を収容するために設計された粗末な間に合わせのシェルターといった様子だ。家族連れが住むための小屋が並び、他にも医務室などの必要な設備がある。子ども用のサッカー場や小さな屋根付きの野外劇場も設置され、たまに移民たちの気分を高めるために音楽会が催される。老人と障害者は他の移民が入る大きなバラックから離れた場所にトイレ付きの小屋を与えられ、伝統的な頭巾をかぶった古代のシリア人よろしく外を眺めている。

このキャンプにいる人々は大半がシリア人だ。現在では、おそらく7割がそうだろう。次に数の多いグループはアフガニスタン人とイラク人だ。地元自治体に代わってキャンプを運営するアテネ出身の女性は、そうした運営法と、ここで奨励されているという革新的な姿勢を大変誇りにしていた。ここでは人々を「難民」や「移民」とは呼ばないと、彼女は強調する。彼らは「ビジター（訪問者）」なのだ。

キャンプはその他の点でも進歩的であり、それゆえに彼女たちは然るべき許可を得たジャーナリストを喜んで迎え入れる。ビジターは1日3回の食事を提供され、モリアなどの他のキャンプとは違い、列に並ばされることもない。食事は各小屋の戸口に届けられるのだ。着替え用の衣類は必要に応じて支給される。

シリアから来た家族連れが自分たちの小屋の近くに座り、まだ髭を剃る年齢には達していないようなニキビ面の若者が、鏡を片手に電気カミソリで短い髭をあたる。2歳か3歳の小さな女の子が、脱げてしまった片方の靴を土ぼこりの中で履き直そうとする。私たちが手を貸すと、女の子は立ち上がって走り出し、またばったりと倒れ伏した。

カラテペのキャンプにいれば数々の利得があるものの、2016年夏の「ビジター」にとっての問題点はどこにも行き場がないことだった。2015年の移民の流入以降、欧州の他の国々は国境を閉ざしてしまっていたため、前年のような全欧州的な流れが再開される見込みはなかった。これらのビジターたちはアテネまで行くことすらできなかった。本土で移民が立ち往生すればまったく新たな問題が発生しかねないことに、当局者たちが気づいたためだ。

かくして以前は48時間しか移民が滞在しなかった場所で、そしてそれが2週間になっただけでもトラブルが引き起こされた場所で、何カ月も過ごす家族が現れている。キャンプの外でフライドポテトを買うのは、17歳の少女と7歳の妹だ。シリアのアレッポからやって来た姉妹は、ここでもう4～5カ月を過ごしている。今ではキャンプで授業が受けられるし、音楽などの課外講座を開く試みも始まった（バイオリンのレッスンさえ受けられる）。しかし姉妹はいつここを発てるのかも、自分たちや他のビジターがどこに向かって発つことになるのかもわからない。

大いに理解できることではあるが、当局も、キャンプの運営と資金調達に手を貸すNGOも、ビジターがジャーナリストと話をすることには慎重だ。トラウマを抱えている人々も多いし、ランペドゥーサ島の例と同様、移民をどう扱うべきかや、どのような制約を課すことが――課せるならの話だが――合法的であったり可能であったりするのかを、誰も正確には知らないのだ。

だが道路沿いやビーチ上には即席のテント村ができている。向かい合わせになったハイウェイの側壁には、巨大な文字で「難民たちよ！　協定など知るか！　誰ひとり違法なんかじゃない！　ようこそ難民たち！」と落書きされている。同様のメッセージはスペインでも見られた。この場所で船を降りようとしたなら――実際にそうする移民もいるわけだが――これが欧州で見る最初の文字になるのだ。

その向かい側でテント村を運営するのは「ノー・ボーダーズ・グループ」だ。ユーストゥスという若いドイツ人が紙巻き煙草を吸いながらやって来る。彼はドレスデンから来たと、弁解がましい口調で言った。２週間前、彼は同じ志を持つドイツ人、フランス人、スイス人の一団とともに、道路の向かいの老朽化した廃ビルに、ある種の社交センターを開いた。それは難民申請用のセンターを意図したものではなく、移民たちがそこに行き、キャンプの退屈さから逃れられるようにするための場所だった。だがわずか数日後、そのビルを所有する銀行が、違法なキャンプを設置されることを恐れて彼らを追い出してしまう。やむなくグループは向かい側のビーチに移り、当座しのぎの大型テントをいくつか張って、自分たちの運動を継続しようとしている次第だ。ハノーファーから来た40代のドイツ人女性オーダは、真昼の日差しに辟易しながらもこう説明した。「デモ行進を続け、『ノー・ボーダーズ（国境をなくせ）』と叫んでいるだけでは十分ではありません。何か行動を起こすことも必要なんです」

ここはドイツ人を中心とするこのグループが、彼らなりの支援をしようとしている場所だ。造りはガタガタだし、資金は足りないし、少々散らかってもいるが。ある一家は「難民向け」という掲示を飄々と通り過ぎ、毎日このセンターにお茶を飲みに来ている。ところが彼らは、すでにレスボス島に定住しているロマ民族の家族であることが判明した。

オーダは明け渡さなければならなかったビルの写真を見せてくれた。彼らはその社交センターの主だった部屋の壁を白く塗り、明るい色の装飾をぶら下げていた。壁面にはセンターのルールが青と赤の文字でペイントされている。箇条書きで「人種差別反対。暴力反対。性差別反対。同性愛嫌悪に反対」と。

このグループのテントには、現在のところ1日に50人ほどが出入りしている。オーダと同僚たちが言うには、その人たちが本当に求めているのは、お茶でもなければ水でもなく、公設のキャンプの配給を補うために彼らが渡している1日300～600人分の食料でもないという。ここに来るアフガニスタン人やパキスタン人やモロッコ人やエリトリア人（ほぼ同数が混在している）が求めているのは、「自分たちを尊重してくれる人間」なのだとか。オーダらは最近、タリバンに家族全員を殺されたパキスタン出身のキリスト教徒と出会った。今、何が一番欲しいかと尋ねると、彼は「笑顔だ」と答えた。

もっとも、ドイツから来た「ノー・ボーダーズ・グループ」が全面的に歓迎されているわけではない。元の家主の銀行や島の当局との軋轢は別にしても、一部の島民が彼らにうさんくささを感じているのだ。しかもそれは、グループがそこにいるとギリシャ人に問題対処能力がないように見えるからというだけの理由ではない。ある住民はグループのメンバーのことを「悪い奴らだ。連中は政治的な活動家だ」と言った。ただ、その他の地元民は協力的で、中には物資の提供までしてくれる人々もいる。地元の野菜問屋はただで食品をくれる。

それに少なくともここでは、モリアのキャンプとは違い、食料をもらうために200メートルもの列を作る必要はない。モリアのキャンプで食料不足や食中毒、不潔な環境などに対する苦情が出ていることを思えば、なぜ当局が部外者の訪問を許可しようとしないのかは明らかだ。モリアには現在3000人が収容されているが、16歳のアフガニスタン人の3人組によれば、キャンプ内では写真撮影も許されないという。移民以外の人間が近づけるのはゲートまでだが、その外側からのぞいても、カラテペとはかなり様子が違うことは見てとれる。

「僕らはアフガニスタン人だ。あらゆるものを見てきたよ」

元は軍用のキャンプだったモリアは現在、鉄条網で3～4の区画に分割されている。収容者の出身地は中東、アフリカ、アジアの全域にわたる。大半はシリア、イラク、アフリカ、アフガニスタンからの移民だが、バングラデシュ人やミャンマー人やネパール人もいる。

あるエリトリア人の若者はまずスーダンに行き、そこから空路でイラクへ、さらにトルコを経由してレスボス島のビーチに至る旅の経路を語ってくれた。一方、アフガニスタン人たちはイランや、時にはパキスタンを経由してトルコに入っている。全員が口をそろえて言うことには、近頃では密航業者と直に会うことはなくなったらしい。すべては段階を追って、電話で指示されるのだそうだ。父親に連れられた9歳のアフガニスタン人の少年も、自分のたどったルートを説明してくれた。彼らが欧州入りしてから、もう2カ月になる。ハビブという名の父親が、他人のいないところで話したいと合図を寄越した。

私たちは海辺の廃ビルを見つけた。ハビブはそこで自分の身の上を語った。彼らの乗った船は、1時間で着くはずだったトルコからの旅の間に2度も沈んだ。その2度めの時に、ギリシャの沿岸警備隊に救助された。ハビブは31歳で、妻と2人の息子、2人の娘を伴っている。娘たちは5歳と1歳半だそうだ。ハンサムで頑健な体つきをしているが、その黒髪の真ん中に一筋の白髪が交じっている。身につけたスポーツウエアは間違いなく到着後に支給されたものだろう。

ハビブはアフガニスタンの教育省に勤め、ヘラート県の各学校を統括していた。タリバンが勢力を取り戻した時、彼はタリバンから電話を受け、職を辞すよう命じられた。彼はそうしなかったために、タリバンに拉致され、3日間牢獄に入れられた。そして、その間に両腕を折られた（今も両手首のところで骨が盛りあがり、大きなコブになっている）。牢獄からはどうにか脱走したが、アフガニスタンの山地でつまずき、さらにケガをした。転んだ時に石にぶつけて、頭が割れた。

2カ月間は仕事ができず、自宅にいた。だがその後は職場に復帰した。そこでまたもやタリバンに拉致され、今度は21日間、拘束される。この時もまた拷問が待っていた（傷跡は両腕だけでなく脇腹にもあった）。さらにタリバンは彼をレイプした。あるいは、通訳を頼んだアフガニスタン移民の言葉を借りれば「彼を後ろから攻めた」。役に立とうとした通訳氏が「意味わかるかな？」と言って仕草をまねると、ハビブは目をそらす。タリバンは毎晩、彼をレイプした。そうしながら「もはやお前には神はいない。俺たちがお前の神だ。だからお前は俺たちに命じられたことは何でもしなければならない」と告げた。

ここに至って、ハビブはタリバンへの協力を承知した。すると職場での地位を利用して、タリバンの手の者を教育省に入れるよう要求された。タリバンは合わせて600～700人の児童が通うアドラスカン村からゴザレー村にかけての各学校で、水道システムに何かを投じる計画を立てていた。全児童が学校で毒を盛られる事態になれば、親たちは我が子を通学させなくなるだろうという読みだった。この時はハビブが手を貸すことに同意したので、タリバンは彼を帰宅させた。

だが家に着くやいなや、彼は家族を連れて逃走した。タリバンの手の者を望みの地位に就かせることはなかった。トルコに着くと、ハビブは祖国の役人に電話し、タリバンの計画を暴露した。そしてそれを阻止するように頼んだ。「僕はすべてを失った」と、ハビブは言う。「でも学童たちの命を救えたから満足だ」

ハビブは帰国はかなわないだろうと語り、「ギリシャ政府に送還されるくらいなら、僕は自殺する」と話す。欧州にいることの意味を尋ねると、「ここにいられて幸せだ。だって、ここでなら生きていけるから。今はもう安全だから」と答えて、目をそらした。どうやら頬に落ちる涙を隠そうとしているようだった。私たちはただ黙って座っていた。

その後、彼はタリバンの拷問で負った両脚の傷も見せてくれた。握手をして道路に出ると、彼の家族と出くわした。私は奥さんと娘たちを紹介された。上の娘がかぶっている明るいピンク色の帽子は、おそらくこちらに来てから支給されたものだろう。ハビブの一家は連れ立ってキャンプへと戻っていった。

モリアのキャンプで出会った人々の中に、アフガニスタン南東部のガズニ県出身の兄弟がいた。彼らは20歳と18歳のハザラ人だと名乗った。アフガニスタンでは少数派に属するイスラム教シーア派のハザラ人は、イスラム国（ＩＳＩＳ）から目の敵にされている。「異端」だとして大勢が斬首されてきた。だがＩＳＩＳは兄弟が祖国で経験した数々の凶事の一つに過ぎない。その前にはタリバンに学校を焼かれ、新兵として徴発されかけた。ＩＳＩＳもまたその地方に進出してきた時に、兄弟を徴発しようとしたという。ＩＳＩＳに「仲間に入るか、家族全員を殺されるか」の選択を迫られた時、兄弟は村を逃れ、首都カブールに移った。両親ともに病弱なため、年長の息子たちであったその兄弟には家計を支える責任があったのだが。

石ころだらけのギリシャの空き地に座っている間、一座に加わったアフガニスタン出身の男性や少年たちは、皆一様に手で土をもてあそんだ。兄弟と同じ県から来た比較的年かさ（62歳）の男性は、心臓に不調を抱えながらも、オーストリアで娘と合流できるよう願っていた。彼は比較的多くのハザラ人が住むイランを抜けてきた。アフガニスタンは安全でないにしても、イランにとどまる道はなかったのだろうか。「イランには誰も知り合いがいない」と、彼は目に涙をためながら言った。「イランで何をしたらいいいんだ?」

話している間に、彼は小さな土の山を作ったり、地面の穴を埋めたりした。一方、前髪が黒い目を覆うほどに垂れかかった例の兄弟の弟の方は、話しながら小さな石を拾い上げては、それで何度となく地面を叩いた。

ハザラ人はどこに行っても迫害されると、彼らは話す。他の多くのハザラ人が住むパキスタンでも、生きていくのが難しくなってきた。金を奪われたり、拉致されて100万米ドルもの身代金を要求されたりする。兄弟は不法にパキスタンに入り、不法にイランを通過し、不法にトルコに抜けた。兄は弟が心理的な問題にひどく苦しんでいると説明する。驚きは感じなかった。弟はいらだちを爆発させるように話す傾向があったからだ。

「どの国にも善人もいれば悪人もいるだろ」と、ある時点で彼は言った。「なぜ欧州人は僕ら全員を犬か犯罪者みたいに見るんだ? 彼らは僕らに良くしてくれない。なぜだ?」

彼らは自分たちがギリシャの国を受け入れたのに、ギリシャは自分たちを受け入れないと不平を言う。バスではじろじろ見られるし、友好的には接してもらえない。弟は、モリアのキャンプ内の警官がまるで動物をなだめすかすかのような態度をとるとぼやいた。モリアのキャンプに不満を持つ人々は少なくない。しかし彼の言い分では、ヘビがテントに穴を開け、すでに2人を殺したという。当局はその事実を隠していると、彼は言う。

兄は話の成り行きで、アフガニスタンにいた頃、弟がタリバンにレイプされたことも話した。これまでに何を目にしてきたのかと尋ねると、弟は自分なりの答え方をした。「僕らはアフガニスタン人だ。あらゆるものを見てきたよ。斬首に死体。何もかもだ」

弟は自殺も考えている。そして他の全員と同様、送還されたらそれを実行すると言う。居残れるなら何がしたいかと聞くと、兄は祖国の大学で薬学を学び始めていたことを語った。それを続けたいのだそうだ。弟は「このひどい状況の中で何らかの人生を見つけること」だけが望みだと答えた。

アフガニスタン人は皆、シリア人に腹を立てている。シリア人は優遇されていると一般に思われているのだ。確かにメルケル首相は２０１５年の声明の中で、シリア移民に関しては難民であることを証明する必要はないとした。「なぜだ?」と、アフガニスタン人は質す。「シリアで戦争が始まってからまだ5年じゃないか。アフガニスタンでは15年間、戦争が続いているんだ」と。

より良い暮らしを求めて欧州に来ているだけだろうという指摘に関してはどうか? 流暢に英語を話す若いアフガニスタン人がこう答えた。「アフガニスタンでは毎日、爆撃があるんだ。なのに僕らは幸福や楽しみを求めてここに来ていると思われてる。アフガニスタンには経済的な問題はないんだ」。彼はそう力説する。「お金だったら手に入れられる。ことは身の安全の問題なんだよ」

このような話を、このような時に、このような場所にいた人々から聞かされると、メルケル首相とその閣僚たちが２０１５年に本能的に示した行動も、完全に正当化されるように思われる。彼女らはそうした人々を救い、迎え入れ、安全を与えるうえで、文明人として取りうる道は他にないという認識のもと、解決策の一端に飛びついたのだ。しかしその寛大な本能を働かせたことは、海を渡ってきた人々と彼らを迎え入れようとする大陸の双方にとって、この道程の最も楽な部分であったと判明することになるかもしれない。

第6章

「多文化主義」の失敗

メルケルたちが認めた「多文化主義」の失敗

2015年8月31日、ドイツのメルケル首相はベルリンで新たな意向を示し、「ヴィア・シャッフェン・ダス（我々にはこれができる）」と国民を焚きつけた。しかしこの短いフレーズですら、いくつもの疑問を喚起せずにはおかない。彼女が成し遂げようとした「これ」とは何だったのか？ その目的と意図するところは？ そのプロセスには終点ないし完了点は存在するのか？ その事業が成功した時、私たちはそこに何を見ることになるのか？

これらもそれ自体で十分大きな疑問ではある。しかし彼女の3語は同じように重大な別の疑問を巧みに回避していた。すなわち「我々」とは誰なのか、だ。この定義しがたい事業の完遂を迫られた主体は何だったのか？ アンゲラ・メルケルはこの声明を発するに当たり、「我々」なるものの存在を自明のこととしていた。だが彼女の演説に先立つ歳月の間に、欧州はこの疑問への答えを見出すべく、自らを深く、また不断に見つめてきた。そのように精神分析医の寝椅子に日参するようなことをしたのは、それが抽象的な疑問ではなく、差し迫った側面を持つものだったためだ。欧州はその間ずっと――オランダの作家パウル・シェフェールがその8年前に記した通り――「『我々』というものを抜きにしては、それは立ちゆかない」という意識に突き動かされていた。(1)

メルケル首相自身もそのことに重々気づいていた。2015年の重要声明の5年前、彼女は別の演説の中で、ドイツで急速に膨らみつつあった懸念の一つをテーマとして取りあげている。2010年10月にポツダムで行われたその演説は、欧州各国の首脳が雪崩を打ったように移民や同化政策の誤りを口にする契機となった。

折しもドイツ国内は、その時すでに、ある国民的な論争のただ中にあった。その数週間前に、元上院議員でドイツ連邦銀行理事のティロ・ザラツィンが *Deutschland schafft sich ab*（「ドイツは自らを廃しつつある」未邦訳）という著書を出していたためだ。同書はコンセンサスを重視するドイツ社会に放り込まれた爆弾のようなものだった。

ザラツィンは著作の中で、ドイツ人の出生率の低さと移民（特にイスラム教徒）のそれの過剰な高さが相まって、ドイツ社会の性質が根底から変わりつつあると説いた。彼の主張の中でも最も論議を呼んだのはおそらく、教育水準の低い人々が多くの子どもを生み、教育水準の高い人々が少数の子どもしか生まないことによって、戦後ドイツの成功と繁栄が危険にさらされているとした部分だろう。

ザラツィンが論じたとおり、ドイツの移民が同化を怠っていると示す証拠は至るところに見られた。しかし政界とメディアのエリートたちは、そうした主張をするザラツィンを異端者だと批判した。結果、ザラツィンはドイツ連銀の職を辞さざるを得なくなる。また彼自身は左派の出身だったが、メルケルの率いるキリスト教民主同盟（CDU）だけでなく、所属する社会民主党（SPD）までがザラツィンから距離を置いた。ドイツ国内の各種のイスラム教団体は彼を法廷に引きずり出そうとした。だが最もダメージが大きかったのは、根拠もないのに反ユダヤ主義とのそしりを受けたことだった。

それでも彼の著書は国民の空気をとらえていた。同時期に行われた世論調査によれば、ドイツ人の47%が「イスラム教はドイツになじまない」という意見に同意している。ドイツの政治家たちは、移民や同化やイスラム教を巡る議論を厳格な〝規制線〟の内側に押しこめていた。しかしザラツィンの本が200万部も売れたことからわかるのは、いくら政治家が国民に考えてほしくないと思っていることでも、国民がそれを考えるのは止めようがないという事実だった。

政治的なスキルに長けたメルケルは、演説でこの問題を取りあげることを決めた。不安を抱えた人々を自らの政党の陣営にとどめるとともに、ザラツィンやその支持者の誤りを正そうとしたのだ。ポツダムでの演説の冒頭、彼女はドイツのガストアルバイター制度や、1960年代前半からドイツで暮らし、働いているトルコ人などの外国人の集団移民について触れた。彼女はドイツが――戦後の労働力不足を補うために移民を受け入れた英国その他の欧州諸国と同様――「しばらくは自分自身をだまして」いたと認めた。「私たちは『彼らは永住しない。いつかはいなくなるだろう』と考えたのです。でも現実は違いました」

ドイツはその政策の帰結をことごとく予想し損ねていた。メルケルは続いて、ドイツの移民と同化の論争における、より最近の過ちを批判した。

演説のその先の部分は世界中で報じられた。それほどのニュースバリューがあったのは、欧州の主要な政治家が移民の同化政策の失敗をこれほどはっきりと総括したのは初めてだったからだ。主張の一部は過去にも政界の片隅でささやかれていたものだった。しかし政界の中心でかくも決然と発言されたことはなかった。

ドイツと移民の関係はどこが間違っていたのかを、メルケルはこう論じた。「多文化社会を築き、隣り合わせに暮らし、互いの文化を享受するというアプローチは、言うまでもなく失敗しました。完全な失敗です」。だからこそ「同化が極めて重要なのです」と、彼女は説く。ドイツ社会への参加を望む人々はドイツの法と制度に従わなければならず、またドイツ語を話すことを学ばなければならない。それがメルケルの主張だった。(2)

ドイツ国内のメディアは、メルケル首相が翌春に予定されていた総選挙に備えて足場固めをしたのだと推測した。同月に公表された世論調査では、移民の増加に懸念を募らせる国民の割合が急増していた。30%もの人々が、ドイツで支給される社会保障給付を目当てにやって来た外国人によって自国が「侵略」されることを恐れていたのだ。(3)

メルケルの演説が政治的に巧みだったのは、そうした人々に自分の聞きたい話を聞かせた点だ。その演説は同時に移民を注意深く称え、依然としてドイツで歓迎されていることを強調したものでもあったのだが。それでも人々の思いを言葉にしたことは――しかも「(多文化主義は)失敗しました。完全な失敗です」とあの特別な言葉を二度までも繰り返したことは――国民の共感を呼んだ。ポツダムの聴衆が総立ちで拍手を送った瞬間から、メルケルは難しい問題を口にした勇気を称えられることとなった。欧州全土で他の政治指導者よりも上だと評価され、他国の新聞は「ドイツの首相だけがこの不都合な真実を告げる強さと勇気を持っている」と暗に記した。

他の政治指導者たちがすぐにこのおこぼれを欲しがり、メルケルのおかげで意外に温かいと判明した水に飛び込んだのも当然だった。翌年2月、英国のデビッド・キャメロン首相がミュンヘン安全保障会議の場を借りて、こう宣言する。「多文化主義の原則のもと、私たちは異なる文化が、相互に、また主流からも分断された暮らしを送ることを奨励してきた。彼らが属したいと感じる社会の姿を示すことに失敗してきた。あまつさえこの分断されたコミュニティが我々の価値観と完全に逆行する行動を取ることすら許容してきた(4)」

その数日後にはフランスのニコラ・サルコジ大統領が、テレビの討論番組でやはり多文化主義は「失敗」だったと明言し、こう述べた。「すべての欧州の民主主義国家が、やって来た人々のアイデンティティを過剰に気にかける一方、迎え入れる国家のアイデンティティを十分に気にかけなかったというのが現実です(5)」

こうした首脳らに続いて、オーストラリアのジョン・ハワード元首相やスペインのホセ・マリア・アスナール元首相らも、時をおかずに似たような発言を行った。

わずか数カ月の間に、口にしてはならなかったはずのことをほぼ全員が言うようになった。どの国の、どのケースにおいても、大論争が巻きおこった。デビッド・キャメロンが国家安全保障と国民的結束の問題をセットで論じたのは正しかったのか？　メルケルは単に不満派のガス抜きを試み、中道右派の勢力を巧妙に自分の傘下にとどめ置いたのか？　理由が何であれ、どの国においても「多文化主義は失敗した」という論争が、ある種の分岐点を画したように思われる。

ただ、それらの論争は有益ではあったものの、「多文化主義は失敗した」という所説が何を意味するのかは当時から不明確だった。そもそも「多文化主義」という言葉自体が、人によってまったく違った意味に受け取られる。長年の間、そして多くの人々にとっては今でもそうだが、この言葉は「多元主義」と同義だと考えられていた。あるいは単に民族的に多様な社会で暮らすという現実のことだと。「多文化主義に賛成する」と公言するのは、ある場合には、背景の異なる人々が自国にいても気にしないという意味だった。またある場合には、いずれはすべての社会が巨大な文化のるつぼになると信じているという意味だった（あらゆる国に「ミニ国連」ができるという発想だ）。

その一方、「多文化主義は失敗した」という所説を聞いて、「戦後の移民政策は全体として誤りであり、移民たちは欧州に来るべきではなかった」という意味に受けとめた有権者もいたことだろう。中には大量移民を押しとどめ、その流れを逆転させる合図のように聞きなした人々さえいたかもしれない。

どの国においても、この同じフレーズが異なる理解をされていることは間違いなく政治的に有益だった。政治家たちは通常の支持層ではない有権者を取り込むチャンスが得られた。この賭けに出た政治指導者たちが、いずれも御しがたい政治運動の手綱を取ろうとした右派だったことは偶然ではない。

しかし彼らの演説の意味を巡って混乱が生じたのには、ある昔ながらの原因もあった。「多文化主義」という術語はかねてから定義しづらいものだったのだ。メルケル、キャメロン、サルコジらの演説からはいかなる推論を導くことも可能だが、彼ら自身は国家主導の特定の多文化主義を問題にしていたように思われる。彼らが人種的に多様な社会や、移民を歓迎する社会を批判していないことは明白だった。むしろメディア受けする部分を除けば、全員が大規模な移民に対する支持を言明していた。

彼らが批判したのは国家の政策としての特殊な「多文化主義」だったのだ。すなわち同じ国の中で移民たちが平行的な暮らしを送ることを――とりわけ居住国のそれと相容れない習俗や法の下で暮らすことを――国家が奨励するという考え方である。上記のような欧州の首脳たちは、同一の法の支配や一定の社会規範が全員に適用される「ポスト多文化社会」を目指しているように見えた。(6) 論じるのが遅きに失したが、おそらくそれは重要な一歩だったのだ。

左派の批判派の多くはこの議論そのものに反発した。自作自演の空論だと主張し、そんな問題は存在しないか、存在するにしても問題ではないと断じた。だが2010年を迎えた頃には、そうした平行的な社会に対する国民的な懸念が欧州全域で高まっていた。その一番の原因は、欧州で生まれ育った人物の関与するテロ攻撃(未遂を含む)が増加したことだった。ただ、それと同時にテロよりも暴力性の薄い、あるいは暴力とは無関係の差異の表現に対する懸念も高まっていた。それを表現するのが必ずしも少数派だけではなかったからだ。

欧州の「自己放棄」時代

2006年、オランダのピエット・ハイン・ドナー法務相が、あるインタビューで激しい怒りを買った。イスラム教徒が民主的な手段で同国の法律をシャリーア(イスラム法)に変えたいと願うなら(つまりイスラム人口がそれだけの数に達しているなら)、それができると述べたためだ。ドナーは2004年にも、一部のイスラム教徒の懸念に対処するためとして、神への冒瀆を禁じる法律の復活を提案していた。

2008年には少なくともそれに匹敵する怒りが英国民の間で燃えさかった。カンタベリー大主教のローワン・ウィリアムズが王立裁判所での講演中に、英国で進みつつあった法的支配権の分立について述べた時のことだ。その中で大主教は、英国内でシャリーアを部分的に適用することは「不可避に思える」と発言した。国民の憤怒が渦巻く中、大主教は自分が誤解されていると強調。ところがその翌日、誤解を解くことを意図したBBCラジオのインタビューで、彼は火に油を注いだ。『『全員が守るべき一つの法がある。話はそれで終わりだ』というような考え方は少々危険だ」と発言したのである。(7)

移民と安全保障についての懸念が何年にもわたって膨らんだ末に、西洋文明の絶対的な基盤の一部が突如、交渉材料にされたように思われた。時には過去さえもが好き勝手に書き換えられそうな気配だった。

メルケルのポツダム演説のわずか2週間前のこと、ドイツ大統領のクリスティアン・ヴルフは「ドイツ統一の日」を祝した演説を行った。ドイツ国内でのイスラムの地位を問うたザラツィンへの回答という意味合いもあったその演説の中で、ヴルフはこう示唆している。イスラム教はキリスト教やユダヤ教と同じようにドイツの歴史の一部だったと。彼自身の所属政党を含め、ドイツ国内は蜂の巣をつついたような騒ぎになった。だが現在の現実に合わせて過去を改ざんすることをいとわないのは、ひとりヴルフだけではなかった。

その種の発言があるたびに反発が湧きあがったのは、この多文化主義の時代にあって、欧州は自らの歴史を含む様々なものを手放すよう迫られているのに対し、移民は自分たちの伝統を手放すことをまったくと言っていいほど迫られていないと、幅広い人々が感じていたからだ。それが現実に欧州の向かっていた道であるとするなら、キャメロン、メルケル、サルコジといった右派の政治家たちは別のルートを描こうとした。彼らはいずれも同化のプロセスが双方向的なものであることを否定していない。しかし移民の側に期待されることを注意深く強調してもいた。特に居住する国の言語を話すことと、その法律に従って暮らすことを。

このような基本的な要求さえもが激論を招くのは、こうしたことに関する計画が戦後の歳月に何ら立てられていなかったことの表れだ。これに限らず、すべては泥縄式に進められてきた。ゆえに使用される用語も頻繁に変わった。

多文化主義に批判的な歴史家のルミー・ハッサンは、著作中で、英国の戦後移民史の各段階にその実例が見られると説く。第一期（1940～70年代）には、コモンウェルス出身の非白人は「有色移民」と呼ばれ、社会の他のメンバーとは分けて考えられていた。続く1970～80年代には、差別防止の取り組みの成果もあって「黒人の英国人」と呼ばれるようになり、普通の平等な市民と見なされ始めた。その後すぐに、英国は様々な文化からやって来た人々を包含するという意味において、「多文化主義」の社会と呼ばれるようになる。ハッサンも言うように「多人種の社会」または「多民族の社会」と呼ぶ方が正確だったが、もはや「人種」という考え方は良くないものだとされていたので、「多文化主義」

という言葉が最良の選択肢だと思われたのだ。

しかしこの新語の意図が人々を一つの国の傘の下に糾合することにあったのだとしたら、結果的には逆効果だった。この言葉が導いたのはアイデンティティの統合よりも、むしろアイデンティティの細分化だった。肌の色がアイデンティティの違いを気にかけない社会を作るかわりに、この言葉は突如、あらゆるものにアイデンティティを潜り込ませてしまったのだ。

ある種の利益誘導型の政治が社会に浸透した。様々な組織や利権団体が続々と誕生し、それぞれのアイデンティティ・グループを代弁すると主張した。野心的な者たちは自らこの役回りを買って出て、当局と特定のコミュニティとを仲介した。こうした政治のあり方から利益を得たのは彼らだけではない。地方や中央の政治家もかなりの恩恵を受けた。電話を1本受ければ特定のコミュニティを味方にできたという印象だ。ある特定のコミュニティに寄り添うことで、そのコミュニティ全体の票を獲得する可能性が生まれた。またある場合には、コミュニティの側で票を取りまとめることもあった。

必然的に地方議会などの金が特定の民族グループや宗教グループへと流れた。その一部は選挙で勝つためになされたものだったが、現存するいかなる差別もなくしたいといった、より高邁な理由から行われたものもあった。だが「反人種差別」を掲げるグループであってさえ、当初の計画以上に政治的になりがちだった。差別問題に取り組もうとするグループは、次第に影響力やコネや資金を増大させようとし始めた。そして、そのためには問題が未解決のままになっていなければならないのだと気づいた。

その影響で、状況が改善しつつあるまさにその時に、差別が悪化しているかのように、そしてより真剣に戦う必要があるかのように見せることが横行する。社会に対する「不満」が成長の機会を提供し、「満足」は斜陽産業となった。

一方には唯一称えられなかった文化があった。すなわち、そもそも最初の段階で他のすべての文化が称えられることを認めた文化である。多文化社会となるためには、欧州各国は自らを卑下し、欠点を見つめなければならなかった。それゆえに大規模な移民を許容・奨励した開放的で度量の大きな国々が、ひどく人種差別主義的だと言われることになった。かくして世界中のあらゆる文化が欧州域内で称えられている時に、欧州域内で欧州の長所を称えることまでが疑問視されるようになったのである。

多文化主義の時代は、欧州の自己放棄の時代だった。そこでは移民を迎え入れた社会が一歩身を引き、「親切な大家」としてのみ見られることを願っていた。著名な米国の政治哲学者サミュエル・ハンチントンが、近著の中で「多文化主義は本質的に欧州文明に敵対的であり、基本的に反西洋的なイデオロギーだ」と述べたのは、それが一番の理由だった(8)。

「多文化主義」から「多信仰主義」の時代へ

欧州各国が口をつぐんでいた日々は、同じような時期にそれぞれのタイミングで終わった。英国では「人種関係」の問題に取り組む特殊法人の働きによって、２００１年の夏までは不満が抑えられていた。しかしイスラム教徒の若者が関与した英国北部の暴動のために、あるいはニューヨークとワシントンで起きた同時多発テロのために、並行的なコミュニティの存在がより広範に議論され始め、「多文化主義」のコンセプトに批判が向けられるようになった。

オランダではそれより少し前に〝ダム〟が決壊した。フランスのそれはパリ郊外で暴動が発生する2005年まで堅牢さが保たれた。ドイツとスウェーデンでは決壊までにさらにしばらく時間がかかった。しかしこの2000年代には、多文化主義というコンセンサスへの反対論があらゆる場所で噴出し始めた。

コンセンサスを破った人々の中には左派の政治家もいた。彼らの変節は特別な衝撃を伴っていた。なぜなら右派の政治家や有識者は多文化主義に反対していることがおおむね予想されていたし、移民排斥主義的な傾向を抱えているのではないかと常に疑われがちだったわけだが、左派の政治家は簡単には突き崩せない動機を持つものと見られ、またそうあってくれるものと信じられさえしていたからだ。

だが、当時の状況に最も効果的な風穴を開けたのは、人種的少数派に属する欧州市民だった。なぜなら彼らが発言したことにより、その他の人々も意見を表明しやすくなったからだ。英国では「人種関係産業（人種問題の解決のためのプログラムを提供することで収益を上げる産業）」の指導者の1人だったトレバー・フィリップスが、それまで他の人々があえて踏み込もうとしなかった領域への扉を開けた。彼の理解するところでは、人種関係産業こそが問題の一端であり、彼らが差異を声高に論じた結果、英国は「分断への夢遊歩行」をするようになっていた。彼のこの見解はすぐに欧州中で共有された。

同じ2000年代には他にも多文化主義の反対論者が現れ、ある者は政界入りし、ある者は在野の世論形成者となった。中でもオランダのアーメッド・アブターレブ（訳注：モロッコ移民のロッテルダム市長）とアヤーン・ヒルシ・アリ（同：ソマリア移民の元下院議員。第8章で詳述）、スウェーデンのニャムコ・サブニ（同：ブルンジ移民の女性閣僚）、デンマークのナサ・カダー（同：シリア移民の国会議員）、イタリアのマグディ・アラム（同：エジプト移民のジャーナリスト）らの登場は、大いに議論の風通しをよくする効果があった。彼らは皆、国家が議論の先鞭をつけてくれる少数派の人々を必要としていた時に、それぞれのコミュニティの内部から発言したのだ。成功の度合いは様々だったが、彼らはともかくもそれを実行した。

どの国でも当初は同じような問題に批判が向けられた。一部のコミュニティが実践する最も過激で受け入れがたい慣行がやり玉に挙げられたのだ。「名誉の殺人」（訳注：婚前や婚外の性交渉を行った女性を、その家族が「名誉」のために殺害すること）や女性性器切除は各国で大きな注目を集めた。これは一つにはそのような行為が行われていることに多くの人々が純粋にショックを受けたからであり、また以前から知っていた場合にはそれを口にすることを恐れていたためだった。同時にまた、それらは多文化主義に関する懸念の中でも最も表明しやすいものだったから問題にされたのだという一面もあった。

まったく反対されないというわけではないにせよ、少なくともこうした問題に関しては、左派のフェミニストから右派の国粋主義者まで、幅広い政治信条を持つ人々の意見を一致させることが可能だった。若い女性を殺害することが誤りだという意見には、ほぼ全員が同意できた。21世紀の欧州で幼い少女の性器が切除されていると聞けば、人々は口をそろえて恐ろしいことだと言えた。

2000年代を通じて、こうした極端な多文化主義に対する批判が次第に高まっていった。欧州人があらゆる場所で熟考していたのは許容の限度を巡る問題だった。自由主義的な社会は不寛容に対しても寛容であるべきなのか？　それとも最も寛容な社会でさえもが「そこまでだ」と言うべき瞬間があるのか？　我々の社会はあまりに自由主義的にすぎたために、その過程で非自由主義や反自由主義をはびこらせてしまったのか？

ちょうどこの時期に——前出のルミー・ハッサンが指摘するとおり——多文化主義の時代が静かに「多信仰主義」の時代へと変容した。それまで多文化主義を巡る議論の焦点となっていた民族的アイデンティティが後方に退き、代わりに宗教的アイデンティティが（大方の人々の目には）どこからともなく現れて、重要な論点となったのだ。黒人やカリブ海出身者や北アフリカ出身者の問題だったものが、今やイスラム教とイスラム教徒の問題になった。

戦後に変遷したそれぞれの時代がそうだったように、多文化主義の時代の本質を見極めるプロセスも一夜にしては行われなかった。欧州の各国政府は「ガストアルバイター」の時代が計画どおりに終焉しなかったことを認識するのに何十年もかかっている。同様に、移民が移住先の国にとどまるのなら彼らを差別から守る法律が必要だと気づくのにも一定の時間を要した。

多文化主義の時代も自ら燃え尽きるまでに20年ほどかかった。だがそれに先立つ時代と同様、その死が確認されても（このケースでは「宣言」されても）、それが全体として何を意味するのかや、何がそれに取って代わるのかは不明確だった。

欧州の過去を書き換える

このことを先んじて考察していた数少ない人物の1人が、学者のバッサム・ティビだった。自身が1962年にシリアからドイツに移り住んだティビは、少数派コミュニティのドイツへの同化を長年にわたって促してきた。当初は強い風当たりを受ける中で、彼はこれを推進するための特別な概念を創案する。欧州諸国は多文化主義の政策を脱し、核心的な文化、あるいは「主導文化（ライトクルテュール）」を擁護する政策へと転換するべきだと説いたのだ。

ティビが1990年代に初めて提唱したこの概念は、背景の異なる人々を包含しながらも、一定の共通するテーマのもとに彼らを結束させる多民族社会を是とした。(9) ジャズと同じで、全員がテーマを知ったうえでリフを奏でればうまく行く可能性がある。しかしテーマが知られていなかったり、忘れられていたり、失われていたりしたのでは、おそらく成功しないだろう。そのような状況では社会の一体性が保てないばかりか、不協和音が発生しかねない。

これは欧州の多文化主義の問題点、ことに雑多な背景を持つ人々をいかに結束させるかという課題に対して提示された初期の解決策の一つだった。彼の導き出した答えを最も直接的な表現で言い換えるなら、人々は必ずしもそっくり同じ伝統への帰依によってではなく、少なくとも法の支配や政教分離、人権といった現代の自由主義国家の核心をなす概念を共有することによって結束するべきだということになろう。

だがティビのような一握りの人々がこの時代のことを懸命に考えていた時にも、社会の大半の人々は自分流の生き方を貫いていればそれでよかった。解決策を見出すのに痛ましいほどの時間がかかったのだとしたら、少なくともその一因は痛ましいほどの認識の不一致があったためである。

移民たちが居残るであろうことに気づくと、欧州は二つの思いを抱いた。それらは完全に相矛盾しているにもかかわらず、何十年間も共存しえた。一つめは1970〜80年代以降に欧州人が自らに語り始めたもの。すなわち欧州の国々は、望むなら世界のどこに住む誰であろうと渡航して住み着ける、新たなタイプの多人種・多文化社会になれるとする考え方だ。これは大衆の支持こそ受けなかったが、エリート層からは一定程度支持された。

何より重要なのは、いったん開始された大量移民のプロセスを逆転できない政府の無能さによってこれが推進されたということである。移民の第一波が押し寄せている間は（つまり多くの移民がいずれは帰国するだろうと考えられていた頃には）、たとえ新参者が同化を怠っていてもほとんどの人々は気にしなかった。実際、同化してほしいともさほど思わなかった。

程度は違えど、移民たちはそれぞれの国で、町や郊外に——一般には彼らが仕事をする場所に——住み着いた。仕事が枯渇した時にも、やはり新来の移民たちは同じ背景を持つ人々が住む地域に流入しがちだった。必ずしもそうすることを奨励されたわけではなかったが、そうすることを妨げようとする動きもほとんどなかったのだ。政府は後にそうした分離政策を非難されることになるが、多くの移民は完全に理解可能な理由によって自らを分離した。自分たちとは何のつながりもない社会の中で、彼らは固有の文化や習慣を保ち続けたかったのだ。

移民たちがどこにも行かないと悟った時、人々は彼らの存在に素朴な抵抗も覚えた。だが移民は暮らし方を変えるべきだなどと言えば、差別に与したとの汚名を着せられた。移民が国にとどまるなら彼らの居心地をよくするべきだった。そのためにはあらゆる範囲のことをする必要があった。ただ、実際的なことをするよりは抽象的なことをする方が楽だった。そうした抽象的なことの一つとして、受け入れ国の物語を脚色したり改変したりすることが行われた。時にはその作業は単に歴史を書き換えたり、力点を変えたりするだけのものだった。しかし歴史の積極的な毀損が含まれているように見えるケースもあった。

そうした努力の一つが、ヴルフ大統領が実践したように、非欧州の文化のあらゆる側面を誉めそやし、少なくとも欧州と同レベルにまで持ちあげることだった。それゆえに、たとえばイスラム教徒のテロ攻撃が起これば起こるほど、イスラム系の新プラトン主義者たちの影響力が称えられたり、イスラム科学の重要性が強調されたりした。テロが続いたあとの10年間ほどは、スペイン南部のコルドバを都とする8～11世紀のイスラム教のカリフの統治が、歴史の中に埋もれた存在から、寛容と多文化主義的な共存の模範へと格上げされている。このこと自体も慎重な歴史の書き換えを必要としたが、現在に一定の希望を供給するために過去が呼びだされたわけだ。

イスラム文化のそうした側面はすぐに背負いきれないほどの重荷を背負わされた。ロンドンの科学博物館などを巡回した「イスラムの1001の発明」と題する展覧会では、西洋文明のほとんどすべてのものが実際にはイスラム世界で生まれたものだと紹介された。そうした主張は歴史とは無関係だったが、信仰のオーラをまとっていた。人々はそれらが真実であることを必要とし、異議を唱えることをやめたのだ。それは単なる儀礼の問題ではなかった。欧州文明が最も厄介なコミュニティの文化にどれほど多くを負っているかを過剰なまでに強調することが、どうしても必要だったのだ。

2008年にフランスの中世史学者のシルヴァン・グーゲンハイムは、一般には（ギリシャ語を知らない）アラブのイスラム教徒によって守られたと言われる古代ギリシャのテキストが、実はシリアのキリスト教徒の手で保存されていたのだと論じる小論を発表した。この時の論争は白熱した政治問題となった。人々はグーゲンハイムが「イスラム嫌い」であるがゆえにこのような発見に至ったのだと非難した。他の大半の学者は、彼が証拠をもとに発言する権利を擁護しようとはしなかった。

臆病さを別にすれば、これは欧州がある必要に迫られていたことの一つの表れだった。すなわち極めて単一文化的だった欧州の過去を、非常に多文化的になった現在に合うように書き換える必要である（同時期に交わされていた「我々は昔から移民国家だった」という論争にも相通じるものがある）。

同時に、こうした手法を極端なまでに適用しようとした人々もいた。彼らは新来の文化と受け入れ側の文化を同列に置くために、自国の文化をけなしてみせた。スウェーデンのモナ・サーリン統合相が2004年にクルド人のモスクで発した言葉は、その悪名高い実例だ。ベールをかぶって聴衆の前に立った彼女は、多くのスウェーデン人が嫉妬していると述べた。なぜならクルド人が豊かで一体的な文化と歴史を持っているのに対し、スウェーデン人には夏至祭のようにバカげたものしかないからだと。[10]

同様の効果を発揮するのが、欧州文化などというものは基本的に存在しないと言い張ることだ。スウェーデンの男女共同参画担当副大臣のリセ・ベリーは、2005年にある記者から「スウェーデン文化は保護する価値があるか」と質問された。彼女はこう答えた。「えーと、スウェーデン文化って何？ まあ、これで質問には答えたようなものね[11]」

結果的に生じたこの時代の混乱を移民だけのせいにするのはほぼ不可能だ。どのような態度で接するべきかもわからないまま移民たちを受け入れたのは欧州社会の側なのだ。フランス、ドイツ、英国などの政治指導者が「移民は居住する国の言語を話すべきだ」と表明するのにも60年かかった。そのことが問題の根深さを表している。ほんの数年早ければ、彼らの発言は「人種差別的」だと非難されたことだろう。

ドイツの首相が「移民もドイツの法律や憲法に従わなければならない」と要求するのにも2010年までかかった。そのことは移民の側の怠慢であるのと少なくとも同じ程度において、ドイツの側の怠慢でもあるだろう。これも同じことを数年早く述べていたら、卑しい動機から出たものとそしられていたに違いない。だが多文化主義の時代の終焉が告げられ、政治的岩盤が動き始める前の数年間には、非常に多くの混乱が見られた。

移民が同化を期待されているのか、それとも自身の文化を保持することが奨励されているのかも、混乱を招いた点の一つだった。2011年までに主流の政治家の多くはその二つの中間的なものが期待されているという意見に賛意を表したが、だとしたら移民の文化のどの部分が捨てられるべきなのか。そして受け入れ側の文化のどの部分が採用されるべきなのか。

このことが広く論議されなかったのは、欧州人にとってそれがどんなに辛いものかが知られていたからだろう。自分たちの文化のどの部分を進んで手放せるというのか。その代償としてどんな報酬が得られるのか。また、いつになればその報酬の成果を実感できるのか。当然、そのような考えを大衆が口にすることはなかった。欧州人がそれを承認する可能性はほとんどゼロだったからだ。しかし底流にはさらに悪い仮定も横たわっていた。

受け入れ国が何も手放さないなら、移民がそうしなければならなかったのか？　だが何を手放させ、誰がそれを説明したのか？　また従わなかった場合の罰則は何だったのか？　たとえば欧州に着いた移民が受け入れ国の言語を学ぶことを拒んだらどうなっていたのか？　何の罰則も不利益もなかったのなら、何を言おうと空論でしかなかった。

欧州での権利を享受したいだけの移民と、欧州人になりたがっている移民がそれぞれどれほどいるのかも、常に不明確だった。両者の違いは何であり、そのうちの一方になろうとするインセンティブは何だったのか？　欧州人は本当に移民が自分たちのようになることを望んでいたのか？

その間ずっと、ひとたびパスポートかビザが発給されれば、到着したばかりの人々であっても他の全員と同じ欧州人になるのだと、当局は言い続けた。そして各国政府がすでに欧州にいる何百万人もの人々を欧州人にする方策を論議している間もずっと、欧州の大衆は別の考えを心に抱いていた。それは普段は論争の俎上に載せられることはなかったが、持ち出される可能性は常にあったものだった。

欧州の大衆は、すべてはまやかしではないかと、あるいは少なくとも現行の計画の多くは失敗するのではないかと恐れていた。その懸念の底には、たとえ同化が実現するにしても非常に長い時間（おそらくは数世紀）がかかるだろうし、いずれにしても欧州では明らかにまだ実現していないという思いがあった。ここでは欧州人の日々の経験がいかなる調査よりも重要なのだ。そして彼らの見たものがいかなる政府の公式統計よりも重要なのだ。

カミュの「大置換」とカール・マルテル

欧州のどこを旅しても、フランスの作家兼哲学者のルノー・カミュが「大置換」と呼んだものへの恐怖がかき立てられる（訳注：欧州の住民がいずれ出生率の高い移民によって置き換えられるとする思想）。パリ北郊にあるサン＝ドニを例に取ろう。ここはフランスの歴史と文化の中心地の一つだった。サン＝ドニという地名の由来となった大聖堂には、今ではこの町の守護聖人となった3世紀のパリ司教の墓がある。

12世紀に建てられた現在の建物は別の理由でも有名だ。ここは6世紀以降、フランス王家の墓所になっていたのである。精巧な肖像彫刻などの遺物を残したのはカペー朝、ブルボン朝、メディシス（メディチ）家、メロビング朝などの王族たちだ。フランス革命時に墓は荒らされたが、地下聖堂には今も革命で打倒された王と王妃、ルイ16世とマリー・アントワネットの簡素な大理石の墓が横たわっている。

初期の墓の中で忘れてはならないのがカール・マルテルのそれだ。ムハンマドの死の1世紀後、ウマイヤ朝のカリフが欧州に容赦なく攻め込んできた時に、フランク王国の指導者だったマルテルがイスラム軍を撃退した。732年のトゥール・ポワティエ間の戦いで彼が挙げた勝利こそが、イスラム勢力の全欧州への展開を防いだのだと考えられている。彼の率いるフランク軍が敗れていたら、欧州にはもはやイスラム軍がこの大陸を席巻するのを止められる軍勢はなかった。711年に欧州に侵攻したイスラム軍の指揮官タリクは、こう言って自分たちの船を焼かせたことでよく知られる。「戻るつもりでここに来たのではない。征服し地歩を築くか、滅びるかだ」

マルテルはスペイン南部に足がかりを得たイスラム軍が、それ以上欧州に侵攻しないようにした。「鉄槌（＝マルテル）」と呼ばれたこの男の勝利がなかったら、エドワード・ギボンがその1000年後に記したとおり、「おそらく今頃オックスフォード大学ではコーランが教えられ、その説教壇では割礼を受けた聴衆に向けて、ムハンマドの啓示の神聖さと真実性が説かれていた」のだ。ギボンはさらにこう続ける。「キリスト教世界は1人の男の天才と幸運によって、かくのごとき惨禍から救われたのである」(12)

今日マルテルの墓を納めた大聖堂を訪れる者たちは、彼は本当に成功したのだろうかと首をひねるかもしれない。あるいは少なくとも、彼は成功したものの、その末裔たちが失敗したのではないかと思案することだろう。現在のサン＝ドニを歩いていると、フランスではなく北アフリカに似た地域を見ているかのようだ。大聖堂の外の青空市場は、「マーケット」と呼ぶよりも、北アフリカ風に「スーク」と呼ぶほうがふさわしい。露店ではイスラム女性が身に着ける様々なスタイルのスカーフ（ヘジャブ）が売られ、急進派のグループは国家に敵対するビラを配る。聖堂内の聖職者は全員が年配の白人だが、それ以外の会衆は黒人だ。カリブ海のマルティニーク島やグアドループ島からこの地区に流入した非イスラム教徒の移民である。

ここはフランスでも有数のイスラム人口を抱える地区だ。セーヌ＝サン＝ドニ県（別名「93県」）の人口は約30％がイスラム教徒で占められる。カトリックはせいぜい15％しかいない。同県の移民の大半が北アフリカやサブサハラ出身の若年層であることを考えれば、カトリック系の私立学校に通う生徒の70％前後がイスラム教徒であることにも納得がいく。一方でこの地区のユダヤ教人口は近年、半減した。フランスの内務省によれば、この地区には国内にあるモスクのおよそ10％（230）が集中している。実際に訪ねてみれば、それらが地区の需要をとうてい満たしていないことに気づくだろう。金曜礼拝ともなれば、祈りを捧げる人々が通りにまであふれ出す有様だ。主要なモスクは需要に見合ったより大きな施設を造ることに腐心している。

もちろんパリの中心部にいる人々は、サン＝ドニという地名を聞くと顔をしかめる。彼らは大聖堂がそこにあることは知っているが、決して訪ねようとはしない。スタッド・ド・フランス・スタジアムを別にすれば、彼らがその地区に近づく理由は皆無に近いのだ。政府は近年、脱工業化と再工業化の波に傷ついたこの地区で、一定の社会開発事業を試みてきた。自治体の庁舎を建設し、そこで公務員を働かせてもいる。しかしこの地区に仕事を持つ5万人前後の勤め人たちは、ほとんどここには住んでいない。毎朝よそからやって来て、夕方にはまた帰っていくのだ。その時には彼らのオフィスは厳重にロックされ、保安用のフェンスで守られる。この地区にはフランスの移民問題が縮図となって現れている。

同じ現象はマルセイユなど、フランスの他の多くの都市の郊外でも見られる。しかしパリを訪れた人々や市民は——どれほどサン＝ドニを敬遠しようと——ただ中心街でＲＥＲ（高速鉄道）やメトロ（地下鉄）に乗るだけで、それを目にすることになる。

地下深くを走るＲＥＲは、駅間が長く、そう頻繁には停車しない。この路線で移動していると、しばしばアフリカのどこかの都市の地下鉄に乗っているような気分になる。乗客の大半は遥か郊外まで出かけていく黒人だ。小粋なパリの中心街でもＲＥＲの停車駅がある地区（たとえばシャトレ）は、トラブルが多発することで知られている。郊外に住む退屈した若者たちが街をぶらつく夜間ともなれば尚更だ。郊外で発生した暴動や車両放火がマレ地区のような中心街にまで飛び火した２００５年の記憶は、片時も消えることがない。

だがＲＥＲよりも深度が浅く、駅間の短いメトロで中心街を走っていると、そこは完全な別世界だ。メトロの乗客は主として白人の通勤客だが、ＲＥＲは低賃金のサービス労働に出向く人々や、目的もなく乗車しているように見える人々で埋まっている。パリの中心部の浮き立つような空気の下で別種の人々が数を増す状況を経験すると、誰もが何かおかしいと感じずにはいられない。

イングランド北部の一部の町や、ロッテルダムやアムステルダムの近辺を旅する人も、同じ感情を覚えることだろう。最近ではストックホルムやマルメの郊外でも、それを体験することがある。そうした場所には移民が暮らし、地元の人々が住む地区とはまるで違った様子になっている。政治家たちは洗練された都市計画や革新的な都市計画によって、あるいは優れた才能を持つ住宅問題担当大臣の働きによって、この問題が解決できるという振りをしてきた。２０１５年以降は各国の首都圏の一部地域が難民キャンプのようになり始めたが、彼らはその振りを続けざるをえない状況だ。

警察はしきりに移民を追い立てて、その都市のあるべき姿を維持しようと努めている。しかし２０１６年のパリでは、北アフリカ出身者の大規模な野営地が郊外を転々とした。19区内のスターリングラードなどの地区では、何百というテントが主要道路の中央分離帯や歩道の端に沿って張られた。警察が移動させても、どこか別の場所に張り直されるだけだった。ただ、２０１５年以前にあってさえ、いわゆる専門家や政治家が論じる「こういうことが起こって現今の問題が緩和されるだろう」という見立ては、彼らの目の前で実際に進行していることと相反していた。

この問題は毎日意識されるものの、概して言葉にはされていない。それはすなわち、多くの欧州人が別の陰鬱な懸念を抱いているということだ。膨大な数の移民たちを見ていると、そして彼らがまったく異なる生き方をしているのを見ていると、いずれは彼らが優勢になるかもしれないという気分になるのである。たとえば信仰心の強い文化は、信仰心の弱い相対主義的な文化の中に置かれた時に、最初は「我関《われかん》せず」で行くかもしれないが、最終的にはより積極的になるのではあるまいか。

ここでも学術研究や世論調査は、この今にも変化が起ころうとしているという感覚をすくい取るのにほとんど役に立たない。時たま実施される世論調査は、移民のコミュニティが既存の社会に同化していることを「証明」するために使われるだけだ。だが政治家や世論調査会社が言うように同化が本当に進んでいるのだとしたら、我々はかなり違った現実を目撃していなければおかしい。

たとえば英国では、パキスタン人やその他のイスラム教徒が大挙して移り住んだ地区で、パブの廃業が相次いでいる。政府の閣僚らが言い張っているように、移民たちが「他の誰とも変わらないほど英国的」になりつつあるのなら、パブは営業を続けていただろう。そして移民たちは、以前からその通りに住んでいた他の誰とも変わらぬ様子で、ぬるいビールを飲んでいただろう。

教会についても同じことだ。移民が本当に「他の誰とも変わらないほど英国的」になろうとしているなら、日曜日ごとに教会に通うことはないにしても、結婚式や、たまに行われる洗礼式、そして何より年に1度のクリスマスには教会に顔を見せるはずだ。だがそういうことは明らかに起きていない。パブと同様に教会も閉鎖され、それらの建物は別の用途に転用せざるをえなくなっている。

モスクに通う絶対禁酒の移民たちが受け入れ国の伝統にスムーズに同化するという振りは依然として続いている。しかしこうした目に見えるアイデンティティの側面から判断する限り、結果はかなり違ったものになりそうだ。そしてその背景には、対処することがより難しい原因が横たわっている。同じ物語と同じ沈黙は、トルコ人と北アフリカ人が暮らすアムステルダムの郊外や、ブリュッセル郊外のモレンベーク、ベルリン市内のヴェディング地区やノイケルン地区など、欧州全域の数多くの都市に当てはまる。

どのケースでも、地元の人々が別の文化からやって来た何十万人もの移民たちに少しでも否定的な態度など取ろうものなら、あまりにも高い代償を払わされた。新たな現実を指摘したり、ましてやその変革を提案したりすれば、政治家のみならずすべての職業でキャリアが破壊されかねなかったのだ。もはやできることといえば、住民であれ、官僚であれ、政治家であれ、問題を無視し、それについて偽ることだけだった。

やがて政治家と大衆の双方が故意に楽観した予想を偏愛し始めた。そのために、列に並ぶことや英国の天候をぼやくことのような卑小でつまらない文化的特質が取りあげられ、利用された。ある特定の移民が列に並んだり天気の話をしたりすることを楽しんでいるという事実があれば、その移民が──ひいてはすべての移民が──他の誰とも変わらないほど同化していることの実証だとされたのである。

2005年7月にロンドンの交通機関で自爆テロを起こした犯人たちが英国生まれのイスラム教徒だと判明したあと、そのうちの1人がフィッシュ&チップスの店で働き、クリケットをプレーしていたことがわかった。これについてはいろいろなことが言われた。あたかも最大の謎は、なぜこの完璧な英国人が恐るべき憎悪にとらわれたのかだと言わんばかりに。フィッシュ&チップスを媒介にすべての英国文化が彼に伝えられていたと考えることは、水面下に隠れた不快な議論と向き合うことを先延ばしにする一法だったのだ。

多文化主義の時代が崩壊し始めると、急遽この実験が成功していた国を探す試みが始まった。英国人は2005年のロンドンでのテロを受け、フランス型の「ライシテ（政教分離）」のモデルは同化の問題を取り扱うための道を指し示してはいないだろうかと議論した。その後にフランスでホームグロウン・テロが多発すると、アングロサクソン型のモデルには一定の長所があるのではないかと論議された。また一方では、北欧の各国が特別な解決策を備えていると言われていたが、結局は北欧諸国でも代わる代わる問題点が明らかになった。

全体として大衆の目には、政策立案者たちには見えないものが見えていた。それは国ごとに相違点はあれど、欧州のそれぞれの国が順繰りに移民の同化に失敗していたということである。「ドーナツ」と呼ばれるフランスの都市計画技法は、移民を都市の外縁部にとどめ置いているように見えるとして批判された。ところがそうした政策を避けようとした国々においても同じ問題が起こった。そのためフランスの政治家が英国式のモデルに従い英国内で発生した「並行コミュニティ」を批判すれば、まったく同じ批判が自分にも跳ね返ってきた。[13] 欧州各国の都市計画法令の差異に関心が集まってはいるが、実際にはそれはたいした問題ではないように思われる。

各国の教育制度や、それぞれがカリキュラムのどの部分を重視しているかという問題も、学術的な議論の主題になっている。しかしこれに関しても、特別うまく行ったように思える制度は一つとして見受けられないし、実際の結果を見ればどの制度も大同小異であるようだ。

そんなわけで欧州人の脳内には常に二つの相矛盾する考えが保持されていた。一つはこの世代に支配的な物語、すなわち「世界中の誰もが欧州に来ることができるし、欧州人になることができる。欧州人になるためには、その人が欧州に住んでさえいればいい」という考え方だ。

欧州人の脳の第二の部分は、その間ずっと観察し、待っていた。移民が空前の規模で渡ってきているばかりではなく、(すべてが未知のものではないにせよ)欧州には長らく存在しなかった慣習を持ち込んできていることに、第二の部分は常に気づいていた。

脳の第一の部分は、移民がいずれ同化すると主張する。そして移民の文化の最も受け入れがたい側面も、時がたてば受忍できる程度には欧風化するだろうと。楽観主義は脳の第一の部分に味方するが、現実は第二の部分を支持している。第二の部分は、起こるとされている変化に備える時間が誰であれ持てるのだろうかと、次第に疑い始めている。

これらすべての背後で、より陰鬱な、隠された不安がふつふつとたぎっていたとしても何ら不思議はない。それがどこよりも顕著なのはフランスだ。第二次世界大戦に引き続く歳月、フランスも他の西欧各国と同様に労働力不足に陥った。そして他国と同じように、世界中の労働者に国境を開いた。北アフリカの植民地解放の影響が鮮明になった1950〜60年代には、もはやフランスが旧植民地からの移民の流れを止めることは不可能になった。この点も英国をはじめとする国々が代わる代わる経験したとおりだ。概して貧しく教育程度の低い肉体労働者の流入によって、フランスの文化と都市の外観は、他国と同様、段階的に変わっていった。

これに対する水面下の反応の一つが、人口の置き換えについての不安だった。フランスの哲学者ベルナール＝アンリ・レヴィは、この反応を同国の「陰気な専門分野」と位置づける。[14] フランスは単位人口当たりのイスラム教徒数が西欧で最も多く、また既成政党が選挙のたびごとにル・ペン家の率いる国民連合の脅威にさらされていることから、この議論の範囲を広げることやその種の不安を表明することは、欧州の他の国々と同じく常に規制されてきた。ところがそのフランスで、人口置き換えの不安を表現するための極めて意表をついた、予言的な方法が生み出されたのである。

物議と非難を招いたディストピア的な未来像

1973年、フランスで一風変わった小説が発表され、たちまちベストセラーになった。その小説*The Camp of the Saints*（「聖徒たちの陣営」未邦訳）を著したのは、旅の経験も教養も好奇心も豊富な、すでに名の売れたトラベルライター兼小説家だった。彼が地中海の岸辺に建つ自宅にいたある朝、この最も悪名高い作品の構想が降りてくる。本人の言葉を借りれば、1972年のその朝、彼はこんな幻影を見たのだ。

「それは100万人の哀れな貧者だった。悲嘆に圧倒され、飢えた茶色と黒の子どもたちを背負い込んだ人々が、自分たちの弱さと数だけを武器に、我々の国土に上陸せんとしていた。疲弊し、飽食した西洋の全域に猛然と押し寄せつつあった群衆の、それは先兵だった。私は文字どおり彼らを見た。彼らが提示する大問題を、現在の道徳規準では絶対に解決できない問題を見たのだ。彼らを入れれば我々が破滅することになる。彼らを拒めば彼らが破滅することになる」(15)

著者のジャン・ラスパイユはその後の18カ月を費やして、この小説を書きあげた。時代背景を来たるべき数十年間のいずれかの時点に設定し、第三世界からの大量移民に呑み込まれつつあるフランスを（そして欧州を）描いた。大量移民の遠因になるのは、第三世界の貧しい人々の増加と、相対的な楽園で暮らす欧州人の世界人口に占める割合の減少だ。通信機器が発達した現在ではこの格差はもはや隠せなくなり、第三世界は欧州に目を向ける。100万人が船団を組んで船出するが、語られざる数百万人も常に成り行きを注視し、自ら乗船する機会を待っている。すべてはこの第一陣への欧州の反応にかかっている。ラスパイユは（後年、自身が説明したとおり）戦略政治上の理由によって、北アフリカではなくカルカッタ（現コルカタ）から移民を出発させ、フレンチ・リビエラへと向かわせた。

この小説の忘れがたいオープニングでは、移民船団が上陸しつつある時に、教養ある年配の大学教授がフランス南岸の自宅でモーツァルトを聴く姿が描かれる。他の住民たちは無政府状態になったこの地域からすでに退避していたので、教授は自分以外に誰もいないと思っている。ところがヒッピーのような若者が教授の書斎に侵入し、出現しつつある「新たな」国を、「完全に生まれ変わる」国家を称揚するのである。

若者は教授にこう告げる。「（あんたは）終わりだ。干上がってる。あんたは考え続け、しゃべり続けているが、もはやそんな時間はない。終わったんだ。だから失せろ！」。教授の方も若者が正しいのかもしれないと認める。「私の世界はおそらく明朝までに死に絶えるだろう。そして私は最後の瞬間をフルに楽しむつもりだ」。そう言って教授は若者を撃つ。(16)

ラスパイユの小説で大量移民の直接の引き金になるのは、第三世界の恵まれない子どもを何人か受け入れるとするベルギー政府の発表だ。すぐに母親たちがカルカッタの総領事館の門から我が子を差し出すようになる。ベルギーは政策を撤回しようとするが、すでに手遅れ。群衆が総領事館に殺到し、総領事は踏みつけられて死ぬ。群衆の中から異形の指導者が登場し、欧州に進撃せよと第三世界の人々に呼びかける。

「世界中の国民が立ち上がっている。その数は海の砂のようだ」と、彼は言う。「彼らは広大な大地を進軍し、聖徒たちの陣営と、愛されていた都とを包囲するだろう」[17]

最後の部分はヨハネの黙示録からの引用だ。その一節は小説の巻頭にも掲げられている。適切な引用だと言えるだろう。なぜならこの小説はまさに黙示録的なのだから。

この小説はひどく不快なものでもあった。第三世界を欧州行きの大船団へと導く救世主は、1人の「タードイーター（クソ野郎）」であり、醜悪な異形を持つ怪物的な人物として描かれている。大海のような人波は一様にグロテスクで、極度に貧しく、汚らわしい。ラスパイユの小説がたちまちあらゆる批評家から人種差別主義者の宣伝文だと呼ばれたのも、むべなるかなだった。だがその不快な精密さ、特に移民が始まってからの欧州社会の機能不全ぶりの描写は、この小説をただそれだけの存在では終わらせていない。

フランス共和国に対する脅威を受けて、国家のすべての部門が——他の欧州諸国と同様に——揺らぐ。大船団が到来し、フランスが武力によってではなく、ただ穏やかに海岸に上陸してくる人々によって席巻されるだろうことが明らかになると、誰もがそれぞれの場所で過ちを犯すのだ。

政治家はうろたえるばかりで、どのような態度を取るべきかを決めることができず、船団の受け入れと排撃の間を激しく行き来する。フランス軍の一部は船団を魚雷攻撃するよう命じられるが、従うことを拒む。一方で蓄財の罪悪感を抱えた教会の指導者たちは、フランスの門戸を開放するよう主張。セレブやスターたちはメディアの前で自分の評判を取り繕い、これは素晴らしい機会だとしか言わない。

別の結末を選べばこの小説がさらに受け入れがたいものになることがおそらくわかっていたのだろう、ラスパイユは最終的に船団を上陸させる。フランスは彼らを拒絶しない。

フランスではベストセラーになったものの、批評家から「接近注意」のレッテルを貼られた「聖徒たちの陣営」は、見る間に視界から消えた。続く歳月の間に何種類もの翻訳が出されたが、その多くは反移民団体の零細な出版部門が刊行したものだった。

だが読むに堪えないほど忌まわしい作品であるにもかかわらず、この本の何かが欧州の言論界の水面下の部分に突き刺さっていた。ラスパイユが描いたディストピア的な欧州の未来像は、時々浮上してきては水面に顔をのぞかせる不快な習性を持っていたのだ（米国の『アトランティック』誌は1994年に同作を「20世紀後半の最も不穏な小説の一つ」と評した）[18]。

1985年の『フィガロ・マガジン』誌で、ラスパイユは珍しく自身の小説のテーマに立ち戻っている。著名な人口学者のジェラール・フランソワ・デュモンと共著したそのトップ記事は、「フランスは2015年にもなおフランス的か？」と問いかけた[19]。表紙に描かれたのはイスラム教徒風のベールで覆われたマリアンヌ（フランス共和国を擬人化した女性像）の姿だ。人口学的な予測を参照し、その記事はこう論じた。現状のような移民の流入と、移民コミュニティの突出した人口増加が続けば、フランスの非欧州人人口はすぐにこの国の文化と価値観の存続をおびやかすほどになるだろうと。

記事は大いに攻撃された。政府の閣僚たちは順番待ちをするかのごとく公然と批判した。社会問題相のジョルジーナ・デュフォワは、「最も乱暴なナチスの理論を連想させる」と述べている。文化相のジャック・ラングは同誌を「人種差別主義者のプロパガンダのための機関誌」と呼び、記事を「グロテスクで滑稽だ」と評した。一方、ローラン・ファビウス首相は議会でこう述べている。「移民はフランスの豊かさに大いに貢献してきました。移民の統計を操作している人々は、我が国の真の国益に反しています[20]」

デュフォワの所管する省は『フィガロ』の記事に対抗するために独自の数字を発表した。彼らが主張したのは、ラスパイユとデュモンが将来の人口予測を誇張しているということだった。なぜなら2人は移民の出生率が高止まりする一方で、フランス生まれの国民の出生率が低いままにとどまることを想定していたからだ。

興味深いことにラスパイユとデュモンの予測は、年間5万9000人（正味）の移民がフランスに流入する当時の現状を前提にしていた。現実はどうか。フランスの公式統計によれば[21]、1989年には難民申請者だけで6万2000人に達した（1980年代初めに比べて3倍増）。2006年には年間19万3000人以上（正味）の移民がフランスに流入。2013年には23万5000人にまで増加した（わずか8年間で総人口が260万人増えた一因だ[22]。『フィガロ・マガジン』誌の記事で最も論議を呼んだのは、2015年までにイスラム教がフランスの最も主要な宗教になると予測したくだりだっただろう。

1985年にその代表作が復刊された時、ラスパイユは「聖徒たちの陣営」に記した予言を実現に導く中心的な矛盾律を理解し、感じていると記した。世界中の恵まれない人々に対して扉を開くか閉ざすかの選択を迫られた時、「何がなされることになるのか？　人種差別を黙認することで人間としての尊厳を放棄することなど誰も望んではいないのだ。しかし同時に、すべての個人とすべての国家には、自らの未来と自らの過去の名において、差異やアイデンティティを保持する神聖なる権利がある[23]」

2001年にクルド難民を満載してイラクを出た1隻の船が、ある日の午前4時、フランス南部の浜辺に到着した。乗船していた1500人の一部は、上陸して地元住民の家々をノックし始めた。なんたる偶然か、その船が着いたのは、ラスパイユが30年ほど前に例の小説を執筆した家からほんの50メートルほどの場所だった。

さらに10年が過ぎる頃には、主要なメディアも「聖徒たちの陣営」の予言性を一定程度認めていた。同作がまたもや復刊された機会に、当時86歳だったラスパイユは「フランス3」チャンネルのトークショー「今宵こそは！」に出演を果たしている。その驚くほど寛容なインタビューの中で、同書のある部分はもはやかつてほど論議を呼ばないのではないかと、彼は述べた。さらに2001年の上陸を引き合いに出し、それを「前兆」と呼んだ。彼が唯一誤っていたと認めたのは、来訪するボートピープルの数だった。「確かに現在のところ、100万人の船団は来ていませんね」。それは2011年2月のことである。

2015年の遥か以前から、物議と非難を招いたジャン・ラスパイユの未来像に似たものを、欧州全域の人々が直観していた。押し寄せる船や欧州大陸を徒歩で踏破していく第三世界の若者集団の映像をメディアが日々流し始めるのを待たずに、ラスパイユはすでに存在した不安を引き出して見せたのだ。この特別な不安（陰気な専門分野）がフランスで最も激しく湧きあがったように見えたとしても、それは決して同国だけの問題ではなかった。

政治家や文化人は、当時もその後の歳月にも、そのコントロール法をよく心得ているように見えた。退けたりおもねったりを同時に行うことで、その種の不安に対処したのだ。フランスの政治家はラスパイユの未来像を人種差別的で根拠がないとあざけりながらも、同時にいかにして移民の流入を制限し、送還者を増やすかについて、互いに競い合うように強気の発言を行っていた。特に同国の社会主義政党の政治家は、何年もこのゲームに参加していた。

それを自覚していようといまいと、彼らにはフランスにのしかかる危機を招いた責任があった。毎年、事態は変化した。党派も様々な歴代政権のエリートたちは毎年、外国生まれのフランス人の数が膨れあがっていくのを見続けた。この間ずっと、公式な統計は変化を覆い隠し続けた。その変化を政治家は否定していたが、国民の目にははっきりと映っていた。

そのすべてが悪意によるものだったわけではない。ナチスに協力したヴィシー政府の再現を避けようとする古い法律のために、フランスは1970年代から90年代を通じ、その人口に占める民族や人種や宗教ごとの構成比を調査しなかったのだ。

２０００年代半ばになって、その法律は緩和された。だが現状の人口の分析や、まして将来の動向の予測は、フランスでは他のどの国よりも危険な政治問題にとどまっている。単位人口当たりのイスラム教徒数が欧州最高のレベルにまで急上昇しても、そして今後も増え続けることが確実であっても、歯に衣着せずに今後の人口の変化を語る人口学者は、極右の協力者との汚名を着せられるのだ。たとえば尊敬を集める人口学者のミシェル・トリバラは、コネに恵まれた人口学者のエルヴェ・ル・ブラに「国民戦線のお気に入り」と呼ばれ、学者としての評判をひどく傷つけられた(24)。

人はつい「事実は嘘をつかない」などと決めてかかるものだ。だが移民の統計や、まして人口の予測に関して言えば、事実はしばしば嘘をつく。そしてフランス以上にそれが言える場所はない。事実が簡単に曲げられる国にあっては、統計よりも自分たちの目を信じる国民がいても不思議はない。ラスパイユとデュモンが１９８５年に発表した「２０１５年にはイスラム教がフランスの支配的な宗教になるだろう」という予測は、少なくとも数のうえでは誤っていた。２０１６年2月4日にフランスを代表するリベラルな週刊誌『ロブス』に掲載された世論調査によれば、同国の高校生の33・2％が自分はキリスト教徒だと答える一方で、イスラム教徒と答えた生徒は25・5％にとどまっている。

だが追い風を受けているのはイスラム教だということを、もはや誰も否定することはできない。同じ世論調査では、信仰が自分にとって「重要なもの、または非常に重要なもの」だと答えたのは、非イスラム教徒の調査対象者の半数に満たないことが明らかになった（カトリックの信者に限ればわずか22％）。

逆に若いイスラム教徒は、83%が「重要なもの、または非常に重要なもの」だと答えていた。[25]

100万人が到来するというラスパイユの予言は、もちろん実際よりも過小だった。大型船ではなく無数の小船でやって来た移民の数は、彼のディストピア的な予想を遥かに超えていた。それも移民危機が起こる前からだ。危機が本格化する以前から、フランスはすでに数年ごとに100万人程度の移民を受け入れていた。公式なデータによれば、フランスへの合法的な移民は年間20万人ほどだったが、毎年ほぼ同数の人々が不法入国していたと考えられている。移民の数がドイツ並みになることを近年どうにか避けられたのは、ひとえにフランスが人種差別主義的で不親切な国だという評判が知れわたっていたためだと、一部の政府高官は内々に認めることだろう。このような時にあっては、最も左派に位置する高官であっても、それを良からぬ評判とは見なさないのである。

2015年の〝マリアンヌ〟がイスラム風のベールで覆われることこそなかったが、フランスはラスパイユの悪夢のような小説においてさえ予測されていなかった光景を見た。地中海を行く多数の移民船のイスラム教徒船長が、キリスト教徒の乗客をその信仰ゆえに海に放り出す光景など、ラスパイユは思いつきもしなかっただろう。ミサの最中に司祭の喉をかき切る移民の姿など、彼は決して書こうとしなかっただろう。2016年の日曜日の朝、サン＝ドニ大聖堂の内部で残り少なくなった信徒のためのミサが行われている間、そうした聖職者とフランス王家の墓を守るために重武装した兵士を屋外に配備しなければならなくなるなどとは、さすがの彼も予想しなかっただろう。最悪の破滅の予言が、ふたを開けてみたら現実よりも控えめだったと判明するのは、欧州ではよくあることなのだ。

第7章

「多信仰主義」の時代へ

労働力不足と人口置き換えの議論

２０１０年10月のポツダム演説を行った際、アンゲラ・メルケルは過去にかかわる重大な過ちを認め、将来的に欧州と移民との関係を方向転換させると示したように思われた。だがわずか数年で、大いに賞賛されたその声明はほぼ完全に意味を失ってしまったように見える。メルケルはポツダム演説の中で、それまでのドイツが移民の同化に失敗してきたことを認めた。２０１０年にドイツに難民申請を行ったのは全部で４万８５８９人だった。[1] そのわずか5年後、（政府内からリークされた推計値が正しければ）メルケルはたった1年間で最大１５０万人の入国を許可している。

多文化主義が年間５万人前後の難民申請者に対してさえ機能していなかったのなら、どうして毎年その30倍もの移民が来る中で機能するだろうか。２０１０年に十分なことが行われていなかったのなら、どうしてその5年後にドイツ政府の同化対策がそんなにも――つまり30倍も――改善されるはずがあろうか。それに１９６０年代のドイツがゲストワーカーの帰国に関して自らをごまかしていたのなら、２０１５年の難民申請者が帰国すると思い込むためには、どれほどの自己欺瞞が必要だったのだろうか。多文化主義が２０１０年にうまく行っていなかったのなら、２０１５年にはさらにうまく行かなくなっていたのだ。

英国にも同じことが言える。英国の多文化主義が、デビッド・キャメロン首相が認めたとおりに

2011年時点で破綻していたのなら、正味の移民数が新たな最高記録を出した2015年にはさらに破綻が進んでいたはずだ(2)。フランスとその移民との関係は2015年になって、それに先立つ数年前より改善しただろうか？　あるいはスウェーデンやデンマークでは？　2015年の移民の急増は、欧州各国の政治指導者たちがすでに失敗だったと認めていた多文化主義のモデルに、さらに多くの移民を積み増す結果になった。その間、そのモデルを目立って改善に導くようなことは何も起こらなかった。

危機のさなかのある時点で、メルケル首相はイスラエルのベンヤミン・ネタニヤフ首相に電話をかけている。助言を求めるためだったそうだ。イスラエルは同じように多くの移民を、同じように短期間に同化させることに成功した世界で唯一の国だ。建国に続く数十年間の大規模な流入については言うまでもないが、1990年以降にもロシア系のユダヤ人が大勢渡った。なぜイスラエルはこれほど多くの移民を吸収しつつ、顕著な一体感を持つ国でいられるのだろうか。実際、一体感は強まる一方のようだ。

様々な理由をメルケルは聞かされた可能性がある。特にイスラエル軍での兵役や政府主導の同化プログラムといった共通体験を通じて形成される絆だ。ネタニヤフが外交的な判断から指摘しなかった可能性があるのは――そうだとしたら適切だったと思えるが――イスラエルではこの数十年間にやって来た移民のほぼすべてがユダヤ教の伝統という共通項を持っていたという利点だ。一方、メルケルとドイツはこれからの歳月、2015年に迎え入れた人々のすべてがルター派ではないことを受け入れていくしかない。

欧州への移民が幾何級数的に増えるようになっても、当局者が繰り返す弁明は何十年も使われてきたものと同じだった。それでその弁明は超国家的な機関の幹部から地方政府のレベルにまで、あまねく浸透した。メルケルが国境を開く準備をしていた2015年8月中旬のことだ。ニーダーザクセン州（ドイツ）にあるゴスラー市の市長が、移民を「熱烈に」歓迎すると表明した。アンゲラ・メルケルが率いる中道右派政党の党員のオリヴァー・ユンク市長は、ゴスラー市の人口が毎年少しずつ減少しているという事実を強調した。過去10年の間に5万人の人口のうちの約4000人が消失している。若者が仕事を求めて出ていくことと、市民の出生率が低下していることが原因だった。

2014年に同市は48人の移民を受け入れていた。今や市長は（私見と断ったものの）ゴスラーにはどれほど移民が来ても十分ということはないと公言した。移民は「我が市に未来を与えてくれる」と言うのだ。(3) 市長は雇用を創出して地元の若者をゴスラーに引き留める道を探るよりも、ゴスラーの市民をまったく違った人々で置き換える方が賢明な政策だと考えていた。

同じ2015年8月、国際移住機関（IOM）のEU代表であるユージェニオ・アンブローシが、『ウォール・ストリート・ジャーナル』紙（欧州版）でこれまたおなじみの議論を展開した。彼の意見では、すでに空前の規模にのぼっていたその年の移民を受け入れるに当たり、欧州大陸が「困難さ」を覚えているのは「悩ましいこと」なのだという。

アンブローシの主張は次のとおりだ。欧州は移民の流入にたやすく対処することができる。最大のスキャンダルは欧州が「ここ数十年間で最も広範かつ強烈な反移民感情を経験していること」だ。それを変えねばならないが、そのための一法は彼とその同僚たちが推す基本的な議論――すなわち移民の流入は欧州に偉大な機会を提供するということ――を説明することである。移民は「新たなアイデアと高いモチベーション」をもたらす。そして「公正な機会を与えられれば、我々の経済や社会に協力し、貢献する。時として彼らは生粋の欧州人を上回る労働倫理を持っている」

その後におなじみの主張が続く。「欧州は老化しつつあり、すぐに生産年齢人口の不足を来す。ボストン・コンサルティング・グループによれば、ドイツだけでも2020年までに240万人の労働者が不足する可能性がある。欧州の既存の社会保障制度が移民によって脅かされることはない。むしろその逆だ。移民の貢献によって、欧州人が現在受けているサポートが将来にわたって続くことが保証されるのである」(4)

これもまた別の人口置き換えの議論だった。ここでは末期患者の緩和ケアに似た言葉で飾られてはいたが。

欧州の人口減少がアンブローシの主張に沿うほど深刻だとしても、その最も明白な解決策が、まるで違った文化を持つ人々を移入して次世代の不足を補うことだとは限らない。アンブローシやその他の当局者が本当に現在及び将来のドイツの労働力不足を懸念しているのなら、地球の裏側に投網を投げる前に、もっと身近な、まさに今この時に25〜50%もの高い失業率に苦しめられているスペイン、ポルトガル、イタリア、ギリシャの若者に目を向ける方が賢明だろう。

自由市場論に傾倒するアンブローシのような人々は、状況を理解してさえいなかった。さらに悪いことに、自分たちの自由市場論が重視すべき唯一の議論だと決めつけ、南欧の若者たちが欧州域外からやって来る世界中の人々に飛び越されても気にしないと思っているかのようだった。

それにもちろん、欧州への移民が前代未聞のピークをつけるさなかにも、これは完全に正常なことなのだと論じたがる人々が依然いた。２０１５年に総人口比にしてドイツと同じレベル（1～２％）の移民を受け入れた唯一の国がスウェーデンだった。同国に到着した移民はその年だけで16万～18万人と、近年継続的に難民を受け入れているこの国にあっても空前の数に達している。スウェーデンが迎え入れた子どもの難民は、２００４年には４００人前後だった。それが２０１５年だけで3万５０００人の子どもの難民を、1人当たり年間数万ユーロのコストを投じて同化させなければならなかった。

２０１５年の夏、スウェーデンにはデンマークとの間にかかる有名なエーレスンド橋からだけでなく（両国の間に国境の検問はない）、北からも毎日、移民が流入した。やって来る移民の大半は身分証明書類をまったく携行していなかったが、それは必ずしも偶然ではなかった。エーレスンド橋がかかるマルメの住民たちは、鉄道駅のゴミ箱が破り捨てられた身分証明書類でいっぱいになっているのを見たと証言する。

だがスウェーデンがこの異常な1年間を経験していた間にも、当局者たちは何も目新しいことではないと主張し続けた。２０１５年10月、政府はその移民政策を擁護するために「スウェーデン・トゥギャザー」と銘打つ会議を開催している。これには国王と王妃のほか、政界の要人の大半が出席した。講演者の１人に「リビング・ヒストリー・フォーラム」（ホロコーストについての教育機関）の代表を務めるイングリッド・ロムフォースがいた。喝采を受けたその講演の中で、ロムフォースは三つのことを強調した。すなわち、スウェーデンへの移民は目新しいものではないということ、誰もが本当は移民なのだということ、そしていずれにしてもスウェーデン文化などというものは存在しないのだということである。[5]

リビング・ヒストリー・フォーラムは戦後の移民が全欧州に突きつけた問題の、さらにその上に積み重なった問題をはっきりと示した。あるできごとが国民の眼前で起こっている時にも、当局者はそれが目新しいことだとは認めようとしなかった。認めた時には、それは国家にとっての好機なのだと言いつくろった。国民の疑念の一部は正当なものだと進んで認める意思は皆無だった。

1950年代からこのかた、欧州大陸は一様に、到来する移民数を過少に見積もる一方、受け入れ国が彼らを同化させる能力を過大に見積もる傾向があった。そうした決定を下していた人々は、最大にして最も明白な過ちについてさえ、謙虚に認めることはめったになかった。すなわち、欧州に来た移民のグループが受け入れ国の主流の社会のみならず、お互い同士の間でも物の見方を違えている可能性があることや、そのこと自体が良からぬ結果を招くだろうことに、気づかない振りをしていたことである。

この多文化主義の時代及び「ポスト多文化主義」の時代における過ちを何よりもよく示している事実がある。移民のイデオロギー（政治的にも宗教的にも）がめったに考慮の対象とされず、それらを議論の主題にすることがほとんど許されなかったことである。そのためどの国でも戦後の移民について議論する時には、人種の問題として議論した。人種的アイデンティティという側面から移民問題が論じられ、それに関する懸念を口にしようものなら反人種差別主義の文脈に沿って反論されたのだ。移民の人種的背景などは宗教信条という遥かに重要な問題に比べれば取るに足りないものだったが、そのことに気づいたり指摘したりする人々はごくわずかしかいなかった。

モロッコ人が初めてオランダに大挙して渡った時には、モロッコ人の問題として議論された。パキスタン人が初めて英国に大挙して渡った時には、パキスタン人の問題として議論された。ドイツに渡ったトルコ人に関しても同じだった。しかし新たな千年紀に入る頃に「多信仰主義」の時代が欧州に忍び寄り、移民グループにおける人種の重要性が低下した。本当の問題は宗教ではないのかと、欧州が疑い始めたのだ。その論点はほとんどの西欧の政治家や有識者の不意をつくものだった。

１９８０年代や90年代の時点で、21世紀初頭の欧州が宗教論争で引き裂かれていると予想した者はほとんど誰もいなかった。世俗化の一途をたどっていた欧州は、信仰から距離を置けるだろうと予想していたのだ。少なくとも数世紀にわたる論争を経た今、近代国家における宗教の地位はすでに解決済みの問題になっていると認識されていた。

もっと具体的に論じよう。もし誰かが20世紀の終盤に、21世紀初頭の欧州では神への冒瀆を巡る議論が盛んになっている、あるいは冒瀆に対する死罪が再び欧州で下されるようになるだろうなどと言えば、聞き手はその予測をあざ笑い、話し手の正気を疑っていたことだろう。初期の警戒警報が聞こえなかったというわけではない。どうして聞こえなかったはずがあろうか。問題は、それらが一貫して無視されていたことなのだ。

『悪魔の詩』とスーザン・ソンタグ

英国がそうした警報の一つを聞きとったのは1989年のバレンタインデーのことだった。革命で成立したイラン・イスラム共和国の最高指導者、アヤトラ・ホメイニが「世界中のあらゆる熱心なイスラム教徒」に向けて、ある文書を発布したのだ。それは「イスラム教と預言者とコーランに敵対して編集・印刷・出版された『悪魔の詩』なる本の著者と、その内容を知りつつ発行に加担したすべての者たちに死刑を宣告する」ことを知らせるものだった。

ホメイニはこう続けた。「すべての熱心なイスラム教徒に呼びかける。彼らをどこで見つけようと、迅速に処刑せよ。イスラム教の神聖さを侮辱しようとする者が、他に誰も出ないようにするためだ[6]」

これを受けてテヘランのある〝慈善財団〟のトップが、英国人作家サルマン・ラシュディの殺害に300万ドルの懸賞金をかけた（殺害者がイスラム教徒でない場合は200万ドル減額されることになっていた）。英国や他の欧州諸国は「ファトワ（死刑を含む宗教令）」という言葉をこの時、初めて覚えた。

ラシュディは24時間以内に身を隠し、英国政府による保護を受けた。すぐに数千人の英国在住イスラム教徒が街頭に繰り出し、英国内でイスラム教の冒瀆法を適用することを支持した。イングランド北部のブラッドフォードでは問題の本が木ぎれに釘付けされ、数千人のイスラム教徒の前で燃やされている。この論争のおかげでたちまちイスラム教の指導者の地位に登りつめたイクバル・サクラニ（後の

サー・イクバル）は、『悪魔の詩』の著者は死罪に値するかと問われて、こう答えた。「彼にとっては死罪は少々軽すぎる」(7)

英国で最も有名なイスラム教への改宗者ユスフ・イスラム（以前はキャット・スティーヴンスと呼ばれていた歌手）は、ラシュディが戸口に現れたら匿うかと、あるテレビ番組で聞かれた。彼は「アヤトラ・ホメイニに電話して、あの男の正確な居場所を教えようとするだろう」と答えた。またラシュディの人形が燃やされているデモに行くかと問われると、「それが（人形ではなく）本人だったらよかったのにと願ったことだろう」と返答した。(8)

文化や政治の世界の各所で、よみがえった冒瀆の問題を人々が議論した。政界では右派と左派の双方に、ラシュディは儀礼的なしきたりを犯したのだと考える人々がいた。保守党右派のデイカー男爵（ヒュー・トレヴァー＝ローパー）は新聞にこう語っている。「英国のイスラム教徒が彼（ラシュディ）のマナーをとがめ、夜道で待ち伏せして態度を改めさせようとしたとしても、私は一滴の涙も流さないだろう」(9)

外相のサー・ジェフリー・ハウはテレビ出演した折に、彼自身は『悪魔の詩』が好きではないし、あの本は英国に対して無礼だと強調した。ラシュディが以前に書いた英国への批判を掘り起こし、身から出たサビだと断じる者もいた。チャールズ皇太子もまた、すべてはラシュディ本人の責任だと内々に語ったと伝えられている。(10)

その間、宗教界の指導者たちは競い合うようにイランをなだめた。カンタベリー大主教のロバート・

ランシーは「イスラム教徒の気持ちはわかる」と述べている。[11] ユダヤ教のチーフ・ラビのイマニュエル・ジャコボビッツは、「ラシュディ氏とアヤトラは、どちらも言論の自由を濫用した」と語った。[12] カトリック教会や他の宗派の指導者からも同じ主旨の発言が聞かれた。

政治的には左派のジョン・ル・カレは、「偉大な宗教を愚弄して罰せられずに済むとする法律は実社会にも自然界にも存在しない」と明言した。[13] 労働党の国会議員のバーニー・グラント（英国の黒人下院議員の草分け）は、議員同士の会合でこう述べている。白人は自分たちの価値観を世界に押しつけようとする。アヤトラには賛同しないが、イランのイスラム教徒は好きなように生きる権利があると。それとは別に、「本を焼くことなど黒人にとってはたいした問題ではない」とも断じた。[14]

それでも少数ながら断固たる人々の一団が、ファトワの意味を理解し、アヤトラ・ホメイニから「罰当たりなロクデナシ」と呼ばれた小説家を支援した。[15] キャット・スティーヴンスが前述の発言をした時に、まさにその向かい側に座っていた作家のフェイ・ウェルドンは、やはりゲスト出演していた警察幹部がさっさとキャットに歩みより、殺人の扇動で彼を逮捕しないのは驚きだと指摘した。

ウェルドンはその後に発表した小論でも、「人々がほとんどコーランを読もうとせず、代わりに〝偉大な世界宗教〟についての決まり文句をつぶやいて」満足してきたと記し、英国はその代償を払っているのだと主張した。[16] すると次にはこの小論が、一部の英国在住イスラム教徒からヘイトスピーチと見なされた。かなり穏健なイスラム教徒の作家ディヤーウッディーン・サルダールも、「ウェルドンは望みどおりのものを何でもでっちあげ、単にイスラム教徒が格好の標的だからという理由で偏見に満ちた酷評を物することができるようだ」と書いている。[17]

実際に「格好の標的」にされたのは、しかしラシュディと関わった人々の方だった。1991年にはラシュディのイタリア語翻訳者が、ミラノの自宅アパートで刺され、さんざん殴られた。1993年にはノルウェー版『悪魔の詩』の発行者ウィリアム・ニゴールが、オスロの自宅の外で3発の銃弾を受けた。英国でも同書を置いていた2軒の書店が火炎瓶で焼かれている。他にも爆弾が仕込まれた店があった（ペンギン社の書店が入居していたロンドンのデパートを含む）。1989年にはムスタファ・マハムード・マゼーと呼ばれる若者が、ラシュディを狙った爆弾を仕掛けている最中に爆死し、ロンドンのホテルの数階分のフロアを破壊した。

これが言論の自由の問題であることを理解している人々は、欧州のみならず米国にもいた。たとえば著述家の団体「PENアメリカン・センター」の会長をしていたスーザン・ソンタグは、著名な作家たちがラシュディの小説を朗読するイベントを主催した。「ここでは市民の不屈の精神が少々必要とされています」とは彼女の弁だ。[18]

市民はもちろん政府にも一定の不屈の精神はあったが、何が起きているのかを理解している人々は少なかった。ウェルドンが展開したような批判は当時、かなり異例だったのだ。彼女はラシュディがたまたま運悪くスズメバチの巣をつついただけではないことに気づいていた。ラシュディがつついたスズメバチの巣は、最近になって英国に持ち込まれ、大きさを増していたものだった。

ヒレア・ベロックが1938年に *The Great Heresies*（『偉大なる異教』未邦訳）を著した時、彼はその一章を「ムハンマドの偉大にして不朽の異教」のために割いている。『悪魔の詩』をも生ぬるく感じさせるような章題だ。だがベロックは逃亡して身を隠したり、10年間も警察の保護下で暮らしたりする必要はなかった。なぜなら1930年代の英国には、取るに足りない数のイスラム教徒しかいなかったからだ。ラシュディの一件が持ちあがった時期には100万人弱になっていたが、続く20年間にその数は3倍に増えることになる。英国はイスラム教のルールを〝短期集中コース〟で学ぶことになった。他の欧州諸国もそのあとを追わざるをえなかった。

英国政府から保護を受けたおかげで、ラシュディは『悪魔の詩』の騒動を生き延びた。だが著述家のケナン・マリクがずっとあとになってから述べたように、社会全体が——分けても出版業界が——ファトワを内包してしまった。[19] 1989年以前に発行された出版物は二度と発行されないだろう。殺人者の拒否権が横行し、瞬く間にイスラム教を批判した小説ばかりか、批評性皆無の作品までが出版できなくなったのだ。

2008年には安全上の懸念から、『悪魔の詩』を刊行した英国の出版社が、イスラム教の開祖が登場するロマンス小説 *The Jewel of Medina*（「メディナの宝石」未邦訳）の発行から手を引いた。検閲に反対する姿勢を示すために同作を刊行したロンドンの小さな独立系出版社は、その後、3人の英国在住イスラム教徒に火炎瓶で焼かれた。

信仰と「コミュニティ政治」

ラシュディ事件は暴力の脅威を社会に内包させたのとは別に、英国内にもう一つの重要な影響をもたらした。信仰を基盤とする「コミュニティ政治」という概念を植えつけたのだ。数千人の怒れるイスラム教徒が英国の街路に繰りだすやいなや、誰が彼らを代表して発言するのかという問題が持ちあがった。ラシュディ事件は英国で初めてとなるイスラム教徒の〝代表組織〟を生み出した。英国イスラム問題行動委員会（ＵＫＡＣＩＡ）は『悪魔の詩』事件への怒りを一本化するとともに、同事件の再発を妨げるために創設されたものだ。これが後には英国のイスラム教徒を代表すると主張する最大の統括団体「英国ムスリム（イスラム教徒）評議会（ＭＣＢ）」の設立へとつながっていく。

ＭＣＢは政治的であると同時に党派的だった。財政的にはイランとイスラム世界の覇権を競っていたサウジアラビアの支援を受けていたが、組織を動かしていたのはパキスタンのイスラム教グループ「ジャマート・エ・イスラーミ」の出身者だった。

このような組織の創設は、ほとんど一夜にして無名の存在から「コミュニティのスポークスマン」の地位にのし上がった人々の利益になった。また強硬路線を取る彼ら自身のグループをも利した。見かけ上であれ実際上であれ、危機がエスカレートするたびに彼らの支配は強化され、よりリベラルなグループや独立心の強いグループは中心から外れていくことになった。[20]

こうした組織の創設は、短期的には政府にとって有用であるように見えた。ヘンリー・キッシンジャーは「誰に電話すれば欧州と話ができるんだい?」と尋ねたそうだが、ラシュディ危機のあとの英国政府も「誰に電話すればイスラム教徒のコミュニティと話ができるんだい?」という状態だったのだ。これは左派おなじみのやり方だと主張する人々は、MCBの創設を奨励し、政府と対話のできる相手に仕立てたのが保守党の内相(マイケル・ハワード)だったことを忘れている。

このモデルが成功したと見なされたことから、他の西欧諸国にも広がった。フランスでさえ、その伝統に逆らって、国内のイスラム教徒の代表組織、特に「フランス・ムスリム(イスラム教徒)評議会(CFCM)」の創設を奨励した。英国と同様に、フランスでもこれを進めたのは右派政権であり、とりわけ右派の政治家、ニコラ・サルコジだった。

このモデルのデメリットは本来なら当初から明らかにされるべきだったが、実際には明らかにならなかった。たとえば一般のイスラム教徒と政治家との間に、突如宗教的な代表が介在するようになったことだ。このモデルはまた、すでに熱心に政治活動や政治参加をしていた人々にとっては好都合だったが、生活や仕事に忙しすぎてコミュニティ内の政治になど――まして党派主義でがんじがらめになったそれになど――かまけていられないという人々には不利だった。

それにこのモデルは声の大きい人々や、過激な人々、腹を立てている人々、あるいはジャマートのようにすでに組織化されていた人々を利した。そのため彼らの出身国ではたいがい好まれない党派的な政治手法が、欧州のイスラム教徒の代表組織では主流をなすことになった。

2001年9月11日の同時多発テロの4年後、ラシュディはあるインタビューに応じた。彼はその中で、『悪魔の詩』の事件後に支配力の強化を狙い、中でも「進歩的な」イスラム教徒の声を排除しようとしたイスラム主義者の活動について論じた。「人々は当時、この話題に関心を示さなかった」と、彼は指摘する。「そして9・11テロが発生した。今では多くの人々がこう語る。振り返ればファトワがプロローグで、これがメーンイベントだったのだと」(21)

だがその〝メーンイベント〟が起こる以前から、21世紀の欧州はある特定の宗教に絶えず要求を突きつけられるようになるのではないかとの警報が出されていた。なぜならその宗教の信者は大挙して欧州にやって来ていたからだ。目に見えて早い時期からこの議論を開始していたのがオランダだった。

第8章

栄誉なき預言者たち

警報を感じとっていた人々

オランダは労働力が不足していた1960年代に、主としてモロッコとトルコから移民を迎え入れた。彼らは妻や家族を伴って移住した。その後も移民が継続したことと、その出生率が相対的に高かったことが相まって、1990年代に入る頃には、彼らは国内のどのコミュニティよりもハイペースで数を増やすようになっていた。オランダ政府は「すべての人の固有のアイデンティティに偏見を持つことなく同化を図ること」を強調した政策を採った。この時期、政府の移民政策や同化政策に公然と異を唱えた人物が温かい扱いを受けることはほとんどなかった。

1980年代に一匹狼的な政治家ハンス・ヤンマートが「オランダは満杯だ」と宣言し、多文化主義のモデルへの反対を表明した。そして移民はオランダの生活様式に同化するか、さもなければ去るべきだと主張した。ヤンマートは政治的に敬遠されたばかりではなかった。1986年には、彼の小党が会合を開いていた同国南部ケディヘムのホテルが左翼の活動家に放火された。命を守るために建物から飛び降りざるをえなかった人々の中には、ヤンマートの妻もいた。彼女はその時、片方の脚を失った。

ソフトドラッグが公認され、性的少数派にも偏見のない態度で接するオランダは、欧州で最もリベラルな国という世評を取っている。おそらくそのことも一因となって、同国は1990年代までに、急速に拡大する少数派グループとの緊張を経験し始めた。この時期、多くの政治家が、オランダ国内のイスラム教徒の増加によってどの政党も単独では対処できないような大問題が生じていること、オランダにおける大量移民とその同化はうまく行っていないこと、また懸念を表明する人々を攻撃するだけではもはや問題を解決できないことに、内々に同意していた。

表現の自由は当初からの争点だった。1990年10月5日にはイスラム教のある宗教指導者が、政府から助成金を得ているアムステルダムのラジオ局の番組で、こう述べている。「イスラム教とその秩序に反抗する者たちや、アラーとその預言者に敵対する者たちは、シャリーア（イスラム法）にあるとおり、殺害し、絞首し、虐殺し、あるいは追放してもよい」

1991年に、自由民主国民党（VVD）党首のフリッツ・ボルケスタインは、ある講演とその後に寄稿した記事の中で、他党の指導者たちもやはり気をもみ始めていた一つの問題を提起した。イスラム教は「単なる宗教ではなく、生き方である。この点において、イスラム教の考え方は政教分離に反している」と。彼はまた、イスラム教の女性観と、オランダの法律や慣習に基づくそれとの違いを強調した。オランダの移民がどこかに去る必要はないと認めながらも、ボルケスタインはこう結論づけている。オランダ流の生活への純粋かつ完全な同化こそが、彼の提起した問いへの唯一の回答なのだと。ただ、決定的な問題が一つあった。「問題は、これ以上誤った対応をとる余裕がないことだ」(1)

この講演と記事はどちらもかなりの批判にさらされた。首相のルート・ルベルスは同記事を「危険だ」と評し、別の閣僚も「イスラム教徒のコミュニティを侮辱している」と非難した。ある著名なジャーナリストは「人種差別主義的な感情をあおるだろう」と主張した。(2)

思想がいまだ重視される文化の中で、1998年に社会学者のパウル・シュナーベルが著した*The Multicultural Illusion*（「多文化主義の幻想」未邦訳）は、論点の多くを主流派にもより受け入れやすいものにした。学者でありオランダ労働党の党員でもあるパウル・シェファーが2000年に書いた小論「多文化主義のドラマ」も、また同じだった。[3] ただ、大衆と政治家の意見は依然として大きく乖離していた。1998年に実施されたある調査では、すでに約半数のオランダ人が「西欧とイスラム教の生活様式は融和しがたい」と考えていたことが判明している。[4]

ボルケスタインらが率先して発言したおかげで、オランダは他のすべての西欧諸国がその後の10年間に突き当たる論争を、いち早く経験することができた。しかしエリート政治家の間には、それに取り組むことをひどく渋る空気が残存し続けた。この問題が当たり前に議論されるようになるまでには、左派に属する人気抜群の評論家兼大学教授の登場を待たなければならなかった。

イスラム教の問題に関わるまで、ピム・フォルトゥインに右翼的な要素は毛ほどもなかった。マルクス主義の大学教授で同性愛者のフォルトゥインは、同時にフリーセックスやほとんどすべてのリバタリアン（自由至上主義者）的な思想を擁護していた。その彼がイスラム教の問題に関わった途端に〝右翼〟とされた。1997年の彼の著書*Against the Islamisation of our Culture*（「我々の文化のイスラム化に抗して」未邦訳）は、イスラム教がオランダ社会にもたらす様々な難題に焦点を当てている。[5] それらはいずれも従来、左派が争点にしていたものだった。

問題の一つは、イスラム教が――オランダのキリスト教会とは違って――教会と国家の分離を実現していないことだった。政教分離はオランダ人に言論の自由や報道の自由などの様々な人権を与えているばかりではなかった。それなくしては聖職者が聖典を根拠に公共の場に侵入してくるのを防ぎようがなくなるのだった。

フォルトゥインがイスラム教に異を唱えたもう一つのポイントは、性差に対する姿勢の違いだった。彼はイスラム教徒の女性も他のすべてのオランダ女性と同様に解放されるべきだと主張した。さらにフォルトゥインは性的少数派に対するイスラム教の姿勢も厳しく批判した。オランダ社会は世界に先駆けて男女の平等や、異性愛者と同性愛者の平等を規範化するための法律を作ったり、文化を醸成したりしてきていた。イスラム教国の実情（厳格さは国ごとに違ったが）が示すとおり、これらの原則はイスラム教とは相容れなかった。

しかしこうした相違が明白であるにもかかわらず、オランダ社会は自らの寛容ぶりが、最も急速に拡大するコミュニティの不寛容ぶりと共存できるという振りをしようとしていた。フォルトゥインは、それは不可能だと感じていた。

新聞のコラムや人気のテレビ番組を通じ、フォルトゥインは巧みに自分自身の見解を表明したのみならず、他者の見解をほじくり出した。ある討論番組ではオランダ在住のイマーム（イスラム教の導師）の前でことさらにどぎつい振る舞いを見せ、ついにはフォルトゥインの同性愛的な性向に対するイマームの怒りを爆発させた。

主流派の政治家たちもフォルトゥインへの反感を隠そうとしなかった。彼の著書をテーマにした

1997年のテレビ討論では、労働党の幹部で元閣僚のマルセル・バン・ダムが「君はとんでもなく下等な人間だ」と、フォルトゥインをけなしている。(6) そんな辛らつな言葉が、彼にはその後も次々と浴びせられた。

米国で9・11テロが発生するまでに、オランダ社会は何度かこの論争の主役となり、フォルトゥインは政治にエネルギーを注ぎ始めていた。イスラム教の文化は「後進的」だと言って所属政党を追われたが、すぐに自らピム・フォルトゥイン党（LPF）を立ち上げた。選挙制度の関係で、オランダはおそらく欧州内の他のどの国よりも、新党が比較的容易に議席を取れる。2002年の総選挙を前にして、フォルトゥインはわずか数週間でオランダの政治を丸ごとひっくり返した。

彼は同僚から抑制されることなく、オランダのアイデンティティ、特にリベラルなアイデンティティが脅かされていると警鐘を鳴らした。多文化主義は機能しておらず、むしろ並行的な社会が、とりわけイスラム教徒の居住地区で拡大していると警告した。今は「真夜中の5分前」であり、オランダが方向転換するにはそのわずかな猶予しかないのだと。

生来のショーマンシップに加えて、彼がメディアの言いなりにならなかったこともあり、国民は2002年の総選挙を前に、進んでフォルトゥインに国を託そうとしていたかに見えた。彼の政敵たちはあらゆる批判をぶつけてきた。フォルトゥインを人種差別主義者と呼び、ヒトラーと呼んだ。少し穏健な政敵は彼をムッソリーニになぞらえた。死去する少し前のテレビのインタビューで、フォルトゥインは殺害の脅迫が舞い込んでいることを明かしている。そして彼の身に何かあれば、彼を悪鬼のように呼んだ政敵たちも、暗殺者を駆り立てた責任の一端を担うべきだと語った。

もちろん彼らは責任など取らなかった。選挙の数日前、フォルトゥインはヒルフェルスム市のラジオ局を出たところで、30代の男に至近距離から頭を複数回撃たれた。犯人がイスラム教徒だと判明するのではあるまいかと、全国民が恐怖に息を呑んだ。ところが実際には極左の絶対菜食主義の活動家だった。裁判で犯人が説明したところによれば、フォルトゥインがイスラム教徒を標的にしているように感じたから殺したのだという。

事件後、オランダ全国が喪に服した。続く総選挙ではフォルトゥインの政党に最大の議席を与えた。同党はこの贈り物に対し、つまらない内紛と、負託に応える能力の欠如で返報することになるのだが（速すぎた躍進を考えると、それは避けられないことだったのかもしれない）。

宗教への懐疑に極めてナーバスになったスピノザの母国

選挙を通じて試練に対処したいというオランダ国民の望みは絶たれた。ヘルト・ウィルダース（やはり本流のVVDを離れて、自身の政党を設立）らがフォルトゥインの衣鉢を継いだが、後継者の誰ひとりとしてフォルトゥインの支持層だった労働者階級や若い起業家たちから票を取れなかった。後に史上最も偉大なオランダ人に選出される男の殺害が、選挙政治のある部分に戸を立ててしまったのだ。だが彼の死を通じ、社会全体で広く議論が行われるようになった。フォルトゥインがファシストであり、またオランダ国民の多くがそのファシストを支持したなどと考えることには、あまりにも無理がある。

フォルトゥインの残した真空地帯で発言を続けたのが、映画作家のテオ・ファン・ゴッホだった。2人は友人同士であり、また何度も一緒にテレビに出演した仲だった。最後に司会者がゲストにサボテンを手渡すことで知られるファン・ゴッホの番組「愉快な会話」は、その一例だ。フォルトゥインの死後、ファン・ゴッホは彼の殺害をテーマとする映画制作に取り組むかたわら、書籍や記事の執筆も続けた。2003年の著書 *Allah weet het Beter*（「アラーが一番よく知っている」未邦訳）の表紙では、イスラム原理主義者に扮したファン・ゴッホ自身が、イスラム風の頭巾をかぶり、かっと目を見開いている。

テレビ番組や公開討論で、ファン・ゴッホはオランダ国内のイスラム主義者と対決した。ある時にはヒズボラで訓練を受けた過激主義者のディアブ・アブ・ジャージャーを「預言者のポン引き」と形容した。ジャージャーがファン・ゴッホと同じステージに立つことを拒否して終了したイベントのあと、ジャージャーの取り巻きが「あの太った豚を捕まえて、腹を切り裂こう」と話しているのが第三者に聞かれている。(7) この時期、ファン・ゴッホは著書のサイン会などの公開イベントで、自らの身の安全に不安を感じるようになった。

やがて2004年に、彼はイスラム教内部での女性虐待を描いた短編映画「Submission（服従）」を製作する。脚本は若きソマリア移民のアヤーン・ヒルシ・アリが執筆した。同作が8月末にオランダのテレビで放送されると、作り手たちに対する脅迫が広がった。警護の申し出があったが、ファン・ゴッホはそれを断った。親しい人々の話では、どんなイスラム主義の暗殺者でも「田舎の阿呆」は狙わない

だろうというのが、彼の見立てだったらしい。(8)

田舎の阿呆であろうがなかろうが、暗殺者は2004年11月2日の朝、自転車でアムステルダムの仕事場に向かう彼を襲った。その男、モハメッド・ブイエリはファン・ゴッホを銃で撃ち、喉をかき切り、胸にナイフを突き立てた。ファン・ゴッホは死を前にして「話し合おうじゃないか」と、ブイエリに語りかけている。体に刺さったナイフにはアヤーン・ヒルシ・アリへの殺害予告が残されていた。

ヒルシ・アリはオランダの治安組織の手で直ちに国外に連れ出された。イラン生まれの学者アフシン・エリアンらイスラム教に批判的な何人もの人々も、やはり警察の保護下に置かれた。極めて慎重にイスラム教の原理を批評していたパウル・クリテールのようなオランダ人学者も、しばらくは沈黙した。政治家も学者もジャーナリストも手厳しい教訓を学んだのだ。他の宗教を批判する時のような調子でイスラム教を批判すれば、最低でも人生を変えるような事態に陥り、下手をすれば警察の保護を受けない限り死ぬことになるのだと。過去には合理主義の思想家スピノザらを輩出して宗教への懐疑を育んだ国が、今や宗教の問題に極めてナーバスになっていた。

この事実のために、暗殺者のルールに従うことを潔しとしない少数の人々は、一層の重圧を受けることになった。イスラム過激主義者への反抗を続けた人々の中に、強制的な結婚から逃れるために10年前にソマリアからオランダに移民してきた若い女性がいた。

その女性、ヒルシ・アリはあらゆる点で模範的な移民だった。オランダに到着して難民申請を行い、認定。工場で働きながらオランダ語を学び、すぐに大学に出願できるほどになった。ライデン大学で学ぶかたわら、他の移民と一緒に翻訳の仕事に従事。オランダに来てからわずか10年ほどで政治学の修士号を修得すると、研究者として働き、自由民主国民党（VVD）所属の国会議員にもなった。目もくらむような移民のサクセスストーリーだ。

彼女の成功は本人の知性とカリスマ、勤勉と並外れた勇敢さのたまものだった。だが彼女が短期間で日の当たる場所に駆けあがれたのは、オランダ社会が移民のサクセスストーリーを喉から手が出るほど欲していたからでもあった。しかし特に左派の一部の人々にとっては、この移民女性が彼らの期待どおりのことを言わないのはショッキングなできごとだったように思える。

ヒルシ・アリ自身は9・11テロを契機に「悪の根をたどると私が育った宗教へと行き着くのか、また攻撃性や憎悪はイスラム教それ自体に内在するものなのかを調べた」と、あとになって記している。[9]またその6カ月後、彼女は数年前に与えられた無神論についての本を読み、自分はもはや信者ではないと思いきって認めた。[10]そして折に触れて、自分の考えの変化を人前で公表した。

だが、特にオランダのメディア界のエリートたちは、彼女をせっつき、自分たちなら言わないことを言わせようとしているかに思えた。あるインタビュアーはフォルトゥインも使った「後進的」という決定的な言葉を、彼女が使うように仕向けている。イスラム教はオランダ社会と比較して後進的なのだろうかと。

ヒルシ・アリに発言を強いる二つの動きがあるように思えた。一つは左派全体から寄せられるもので、彼女に攻撃材料になるようなことを言わせたがっていた。もう一つは左右両派から寄せられるもので、他の全員が言えないことを彼女に言わせたがっていた。黒人女性は白人男性よりも人種差別主義者との批判を受けにくいからだ。だが現状支持派の人々は批判の方法を抜け目なく見つけた。ヒルシ・アリはとうてい普通とは言えない体験をして「トラウマを負って」いるために、自分が何を言っているのかわかっていないと主張したのである。

女性性器切除の被害を受けた者として（この件については彼女の自伝にありありと記されている）[11]、10代の頃には死刑こそがサルマン・ラシュディに対する適切な罰だと信じていた者として、また強制結婚から逃走した者として、さらには同化の難しさを身をもって理解する者として、ヒルシ・アリは最も扱いにくい問題に取り組んだ。その後の歳月が順調ならざるものになるだろうと予感させたのは、この模範的な移民がオランダの多くのエリート政治家から攻撃されたのみならず、国内のイスラム教のコミュニティからも痛罵されたことだった。

公職に就いた当初、ヒルシ・アリは友人から「この国がどれほど小さいか、そしてあなたの言っていることがどれほどの爆弾発言かわからないの？」と尋ねられた。自伝にあるとおり、彼女はこう答えた。「爆弾発言？　売春やソフトドラッグが合法とされている国で？　安楽死や中絶が実施され、男性がテレビ番組で泣き、裸の人々がビーチを歩き、ローマ教皇が全国放送で茶化される国で？　有名作家のジェラルド・リーブがロバの姿をした神とのセックスなんてものを書いてしまう国で？　こういう環境の中で、私の言うことが『爆弾発言』だなんて受け取られるはずがないわ」[12]

だが、そう受け取られた。ヒルシ・アリはオランダ社会の痛いところに触れてしまったのだ。自分たちが寛容で開放的で礼儀正しい人間だと思いたがる人々は、その寛容さや開放性や礼儀正しさが行きすぎていたのだろうかと悩んだ。だが、どうして限度など設けられただろうか？　ヒルシ・アリは、限度は存在するのだと、そして自分がその生き証人なのだと告げていた。だから盟友ファン・ゴッホが殺害される前と言わず、後と言わず、命を脅かされても「言わねばならないことがある。そして沈黙が不正への共犯となる時がある」と信じ続けた。(13)

イスラム教徒によってよみがえる反ユダヤ主義

欧州の至るところで同じ懸念が増大していた。各国政府が大量の移民を受け入れていた数十年の間は、自分たちが近い将来、イスラム法と欧州の文化や伝統との調整を強いられる結果になると予想した者はほとんどいなかった。だが移民の数が増えるにつれ、あらゆる場所で同じ問題が噴出した。時には移民コミュニティの内部で行われていることが露呈して、問題の発覚につながることもあった。

フランスのマルセイユでは、2004年にイスラム教徒の若い女性が石で打たれて殺害された。言い寄ってきたイスラム教徒の若い男を拒絶したためだった。英国では警察が、イスラム教徒の若い女性が不審死してもしばしば捜査を怠ることがあったと認めた。「名誉の殺人」の可能性があるそうした事件は、移民コミュニティの問題だと考えたからだ。2006年には英国医師会が、英国に住む少なくとも7万4000人の女性が性器を切除されていると報告した。

時を同じくして、欧州のイスラム教コミュニティに属する個人が、自分たちの文化の否定的な側面を公言したり、何らかの点でコミュニティに反抗的だと見られたりしたために、威嚇や暴力の対象になる例も増えていた。ノルウェーのポップシンガーのディーピカ・タタール（その「慎みのなさ」のためにオスロのステージ上で襲われた）から、イタリアのコラムニスト兼社会活動家のノシェーン・イリヤスまで、どうやら少数派の中の少数派があらゆる人々の中でも最も脅かされていることが判明したのだ。

その間に、近年の欧州への移民たちが一部の古くからの移民を必ずしも好意的には見ていないことが、ゆっくりと明らかになっていった。多文化主義の時代には、どの少数派も他の少数派と同じ立場に立つものと考えられていた。移民が昔の恨みを持ち込んでくるなどと考えた当局者は、ほとんどいなかったように思える。だが人数が増えるにつれて、その思い込みが崩れ始めた。

2003年に欧州監視センターが発表した反ユダヤ主義についての報告書は、密かに握りつぶされた。欧州で反ユダヤ主義的な活動が急増したのは、若いイスラム教徒によるユダヤ教徒への攻撃の増加が原因だと明らかにしたためだ。だがこうした隠蔽策が試みられても、事実は発生し続けた。それも往々にして考えうる限りの最も野蛮な形でだ。

2006年にはフランスが恐怖に包まれた。パリでイラン・ハリミという名のユダヤ教徒が「野蛮人」を自称するイスラム教徒の一団に3週間にわたって拷問され、殺害されたためだ。拷問者たちは「ユダヤ人は金を持っているから」という理由で、被害者やその家族から金を取れると信じていた。

大量移民の時代にはユダヤ教徒に対する攻撃が至るところで増加し始めた。フランスでの襲撃を記録している機関「ＢＮＶＣＡ」によれば、フランス国内での反ユダヤ主義的な攻撃は２０１３年から14年までの1年間だけで倍増し、８５１件に達している。総人口の１％にも満たないユダヤ教徒が、フランス国内で記録された人種差別的な攻撃の半分近くで被害者になっていたのだ。

２０１４年のフランス革命記念日には、パリのシナゴーグ（ユダヤ教の会堂）で祈りを捧げていた人々が、「ユダヤ人に死を」などとシュプレヒコールする移民の一団によって缶詰めにされた。２０１２年には銃を持ったイスラム教徒が、トゥールーズのユダヤ人学校で子ども３人と教師１人を射殺した。２０１４年には別のイスラム教徒が、ブリュッセルのユダヤ博物館で４人を撃ち殺した。２０１５年にはさらに別のイスラム教徒が、パリのユダヤ教徒向け食品店で４人を殺害した。同じ年にはコペンハーゲンでも、やはり銃を持ったイスラム教徒がシナゴーグで警備員を殺している。殺人をはじめとするこれらの攻撃によって、イスラム教徒の反ユダヤ主義の問題がついに議論の俎上に載せられた。

だがよみがえった反ユダヤ主義の問題では――新たな問題や復活した問題が皆そうであるように――何が起きているのかを認知する作業が遅々として進まず、ほとんど意図的に引き延ばされた。ドイツでは２０１３年に「ドイツのための選択肢（ＡｆＤ）」という新党が結成された。同党の反移民的なスタンスが鮮明になると、ドイツのメディアや政界のエリートたちはＡｆＤの反ユダヤ主義を証明することに没頭した。

だが２０１４年にフランクフルト、ドルトムント、エッセンなどの街頭に集結し、「ハマスよ、ハマス、ユダヤ人を全員ガス室に送れ」「ユダヤ人はクソッタレ」とシュプレヒコールしたのは、ＡｆＤの支持者ではなく、主として移民たちだった。同じ年にベルリンのノイケルン地区のモスクに立ち、「シオニストのユダヤ人を滅ぼし、最後の1人まで殺してくれ」と神にせがんだのは、ＡｆＤの政治家ではなく、イスラム教のイマームだった。[14]

どの国にも警報を発しようとした人々はいた。一部はヒルシ・アリのようにイスラム教徒として育てられながら、信仰を捨てた人々だ。一方にはイスラム教徒として生まれ、その内部にとどまったままリベラルな改革を行おうとした人々もいた。また警報の中には、自分たちの大陸についての発言権を主張する非イスラム教徒の欧州人から出されたものもあった。

オリアーナ・ファラーチの怒り

誰よりも大きな情熱をもってそれに取り組んでいたのが、イタリアの著名なジャーナリスト兼著述家のオリアーナ・ファラーチだ。彼女はアヤトラ・ホメイニへのインタビューを敢行した西側で唯一のジャーナリストで、千年紀の変わり目には70代になっていた。若い時分にはホメイニ、カダフィ大佐、イランのパーレビ国王、ヘンリー・キッシンジャーらへのインタビューで名を上げ、おそらく世界で最も畏敬されたインタビュアーになっている。[15]こうした権力者への肉薄と世界中の戦地への旅を経て、彼女は多くのものに激しい怒りを抱いていた。イスラム教に対する怒りもその一つだった。

ファラーチはムッソリーニ時代のイタリアで、反ファシズムの活動家の娘として育った。父親の影響でその活動に関わっていたファラーチは、晩年になってから、少女時代にこなしていた「使い走り」のことを回想している。レタスに手榴弾を隠して敵の本部に持ち込んだり、武器を密輸したりといったことだ。[16] 彼女の祖国と故郷フィレンツェは1943～44年までナチスに占領されていた。当時はまだ10代だったファラーチも、家族と一緒に故郷と祖国を取り戻すために戦った。彼女がファシズムについて語る時、それは経験に裏打ちされたものだったのだ。

長年にわたって妥協も容赦もないインタビュー活動に携わったあと、ファラーチは自らの経験をフィクションに転化し始めた。たとえば「インシャラー」はレバノンの内戦での体験を下敷きにした小説だ。1990年代からはニューヨークの出版社の上階で孤独に暮らし、自分の家族や少女時代についての小説に取り組んだ。

9・11テロはこのマンハッタンの〝文学的休火山〟を目覚めさせた。彼女が2週間で書きあげた長文のエッセイは、イタリア紙『コリエレ・デッラ・セラ』の特別付録になった。それはいかにも彼女らしい、荒々しく率直で、激烈かつ怒りのこもった攻撃だった。やり玉に挙げられたのはツインタワーを崩壊させた人々や、脅威を直視しなかった人々、蛮行を祝っている世界中のイスラム教徒や、イスラム教それ自体だ。それは傑出した、激しい感情のこもった一文だった。[17]

その『コリエレ』紙は完売となり、ファラーチは敏速に論点を短い本にまとめた。2002年刊行の *The Rage and the Pride*（「憤怒と誇り」未邦訳）はイタリアで100万部以上、さらにその翻訳版が欧州各国で数十万部売れた。この本は当初から悪意ある反論の対象となった。一方で本国イタリアでは、ファラーチのような無神論者だけでなく、信心深い人々からも積極的に擁護する声が上がった。学問や政治のはやり廃りがある中で、「憤怒と誇り」のような仕事を「束の間の話題作」として片付けたり、忘れ去ってしまったりすることはたやすい。しかし読者にこれほど広範で力強い衝撃を与え、上流社会以外の人々にもこれほど強烈な影響を残した著述はほとんどなかった。

西洋に対する糾弾または小言の形を借りて、ファラーチはイスラムの名のもとにテロを実行した者たちを、西洋におけるイスラム教徒の増加を、そしてそうした移民に対抗して立ち上がる度胸を持たない西洋人たちを攻撃した。[18]「私はとてもとてもとてもとても怒っている。冷静で、明晰で、合理的な憤怒を伴う怒りだ」と、彼女は巻頭に記した。「その憤怒はいかなる無関心や寛大さをも消し去り、『彼らにやり返せ。彼らの顔に唾せよ』と私に命じるのだ」。[19]このトーンは最後まで和らぐことはなかった。

ファラーチは少女時代に家族とともに参戦した戦いについて記し、「それに比べて」と、フィレンツエのドゥオモ（大聖堂）広場がソマリア系イスラム教徒のテントで「占拠」された際の当局者の反応をあげつらう。そのテント村は3カ月も撤去されず、当時のフィレンツェで大論争を巻き起こした。

著書の記述によれば、ファラーチはフィレンツェ市の、次いでイタリア政府のあらゆる当局者と連絡を取り、なぜ中心街の広場を一掃できないのかと尋ねている。だがそのたびに何もできないという答えが返るばかりだった。ついに彼女は地元の警官に電話して、「あなたがテントを撤去しないなら、私がこの手で火をつける。そうしたらあなたは私を逮捕し、故郷であるこの町に投獄しなければならないわね」と言ったとか。

ファラーチの怒りの矛先は、イスラム教徒だけでなく、そうした軟弱なイタリア人や欧州人、あるいは西洋人全般に向けられた。西洋世界とイスラム世界の類似性や対等さを指摘する者たちもだ。西洋の短所や罪を認めつつも、ファラーチはこう言い切る。「私は彼らのではなく、自分の文化を擁護したい。オマル・ハイヤーム（訳注：ペルシャの詩人・科学者）よりもダンテ・アリギエリ、シェークスピア、ゲーテ、ベルレーヌ、ウォルト・ホイットマン、レオパルディ（訳注：19世紀のイタリアの詩人）らの方がずっと好きだと申し上げよう(20)」

ファラーチは、イスラム教徒がメッカを崇敬するのと同じくらい、あらゆる芸術作品を崇敬していると主張した(21)。文化的な面での彼女の自尊心と反骨心は飛び抜けて目立っていた。文化的な類似性の方がより頻繁に強調された時代にあって、それらが非常に稀少だったからだろう。

だがファラーチの激しい筆は、時にはそれらとは別種のものにも向けられた。ソマリア系イスラム教徒によるドゥオモ広場の冒瀆について記す時、ファラーチは彼らの身体機能や排泄物、特にテント村から流れ出す尿に執着した。「黄色い尿の筋が洗礼堂の黄金の扉と1000年の大理石を汚《けが》した（まったくもう！　アラーの息子たちときたら、本当に大胆な企てをすること！）(22)」

ファラーチが真に地雷に触れたのは、しかしイタリアのイスラム系移民の生殖習慣を論じた部分だった。

ファラーチが欧州にやって来るイスラム教徒の数や、彼らが連れてくる（または到着後に生む）子どもの数に執着したのには理由があった。この大量移民または「ヒジュラ（聖遷）」はイスラム教の指導者の意思で行われていると示唆したこともまた同様だ。

「憤怒と誇り」には、まさにそのとおりのことをするつもりだと話したイスラム教指導者の言葉が引用されている。たとえばあるイスラム教徒の学者は、1999年にバチカンで行われた会議の席上、「我々はあなた方の民主主義を用いて、あなた方を侵略しよう。我々の宗教を用いて、あなた方を支配しよう」と語ったという。ファラーチに言わせれば、それは「逆転した十字軍」だった。[23]

彼女はこれらすべてのことを受け、欧州のイスラム教徒は「魂の征服のみならず、領土の征服」を試みていると結論づけた。そして「彼ら（イスラム教徒）は子どもを産みすぎる。イタリア人はもはや子どもを作ろうとしない。大バカめ。この数十年、イタリアの出生率は西洋で最低だったし、今現在もそうだ」と記した。[24]ただしこれは彼女自身が翻訳を手がけた英語版の、少々手ぬるくなった表現である。オリジナルのイタリア語版には、イスラム教徒が「ネズミのように子どもを生む」と書かれていた。[25]

イタリアのイスラム教団体は「宗教に対する中傷」などを理由に、ファラーチを訴追するよう迫った。フランスでも同様に、彼女の訴追を求める動きがあった。この2002年には大勢の有名人が訴えられている。フランスでは動物の権利擁護の活動家に転じた女優のブリジット・バルドーが、イスラム教の律法に則った屠畜法を批判したとして起訴された。[26]フランスのイスラム教団体は、インタビューの中でイスラム教は「最もバカげた宗教」であり、コーランは「悪文」だと思うと語った小説家ミシェル・ウエルベックの訴追も試みた。[27]

「憤怒と誇り」を出版したファラーチを脅かしたのは、イスラム教を怒らせたことを理由に祖国で訴追されかねない憂き目を見たことだけではなかった。イタリアに帰国した彼女は24時間、警察の保護を受ける羽目になった。(28) 母国でそうした不当な扱いを受けたことが、ファラーチを「憤怒と誇り」以上に歯に衣着せない著作へと駆り立てる。〝お小言〟の第二弾の *The Force of Reason*（「理性の力」未邦訳）は、欧州大陸で前作とほぼ同じくらい売れた。著者の執着は一段と先鋭化していた。

議論には歴史的または現在の裏付けがあった。イスラム教徒は欧州内部で欧州人よりも多くの子どもを生もうとしているという見解を下支えするために、ファラーチはアルジェリアの元大統領ウアリ・ブーメディアンによる1974年の国連総会での発言を引用した。「いつか何百万人という人々がこの地球の南半球を離れ、北半球に流入するだろう。だが友人としてではない。なぜなら彼らは征服するために流入するからだ。彼らは自らの子どもたちをそこに住まわせることによって征服するだろう。勝利は女性たちの子宮から我々にもたらされるのだ(29)」

同じ流れに沿った3冊めにして最後の本も、それに続いて出版された。(30)

イタリアの左派のうるさ型は、このファラーチの最後の本を激しく非難した。だがそれ以外の数百万人の人々は、彼女を尊び、その主張に耳を傾けた。2005年には、新たなローマ教皇に就任したばかりのヨーゼフ・ラッツィンガー枢機卿（ベネディクト16世）が、ファラーチを彼の夏用の住まいに招いた。そこで話した内容は決して公にはされないと、双方が理解したうえでのことだ。

翌年、ファラーチは10年以上患っていたガンで死んだ。最後まで彼女に対する訴訟は提起され続けたが、イタリアのカサンドラ（訳注：予言能力を持ったギリシャ神話の登場人物）を巡る論議は、いくつかのできごとが彼女の著作に再び命を吹き込むまでの数年間、途絶えた。

ファラーチが他界した年、新任の教皇自身が彼女の本に書かれた勢力と衝突している。ベネディクト16世はファラーチのように長広舌を振るったりはしなかった。レーゲンスブルク大学で行った「信仰と理性」についての演説の中で、ビザンチン帝国の皇帝マヌエル2世のこの発言を引用しただけだ。「余にムハンマドが新たにもたらしたものを見せよ。そこには邪悪で残酷なものだけが見つかることだろう。彼が自ら説いた信仰を剣によって広めよと命じたように」

教皇ベネディクトはこの引用を読む前に、この一節は「私たちが受け入れがたいほど無礼である」と述べている。[31] しかもこれが引用であることを繰り返し伝えた。にもかかわらず教皇がイスラム教を侮辱したという噂が世界を駆け巡った。イスラム世界の各地で暴動が発生し、ソマリアでは65歳のイタリア人修道女が殺害されている。その数カ月前にデンマークで発行された預言者ムハンマドの戯画を巡る抗議と暴動も、すでに珍しくなっていた時期だ。そこに教皇発言を巡る抗議と暴動が加わった。

それでも欧州きっての無神論者からカトリック教会のトップまで、あらゆる人々が同じ時期に同じ勢力と衝突したという事実は、なお警告として不十分だったようだ。

第9章

「早期警戒警報」を鳴らした者たちへの攻撃

飛び火する「カートゥーン・クライシス」

他にも警報は欧州各地で響き渡っていた。2000年代前半にオランダとノルウェーに滞在したゲイの米国人作家ブルース・バウアーは、アムステルダムをはじめとする欧州きってのリベラルな都市で、知り合いのゲイの男性がイスラム教徒に殴られる事例が増えていることに不安を募らせ始めた。バウアーが1990年代に母国を離れた一因は、ゲイの権利擁護運動に強く反対するキリスト教の聖職者が影響力を増したように思えたためだった。

欧州に渡ったバウアーは、慣れ親しんだキリスト教とは別の宗教に、異なるタイプの聖職者がいることに気づき始める。彼らは単に同性愛者の結婚は許されるべきではないと考えていただけではなく、同性愛者は高層ビルから投げ落とされるべきだと考えていた。ピム・フォルトゥインと同様、バウアーも疑問を持ち始めた。なぜ自らのリベラルさを誇りとする社会が、ゲイを守ることよりも、イスラム教徒を怒らせないことに腐心しているように見えるのだろうかと。

イスラム教の同性愛嫌悪については、大手のメディアはもちろん、ゲイ専門のメディアでも、従来ほとんど伝えられることがなかった。それがわずかに公になり始めていた。ただ、カトリックやその他のキリスト教会を強く非難してきたゲイの権利擁護運動のグループも、より先鋭的なこの問題からは距離を置きたがり、それどころか事実を指摘したバウアーのような人々を攻撃したがっているようにさえ見えた。

バウアーが2冊の本と数多くの記事で光を当てようとしたのは、リベラルなはずの社会が、単に移民コミュニティのことだからという理由で、彼らの頑迷さに口を閉ざしてしまうことの奇妙さだ。バウアーが示すとおり、ゲイとイスラム教徒にはどちらにも被害者としてのストーリーが存在するように見えたが、そのストーリーの中で前者は後者からも被害を受けていた。

早期警戒警報を鳴らした者のご多分に漏れず、バウアーも少なからぬ中傷を受けた。それもしばしば、彼の警告を気に留めるべきリベラルなゲイ専門のメディアなどによってだ。彼もまた「伝令は撃ち殺されないまでも、別の手段で口を塞がれる」という事実の一例だった。[1] だが21世紀の最初の10年間を通じ、神への冒瀆や言論の自由についての早期警戒警報は、ついに最前線にも響きわたるようになった。

大部数のデンマーク紙『ユランズ・ポステン』にイスラム教の預言者の戯画が掲載されたことは、その時代の一つの発火点を示すものだった。この「カートゥーン・クライシス（戯画危機）」もまた、16年前のラシュディ事件と同様、大量移民によってもたらされる問題が欧州人を驚かせ続けるのだということの例証だった。もし1990年代のデンマーク人が、次の10年間にこの国が最も注目されることになる話題は「カートゥーン・クライシス」（人々は次第にこの言葉を真顔で口にするようになっていった）だろうなどと言おうものなら、聞き手はその人物の正気を疑ったことだろう。

だがその「危機」は2005年に幕を開けた。きっかけは『ユランズ・ポステン』のある幹部が、デンマークの児童書出版社の悩みを知ったことだった。世界の宗教を取りあげた児童書シリーズを刊行中だったその出版社は、シリーズ中のある一巻に挿絵を描こうとする漫画家を見つけられずにいた。『ユランズ』紙はこの自由な社会にそんなタブーが存在するものなのかと驚愕し、タブーを破ることが可能かを試した。

タブーを破れることは示せたが、その代償は大きかった。イスラム教国での暴動や大使館焼き討ちを招いただけでなく、欧州各地でイスラム教徒による抗議活動が起こった。ロンドンのデンマーク大使館の外では、デモ隊が「自由など地獄へ落ちろ」「7／7が来るぞ（訳注：この年の7月7日にロンドン同時爆破テロが起こっていた）」「イスラム教を侮辱する者たちの首をはねろ」などのメッセージを掲げた。

デンマークの漫画家クルト・ヴェスタゴーも何度か命を狙われ、2010年の元日にはアフリカの過激派組織「アル・シャバブ」で訓練を受けたイスラム教徒に自宅に侵入されている。斧を携えた賊は、彼の斬首を狙っていた。自宅にセーフルーム（侵入者から身を隠し、閉じこもるための部屋）を設置していなかったら、ヴェスタゴーは助からなかっただろう。

これがすぐに欧州の新たな標準になった。デンマークの事件後、欧州各地で「カートゥーン・クライシス」が勃発し始めた。

2006年、ノルウェーのキリスト教系新聞『マガジネット』がデンマーク紙の戯画を転載し、読者に事の次第を伝えることにした。ノルウェーの首相イェンス・ストルテンベルグは、同紙の編集責任者のヴェービョーン・セルベックを批判し、さらに訴追するとの脅しをかけた。ダマスカスのノルウェー大使館が焼き討ちされると、首相はセルベックにも連帯責任があると主張している。他の政治家や文化人も同紙の「挑発」と敬意の欠如をこぞって非難した。セルベックは身を隠し、警察の保護を受けるしかなかった。

翌年、「カートゥーン・クライシス」はスウェーデンに飛び火した。アーティストのラース・ヴィルクスが預言者ムハンマドの絵を描き、身を隠さなければならなくなったのだ。『ユランズ・ポステン』に寄稿した漫画家たちと同様、彼もその後の数年間に何度か命を狙われている。

2011年にはフランスの風刺雑誌『シャルリー・エブド』(『ユランズ』紙の戯画を転載した数少ない出版物の一つ)のパリの社屋が火炎瓶で攻撃された。

2013年にはイスラム教の批判者として知られるデンマークのジャーナリスト兼歴史家のラース・ヘデゴーが、銃を持って訪ねてきた男に頭を2度撃たれた。70歳のヘデゴーが死なずに済んだのは、暗殺者の銃が2発めに弾詰まりを起こしたためだった。ヘデゴーがどうにか相手を殴りつけると、暗殺者は走り去り、トルコに身を隠した。

これらは2005年以降に発生した襲撃事件のほんの一例だ。その後もさらに多くの事件が続いている。2015年1月7日には暗殺者が『シャルリー・エブド』のパリの本社に踏み込み、政府から派遣された警備要員を殺したうえで、職場にいた編集チームの大半を殺戮した。同誌の編集者たちはイスラム教の預言者の戯画を掲載したことで長年、命を狙われていただけではなく、フランスのイスラム教団体から法廷闘争に引きずり出されてもいた。

シャルリー・エブド事件の翌月の2月15日には、前述のラース・ヴィルクスを支援するためにコペンハーゲンで開かれていた会合が、デンマーク生まれの22歳の銃撃犯に襲撃された。前月のパリでの攻撃と同様に、大量殺人は漫画家のオフィスで始まり、ユダヤ教の関連施設で終わっている。パリではユダヤ教徒の食品を扱うスーパーマーケットで、コペンハーゲンではシナゴーグで。

繰り返されたテロ

こうした法的な攻撃と身体的な攻撃には当面、終わりがないものと思われた。だから２０１５年の『アトランティック』誌の記事に「欧州を弱らせる終わりなき冒瀆戦争」などという記述が載っても、もはや誰も驚かなかった[2]。

ラシュディ事件以来、30年にわたって警告が発せられていたにもかかわらず、権限や権力を有する人々は誰ひとり、こうした一連のできごとを予測できていなかった。欧州の国境を第三世界からの大量移民に開いた人々は、誰もこれをイスラム教徒の問題だとは考えていなかった。移民が単に同化しないばかりか様々な社会観や宗教観を持ち込む可能性を、そして他の少数派がそうした洞察力の欠如の最初の犠牲者になる可能性を、ただの1人も意識していなかった。影響力を持つ地位にあった人々で、移民の急増が反ユダヤ主義と同性愛バッシングの増加につながると予想した者は皆無だった。締まりのない移民政策に同意を与えた人々は、イスラム教における神への冒瀆が21世紀の欧州の主要な文化問題や治安問題になるなどとは、まったく予測していなかった。

それに関する警告を発した人々はことごとく無視され、中傷され、放逐され、訴追され、あるいは殺害された。事実が明らかになったあとでさえ、真の被害者に多くの共感が寄せられることは非常にまれだった。

主流の政治家や大半のメディアは、20世紀終盤から２０００年代を通じて、むしろ「火事だ！」と叫ぶ人々こそが放火犯なのだという感覚を植えつけようとした。暴力、威嚇、法廷闘争などに訴える者たちを、ラシュディ事件以来30年にわたって彼らがなだめようとしてきた結果、欧州にはイスラム教徒の怒りを買いそうな小説を書いたり、音楽を作ったり、絵を描いたりする人々がほとんどいなくなった。

実際、彼らはそれとは逆の方向に走っていた。政治家をはじめとするほとんどすべての人々が、どれほどイスラム教を賛美しているかを、ことさらに表明するようになったのだ。

もちろん大規模なテロ攻撃（２００４年のマドリード、05年のロンドン、15年のパリなど）の余波の中で、各国政府は何か手を打たなければならなかったし、また手を打っているように見せなければならなかった。そして実際、特定の対テロ対策に取り組めることは証明して見せた。だが彼らは依然として自分たちや前任者たちの政策に、そして自らが作りだした言葉遊びの中に、救いようもなく捕らえられていた。

２００７年６月、イスラム教徒の医師と博士課程の学生が、爆弾を積んだ２台の車をロンドンの中心街に停めた。一つめの車載爆弾は人気のナイトクラブの外に、女性サービスデーを狙って仕掛けられた。釘を詰め込んだ爆弾が、ガラス張りの壁の前で炸裂する仕組みだ。二つめの車載爆弾は一つめと同じ通りの、少し離れた場所に置かれた。最初の爆発から逃れ出た人々をさらに吹き飛ばすためだった。幸いなことに1台めの車から煙が出ているのを通行人が見つけ、爆弾は二つとも未然に発見された。

労働党のジャッキー・スミス内相は、こうした攻撃を「イスラム・テロ」と表現するのは誤りだろうと述べた。なぜならそれらのテロリストは、実際には彼らの信仰に反する行いをしているからだと。彼女に言わせれば、今後そうした行いは「反イスラム活動」と表現するのがより適切だろうということだった。(3)

その6年後には、英国在住の2人のイスラム教徒が、ロンドン市内のウーリッチで白昼堂々、英陸軍兵士のリー・リグビーを刃物で殺害した。事件を受けて、保守党のデビッド・キャメロン首相は官邸の前でこう表明した。「これは単なる英国への攻撃でも、英国流の生活様式への攻撃でもありませんでした。イスラム教や、我が国に多くのものを与えてくれているイスラム教徒のコミュニティに対する裏切りでもありました。イスラム教ではこのような恐ろしい行為が正当化されることはないのです(4)」

その翌年には英国の援助団体職員が、英国生まれのジハード戦士にシリアで斬首された。するとキャメロン首相はこう語った。「彼らはイスラムの名のもとにこれを行ったと主張しますが、ナンセンスです。イスラム教は平和の宗教。彼らはイスラム教徒ではなく、怪物です(5)」

メディアも現実に向き合おうとしなかった。リー・リグビーがロンドンの路上でコーランを暗誦する2人の改宗者に殺害された翌日、中道右派系の英主要紙『デイリー・テレグラフ』は、キャメロンと同じ対応をした。ある記者は「血塗られたナイフを持った男は、ビデオカメラに向かって理解不能なことを言っていた。それらはどれを取っても意味不明だった」と記した[6]。

同紙の別の記者は「私にとって昨日ウーリッチで発生した野蛮なテロ行為は、文字通り〝無意味〟だった。起こったことのどれもがまるで意味をなさなかった。ナイフがあり、ヘリコプターがあり、銃があり、死体があった。そのどれもが何ら意味をなさなかった」と書いた。この記者はさらに事件現場で起こった様々なできごとを書き並べ、すべてが意味不明だったと主張する。「彼は『我々の土地』と言った。しかし彼にはロンドン南東部の訛りがあった。そのことも意味をなさなかった。（中略）何ひとつ意味をなすものがなかった。何ひとつだ」。最後にこの記者は「昨日は意味を欠いた1日だった」と仰々しく締めくくっている[7]。

左派系の『ガーディアン』紙も、事件は単に「世俗的な暴力行為」だったとする政治解説記事を載せていた[8]。

ホロコースト以降初の西欧から米国への「難民」

政治家と同様に、欧州の大半のメディアも、この時期を通じ、何が起きているのかを理解したがる様子や大衆に知らせたがる様子をほとんど示すことがなかった。メディアにしてみれば、その原因は明白だった。すなわち恐怖と、臆病さと、脅威の内包化の組み合わせである。

一方で政治家は真正面から問題に取り組むことができなかった。なぜなら彼らには当の問題を欧州に招きいれた責任があったからだ。そこに至る数十年間というもの、欧州にやって来る人々のイデオロギーや信仰のことなどほとんど誰も考慮しなかったし、そうすることにさほどの好奇心を示さなかった。政治家とメディア全般がイスラム教とそれ以外の信仰との違いを軽視していたのだ。そしてこの問題の解決策があるとすれば、それは「穏健派」を支援して「改革されたイスラム教」を普及させることにより、欧州社会の未来とイスラム教の未来を結びつけることだと一貫して主張した。それにより欧州にとっての問題もイスラムにとっての問題も、全体として解決されるだろうと、政治家たちは強調したのである。

彼らはご存じないようだが、10世紀のムータジラ派から20世紀イランのアリ・ダシュティまで、イスラム史上に現れた多くの改革運動や改革派の人々は、ことごとく原理主義者の実力行使や論争や権威者への訴えによって打ち負かされている。この時期に欧州の政治家がしていたのは、欧州の未来の安全保障を、歴史を通じて失敗し続け、今度も成功する見込みの極めて薄い改革運動に結びつけることだったのだ。それでも彼らはめげずにこの主張を維持し続けた。

２０１４年の保守党大会の演説で、テレサ・メイ内相（当時）は政治家たちがこぞってしていたことをした。すなわちイスラム教の穏健さを強調し、コーランのお気に入りの一節を引用することだ。主流の政治家たちは、信仰を守ろうとするイスラム教徒の荒々しさを見せつけられて、イスラム教は少なくとも部分的には真理であり、知恵と導きの源であるという振りをするようになっていた。２０１６年にはアンゲラ・メルケルの盟友のショイブレ財務相が「ドイツのイスラム教」の創成を呼びかけた。

これに反する見方を取った人々のキャリアは開花しなかった。オランダのアヤーン・ヒルシ・アリは陸軍兵舎や政府の隠れ家での生活を長いこと余儀なくされたあと、ようやく特別な警護付きの建物に住むことを許された。ところが新たな隣人たちは、この「トラブルメーカー」が近くにいては自分たちの命まで危うくなると考え、彼女の転居を求めて訴訟を起こした。その後程なく、ヒルシ・アリ自身の所属政党（VVD）の移民・統合相が、あるテレビ局による虚偽の主張に基づき、彼女の市民権を剥奪する。

数十万人のイスラム教徒を同化の見込みがないまま受け入れた国が、そして欧州で最も過激な説教師や過激分子を滞在させている国が、オランダに完全に同化した数少ない移民の1人から市民権を奪ったのだ。ヒルシ・アリは米国に居を移し、サルマン・ラシュディが後に語ったように、「ホロコースト以降ではおそらく初めてとなる西欧からの難民」となった。(9)

欧州は一時期、イスラム過激派の問題はそれを指摘する人々がいなくなれば消えるだろうと決め込んだかに見えた。しかし批判者が殺されたり、身を隠さざるをえなくなったり、欧州から追われたりしても、問題は消えることがなかった。それはもちろん移民が欧州に居残り、どこにも行こうとしなかったからだ。多くの移民は出身国で明示的・暗示的に聞かされた「欧州にとどまれ。しかし欧州人にはなるな」という助言を心に留めていた。

2008年にケルンで開かれたある集会で、トルコのエルドアン首相（後の大統領）はドイツ、ベルギー、フランス、オランダから集まった2万人のトルコ人にこう呼びかけた。「君たちが同化に反対していることは、私もよく理解している。君たちが同化するなどとは誰も期待するべきではない。同化は人道に反する罪だ」

それでいて、彼は聴衆に、ドイツの政治に関わり、影響力を手に入れるべきだと訴えた。そうすれば欧州に住んでいる500万人のトルコ人が、ただの「ゲスト」ではなくなり、「憲法上の力」を振るえるだろうからと。(10)

2016年のアムステルダムには、他の多くの欧州の都市がそうであるように、イスラム教徒ばかりが住む郊外がある。晴れた日には、そうした地区の建物は、どの都市の郊外と比べても特に見劣りはしない。実際、大半の家々は、西欧の若い夫婦が新生活の第一歩として何とか手に入れようとする類のものだ。ここにはトルコ人のゲストワーカーが、60年前に移民してきた時以来、密集して暮らしてきた。今日、アムステルダムやロッテルダムの郊外にある多くの地区には、こうした「ミニ・トルコ」や「ミニ・モロッコ」が存在する。食料品店ではイスラム教の戒律に則った商品が売られ、女性たちは皆、何らかの形で髪を覆っている。人々はトルコやモロッコにいるのとほとんど変わらない暮らしを送っている。

そんな静かで心地よい通りの1軒が、モハメッド・ブイエリの住んでいた家だ。10年前のあの朝、彼はその家を出てテオ・ファン・ゴッホを見つけだし、殺害した。そこは特に恐ろしげな地区ではない。ただ、少し変わった地区ではある。多くの窓には選挙用のポスターが貼ってあったが、そのすべてにレジェップ・タイイップ・エルドアンの顔が印刷されていた。

第10章

西洋の道徳的麻薬と化した罪悪感

罪と恥の意識と道徳的自己陶酔

2015年9月の初めに3歳のシリア人少年、アイラン・クルディの遺体がトルコの浜辺に打ち上げられた時、欧州での反応はほぼ一致していた。いくつかの新聞が見出しに掲げたとおり、「欧州の恥」と見られたのだ。クルディ一家はカナダにいる親族のもとに向かおうとしていたものの、ビザの申請を却下されていた。そのことが知れわたると、少年の死は北米の問題になった。カナダの担当閣僚は事態に対処するため、翌月の総選挙に向けた自身の選挙運動を一時休止した。スティーブン・ハーパー政権の政敵たちは、この「3歳児の命を救い損ねた失政」に大いに乗じた。ハーパー政権は続く選挙で敗北を喫している。

この漠然とした罪と恥の意識は欧州と北米の全域に広がった。クルディ一家やその後に続くすべての家族のために何をなしえたかという実際的な疑問は、すべて脇に押しやられた。ほとばしる罪悪感がいくつかの重要な事実を見失わせる。中でも注目すべきは、クルディ一家が特に危険のない国（トルコ）から船出したという事実だった。父親は働き口も得ていたその国を出て、家族を欧州に連れて行くことを選んだのだ。幼い息子の遺体は欧州の海岸ではなく、トルコの海岸に打ち上げられた。悲劇を悼むトルコのメディアもいくつかあったが、西洋の政治家やメディアが浸り込んでいるような自省や自責の念とは、現地はまったく無縁だった。

アラブやイスラム世界の一部はこの悲劇を心にとどめたが、西洋と違って、それが何らかの政策課題に結びつくことはなかった。実際、この悲劇は欧州と中東の反応のみならず、欧州と中東の難民に対する意識の違いを大きく浮き彫りにした。レバノンやヨルダンやトルコは隣接するシリアやイラクでの戦争が生み出した難民を大勢受け入れ、それと引き替えに国際社会から少なからぬ財政支援を与えられている。だがそうした人道上の危機に対する中東全般の態度は――ましてアフリカや極東での数多くの人道的・経済的危機に対する態度は――欧州の政府やメディアのそれとは対極なのだ。欧州各国が3歳児の溺死に良心を痛める一方、その少年を生み出したアラブ世界や、より広範な「ウンマ（イスラム共同体）」は、驚くほど平静を保ったままだった。

たとえばクウェート、バーレーン、カタール、アラブ首長国連邦（UAE）、サウジアラビア、オマーンからなるペルシャ湾岸6カ国は、2016年までにただの1人もシリア難民を受け入れていない。エリトリア、ナイジェリア、バングラデシュ、パキスタンからの難民に対する態度も、それと同じくらい寛大さを欠いていた。

アイラン・クルディが命を落とす数カ月前に、クウェートの高官のファハド・アル＝シャラミがニュース専門チャンネル「フランス24」のインタビューに応じ、なぜ湾岸諸国がシリア難民さえ受け入れようとしないのかを説明している。「クウェートと湾岸諸国は物価が高く、難民向きではない。労働者向きだ。交通機関の運賃も高い。クウェートの生活費は高額だが、レバノンやトルコの生活費はおそらくもっと安いだろう。だから（そうした国に滞在させるべく）難民に金を払う方がずっと楽なのだ。結局のところ、人は異なる環境、異なる場所から来た他者を受け入れることはできない。彼らは心理的な問題やトラウマに苦しんでいる人々だ」。その彼らを単純に湾岸の社会に置くことはできないと、彼は釈明した。[1]

このような態度は驚くに値しない。アル＝シャラミは膨大な数の難民を受け入れた時に起こる問題から、自分たちの社会を守ろうとしていただけなのだ。奇妙なのは湾岸諸国や他の社会が壊れやすく、欧州は無限に柔軟であるという見解に、欧州が無条件に同意していることだ。アイラン・クルディの死をトルコやオマーンのせいにする者は、欧州には誰もいなかった。

スペインのマリアーノ・ラホイ首相は地中海で別の移民船が沈んだのを受け、「この悲劇的な状況を止めることができなければ、欧州の威信が損なわれかねない」と述べている。しかしアラブやアフリカの威信がかかっていると主張する人々はほとんどいなかった。

実際、難民危機のうちのシリアに関わる部分だけを見ても、直接内戦に関与していたイラン、サウジアラビア、カタール、ロシアなどの国々に、紛争による人的コストの責任を負わせようとする人々は皆無に近かった。イランに難民受け入れを求める声が欧州の広い範囲で聞かれることもなければ、カタールに然るべき割合の難民を受け入れるよう迫る動きも見られなかった。

このような失敗の底流には数多くの政治的・戦略的な思惑がある。だが同時に、それらすべてに勝る道徳的自己陶酔も存在する。この道徳的自己陶酔は難民危機に伴って発生したものではなかった。むしろ現代の欧州のあらゆる面に潜在している主題の一つなのだ。その正体は独自かつ持続的な、最終的には致命的なものにもなりかねない自責の感覚、もしくは自責への妄念である。

第二次世界大戦の償い

2015年4月、また1隻の移民船が地中海で沈んだのを受け、スウェーデン出身の欧州議会議員セシリア・ヴィクストレムは、移民に欧州への「合法的かつ安全」なルートを与えようという運動を一段とステップアップさせた。そうすることを怠れば、将来の世代からホロコーストになぞらえられるだろうと主張したのだ。

「私の子どもや孫たちは、なぜ何千人も死んでいることがわかっていながら、ISISやエリトリアでの暴力から逃れた人々を助けるためにより多くのことがなされなかったのかと尋ねると思います。人々は『わかっていたなら、なぜ何とかしなかったのか?』と、戦後にしたのと同じ質問をすることでしょう。私たちは、スウェーデンの鉄道を使ってユダヤ人をナチスの死のキャンプに送ることを許してしまいました。今日の世界には、第二次世界大戦中や戦後を上回る数の難民がいます。今この瞬間にも世界は燃えており、私たちはそれに対処する必要があるのです(2)」

ドイツの政治家たちはこれほどはっきり物を言う必要はなかった。2015年8月31日のあの重大発表の中で、アンゲラ・メルケルが「世界はドイツを希望と機会の国と見ています。常にそうだったわけではありませんでした」と語った時、聴衆は皆、それが何を指すのかを正確にわかっていたからだ。

その言葉は彼らの心に響き、意味あるものだと感じさせた。

8月後半のあの重要な日々に、ドイツ東部の町ハイデナウでは難民センターの外で抗議活動が続き、移民関連施設が放火された。町を訪ねたメルケル首相は、群衆から激しいブーイングと野次を浴びせられた。

一方、その光景に嫌悪感を抱き、ドイツの別の面を見せようと進んで行動する国民もいた。9月に入ると、何十万人もの移民が南欧からセルビア、ハンガリー、オーストリアを経て、ドイツに入国した。すると一部の国民は、首相の門戸開放が生んだ課題にさっそく取り組んだ。国境で、あるいはミュンヘンやフランクフルトの鉄道駅で、集まった何百人ものドイツ人が、到着する移民を温かく迎えたのだ。

その映像は世界を駆けめぐった。そこには単に到着した移民に手を貸そうとするのみならず、移民たちのために歓迎パーティー然としたものを開いているドイツ人の集団がいた。少なくとも一つの大陸を踏破してきた移民たちは、ある者は呆然としながら、またある者は喜び勇んでドイツ人たちの間に足を踏みいれ、喝采と歓呼に包まれた。歓迎団は「ようこそ」「難民を愛してる」などと書かれた風船や横断幕を振った。

列車が駅に入り、移民たちが下車し、群衆に分け入ると、地元の住民は口笛やハイタッチで迎えた。居並ぶボランティアが食べ物や贈り物を手渡す。中には子ども向けのお菓子やテディベアもある。

それは単にドイツ人が好んで実行していると話す「ヴィルコメンスクルトゥーア（歓迎文化）」の表現ではなかった。移民たちはただ歓迎されていただけではなく、祝福されていたのだ。まるで優勝して町に帰ってきた地元のサッカーチームか、戦地から凱旋した英雄たちのように。歓迎を受けた移民たちの中には一緒になって高揚し、〝儀仗隊〟の間を抜けながら両手を突きあげたり、拳で空《くう》を叩いたりする者たちもいた。

この精神に感化されたのはドイツ人だけではなかった。欧州各地から集まった人々がこの活動に参加し、至るところで歴史上のできごととよく似た行動を行った。英国出身の2人組の学生は、車でオーストリアとハンガリーの国境まで赴き、移民たちをミュンヘンへと移送した。メディアのインタビューを受け、片方の学生はこう話した。

「僕らがここに来たのは、1940年代の思潮を思わせる光景をテレビで見たからです。ここで行われていることは地下鉄道（ユダヤ人の逃亡を助けた秘密組織）のような歴史上のできごとを強くしのばせました。当時だったら何をしたかと自分に問いたい。そして手を貸しただろうと答えたい。だから今日、僕らはここにいるんです(3)」

歴史上のできごととの相似が見られたのはドイツ周辺に限った話ではなかった。欧州全域で第二次世界大戦時とよく似たできごとが起こっていた。デンマークでは、すでに移民たちが検問のないエーレスンド橋を列車で渡り、スウェーデンへと移動していた。入国審査は不要だったので、パスポートは必要なかった。しかしそれだけでは不十分だと感じた人々もいた。

大戦中にナチスがデンマーク国内のユダヤ人の移送を命じた時、デンマークのレジスタンスは勇敢にも同国にいた8000人強のユダヤ人のほぼ全員を、夜陰に紛れ、海路で中立国スウェーデンに逃がしたことで知られている。そこで2015年9月、24歳の政治家アニカ・ホルム・ニールセンは自分のヨットに移民たちを乗せ、コペンハーゲンからスウェーデンのマルメまでの8キロほどの距離を運んだ。ドイツから北上してきたアブドゥルという男性も、コペンハーゲンの中央駅で彼女と出会い、波立つ海を運ばれている。1943年のレジスタンスになぞらえずにはいられない行動だ。ニールセン自身はこれが「象徴的」な行為であったことを否定し、単に「一番安全なこと」に思えたのだと主張する。(4)

アブドゥルが他のみんなと同じように単純にマルメ行きの列車に乗っていれば、彼のスウェーデンへの旅はもっと安全で、早く、快適だったことだろう。だが、それはさておき2015年9月のこうした〝ジェスチャー〟は、ドイツの鉄道駅で歓迎パーティーを催した人々が率直に語った物語とよくなじんだ。つまり、これは1930〜40年代に起こったことに対するある意味での償いだったのである。

ほとんどヒステリックと言ってもいいような群衆の行動からは、単なる安心感だけでなく、恍惚感がうかがえた。その場にはドイツから出ていく人々ではなく、入ってくる人々がいた。ドイツはもはや、命の危険を感じて人々が逃げ去っていく国ではなく、戦争や迫害にさらされた人々が逃げ込んでくる国になったのだ。

もちろん、そこにはいくつかの非常に深刻な問題があった。2015年の移民をナチス統治下のユダヤ人になぞらえるのは、いくつかの点で無理があった。第一に、ヒトラーから逃れたユダヤ人たちは、他のどの国でもいいからとにかく住みたいと願っていた。一方、2015年の移民はドイツに着く前にたくさんの国々を——欧州の国も含めて——通過していた。

第二に、大勢のシリア移民らが命を守るために逃げてきていたのは確かだが、経済移民を含むすべての移民を1930年代のユダヤ人と同一視したのでは、ヒトラーのドイツから追放された人々の苦しみを軽く見ることになるだろう。それればかりか、欧州には来たがる人々をすべて受け入れるほかに選択肢はないということになる。そうしなければナチスになってしまうのだから。

新たな移民を歓迎するためにそれぞれの国の街頭や駅に集まった人々は、それを知っていようがいまいが、遥かに大きな歴史的プロセスに参加していた。こうした情緒的な行為にさえも、戦後の他の移民論議と同様、必要とあらば理性のバラストが付加された。テレビニュースのインタビューを受けた人々の一部は、人口減と労働力不足が進むドイツにとって、数十万人の移民を受け入れるのは「理にかなったこと」だと説明した。

だが、そうした解釈は二次的なものだったように思える。それらはすでに下されていた決断を支持するための説明に過ぎなかった。一部の国民及び彼らが選んだ政治家たちが最初に直観したのは、より意味深なことだった。それは多くの欧州人がその背に感じている歴史的重荷の、最も新しくてよく目立つ表現に過ぎなかった。

歴史的罪悪感に苦しむ欧州人

原罪を背負って生まれてきたと感じているのは現代の欧州人だけではないかもしれない。しかし欧州人は明らかにそのことで最も苦しんでいるように見える。今日の欧州人は――他人がそのことを持ち出すずっと前から――自分たちが特定の歴史的罪悪感を背負うべきだと感じている。そこには戦争、とりわけホロコーストの罪悪感だけでなく、過去にかかわるあらゆる領域の罪悪感が含まれる。たとえば消えやらぬ植民地主義や人種差別主義の罪悪感などだ。それらすべてが一体となって大変な重荷となっているわけだが、もはやそれは欧州人が単独で背負うことを求められるものではなくなった。ここ数十年、一群の目立って均質的な国々もまた、現代の欧州を苦しめてきた「歴史からの恐喝」を引き受けているからだ。目を引くのは、同じ罪に苦しむそれらの他大陸の国々が、すべて欧州の手で創建されているということである。そのために欧州の汚点が世界中にばらまかれているという印象になってしまう。

現代の欧州人にとって、植民地主義は中程度の罪の一つに過ぎない。だがオーストラリア人にとって、植民地主義は建国以来の原罪になっている。欧州諸国のように富を求めて他国を略奪したから非難されているのではない。自国を略奪しているから、そして今もその国土で植民地主義的なプロジェクトを進めているから非難されているのである。

オーストラリアの植民地主義は自国で始まったと言われる。今日のオーストラリアの学童は、「現在の美点がどうあろうと、この国は大量虐殺と盗みのうえに建国された」と教えられるのだ。その元々の植民者が欧州の白人だったという事実のために、彼らの行為は「黒っぽい肌の人々が別の黒っぽい肌の人々の土地を奪った」という（やはり聞き慣れた）話とは比べ物にならないほどの悪行になっている。

あるグループが別のグループを征服し、勝者が敗者を虐げた。そんな話は地球上のたいていの国にあるものだ。だがオーストラリアでは、この数十年の間にアボリジニらの「最初の人々」に対する歴史的な扱いが、公的な議論における中心的なテーマへと移行した。それはこの国の最深部にある、「建国に伴う罪」なのだ。奇妙なことにこの自責の物語は、実際にはオーストラリア社会から望まれ、歓迎されているようにも思える。

人々が真に望んでいるものは、次第に事実が〝インフレ〟を起こすのが常だ。宣教師と役人がアボリジニの子どもたち（いわゆる「盗まれた世代」）を親から引き離したオーストラリアの政策は、ある種の大量虐殺と見なされるようにさえなった。[5] 一般向けの様々な本や映画、政府の調査で取りあげられ、首相以下の政治家たちは謝罪を繰り返した。[6]

反駁は難しかった。過激な主張が歓迎される一方で、それに対する反論は犯罪者側による否認と人種差別主義の証拠としてしか受け取られなかったからだ。結果的に今日のオーストラリアで争点として残されたのは、アボリジニのコミュニティが受けたこの歴史的な被害に対し、どの程度の補償を行うべきかという一点になったように見える。この根深い罪悪感が積み重なった結果、世界から見たオーストラリアの印象及び、同国内での自国のイメージに明確な変化が表れた。陽光あふれる楽観的な場所から、吐き気を催すような過去を持つ暗い印象の国へと変わったのだ。

近年、その思潮は「手の海」のような大衆行動の中に表現されている。これは何十万人もの市民がスポンサーとなり、アボリジニ風の色彩をしたプラスチック製の手にサインをして、国会議事堂などの公共施設の前庭に設置するというものだ。「盗まれた世代」への謝罪の言葉を国民が寄せ書きする「謝罪の本」の活動にも数千人が参加してきた。１９９８年以降は年に1度の「謝罪の日」も設けられている。(7)

当然ながら、すべての原罪がそうであるように、オーストラリア人が謝罪し続けているこの罪も正されることは不可能だろう。確かに現在オーストラリアに住む人々の多くは欧州などからの入植者の子孫であるかもしれないが、彼ら自身はいかなる土地も奪っておらず、いかなる世代も盗んでいない。たとえ土地を受け継いだにせよ、そのために他人を抑圧したり強奪したりはしなかった。

それにアボリジニの経済的機会や雇用機会は他のオーストラリア人に比べて依然として大きく遅れているかもしれないが、そのことから浮かびあがるのは解けない謎だ。現在もこれまでも、アボリジニに対する政策を正そうと望む人々は、先住民のライフスタイルをいかに「保存」するかという難題を解決できていないのだ。他の国民と同様のライフスタイルを享受するよう、アボリジニに奨励したり強制したりすれば、その過程で彼らの文化を消し去ることになるだろう。

自己批判の流行はもはやオーストラリアだけのものではなくなった。実際、ケビン・ラッド首相が２００８年にオーストラリア先住民への謝罪を行ったのは、カナダのスティーブン・ハーパー首相が自国の先住民に対して同様の謝罪を行った数カ月後のことだった。(8)どちらの謝罪も痛ましい歴史上の一時期に対する政治家らしい償いの表明として、広く歓迎されている。異議を唱える声はほとんど聞かれず、歴史的な記録さえもがしばらくの間、公正に評価されえなくなった感があった。

カナダでは、オーストラリアやその他すべての同種の例と同様、謝罪の対象となった犯罪の規模を大げさに言うことが、ある種のサービスになっていた。実際の犯罪で実際の法廷に立つ人間が、本当はもっと悪いことをしたのだなどと自慢したら、裁判を受けるのに不適格だと見なされるだろう。ところが自分が被告席に着くわけでも有罪を自覚しているわけでもなく、単に死んだ祖先を代弁しているだけの人間は、おそらく話を誇張しがちになるのだ。

現代の政治家にとって、そうした謝罪を表明することには政治的な意味しかない。そして罪が重く、非道さの度合いが大きいほど、謝罪は重みを増し、遺憾の意を表すことの潜在的な政治的利得は大きくなる。政治指導者たちはそうした発言を通じて、自らは汚点にかかわることなく度量の大きさを示せるわけだ。謝罪を行う人物自身は何も悪いことをしておらず、謝罪を受けられたはずの人々は全員死んでいるのだから。

「高潔な野人」神話

これは明らかに熱病だった。欧州人に特有で、欧州人に共通の熱病だ。その種の発言をすることはコストのかからない政治活動だという計算がなされているかに見える。だが、実際はそうではない。なぜなら政治家が自国の過去について絶えず謝罪しているように見える国は――やたらと謝る国もあれば、まったく謝らない国もあるという世界にあっては――しまいには罪悪感を抱く特別な理由がある国だと見られてしまいかねないからだ。

オーストラリアが永遠に自国の過去を謝り続ける一方、中国が沈黙を保ったままなら、いずれは他国ばかりかオーストラリアの子どもたちにまで、オーストラリアは謝罪すべきことをより多く抱えた国だという印象が浸透してしまうかもしれない。

それに歴史上の過ちを大量虐殺に〝格上げ〟するのは、論争好きな学者や野心ある政治家にとってはコストがかからないことかもしれないが、彼らが焦点を当てる悪行のイメージは、やがてその国に対する世界の見方だけでなく、その国の人々の自国観にまで深く根を張っていくかもしれない(9)。

適度なレベルを超えて歴史を卑下するような極端な性向を持つことで、実際に何が得られるというのだろう。たとえオーストラリアが原罪を背負って誕生したにせよ、それを正すためにできることなど何もない。考えられるのは建国から何世紀もたった今、全国民を人種によって分け、初期の入植者の子孫に対し、その富を先住民の子孫に渡すよう（適切な遺伝子検査のあとで）命じることぐらいだ。人種が混じり合った人々の場合は、遺伝子法廷によって裁決が下されよう。遺伝子検査の結果に応じて、ある者は富の一部を手放すように命じられ、ある者は思わぬ現金を手に入れ、またある者は手持ちの財産をきっかり維持することになるかもしれない。盗みが犯罪であるなら、弁済こそが唯一可能な懲罰なのだ。

そうしたありえない結論を別にすれば、オーストラリア人は自責の念を抱ける限りにおいてオーストラリアに住み続けられるという暫定的な合意を結ぶしか道はなさそうだ。芸術を含むアボリジニの文化にたゆまぬ賛辞を送ることや、現代の文化に比べて軽視されがちな先住民文化を特別な清浄さと真理を持つものと広く認めることが、その悔恨の念を補完する手段になるだろう。

近年はそうした流れの中からオーストラリア版の「高潔な野人」神話が生まれてきた。(10) ロマン主義が生んだこの概念は、現在より前に過ぎ去ったものを、(たとえ明らかに劣っていようと) より良く、より純粋なものとして描く。普通なら人々が共感しないような行為を、共感できるものととらえるのだ。ロマン主義の時代に流行した未開状態への賛美が、現代のオーストラリアで実を結んだということなのかもしれない。

アメリカの「建国に伴う罪」

それに似たものは「欧州人の輸出品」と非難されるもう一つの国でも見られる。経済的な基準からすれば、そこは地球上で最も成功した国である。

クリストファー・コロンブスがバハマ諸島のどこかに上陸してから数世紀の間、彼の「アメリカ」発見は良いことだと考えられていた。コロンブス自身も自らの英雄的な偉業を祝った。その到着から4世紀後にも、アメリカへの移民たちは依然として一般からの寄付金で彼の像を建てていた。(11)

ところが500周年を迎えた1992年までに風向きは変わっていた。コロンブスはもはやアメリカの「発見者」ではなかった。実際にはアメリカの破壊者だったのだ。今のアメリカには、そもそもコロンブスがこの国を発見しなければよかったと思っているような人々が続々と増えている。コロンブスその人に対する見方も、「成功した探検家・冒険者」から「植民地主義者」、そしてもちろん「大量虐殺者」へと変わった。

500年祭に合わせて出版された数々の本には、それが義務であるかのように、コロンブスの行為はナチスの行為の先駆けだったと書かれている。ある作家は「アウシュビッツへの道は西インド諸島と南北アメリカの中心を真っ直ぐに貫いていた」と記した。[12] 別の人気作家が書いた *The Conquest of Paradise*（『楽園の征服』未邦訳）という本では、コロンブス以前のアメリカを、文字通りにも比喩的にもエデンの園として描いている。そこは人と自然が完璧な調和の中で共存していた場所だったと。そしてコロンブスが誕生に導いた国は、それとは対照的にどうにもぞっとするばかりで、今や地球の破壊をもたらす原因になろうとし始めているように見えると。[13]

それからの歳月、アメリカではコロンブスにかかわるものすべてが再検討された。国民的な祝日である「コロンブスの日」さえもが攻撃にさらされた。今日ではシアトルやミネアポリスをはじめとする多くの都市が「コロンブスの日」という名称を「先住民の日」に改め、コロンブス以前からアメリカに住んでいた人々に焦点を当てる機会としている。

先住民の血を引くある女性は、オクラホマシティのラジオ局での討論番組に参加し、こう語った。「私は長年、戦ってきました。私たちの国や州や都市が、先住民を殺害し、奴隷化し、レイプし、当時の人口を激減させた男の記念日を祝っているという事実とね[14]」

もちろん、それらはどれ一つとして彼女の生きている間に起こったことではなく、彼女の知り合いの生きている間に起こったことでもなかった。

ここでもまた加害者と被害者はどちらも死んでおり、苦い感情を和らげる方法は、あったとしてもごくわずかだ。その一つの選択肢と言えるのが、オーストラリアと同様に、野生を賛美する神話や物語を語ることだろう。そうした神話は世界中に存在するものの、西洋の脱工業化社会には特にしっくりとくる場所がある。それらの神話は現代文明の確立を、単に「かつては美しかった土地の破壊」と見るだけではなく、「それまでは汚れのなかった人間が強欲という最悪の罪で満たされる過程」と見る。その視点は18世紀のジャン＝ジャック・ルソーによって——発明されたものではないにせよ——提示されたものだが、20世紀後半から21世紀前半にかけて特別な人気を獲得した。その見方に従うなら、世界中を巡って植民し、エデンの園を破壊したのは欧州人なのだ。

欧州人が世界に広めたと非難されている罪の一つに、アメリカの「建国に伴う罪」を構成するものがある。すなわち奴隷制と、それを介した人種差別主義だ。アメリカの歴代大統領が何十年もこのことを謝罪してきたと述べるのは、あまりに控えめな表現に過ぎるだろう。同国は２００年近くも前にこの問題を巡って内戦を戦い、勝利を上げたのだ。

それにもかかわらず、１９９８年にウガンダを訪問したクリントン大統領は、またもや奴隷貿易のことをしつこく謝罪した。彼や側近たちがそうすることで事を荒立てずにおけると考えたのなら、これ以上の誤りはなかった。奴隷貿易に関わった人々は、ウガンダ側にも、少なくともアメリカ側と同じぐらい大勢いたのだ。ところが欧州人の子孫だけが先祖の行為に罪悪感を覚え続けるべきだという考え方は、今や欧州以外のすべての国の人々に植えつけられ、利用されている。

ここ20年ほどの間にアメリカの黒人の置かれた状況はゆっくりと改善したが、恥辱の言葉は逆に増えていった。この国では二大政党の双方がすでに黒人の国務長官を指名している。黒人の最高裁判所判事もいるし、黒人の大統領もいる。しかしバラク・オバマ政権の2期めにさえ、すべてのアメリカ黒人に賠償金を払うべきだとする要求は高まり続けた。

実際、社会の主流にある人々も、これまで以上にそのことを議論するようになっている。(15) オバマ政権の6年めには、何をしようと本当の意味で過去の罪は贖罪されないのだということを証明するかのような動きが起こった。白人のアメリカ人は黒人のアメリカ人に対して何世紀も前に先祖がしたことの和解金を支払うべきだという考え方が、社会の主潮になったのである。

そうした賠償行為に対する疑問の声が、その後の議論の中で取りあげられることはなかった。欧州人とその子孫だけが罪悪感を忘れず、従って欧州人とその子孫だけが償いを続けなければならないのだ。

アメリカではオーストラリアと同様、罪悪感というドラムの連打のために、人々が自分たちの過去に対して抱く自然な感情が変化してきている。愛国心が恥辱感に、あるいは少なくとも非常に複雑な感情に変わり、その結果として困った影響が現れてきているのだ。

悪いことなど一切したことがないと信じている国は、いつ悪いことをしでかしてもおかしくない国だ。

しかし過去に悪いことしかしたことがないと、あるいは挽回不可能なほどの悪事を働いたと信じている国は、将来も良いことをする能力は持てないのではないかと不安がる国になりがちだ。そうした国はどんな行為をするにせよ、自らを疑ってしまう。ある国に原罪思想を植えつけることは、自己不信を育てる一番の方法なのだ。国家的な原罪とは、「お前たちにそれほど良いことなどできやしない。なぜなら初めから堕落していたのだから」と国民に示唆するものなのである。

イスラエルの「建国に伴う罪」

欧州人が広く「責任」を問われ、またしばしば同じような「原罪」を抱えていると見なされている最後の国がイスラエルだ。１９４８年の国家樹立以来、その「建国に伴う罪」は膨らむ一方だった。パキスタンはイスラエルとほぼ同時期に独立し、それによって想像を超える大量虐殺を発生させたほか、数百万人の人々に強制移住を余儀なくさせている。ところがそれをよそに、イスラエルが１９４８年の建国時に数千人のパレスチナ人を移住（一部は放逐）させたことが、世界で唯一のユダヤ人国家の「原罪」になってしまったのだ。歳月を経るに従い、このことを表す「ナクバ（大災厄）」というアラビア語が普及していった。

住民の移住を伴わずに成立した国家などほとんどない。20世紀に建国された多くの国々（たとえばバングラデシュ）で、イスラエルの歴史上に起こったそれを遥かに超える規模の移住や流血が見られた。

ところが今では、イスラエルだけが「原罪」を背負って誕生したと言われ続けている。パキスタンやバングラデシュの市民は諸々のことを英国のせいにするかもしれないが、彼ら自身は欧州人とその子孫とは違って、罪悪感を持つよう求められることはない。

言うまでもなくイスラエルは比較的新しい国家なので、この状況に対する極めて過激な改善策も、(オーストラリアやアメリカのケースに比べれば)比較的納得のいくものに感じられる面がある。欧州人の子孫全員をアメリカから追い出せと本気で主張する人々はほとんどいないが、欧州人の子孫をイスラエルから追い出し、その土地を元々そこに住んでいた——そして多くの場合、今もそこに住んでいる——アラブの部族に返還させるよう求めることは、珍しいことではないのだ(実際、それは多くの中東諸国の政策になっている)。

中東の歴史は、概して様々な部族や人々が互いに収奪と奪還を繰り返す歴史だったはずだ。弁済を求めてどこかの法廷に歴史的な審問を願い出ることなどなかっただろう。ところがパレスチナの「先住民」のこととなると、話が違ってしまうのである。それは被害の原因を欧州人に求めることが可能だからだ。あの地域を旅した人なら誰もが知るとおり、イスラエルの建国に対する現地での(最も好意的な)見方は、「欧州人がホロコーストで悪行を働いたツケを、今アラブが支払わされている」というものである。

オーストラリア、アメリカ、イスラエルは三つのまったく異なる大陸に位置する三つのかなり違った国々だが、欧州という共通点を持っている。アメリカの入植者は欧州からやって来た。オーストラリアの入植者は欧州からやって来た。そしてイスラエルの人口の半分はアラブの土地から逃れ出たユダヤ人であるにもかかわらず、イスラエルのユダヤ人は欧州からやって来たと一般には考えられている。

そのため欧州人は、被害妄想ならぬ単なる観察によって、これらすべての「悪」の共通点は「悪行を働いた歴史上の人々」ではなく「悪行を働いた欧州人」なのではないかとの恐れを抱いている。これだけ多くの悪事をこれだけの規模でやってのけたことを考慮する時、欧州人が実際に悪人ではないと誰が信じられるだろうか。

現代の欧州人が自分たちには一定の有害性があると感じていたとしても、それは理解可能だ。世界のあらゆる人類の中で、我々欧州人だけが、自らの大陸で恐ろしいことをしでかすのみならず、世界中に害悪を広めることができるように思えるのだ。そして害悪は転移する過程で一般化されていく。世界の他のグループの人々を一般化したりステレオタイプ化したりすることは、欧州ではほとんど最悪の知能犯罪だ。ところが世界が欧州について語る時には、盛んに一般化したりステレオタイプ化したりすることが許されている。

たとえば特定のアフリカ人が犯した犯罪を理由に全アフリカ人を非難したりすれば、欧州人なら叱責を受けるところだろう。相手がアジア人であっても同様だ。ところが欧州人の歴史上の過失や犯罪を一般化し、欧州人全般に敷衍することは、ごく普通の、許容可能なこととされているのである。

そのため西洋文化が討議される時には、たとえ開催地がロンドンであっても、「我々（欧州のみならず西洋全般）にはナチズムとホロコーストに対する責任がある」などと語られることが珍しくない。(16)ロンドンの聴衆はそれらに連座していたり何らかの責任を負っていたりする可能性よりも、むしろナチスドイツと戦った人々の子孫（または戦った当人）である可能性が高いのだが、その事実はまったく見過ごされることはないにせよ、枝葉末節のことと見なされる。それが西洋史の最悪の部分にかかわることである限り、世界は西洋を――とりわけ欧州人を――いくらでも一般化できるのだ。

誠実に歴史を学ぶ学生なら、人類のあらゆるグループが、コミュニティが、そして人種が、単に恐ろしいことをしでかす能力を持つばかりではなく、実際にそれをしでかしてきたのだと結論づけるに違いない。ただ、その特定の主体や時代の何に焦点を絞るかによって、多くのことが語られる。同じように、何から焦点を外すかや、何に十分な注意を向けずにおくかも、やはり雄弁だ。

二重基準とマゾヒストの勝利

オスマン帝国は世界史上でも屈指の規模と存続期間を誇った帝国だった。６００年以上にわたって広大な地域を支配し、被支配民にイスラム教とその文化を押しつけ、独自の法体系に従って反逆者たちを罰した。武力をもって欧州南東部や中東、北アフリカを侵略。欧州がオスマンの支配を免れたのは、ひとえに１６８３年のウィーン包囲戦における欧州連合軍の勝利によるものである。

第一次世界大戦の余波の中で、ご存じのとおりオスマン帝国は崩壊した。しかしその過程で、帝国は史上最悪レベルの残虐行為を、あるいは20世紀最初の大量虐殺を犯した。トルコの小アジアに住んでいたアルメニア系の人々を、2年ほどの間に約100万人も殺害したのだ。それ以外にも数十万人の人々が国を失った。

オスマン帝国の崩壊から50年が経過した1974年、トルコは欧州の国民国家であるキプロスを侵略した。島の半分を占領したトルコ軍は、ギリシャ系のキプロス人を殺戮し、故郷から追い立てた。トルコは北大西洋条約機構（NATO）の一員であり、ギリシャ系住民が住むキプロス島の南半分はEUのメンバー国であるにもかかわらず、占領は今に至るも継続している。

歴史上の勢力としてのトルコは、世界のどの国と比べても――格別良かったわけではないにしろ――格別悪かったわけではないと認める向きもあるかもしれない。大量虐殺を実行したこともなければ、大英帝国の2倍も長く帝国を経営したこともなければ、この数十年間に他の主権国家を侵略したこともない、そんな国がどこかにあるだろうか。それらは驚くべきことではない。驚くべきは、それらの問題がめったに持ち出されず、トルコ国民が世界史上における自国の役割に罪悪感を抱くことなどほとんどないという点である。

その一因はトルコ政府がそうなるように画策していることだ。現在のトルコがジャーナリストの収監数で世界をリードしているのは、「トルコ国家を侮辱すること」が刑法301条によって犯罪になるからである。アルメニア系住民の大量虐殺に少しでも言及すればこの法律に抵触し、刑務所に送られる。それにギリシャ系キプロス人は現在も続く島の北半分の占領に不満を漏らし続けているが、それでも英国その他の政府は依然としてトルコに対し、EUの正式メンバーになるよう要請し続けている。(17)

トルコ政府がオスマン帝国の暴虐を謝罪したことがないのは、おそらく驚くには当たらないのだろう。また同国が占領や民族浄化といったより最近の歴史に触れることを法律で禁じているのも、驚くに値しないのかもしれない。むしろ驚くべきは、そうしたことをトルコ国民全般への攻撃材料として使おうとする人々がほとんどいないことだ。その種の歴史が欧州で広く教えられ、内面化されていることが、単に最悪の歴史の再現を避けるためであるならば、私たちは他に誰がこのような扱いを受けるべきかを問うべきではないのか。自らの過去を恥じるよう促されるべきは他のどの国家だろうか。そういう国家が他にないとしたら、欧州はごく普通のことに並外れた罪悪感を覚えているという何とも奇妙な立場にあるのではないか？

問題はさらに厄介だ。もし歴史上の悪行を現在において償わなければならないのだとしたら、時効とは何であり、他の誰にそれが適用されるのか。「帝国の逆襲」の理論がそうであるように、欧州は大量移民のあらゆる帰結に苦しまなければならないのだと言われる。なぜならそれは歴史上の悪行を償うプロセスの一環だからだと。

だが、もし大量移民が植民地主義のような歴史上の悪行を償うプロセスの一環だとしたら、なぜ私たちは現在のトルコを同じように扱わないのか？　トルコも人口の大半を置き換えられて当然の国なのか？　そうだとしたら、どこから移民の波が来るように促すべきなのか？　そのプロセスに不満を持つトルコ人は皆、「人種差別主義者」呼ばわりされて口を塞がれるべきなのか？　そして、そのプロセスにストップがかけられることがあるとしたら、それはいつであるべきなのか？

実際、私たちが歴史上の悪行のために人口の「多様化」を強いられる段階にあるのだとしたら、なぜサウジアラビアはそうした「多様化」を強いられないのか？　なぜ世界中の少数民族にイランに向かうよう促すことによって、イランにその歴史を償わせようとしてはならないのか？　すべての国や国民、宗教、人種はそれぞれの時期に何かしら恐ろしいことをしてきたのだから、しかもほとんどの人種や文化はこのような形で罰せられてはいないのだから、最近の動きの背景には反西洋的な、分けても反欧州的な動機があると見るべきではないだろうか？　その背後には興味深いが不安を誘う、ある思想が隠されている。

歴史上の罪悪という概念に何らかの意味があるとしたら、それは共謀という遺伝性の汚点が、ある世代から別の世代へと何らかの形で受け継がれえるということだ。確かにキリスト教の福音書の一節を理由に、一部のキリスト教徒は何世紀もの間、ユダヤ人に責任を課し続けてきた。[18]カトリックの教皇がその歴史的な重荷を公式に取り払ったのは、１９６５年になってからのことだ。[19]

だが現代では上記の例を含むほとんどのケースで、このように子々孫々まで責めを負わせることは道徳的に許されざるものと考えられている。ユダヤ人のケースが特に不安をかき立てるのは、そうした復讐がどれほど長く続くのかを暗に示しているからだ。現代の欧州人が抱えている罪悪感は、それとは対照的にここ数十年のことでしかない。それは20世紀後半に始まった病理なのだ。従ってそれは――キリスト教徒から見たユダヤ教徒の遺伝性の罪悪のように――もしかしたら今後２０００年間、続くのかもしれない。しかも２０００年たったからといって、その重荷が取り払われるとは言い切れない。

なぜなら第一に、それが続くことを望む欧州人が非常に大勢いるように見えるからだ。フランスの哲学者パスカル・ブリュックネールが著書*La Tyrannie de la pénitence*（『贖罪の暴虐』未邦訳）で診断したように、罪悪感は西洋の道徳的麻薬と化している。[20] 人々はそれが好きだから、それにふけるのだ。罪悪感でハイになる。罪悪感は人々を高揚させ、刺激する。彼らは自分自身や自分たちの知る範囲の人々に責任を負う人間であることをやめ、自薦によって生者と死者の代理人となり、恐ろしい歴史の担い手となり、さらには人類の潜在的な贖罪主となっていく。つまらない人間が、いっぱしの人間になるわけだ。2006年に、英国はこのタイプの特に興味深い実例を生み出した。その人物の名をアンドリュー・ホーキンスという。

舞台監督のホーキンスは中年になってから、自分が16世紀の奴隷商人ジョン・ホーキンスの末裔であることを知った。2006年に、彼は「過去を浄める旅」を主宰する慈善団体「ライフライン・エクスペディション」から、ガンビアへの「謝罪旅行」に行くよう誘われる。[21] その結果、同年6月、彼は他の26人の奴隷商人の子孫とともに、ガンビアの首都バンジュルの通りを練り歩く仕儀になった。両手には鎖、首にはくびきという姿でだ。ホーキンスと他の参加者たちは「本当にごめんなさい」と書かれたTシャツを着て、2万5000人収容のスタジアムに向かった。そして泣きながらひざまずき、1万8000人ほどの観衆に英語、フランス語、ドイツ語で謝罪。その後にガンビアの副大統領イサトゥ・ンジエ・サイディの手で、儀式的に鎖から「解放」された。[22]

公正を期すなら、そうした儀式に参加するのは心理的な苦悩や道徳的な苦悩の表れだと言うべきだろう。ホーキンスとその友人たちは幸運だった。多くは当惑したガンビア人たちに、謝罪の旅を温かく受け入れてもらえたのだから。自己を鞭打つ西洋の習慣を前にして、誰もがこれほど好意的だとは限らないのだ。

その昔、しばしば中断したイスラエルとパレスチナの平和交渉の合間に、ある記者がラマラのオフィスでパレスチナ解放機構（ＰＬＯ）のヤセル・アラファト議長にインタビューを行った。取材が終わりに近づいた頃、アラファトの男性アシスタントの1人がオフィスにやって来て、アメリカの代表団が到着したと告げた。これは特ダネかもしれないと考え、記者は隣室にいるアメリカ人とは誰なのかと質問。するとアラファトは「十字軍のことを詫びるためにこの地域を旅しているアメリカの代表団だ」と答えた。そこでアラファトと記者は大笑いしたという。

彼らは2人とも、アメリカが11～13世紀の戦いにはほとんど、あるいはまったく関与していないことを承知していた。だがアラファトは、それに関与したと自ら信じる人々には喜んで苦悩を抱えさせておいたし、それを政治的に利用することもいとわなかったのだ。

罪悪感を抱え続けていたいという願望は、リベラルな現代の欧州社会にその終着点を見出すらしい。そこは殴られた時に、自分が何をしたからそういう目に遭ったのかと問う、人類史上初めての社会だ。その種の満たされない歴史的な罪悪感は、現在へと引き継がれる。そのため欧州人は、実際に殴られたり、もっとひどいことをされたりした時にさえ、加害者の側に立ってしまう。

移民危機の波が高まる数年前のこと、ノルウェーの左派の政治家カルステン・ノルダール・ハウケン

（自称「フェミニスト」で「反人種差別主義者」の異性愛者）は、自宅でソマリア難民の男性に乱暴にレイプされた。犯人は後に逮捕され、ＤＮＡの証拠に基づき有罪となった。４年半の刑期を務めたあと、犯人は祖国のソマリアに送還される予定になっていた。

その後にノルウェーのメディアに寄稿した記事に、ハウケンはこの件で罪悪感を覚えたと書いている。実際、真っ先に頭に浮かんだのは、レイプ犯がソマリアに送還されるのは自分の「責任」だという思いだったと。「私は罪悪感と責任を強く感じた」と、彼は記す。「私のせいで、彼はもはやノルウェーにとどまれず、ソマリアでの暗く不確かな未来に送り返されるのだった」[23]

敵を許そうとすることと、暴力的にレイプされた被害者が加害者の将来を心配することとはまるで別物だ。おそらくマゾヒズムは、どの時点をとっても常に一定の数の人々を苦しめているものなのだろう。そして貧困と同じように、今後も常に我々とともにあるのだろう。だが、そうした性向を持つ人々に報いる社会は――また、そうした性向を持つ人々に対し、その性向は単に自然であるばかりか、徳の表れなのだと告げる社会は――より多くのマゾヒストが集中する社会になりがちだ。

もちろん人数が多かろうと少なかろうと、すべてのマゾヒストはある特別な問題に常に直面せざるをえない。それは彼らがサディストと出会った時に発生する問題だ。サディストは彼らにこう話す。「お前たちは自分が惨めで最悪で、何の取り柄もない人間だと思っているのか？　まあ、そのとおりだな」

今日の欧州や、欧州人が部分的に責任を感じている国々には、マゾヒストが不足することはないのかもしれない。だがサディストが不足することもなく、我々が育んできた自らの悲惨さに対する様々な思いをとらえ、それを補強したり、我々に押しつけたりしたがるのだ。これは実存的罪悪感が今のところ一方通行にとどまっているもう一つの理由である。大半の人々は罪悪感など覚えたくはないし、そのことで他人に責められたくもない。自分たちに悪意を持つ相手となれば尚更だ。現代の欧州人だけがサディストの国際市場において、進んで自己を嫌悪しているのである。

西洋や欧州の国家は自分自身を傷つけ、世界が自分たちを傷つけることを期待したが、自分たち以外の人々に遺伝性の犯罪の責任を負うよう勧めたことはなかった。たとえ存命中の人々がその犯行を記憶しているような犯罪であってもだ。西洋にはサディストがほとんどいないからなのかもしれない。さらに可能性が高いのは、他の国々にはそのようなミッションを成功させられるほど大勢のマゾヒストがいないからということなのだろう。

モンゴル帝国による13世紀の中東侵略は、有史以来では屈指の野蛮さを持つものだった。１２２１年のニシャプールの虐殺や、１２５８年のアレッポとハーレムでの虐殺、バグダッドの略奪では、何十万人もの老若男女が惨殺されたのみならず、想像もつかない量の知識と学識が失われた。今日、十字軍のことはよく聞くが、これらの蛮行のことはほとんど耳にしない。それはモンゴル人の子孫をたどって彼らを責めるのが難しいからだけではなく、モンゴル人の子孫が先祖の残虐行為の責めを負うことを受け入れないからである。

唯一、欧州の国家とその子孫だけが、自分たちの最悪の瞬間を基準に裁かれることを受け入れている。そんな自傷行為をさらに悪意あるものにしているのが、他の全員をその最良の瞬間のみを基準に遇するよう期待されていることだ。

宗教的な過激主義の論争では、スペインの異端審問や十字軍のことがよく話題にされる。その一方で、アンダルシアないしイスラム哲学の新プラトン主義者のことも同じようにしばしば持ち出される。この二つ（自分たち自身のことは最悪の瞬間を基準に、そしてそれ以外の全員のことは最良の瞬間を基準に判断すること）が同時進行してきたのは偶然ではありえない。西洋が心理的な苦悩だけでなく、政治的な苦悩を抱えていることの証明なのだ。

ただ、現代の欧州人の罪悪感は今のところ末期症状のように言われているが、今後もそうだとは限らない。若いドイツ人が、つまり1940年代に生きていた人々の孫や曾孫《ひまご》や玄孫《やしゃご》たちが、いつまでも遺伝性の汚点を抱え続けるのだろうか。それとも自らは何の過ちも犯していない若者たちが、どこかの時点で「罪悪感はもう十分だ」と宣言する瞬間が来るのだろうか。そうした罪悪感に押さえつけられて卑屈になるのはもう「十分」だと。自分たちの過去に何か特別な悪いものがあると考えるのはもう「十分」だと。自分たちが関わってもいない歴史を使って、現在と未来に「あれはできる、これはできない」などと言われるのはもう「十分」だと。

それはありえることだ。おそらく罪悪感の産業はひと世代限りの現象であり、いずれ何かに取って代わられるのだろう。

第11章

見せかけの送還と国民のガス抜き

国境と国民国家は戦争の原因なのか?

イマヌエル・カントは1795年に「普遍的な君主制」よりも分立した国々が好ましいと書いている。というのも「支配する領域が広がるほど、多くの法律が力を失い、魂を欠いた専制国家となる。善の種を枯らせば、最後には無政府状態に陥る」からだ。(1)

この見解は、過去四半世紀の欧州を統治した政治家たちには共有されなかった。欧州委員会委員長のジャン゠クロード・ユンケルは、2016年8月に「国境は政治家がこれまでに作りだした最悪の発明品だ」と宣言した。政治家が実際に国境を「発明」したのかどうかは議論の余地があるにせよ、ユンケルがこの発言をした時までに、政治家が確かに国境を消せることは明白になっていた。

2015年にアンゲラ・メルケルがすでに開きかけていた扉を開放した時、間違いなく欧州内の取り決めはカントではなく、ユンケルの見方に従って結ばれていた。その年に欧州に来た人々は皆、ひとたび域内に入ればもはや国境は存在しなくなるのだと知って驚いたかもしれない。

欧州の26カ国は1995年に発効したシェンゲン協定に基づき、国境のない領域を形成していた。南欧のポルトガル、スペイン、イタリア、ギリシャなどから、ハンガリー、スロバキア、オーストリア、フランス、オランダなどを経て、北方のスウェーデン、フィンランド、エストニアなどに至るまで、欧州域内の4億人以上の人々が、シェンゲン協定に従い、パスポートを提示することさえなしに、この大陸を自由に移動する権利を有していたのだ。

その条件として、加盟国は共同で域外の国境を警備する責任を負った。しかしその他の点では、欧州は１９９５年以来、広大なボーダーレスの領域になった（シェンゲン協定への加盟を拒否した英国を除く）。それは欧州の調和と統合の夢だった。

シェンゲン協定は新たな平和と統合の時代の先触れとなるよう企図されていた。「人、物、サービス、資本の自由で制限のない移動」に何らかのデメリットがあろうとは思われなかった。それは商取引にとって良いことであり、「今夜はブリュッセルに繰り出したい」と思っているフランス男にとっても良いことだったのだ。

いかなるマイナス面があるにせよ、シェンゲン協定の眼目は単に旅がしやすくなることにではなく、それが送り出すメッセージにあった。国境が問題の種であることをその住民に説きつけられる大陸があるとしたら、それは欧州大陸なのだ。20世紀は、全欧州がその国境を巡ってわずか25年の間に2度も戦争に突入した世紀だったとも言える。まず１９１４年に、そして再び１９３０年代後半に、国境の問題はこの大陸の破滅の先触れとなったのだ。欧州からひと世代分の若者を2度にわたって奪い去った戦争が、本当に国境の存在によって引き起こされたのだとしたら、その消滅を願わない者がいるだろうか。同様に、もし国民国家が戦争の原因になったのだとしたら、その廃止を望まない者がいるだろうか。

この議論の欠陥の一つは、（数々の複雑な要因の中でも）ドイツの軍国主義が第一次世界大戦を、またナチスの侵略が第二次世界大戦を引き起こしたにもかかわらず、国境が両大戦の原因だったと強弁していることだ。そのような説明を選び取ることは、一部の人々、特に一部のドイツ人にとっては好都合かもしれない。だが20世紀の戦争を国境のせいにするのは、すべての交通事故を車のせいにするのと同じことだ。国境が時として紛争の原因になるとしても、だからといって国境がなければ世界から紛争がなくなるというものでもない。結局のところ、国民国家が戦争をし始める前の欧州大陸は、地域同士の戦いに引き裂かれていたのだから。

シェンゲン協定の欠陥はしかし、そうした歴史観にのみ存したのではなかった。最悪の欠陥は、その原則の実践法にあった。たとえば、欧州域外の国境の警備は加盟国が協力して当たることになっていたが、現実には最前線の国々に任せきりにされた。1990年代後半から2000年代にかけて、イタリア、スペイン、ギリシャは独力で移民の流入に対処している。2004年にEUの対外国境管理協力機関（フロンテックス）が創設されてからも、南欧諸国は重荷を背負い続けた。2014年のランペドゥーサ危機のさなかには、立腹したイタリアのアンジェリーノ・アルファノ内相が、「地中海の国境は欧州の国境ですぞ」と、各国の内相に思い出させなければならなかったほどだ。

この時期に地中海諸国を疲弊させたのは、全欧州を代表して国境を警備することだけではなかった。三次にわたるダブリン規約（1990年代に導入された、難民の扱いに関するEU規模の合意）も負担になっていた。ダブリン規約の目的は、移民から難民申請を受けたEU加盟国がその申請を処理する義務を負うよう定めることだった。それにより、理論的には移民が複数の国に難民申請を行ったり、たらい回しにされたりすることが防げた。

だが現実には、ダブリン規約は南欧諸国の重荷になった。移民を満載した船が次々と到着したのは——そして書類を持っていたり持っていなかったりする移民たちが難民申請を行ったのは——オランダやドイツではなく、イタリアやギリシャだったからだ。ダブリン規約はイタリアやギリシャのような国々にごく限られた選択肢しか与えていなかった。

南欧各国は上陸するすべての移民の難民申請を処理しなければならないと感じることもできた。あるいは上陸地で難民申請をせず、別の加盟国まで北上してから申請するよう、移民たちに促すこともできた。2013年に発効したダブリンⅢ規約では、指紋を採取して難民申請を受け付けた国が、その手続きを完結し、難民認定を行う国だと定められている。これが発効する頃には毎日数千人もの移民が南欧に到着していたのだ。南欧がこの合意の抜け道を探そうとしないと他の欧州諸国が本気で考えていたのだとしたら、どうにも異様なことに思える。

抜け道の一つは、新たに到着した移民全員の指紋を採取しないようにすることだった。指紋を採取してしまえば、残りの手続きを完結し、難民認定を行う義務が生じる。書類も作らず、指紋も採らず、身元不明のままで移民たちを北上させた方がずっと簡単だった。このように扱われた移民がどれほどいたかはわかっていないし、調べようもない。だが水際の職員たちは、始終そういうことが起こっていたと内々に認めている。つまり手続きの明確化を企図したダブリンⅢは、現実には南欧諸国にシステムからの完全な離脱を促してしまったのだ。

それに加えて、２０１５年にやって来た移民たちは、指紋を採取させてしまえば、その国にとどまらなければならないことを知っていた。そのため移民たち自身も、次第に指紋の採取を拒むようになった。イタリアやギリシャの当局者にそれを強制することはできず、移民の流入が増えるに従い、移民と南欧諸国の双方が同じ理由で手続きを回避するようになっていった。

移民がより北方の国々に向かいたいと表明するなら、ギリシャやイタリアにとっては指紋を採るより採らない方がいい。さもないと、その国への滞在を望まない移民が、その移民の滞在を望まない国で、難民申請の手続きに入らなければならなかった。

ダブリン規約はシェンゲン協定と同様、欧州への移民が平常のレベルだった時には訴求力があった。しかし聖書に書かれた現象を思わせるほどの移民が押し寄せた２０１５年には、厄災でしかなかった。

至るところで感情が現実を凌駕したように思えた。わずか数カ月前にレバノン人の少女に「政治は難しいものなの」と説明したドイツの宰相が、９月１日にブダペストの鉄道駅で撮影された、「ドイツ、ドイツ、メルケル、メルケル」と歓呼するアルバニア人、シリア人、イラク人の一団の映像に「感動した」と伝えられた。

メルケルはその後、自ら到着した移民を出迎えた。そして移民たちがカメラ付き携帯電話で自撮りする写真のためにポーズをとりながら、笑顔を浮かべ、くつろいで満ち足りた様子を見せた。

その時までに数多くのルートが開かれていた。ギリシャを発った移民はマケドニアを通過し、セルビアまで北上。そこからはハンガリー、オーストリアを経て最終的にドイツに達するか、またはボスニア、クロアチア、スロベニア、オーストリアを経由してドイツ入りした。イタリアからドイツないし北方の欧州諸国を目指す人々は、まず北上して西に折れ、海岸沿いにジェノヴァやベンティミリアを通過してフランスに入るか、またはイタリアを縦断してオーストリアとの国境を越えた。

2015年9月上旬には、ハンガリーの当局者などが移民の数に圧倒されたと発表し、国内は制御不能な状況だと宣言した。同国政府はハンガリーからドイツに向かう列車を止めることで、移民の流入を妨げようとした。ミュンヘンには毎日1万4000人前後の人々が到着していた。一度の週末で4万人が新たにやって来ることが予想されたのだ。メルケルはスタッフに、ドイツは難民を追い返さないと発表させた。そこで移民たちはハンガリーの道路や線路を徒歩でたどった。

世界が注視する中で、主として男性からなる移民たちが長大な隊列を組んで欧州を移動した。この時、つまり2015年の秋に、国境のない大陸という欧州の夢が終焉を迎え始めたのだ。欧州人のために数十年を費やして欧州の国境を消滅させたそのあとで、数知れない非欧州人の流入のために欧州の国境が復活し始めたのである。

ハンガリーがつくった壁

ハンガリーは国境を復活させたように見えるとして、メルケルやEU首脳から批判を浴びた。しかしこの国は自ら招いたわけでもない緊張状態に強くさらされていた。2013年にハンガリーは2万人前後の難民申請者を登録している。2014年には、それが4万人に倍増した。2015年には最初の3カ月だけで前年の総数を上回る移民が到着した。その年の末までに警察が登録した人数は約40万人にのぼっている。

ほぼ全員がドイツか北欧を目指していたこれらの移民は、多い時には1日1万人のペースでセルビアやクロアチアからハンガリーに入っていた。その大半はギリシャを通ってきた人々であり、従ってギリシャで登録されるべきだった人々だ。ハンガリー当局は、自国に入ってくる移民たちの1割程度しかギリシャで登録手続きを済ませていないとにらんでいた。彼らの見立てどおり、ギリシャはシェンゲン協定とEU法に従うことを単純に怠っていたのである。

7月までに、ハンガリー政府はセルビアとの国境に沿ってフェンスを造り始めた。するとクロアチアとの国境を越えてくる移民が増えたので、そちらにも別のフェンスを建設した。移民の流れはさらに場所を変え、スロベニアとの国境に集中した。長さ何百キロにも及ぶこうしたフェンスは、ハンガリー政府が移民の流入をせき止める唯一の方法だったのだ。

この政策はオーストリア政府などから激しく非難された。だが、すぐに誰もが同じことをし始めた。8月にはブルガリアがトルコとの国境に沿って新たなフェンスを造り始めた。9月にはオーストリアがハンガリーとの国境に入国審査を導入し、ドイツもオーストリアとの国境で一時的に入国審査を行った。ドイツのトーマス・デメジエール内相が9月13日に入国審査の再導入を発表した時、彼が首相の意を受けていたのか誰も知らなかったように思える。ドイツ政府内の人々でさえ、メルケルが始動させたものに肝を潰していたようだ。

9月中旬、ハンガリーは非常事態を宣言し、オーストリアとの国境を閉ざした。次にはクロアチアがセルビアとの国境を閉ざした。すぐにオーストリアもスロベニアとの国境に沿ってフェンスを造り始める。オーストリアのこのフェンスは、ハンガリーが建設したものとどう違うのか？　オーストリア政府が決まり悪そうに言うには、彼らの国境のフェンスは「側壁を持った扉」である点が違うのだという。

程なくスロベニアはクロアチアとの国境沿いに、またマケドニアはギリシャとの国境沿いにフェンスを造り始めた。この時には欧州委員会自身もマケドニアにギリシャとの国境を封鎖するよう迫っていた。EU全体の利益のために、ギリシャを事実上、シェンゲン協定の領域から切り離そうとしたわけだ。

ベルリンの一挙手一投足が欧州全域に連鎖反応を引き起こした。何十万人もの人々が自活する当てもなくやって来るのだから、どんな問題が生じるかは容易に想像できた。たとえば、そうしたすべての移民たちにいかにして衣食住を提供するかという現実的な問題だ。ドイツ政府は強制的な接収をちらつかせつつ、空き家の所有者から家を借り受け、移民を住まわせることを始めた。

実際にどんな人間がやって来るのかという懸念が欧州全域で高まった。ハンガリー政府の推計によれば、2015年前半に到来した移民の約半数は、コソボを中心とするバルカン半島西部の出身者だった。他の場所と同じで、大半の移民は何の書類も携行していなかった。ブダペストの東駅で待機していた人々の約半数はシリア人だと主張していた。しかし役人やボランティアがシリアについて質問しても、しばしば移民たちはその国のことをほとんど、あるいはまったく知らなかった。移民たちの大多数（常に60％以上）が若い男性なのも、やはり他の場所と同じだった。

今やメルケル首相自身も自分が始動させたものに不安を感じているように見えた。彼女とフランスのオランド大統領は、ドイツにかかる重圧を一定程度軽減できる唯一の解決策を推し進めた。欧州委員会と手を携えてEUの全加盟国を説得し、移民の割り当てを受け入れさせようとしたのだ。しかし英国からハンガリーに至るまで、加盟国はそれを拒んだ。理由の一つは、受け入れを依頼された人数が実際の数字を反映していないことだった。欧州委員会とメルケルは、すでに到着した人数を扱うのにさえ不適当な割当制を、加盟国に呑ませようとしていたのである。

各国政府がメルケルや欧州委員会の依頼を拒んだのは、国民の意思を反映したものでもあった。当時のハンガリーの世論調査では、政府がブリュッセルやベルリンに押しつけられた割当数を拒絶したのは正解だったと、実に3分の2の人々が答えている。

一方でハンガリーきっての有名人の1人はこれに反対していた。投資家で億万長者のジョージ・ソロスは、2015年中に圧力団体や研究機関に多額の金を投じ、移民に欧州の国境を開放したり、域内を自由に移動させたりすることを支持させた。ウェブサイトの「ウェルカム2EU」とソロスが設立した「オープン・ソサエティ財団」は、何百万部ものリーフレットを発行し、移民に取るべき行動を教えている。いかに欧州に入るか、欧州に到着後の権利は何か、当局には何ができて何ができないのかといったようなことだ。彼らは「欧州の国境体制への抵抗」を公然と唱えた。

2015年10月、ハンガリーの首相ビクトル・オルバンは「国民国家を弱体化させるものなら何でも支持する」活動家の1人であると、ソロスを批判した。ソロスはそれに応じ、彼が資金を出している数多くの団体はまさにオルバンが言うような結末に向けて活動しているのだと公言した。

ソロスはブルームバーグ社に宛てた電子メールで、彼の財団が「欧州の価値を守ろうと」しているのに対し、オルバンは「その価値をむしばもうと」しているのだと批判した。ソロスはさらにこう続けている。「彼（オルバン）のプランは国境の保護を目的とし、難民をその障害物と見なしている。我々のプランは難民の保護を目的とし、国境をその障害物と見なしている」(2)

世界中から来た人々が欧州に足を踏み入れられるようになったら、その「欧州の価値」はいつまで持ちこたえられるのか。誰かがそれをソロスに尋ねる前に、2人のやり取りは下火になった。

一方で、議論の流れは変化していた。すでに世界中のメディアが、欧州は新たな移民がもたらす重圧に屈しつつあると書く中で、11月13日の金曜日の夜、3時間にわたる同時多発テロ攻撃がパリを揺るがせる。突撃銃を携えた男たちが走行中の車内から、バーやレストランで飲食をするパリジャンたちを銃撃。同時にオランド大統領らがサッカーの試合を観戦中だったサン゠ドニのスタッド・ド・フランス・スタジアムで、自爆攻撃が実行された。

さらなる銃撃や自爆テロが続いたあと、ヴォルテール大通りのバタクラン劇場に銃を持った3人の男が侵入。1000人以上の観客がヘビーメタルのコンサートを聴いているさなかに突撃銃を乱射し始め、撃てる限りの観客を撃ち倒した。障害者用の区画にいた車椅子の利用者たちも、並ばされ、1人ずつ銃撃されている。男たちは劇場内を歩きまわり、倒れた怪我人や隠れている人々を狩り出した。生き残ったある若い女性は、後にこう記した。

「他人の血の中に横たわり、私の銃弾がたった22年のこの人生を終わらせるのを待つ間、私はこれまでに愛したすべての人々の顔を思い浮かべ、愛してると何度も何度もつぶやいた。私の人生の最良の時を思い返しながら」

男たちは劇場内のあらゆる場所で人を撃ち続け、警察が到着したところで自爆用のベストを爆発させた。そのパリの一夜が明けるまでに129人が殺害され、数百人が怪我をしていた。

ISISが犯行声明を出した。それまでのテロ攻撃でも常にそうだったように、全欧州が息を呑み、最悪のシナリオを考えた。やがて犯人たちがフランスとベルギーの出身だったことが明らかになった。だがテロのあと、首謀者の1人は無傷でベルギーに戻っていた。

同じように重要だったのは、スタッド・ド・フランスの自爆犯の1人が「アハマド・アル・モハマド」名義の偽のシリアのパスポートを持っていたことだ。当局は同名の人物が事件の前月に難民申請者として欧州に入っていたことを認めた。自爆犯の指紋が、その名を使って10月にギリシャに入国した人物のものと一致した。その名を使った人物は、10月初めに他の70人の移民とともに沈みかけた船に乗っていたところを、ギリシャの沿岸警備隊に救助されている。11月に入ってから、彼はギリシャのレロス島を発ち、セルビアやクロアチア、オーストリア、ハンガリーを経由して、ついにサン＝ドニに到着したようだ。

ニュースが伝えられるのに大変な時間を要したが、テロ攻撃の1年後には、首謀者を含む過半数の実行犯がシリアに行ってテロリスト向けの訓練を受けていただけではなく、移民を装って欧州に出入りしていたことが明らかになった。

フランスの政治家たちの思惑

欧州域外の国境をそのように通過しやすくするよう求める声は聞かれなくなった。事件の夜にテロ犯が自由にフランスに出入りしていたことが伝わると、欧州内を完全にボーダーレス化するよう求める声も静まった。だがパリの事件の2日後、ジャン＝クロード・ユンケルはトルコのアンタリヤでの記者会見で、「難民問題に関する欧州の政策を変える理由はありません」と主張。さらにパリのテロ犯は「犯罪者」であって「難民や亡命申請者」ではないと説明した。「私たちが採用した移民政策を変えようとしている欧州の人々をご招待したい。この件と真剣に向き合い、感情に流されずにいるよう彼らに伝えたいのです。そういうのを私は好みませんのでね」

ユンケルが好もうが好むまいが、大衆と政治家の態度は変化していた。夜を過ごしにブリュッセルに繰りだすパリジャンにとっての利点は常に明白だったにせよ、人々は今や、ベルギー在住のイスラム教徒が夜を過ごしにパリに繰りだし、その夜のうちに無傷で帰国できてしまうシステムの危険性にも気づいていた。

パリの同時多発テロは、すでに動きだしていた急速反転のプロセスをさらに加速させた。ノルウェーはあわただしく難民政策を変更し始めた。スウェーデンさえもが、パリの事件から2週間を経ずして、今後は国境での審査を実施すると発表。以来、同国に入る人々は何らかの身分証明を提示する必要が生じた。この発表は、まるでそれが前代未聞のことであるかのように行われた。緑の党所属のオーサ・ロムソン副首相は、発表の最中に涙で声を詰まらせている。

オランド大統領はフランスが「国内外で」戦争状態にあると明言した。フランスは直ちにシリア国内のＩＳＩＳの陣営への空爆を強化した。だが海外での対策は楽な部分であり、難しいのは国内だった。すぐに非常事態が宣言され、それが無期限に継続した。フランスの警察は2日間を費やし、全国で168件の家宅捜索を行っている。リヨンでの家宅捜索ではロケットランチャーが発見された。サン＝ドニでの家宅捜索では、その渦中に女が自爆用のベストで自分を吹き飛ばした。バタクラン劇場の襲撃犯の1人は、シャルトルの大聖堂の間近に住んでいたことが判明した。

同年1月に『シャルリー・エブド』誌の本社とユダヤ人向けスーパーマーケットが襲撃されたあとと同様、当時のフランスの政治家は有権者が格別な治安上の懸念を抱いていることを承知していた。フランス国民はまた、より根源的な問題を思案していてもおかしくはなかった。すなわちフランスがなぜこのような状況に至ってしまったのかについてだ。

テロ攻撃から2週間以内に、フランスのバルス首相は、「我が国は今後2年間で3万人を超える難民申請者は受け入れない」と表明した。パリでメルケル首相と会談したあとにも、「来いと言ったのはフランスではない」と、バルスは辛辣に指摘している。国ごとの割当制を堅持することが重要だと力説し続けるメルケルをよそに、バルスは記者たちにこう語った。「欧州にはこれ以上の難民は収容できない。不可能だ」。後日、彼のスタッフは翻訳上の誤りがあったと発表した。バルスが言いたかったのは、欧州はもはや「それほど多くの難民」を受け入れられないということだったと。

英国や他の欧州諸国の国民と同様、フランス国民もそうした修辞や物言いに正当な懐疑を抱いていた。移民と同化にかかわるすべてのことについて、彼らは何十年も同じことを聞かされてきた。外国生まれの人口のパーセンテージが毎年上がり続ける中、フランスの政治家は欧州全域の同業者と同様、この問題に関するタフな物言いを競い合った。1970〜80年代を通して、ヴァレリー・ジスカール・デスタンやフランソワ・ミッテランらの歴代大統領が、自分の方が移民問題により厳格であると言わんばかりの発言を行い、互いに張り合っていたのだ。

1984年に当時パリ市長だったジャック・シラクが、次のように警告した。「欧州を他の大陸と比較すると恐ろしくなる。人口学的に見れば、欧州は消滅しつつあるのだ。今から20年ほどあとには、この大陸は空っぽになるだろう。そして我々の技術力がどうあれ、それを利用することが不可能になるだろう」

1989年には社会党政権のミシェル・ロカール首相が、難民問題に関するテレビのインタビューで、「(フランスは)世界のすべての苦難を歓迎することはできない」と述べている。ロカールはさらに、彼の政府がはねつけた移民の数を誇示し、今後もさらに排斥すると得意げに明言した。先輩のミッテランと同様、ロカールも選挙を前にして、フランス左派としての賢明な選挙対策を実行していたのだ。

これらすべての発言は政治ゲームの一部だった。現実に影響を及ぼしたものはほとんどなかった。ジャン・ラスパイユとジェラール・デュモンが2015年のフランスについての予想記事を書いた1985年、フランソワ・ミッテランが率いるフランスの左派は混乱状態にあった。高度に社会主義的な政策から、より自由市場的な経済政策までが政治的な惨事を招き、最大の支持層を形成する労働組合を離反させていた。左翼はすでに社会党とジョルジュ・マルシェが率いる共産党に分裂。1986年の議会選挙を前に、第五共和政の選挙制度下では左派の勝利は不可能と思われた。

ミッテラン大統領は第四共和政期に大臣を務めた経験から、選挙対策には長けていた。そこで1980年代中盤に、右翼を去勢し、1988年の大統領選で再選を果たすためのプランを策定する。そのプランは、社会党主導の議会に比例代表制に基づく新たな選挙法を可決させることと、移民問題を大きな争点にすることからなっていた。

この段階で、ジャン＝マリー・ル・ペンと彼が率いる反移民政党の国民戦線は、大いにミッテランの役に立つことが証明された。ミッテランは、それまで政界の片隅にいたル・ペンができる限りメディアに露出するよう図った。ル・ペンは初めて日常的にテレビ番組に招かれるようになり、その見解を電波で流布するよう奨励されたのだ。それと表裏をなすように、社会党が組織する反人種差別主義運動にも最大限メディアの光が当たるよう図られた。ミッテランはその過程を通じ、傷ついた左派が傷ついた右派を生み出すよう仕向けたのである。

ミッテランは国民戦線が右派の評判を損ない、有権者を逆方向に走らせるだけであること、そして右派のどの政党も国民戦線とは共闘せず、その移民やアイデンティティや愛国心に関する政策に歩み寄ろうとしないことを承知していた。仮にそうする政党が現れたとしても、やはりファシスト、人種差別主義者、共和国の価値に対する裏切り者といったレッテルを貼られるはずだった。

ミッテランのプランは1986年と88年の選挙で大いに成功を収めたため、左派はその後の歳月を通じて同じ戦略を取り続けた。選挙のたびに国民戦線をクローズアップすることが、右派を権力から遠ざける一番の方法だったのだ。右派は移民やアイデンティティについての懸念にうなずく程度のことしかできず、左派を害することがなかった。

その間ずっと、ミッテランと左派の後継者たちは移民問題に厳しく対処すると強調し続けた。しかしその間ずっと、フランス国内の移民コミュニティは数を増し続けた。ついには主流派の右派政治家も、移民問題への強硬発言で名を上げようとし始めた。

1993年、移民問題担当の閣僚だったシャルル・パスクワが、フランスは国境を閉ざし、「移民ゼロ」の国になると発表する。同年、彼は不法移民への厳重な取り締まりを開始するとも豪語した。「我々が飛行機数機分、あるいは船舶数隻分、列車数本分の移民を送還すれば、世界はそのメッセージを受け取るだろう」と。

しかし彼が、当時でさえこれを信じていたとは疑わしい。「移民の問題は我々の背後にではなく、前途にある」と、同じシャルル・パスクワがそのすぐあとに述べている。そう遠くない未来に何千万人もの「将来のない」アフリカの若者たちが北に向かおうとする可能性を、彼も認めていたのである。(3)

この時期のフランスの政治論争は、独特であると同時に、欧州に典型的なものでもあった。この数十年を通じて、西欧の主要政党は大量移民がもたらすより重大な問題に取り組むことなく、些末で象徴的な問題に注力した。時にはそれが自慢話となり、時には特別に準備された不法移民への取り締まりとなった。政治家たちは、そうすることにより、自分たちが非常にタフであるかのように見せられるだけでなく、多少なりとも国民のガス抜きができると考えていたようだ。政教分離を伝統とするフランスでは、人々の服装についての論争が特別な試金石になった。

フランスで初めてのヘッドスカーフ論争が勃発したのは1989年のことだ。パリの北にあるクレイユという町の女生徒たちがヘッドスカーフを着けて通学し始め、学校側にそれを禁じられた。続く論争の中で、当時の政府は個別の学校がヘッドスカーフについての方針を決めるよう推奨した。

2000年代になってこの問題が蒸し返されたのは、フランスの社会でますますヘッドスカーフが目につくようになり、政府としても何か手を打っているように見せなければならなくなったためだ。シラク大統領は2004年に、公共の建物内でよく目立つ宗教的なシンボルを身に着けることを禁止する法案を通過させた。

それまでフランスは、その種のシンボルを公立学校や法廷内で禁じる決断にまでは至っていなかった。なぜならずっと多くのユダヤ教徒がキッパと呼ばれる小さな帽子を、またキリスト教徒が十字架付きのネックレスを身に着けていたからだ。それでも彼らはベールを着けて公共の場に現れる女性が増えていることに鑑み、これを決断した。ヘッドスカーフの着用者の増加は、その場所を問わず、保守的なイスラム教徒感情の高まりを象徴するものだととらえ、フランス政府はその風潮に歯止めをかけようと明確な一線を引いた。他のすべての宗教を巻き添えにしようとも、それは払うに足る犠牲だと腹を決めたのだ。

同じ流れの中で、数年後の2009年にはスイス国民があることに意義を見出し、立ちあがった。国内でのミナレット（イスラム風の尖塔）の建設を禁じる憲法の修正案が政府によって国民投票に付され、57・5％の賛成票を得て可決されたのだ。

翌年、シラクの後任のニコラ・サルコジ大統領は、顔全体を隠す衣類を問題視した。2010年に通過した法案によって、街路やショッピングセンターなどの公共の場で顔全体を隠す衣類を着用することは違法となった。

2016年夏になると、数多くのフランスの町がビーチでいわゆる「ブルキニ（顔は見せるが全身は隠す水着）」を着ることを禁じた。同国の最高行政裁判所は判断を保留していたが、ブルキニの話題は2016年8月のニュースを独占した。ブルキニを禁じた町の一つがニースだった。そこには大量移民がもたらした問題に対するフランス流の解決策の縮図が見てとれた。

ニースでブルキニが禁止されるわずか1カ月前、チュニジア出身のモハメッド・ラフエジブフレルが、海岸沿いで革命記念日を祝っていた人波にトラックで突っ込んだ。その晩、プロムナード・デ・ザングレと呼ばれる遊歩道では86人が死亡し、大勢が負傷した。ＩＳＩＳは後に、このテロリストは「欧州全土で攻撃を仕掛けよ」という自分たちの呼びかけに呼応したのだと主張している。

フランス政府は前年11月から敷かれていた非常事態を再度延長した。だがこれほどの惨劇が起きたあとの数週間で最も声高に議論されたのが、10年前に考案されたばかりのイスラム風の水着を巡るものだったというのは、いかにも象徴的なできごとだった。人々がこうした比較的些末な問題にこだわりたがったのは、大きな問題はどれも解決しようがなかったからだ。テロリストがカラシニコフ銃を手に入れるのは止められるかもしれないが、トラックを手に入れるのは止められるだろうか。それに過激派がこれ以上入国しないようにすることはできるかもしれないが、すでにその国の市民となっている過激派のことはどうしたらいいのだろうか。

第12章

過激化するコミュニティと欧州の「狂気」

テロの原因を求める人々

ニースは2016年夏に毎日のように発生したテロ攻撃の第一陣を経験したに過ぎなかった。ニースが攻撃された翌週の月曜日には、17歳の難民申請者モハメッド・リヤドがドイツのバイエルン州を走る列車内で斧とナイフを取りだし、「アラー・アクバル（アラーは偉大なり）」と叫びながら他の乗客に切りつけた。このテロ犯は5人に重傷を負わせたあと、警察に射殺されている。彼はISISに忠誠を誓っていたことが明らかになった。またドイツに難民申請を行った時にはアフガニスタン出身だと主張していたが、本人が残した録音からすると実際はパキスタン出身であるようだった。

フランスもこの問題をまともに論議できていなかったが、ドイツはどこよりもひどかった。列車へのテロ攻撃後の公的な議論の中で、緑の党所属の国会議員レナーテ・キュナストは、なぜ警察は犯人を負傷させるにとどめず、射殺してしまったのかと問うた。

翌日にはフランスのモンペリエの近郊で、フランス人女性とその3人の娘たち（8歳、12歳、14歳）が「アラー・アクバル」と叫ぶ男に刺された。どうやら服装が「みだら」だったからというのが、その理由であるようだった。その犯人はモロッコ生まれだった。その数日後にはミュンヘンに住むイラン移民の息子が、ハンバーガー・チェーンのマクドナルドで7人のティーンエイジャーを撃ったのを皮切りに、9人を射殺した。

さらに2日後には、シュトゥットガルトでシリア人難民申請者がマチェーテ（なた）を使って妊娠中の女性を斬り殺した。報道によれば痴情による犯罪だという。その翌日にはモハマッド・ダレールという別のシリア人難民申請者が、ドイツのアンスバッハで開かれていた音楽フェスティバルへの入場を断られた。チケットを持っていなかったのがその理由だったが、彼は代わりに釘とネジを詰めた爆弾を携行しており、最終的にはそれを1軒のワインバーの外で爆発させた。

それから24時間余りあとにはISISの名を叫ぶ2人の男が、ミサの最中だったルーアン（フランス）の教会に乱入。修道女と会衆を人質に取り、ジャック・アメル神父を惨殺した。居合わせた修道女によれば、2人組の19歳の殺人犯たちは、にやにやしながら神父の喉をナイフで切り裂き、失血死するに任せたという。彼らはアラビア語のスローガンを唱える自分たちの姿を、瀕死の神父越しに録画した。神父が発した最期の言葉は「失せろ、悪魔め」だった。

これらのテロ犯の中には近年の移民の波に乗って欧州にやって来た者もいた。一方、ミュンヘンのケースのように欧州で生まれた者もいた。様々な問いが発せられたが、わかりやすい答えは依然として得られなかった。

移民の同化戦略の欠如にテロの原因を求めようとする人々は、元々同化がうまくいっていなかった大陸にこれほど多くの移民を新たに迎えてしまった理由を説明しかねた。近年の移民の波だけを問題にしたがる人々は、なぜ欧州で生まれ育った者までがそのようなテロを起こすのかに当惑した。動機を解明することで不安を取り除こうとする人々は、ターゲットの幅の広さにおののいた。『シャルリー・エブド』誌のスタッフがある意味で「当然の報い」を受けたのだと信じていた人々は、いったい何の報いでミサを執行中の神父がその祭壇で殺害されなければならなかったのかを説明できなかった。

2015年11月の同時多発テロのあとにインタビューを受けた46歳のパリジェンヌは、期せずしてフランス社会の〝学習曲線〟を約言している。「一連のテロにすべてのパリ市民が傷つけられました。前はユダヤ人や作家や漫画家だけだったのに」と、いささか不穏当に「だけ」という言葉を使用して、彼女は語った。[1]

かくして欧州の自己認識や未来観は大変な悪影響を受けたわけだが、まだ最悪を見たわけではなかった。テロ攻撃が、高まる不安への最も明白な理由を提供したのは確かかもしれない。しかし、それと同等以上に根源的な懸念が、口にするのもはばかられる問題を巡って噴き出していた。

テロ攻撃なら、その原因についてあれこれ議論することがあるにせよ、発生したこと自体は誰もが認められる。しかし誰もが取り組む必要があると考えるテロへの懸念とは別に、誰も議論したがらず、また誰もが取り組むことに恐れをなすもう一つの問題が持ちあがっていた。

隠されてきた犯罪

2000年代を通じて、移民の集団による地元女性への性的暴行の問題は公然の秘密になっていた。それは誰もが口にしたがらないことだった。その件に触れることさえ、ひどく下劣で不快なものを感じさせたのだ。色黒の男たちが白人女性を陵辱する趣味を持つなどと臭わせることすらが、憎むべき人種差別主義から出た言葉のように感じられた。そのため、第一にそういうことが起きていると想像することさえもが、そして第二にそれを論議することが不可能に思われた。

英国の当局はその種の犯罪に言及することにさえ恐れをなし、国内のすべての部局が何年もの間、蔓延する性的暴行に対処せずにいた。同様の事案が欧州大陸でも発生すると、まったく同じ懸念や問題点が立ち現れた。

近年欧州に来る移民の大半が若い男性だという事実に触れることさえ、2015年には非難を招くものとなった。彼ら全員が近代的な女性観を携えてきたのかと問うことも、英国などでは難しくなった。それが何か下劣で人種差別主義的な中傷であるように思われたからだ。人種的な決まり文句に陥ることや、差別主義者との非難にさらされることを恐れ、当局者と大衆の双方が、欧州全域に広がっていた問題を認められなくなっていた。そして、その国に受け入れる難民が増えるほど、この問題は大きくなった。

2014年のドイツでさえ、女性や少年に対する性的暴行の件数は増加しつつあった。30歳のソマリア人難民申請者による20歳のドイツ人女性へのレイプ（ミュンヘン）、30歳のモロッコ人による55歳の女性へのレイプ（ドレスデン）、25歳のセネガル人難民申請者による21歳のドイツ人女性へのレイプ未遂（ミュンヘン）、21歳のイラク人難民申請者による17歳の少女へのレイプ（シュトラウビング）、2人のアフガニスタン人難民申請者による21歳のドイツ人女性へのレイプ（シュトゥットガルト近郊）、28歳のエリトリア人難民申請者による25歳のドイツ人女性へのレイプ（シュトラールズント）などはその一例だ。これらを含む多くのケースが法廷に持ち込まれる一方、そこまで至らなかったケースももちろん数多くあった。

ドイツ人へのレイプ事案が増加するのと並行して、難民シェルター内でのレイプや性的暴行の件数も増えた。2015年中、ドイツ政府は移民を収容する施設にかなりの不足を来していたため、当初は女性専用のシェルターを提供できなかった。多数の女権団体がヘッセン州の議会に手紙で訴えたところによれば、「（こうしたシェルターの割り当ての結果、）数多くのレイプや性的暴行が発生している。また我々が売春の強要についての報告を受ける件数も増えている。この点は強調されねばならない。これらは希有な事案ではない」

続く数週間の間にバイエルン州全域の難民シェルターでレイプ事案が記録された。また10年前の英国と同様、当局者が事件の背後にあるものにひどく気を回し、多くのケースで故意に事実を隠蔽していたことが発覚した。デトモルト市の警察は、13歳のイスラム教徒の少女が難民申請者にレイプされたことを公表していなかった。地方紙『ヴェストファーレン・ブラット』の調査によれば、地元警察は移民の絡む性的暴行を日常的に隠蔽していたという。政府の門戸開放政策に対する批判の種を与えないようにするためだった。それでもなお、年少者へのレイプはブレーメンを含む数多くの都市で記録された。

近年の難民によるドイツ人女性や少年へのレイプ事案は2015年を通じて増加し続け、ドイツの当局者もついに看過できなくなった。被害者にはメーリングの16歳の少女や、ハムの18歳の少女、ハイルブロンの14歳の少年、カールスルーエの20歳の女性らが含まれていた。

カールスルーエの事件をはじめとする多くのケースで、警察は地元紙がかぎつけるまで沈黙を保っていた。他にもドレスデン、ライスバッハ、バートクロイツナハ、アンスバッハ、ハーナウ、ドルトムント、カッセル、ハノーファー、ズィーゲン、リンテルン、メンヘングラートバッハ、ケムニッツ、シュトゥットガルトといったドイツ全域の都市で、数え切れないほどの暴行やレイプが報告されている。

口にできないこの問題があまりに深刻化したことから、2015年9月、ついにバイエルン州の当局が、人前で娘たちに肌を露出する服を着用させないようにと、地元の親たちに警告し始めた。「肌を見せるシャツやブラウス、短いパンツやミニスカートは誤解を招く場合がある」と、地元住民向けの書面には記された。メーリングを含む同州のいくつかの町では、子どもを1人で外出させないようにと、警察が親たちに警告した。地元の女性たちは付き添いなしで鉄道駅まで歩かないようにと忠告された。

2015年以降、ドイツでは毎日のように街路や公共施設、プールなどでのレイプが報告されている。同様の事案はオーストリアやスウェーデンなど、他の国々でも報告された。だが、どの国でもレイプの問題は水面下に埋もれていた。当局には隠蔽され、また大半の欧州のメディアからはまともなニュースネタではないと見なされたためだ。

2015年12月、『ニューヨーク・タイムズ』紙が異例の報道を行った。ノルウェーが女性との接し方を学ぶ講座を、希望する移民に受けさせているという内容だった。それらの講座の目的は、たとえば女性が笑顔を見せたり、肌の露出する服を着ていたりしたからといって、彼女をレイプしていいわけではないのだと説明し、それをもってレイプ事案の増加を抑えることにあった。「それまでブルカの女性ばかりで、ミニスカートの女性など見たことがなかった人々」（講座の運営者の言葉）の中には、困惑する者もいた。33歳のある難民申請者は「男には弱さがある。誰かが微笑んでいるのを見たら、自分を抑えるのは難しい」と語った。彼の母国のエリトリアでは、「女性が欲しくなったら、ただモノにすればいい。それで罰せられることはない」そうだ。(2)

こうした性的な文化を巡っては、何年も前から欧州全域で激しい衝突が起きていた。だが野卑で不健全なテーマだったために、社会の主流をなす人々には議論されなかった。それが2015年の年末に極めて大規模な問題が発生し、もはや無視することは不可能になる。

ただ、2015年の大晦日にケルンで発生したそのできごとも、明るみに出るには時間がかかった。当初、大手のメディアは事件を報道しなかったからだ。欧州が、ましてや世界がそのことを知ったのは数日後であり、それもブログを通じてだった。

年越しを祝う人々で、街が1年のうちでも屈指の賑わいを見せていたその夜、2000人もの男たちが、ケルンの中央駅と大聖堂に接する広場や、その付近の街路で、約1200人の女性に対して性的暴行や強盗を働いた。程なく、同様の事件が北はハンブルクから南はシュトゥットガルトに至るドイツの複数の都市で起こっていたことが発覚した。

事件後の数日間でその規模と深刻さが知れわたるようになっていったが、ケルンやその他の都市の警察は必死に犯人たちの素性を隠そうとした。現場の動画や写真がSNSでシェアされ、マスメディアによって確認されるに及んで、初めて警察は容疑者全員が北アフリカや中東風の容貌を持つことを認めた。2000年代前半の英国と同様、2016年のドイツでも、容疑者の人種的ルーツを明らかにすることから生じる結果を恐れるあまり、警察は職務を遂行する責任を果たさなかったのだ。

同じようなパターンが果てしなく繰り返されるかに思われた。2016年を通し、ドイツの16州のすべてでレイプと性的暴行が多発するようになった。事件は文字通り毎日発生し、ほとんどの犯人は見つからない。ドイツの法務相のハイコ・マースによれば、同国のレイプ事案のうち届け出が出されるのはわずか10分の1で、法廷に持ち込まれた事案のうち有罪になるのはたった8％だということだった。

さらに、これらのケースからいくつか別の問題も明らかになった。中でも顕著なのは、移民が犯した可能性のある犯罪のデータを当局が協調して隠しているように見えたことだ。これは「ドイツの全国的な現象」だと、ついには全国紙『ヴェルト』が認めた。[3] 10年前の英国と同じく、そこにはドイツの「反人種差別主義」団体が関わっていた。彼らは移民全体に「烙印」を押す危険があるからと、ドイツの警察に圧力をかけ、容疑者の人種を示す記述を削除させていたのだ。

襲われた女性や少女の一部が犯人の人種を隠そうとするという興味深い問題も、ドイツに限らず見られた。中でも目を引くのは、2016年1月にマンハイムで3人の移民にレイプされた24歳の女性のケースだ。彼女自身がトルコ系のハーフで、事件の当初は、犯人はドイツ人だと主張していた。ある左派系の若者たちの運動にも参加しているこの女性は後日、襲撃者の人種について嘘を言っていたことを認めた。理由は「激しい人種差別主義をかき立てたくなかった」からだった。

襲撃者への公開書簡の中で、彼女は次のように詫びている。

「私は開かれた欧州、友好的な欧州を望んでいた。私が喜んで暮らせる欧州を、そして私たち双方が安全に暮らせる欧州を。残念だ。私たち双方にとって、とてつもなく残念だ。

あなたたちはここでは安全ではない。なぜなら私たちは人種差別主義的な社会に生きているから。私はここでは安全ではない。なぜなら私たちは性差別的な社会に生きているから。でも私が本当に残念に思うのは、私への性差別的で限度を超えた行為によって、あなたたちが増大し、攻撃性を増す人種差別主義にさらされることだ。

約束しよう。私は抗議する。こんなことが続くのを、私は許さない。人種差別主義者と不安を抱えた市民があなたたちを問題視するのを、ただ傍観したりはしない。あなたたちが問題なのではない。あなたたちは決して問題なんかではない。他のみんなと同じように自由と安全を享受するに値する、ほとんどは素晴らしい人間たちだ(4)」

このようなことが起こったのはドイツだけではなかった。2015年夏、イタリアとフランスの国境のベンティミリアで「ノー・ボーダーズ(国境をなくそう)」運動に従事していた若い女性活動家が、スーダン移民のグループに集団で暴行された。仲間の活動家たちは、大義に傷がつくのを恐れて、彼女に被害を口外しないよう説得した。最終的に彼女が被害を届け出ると、仲間たちは「悪意」からレイ

プを通報したとして非難した。(5)

この間ずっと、ドイツにせよ他の欧州諸国にせよ、立ち現れた課題の解決は地元の当局に任されることが多かった。彼らは調達可能な施設を見つけなければならなかったばかりではなく、適切な政策をも案出しなければならなかった。

テュービンゲンの市長は市内のプールで女性や子どもに対するレイプが急増した問題を解決するために、より多くの移民にプールの係員になるよう呼びかけることにした。彼はフェイスブックにこう書いている。「当市では素晴らしい犯罪防止と移民同化の対策を採用してきた。シリア人のライフガードは許される行為と許されない行為を、アラビア語で、権威を持って伝えることができる」(6)

大衆もまた政治家に押しつけられた問題の答えを探さなければならなかった。たとえ政策が急に変わろうとも、その影響を受けた社会は元には戻らないのだということを、薄々知りながらだ。

結局のところ、自分たちの政策がこのような影響を生むのだと気づいたからとて、政府に何ができるだろうか。ドイツの答えは、欧州各国の政府が長年出してきたものと同じだった。問題の特定の部分を片付けることだ。フランス政府はヘッドスカーフやブルカ、ブルキニを禁止したが、ドイツ政府はテロの防止という限られた問題に注力した。移民危機の前後を通じ、ドイツの情報機関は過激派への関与が疑われる人物に対する優れた監視能力を維持していた。フランスやベルギーなどとは違い、この分野におけるドイツの手腕は全欧州の賞賛を受けていたのだ。

だがその成功のために、議論は必然的に限定的なものになった。ドイツの政治家は対テロ要員さながらに、「いかに過激化が進むのか」といった極めて狭い範囲の問題に集中することになったのだ。それらはどの国でも議論されてはいたが、ドイツにおいてはそれが議論の中心に据えられた。

インチキ科学が幅を利かせ、政策立案者たちはその間ずっと、背後のより大きな問題を見過ごしていた。それは一般国民が長らく自問してきた問題だった。当局が認められずにいることを、国民は知っているように思えた。すなわち「過激化」が特定のコミュニティに根ざしていること、そしてそのコミュニティが拡大する限り、「過激化」も拡大していくということだ。

単位人口当たりのイスラム教徒数が欧州で最も多い国（フランス）で、「過激派」の攻撃が最も多く実行されてきたのには、結局理由があったのである。一方、たとえばスロバキアのような国では、そうした問題は起きてこなかった。

移民は良いものをもたらすのか？

この時点になると、国民の目に見えるものと、政治家が発言したり、ましてや対処したりできることとの間のギャップが危険なまでに広がっていた。2016年7月に公表されたイプソス社の世論調査では、移民に対する国民の意識が調べられている。それにより、移民が社会に好影響を及ぼすと考えている人々がいかに少ないかが明らかになった。

「移民はあなたの国に対して一般に好影響と悪影響のどちらを与えていますか」という質問に対して、

前者だと回答した人々のパーセンテージはどの国でも驚くほど低かった。英国は比較的肯定的で、36％の人々が「移民は非常に、または多少は国家に好影響を与えている」と回答している。一方、スウェーデンで同じように感じていたのはわずか24％、ドイツではたった18％だった。イタリア、フランス、ベルギーに至っては、移民が多少なりとも国に好影響を与えていると回答した人々は、10～11％に過ぎなかった。(7)

同じテーマを何十年も蒸し返したあとで、このような移民の大波がやって来たのだ。欧州各国の政府がいくら力強さと決意をもって移民と同化の問題を語ったからといって、どうして国民が耳を傾けただろうか。ドイツなどの政府にとっては、わずか数カ月前に決定した政策を放棄できないという事情もあった。しかしそれを別にしても、言葉はとうの昔に使い尽くされていた。欧州各国の左右の政治家――マイケル・ハワードやトニー・ブレア、ミシェル・ロカールやニコラ・サルコジ――によって、言葉は使い古されていたのだ。

欧州人は何十年もの間、言葉と現実とのギャップを目撃してきた。大層な主張も、結局は信じがたいものだった。「奴らを送還せよ」という剣呑な主張さえ耳にしたが、それも他の主張と同様に実現することはないのを知った。

1992年にスペインの南岸に船でやって来る不法移民が急増したことがあった。不法入国したモロッコ人は送還するというのがスペイン政府の政策であり、比較的友好的かつ協力的だったモロッコ政府との取り決めもまだ生きていた。ところがモロッコ政府は自国の海岸から出航した非モロッコ人の受け入れを拒む。そうした不法移民はスペインで最大40日間拘束されたが、その後は国外退去を命じられ、30日以内に出国するものとされた。

この1992年に限った話ではないが、不法入国者の大多数は、退去命令の有無を問わずスペインに居残った。同年にこの件を取材したある記者が、アルジェリア出身の19歳の男性に話を聞いている。どこに向かうのかと尋ねると、彼は「フランスに大勢の親族がいる」と答えた。どうやってフランスまで行くのかと聞くと、「もちろん山脈を越えてさ」。彼は途中でパスポートを没収されないよう、事前に親族に郵送していた。

彼を除くと、スペイン当局に一時的に拘束されていた人々の大半がサブサハラのアフリカ人だった。そしてその全員が、祖国を出発するや北に向かったと話した。(8)

当時もスペインとモロッコの当局は新たな取り決めや枠組、解決策などを発表した。しかし現在と同様、どちらの当局者も密航には目をつぶれた。それに、ひとたび欧州に着いてしまった移民に関してはそのまま他国に向かわせた方が楽だという判断もあったため、そうしたすべての取り決めや解決策はほとんど意味をなさなかった。

同じような話は欧州の各地で繰り返された。国の形を変えるほどの移民を受け入れたトニー・ブレアさえもが、時には移民問題への強硬姿勢を見せたがった。2000年に英国での難民認定を拒絶された移民は3万人にのぼる。1999年に難民申請を行った9万人の、実に3分の1だ。ただ、そのうち国外退去させられたのは7645人にとどまった。達成不可能な目標が設定されていた。それを達成するには意見の相違がありすぎたし、政治的に難しすぎたし、コストがかかりすぎた。[9]

右派の政党は動機のさもしさを疑われかねず、この問題に取り組むことが一層難しかった。保守党政権下の2013年、英国内務省は側面にポスターを掲示した何台ものバンを、多くの不法移民が住むロンドンの6つの自治区で走らせた。ポスターには「英国に不法滞在？　帰国せよ。さもなくば逮捕だ」と書かれ、その後ろに政府の相談受け付け用の電話番号が続いた。

このポスターはたちまち政治的な毒物となった。労働党の影の内閣のイベット・クーパー内相は「軋轢を生む、不名誉なもの」だと評した。社会運動グループの「リバティ」は、バンのメッセージを「人種差別主義的」であるばかりか、「違法」だと評している。

数カ月後に判明したところでは、この試験的な取り組みによって自発的に退去することを決めた不法移民はわずか11人だった。当時の内相テレサ・メイは、この取り組みが誤りだったことや、あまりに無神経だったことを認め、二度と繰り返さなかった。

もちろん、この取り組みは英国内の100万人に及ぶ不法移民に純粋に帰国を促すためのものではなかった。むしろそれ以外の国民に、政府が強気で臨んでいることを印象づけるためのものだった。その後に政府が不法な移民労働者の逮捕に打って出ると、左派は街頭で激しい反対運動を行った。だがそのすべてが茶番だったことは、英国全土に約5000人分の拘留スペースしかないことや、強制退去者の数が年間4000人ほどにしか達していないことから見てとれる（4000人の内訳は収監者、難民認定されなかった者、不法移民にほぼ3等分される）。

移民危機が頂点に達する遥か以前から、当局者たちは難民認定されなかった人々を送還するという発想を放棄していた。まして危機が始まってからは、法的には難民としての資格がないにもかかわらず欧州に入ってきていた人々までが、居残りへの期待を募らせた。

移民危機が意味するものに圧倒され始めた2016年、ドイツとスウェーデンの政府は、到着する移民や難民申請者を処理し、滞在すべき者とそうでない者を選り分けることのできるシステムが整っているという振りをし始めた。しかし彼らは誰が到着したのかを把握することはおろか、難民認定されなかった者たちにうまく対処することすらできなかった。

2016年7月にアンスバッハのワインバーの外でドイツ初の自爆テロを行ったモハマッド・ダレールは、すでにブルガリアで難民申請を行っており、ドイツの当局者は2014年と2016年に、ブルガリアに戻るよう彼に命じていた。スウェーデンでは左派のグループが難民認定されなかった人々の送還を妨害しようとしたが、ドイツの「左翼党」のある政治家も、ダレールがドイツからブルガリアに送還されないよう口利きをしていたと、あとになってから認めた。

金を払って自分たちを襲わせた史上初めての社会

2016年8月、シャルルロワ（ベルギー）の路上で2人の女性警官が、「アラー・アクバル」と叫びながらマチェーテを振り回すアルジェリア人に襲撃された。犯人はISISとのつながりを持つことが判明した。その後、ベルギーの難民・移民担当大臣のテオ・フランケンは、犯人が2012年から国内にいたことを明かした。彼は国外退去を2回命じられていたが、ベルギーとアルジェリアの間には送還に関する取り決めがなく、国内の拘留施設にも空きがなかったのだ。

こうしたテロ攻撃に関与したことが知られている人々の話は、確認がたやすい。しかし単純に滞在し、忘れ去られた数十万人の普通の移民の話こそが、ニュースの背後にある本当の物語なのだ。2016年1月、2人の政治家がこの厄災の本当の規模を明らかにした。

欧州委員会のフランス・ティマーマンス副委員長は、オランダのテレビ局のインタビューで、前年に欧州に来た移民の過半数は難民申請者ではなく、経済移民だったことを認めた。EUの対外国境管理協力機関（フロンテックス）の数字を例に取り、2015年に到着した人々の少なくとも60％が、実際には欧州にいる権利を持たない経済移民だったことを明かしたのだ。モロッコやチュニジアのような北アフリカの国々の出身者に関して言えば、「難民申請を行う理由を何ら持たない人々だと考えられる」とのことだった。

スウェーデンのアンデシュ・イーゲマン内相は、前年にスウェーデンが受け入れた約16万3000人の移民のうち、合法的に同国にとどまる資格を持つのは半数程度だと認めた。彼はスウェーデン政府がチャーターする飛行機の機数について触れ、送還には数年を要するかもしれないと述べた。2015年にスウェーデンに来た移民のうち、政府が定住すべきでないと判断した人々の数は、「約6万人と考えているが、8万人にまで増えるかもしれない」という。一国の政府がこれだけの大人数を入国させたあとになってからそうした認識に至るとは、考えると恐ろしいことではある。

ドイツ政府は結局、自国の送還プログラムの分析を民間コンサルタント会社の「マッキンゼー」に依頼するはめになった。自分たちが生み出した混乱を再考するためには、おそらく新鮮な目が必要だったのだ。いかなるプログラムも失敗する傾向にあった。難民申請を却下した300人のパキスタン人を本国に送還しようとした時には、パキスタンにあっさり受け入れを拒まれ、ドイツに連れ戻している。

2016年5月末日現在で、ドイツは22万人以上に国外退去命令を出していた。そのうち1万1300人が最初に入国した国（たとえばブルガリア）を含む他国に退去した。しかしトーマス・デメジエール内相は、「この数字はここ数年よりもかなり多いのです」と議会で胸を張った時、これがどれほど取るに足りない成果であるかを期せずして明かすことになった。

というのも、ティマーマンスが挙げたフロンテックスの数字が正しいなら、そしてドイツ政府が2015年中に100万〜150万人を受け入れたと推定しているなら、ドイツはそのうちの約75万人を国外退去させるつもりでいなければならないからだ。ドイツ政府の官僚機構の誰ひとりとしてそのようなことを実行するつもりはなかったし、今後もそれは同じだろう。

スウェーデン政府も2015年だけで8万人いたという虚偽の難民申請者を本当に退去させることはないはずだ。スウェーデンと欧州にいる全員が、同国政府がそれを試みようとさえしないことを知っている。欧州からの大量送還は2015〜16年の計画表には載っていない。その点は戦後のどの時期を取ってもそうだった。欧州の政治家たちが認められずにいることを、地中海を渡ってくるすべての移民が知っている。そして欧州の大衆もそのことに気づいている。すなわち、ひとたび欧州に来た者は、永遠に居座るのだ。

それだけではない。欧州は移民の滞在を許すことだけではなく、国家と敵対する不法入国者を支援することにかけても、世界の先頭を行っている。たとえば英国は、1993年に2件の爆破事件を起こしてインドで指名手配されている男を退去させることすら、2016年現在できていない。ボルトンの青果商のタイガー・ハニフが英国に不法入国したのは1996年のことだった。彼は英国の納税者から20万ポンド以上の法律扶助を受け、まんまと送還を免れてきた[10]。

欧州の狂気はそれだけにとどまらない。ベルギーの調査機関が同国の国籍を持つテロ犯について調査したところ、その多くが国家による援助を受けながらテロ計画を練っていたことが判明した。実際、2015年11月のパリ同時多発テロの首謀者であるサラ・アブデスラムは、テロに先立つ期間に1万9000ユーロもの失業手当を受け取っていた。最後の支給日は事件のわずか数週間前だ。かくして欧州は人に金を払って自分たちを襲わせた史上初めての社会になった。

もちろん、このようなケースは氷山の一角に過ぎない。テロに関与したがゆえに、人に知られるようになっただけだ。イタリアには2015年に数十万人の移民が到着し、その約半数が難民申請を行った。およそ3万人に退去命令が出されたが、従おうとする者はその半分もいなかった。それでも彼らはまだしもイタリア当局に把握されている。難民申請をしなかった残りの50％が今どこにいるのかは、欧州内の誰にもわからない。

国境が閉ざされ始めると、そのすべての場所で緊張が高まった。イタリアとオーストリアの国境では、イタリア人でないことが明白な人間はオーストリアに入国できなくなった。協定には違反していたが、それが新たな欧州の標準になったのだ。別の一団は相変わらず官憲の目をかいくぐり、フランスに入っていた。この二つのルートが遮断されると、山脈を越えてスイスに入るという選択肢が再び浮上した。だが、それを除けば進路は塞がれ続け、イタリアの苦境も継続した。

ギリシャも流入する移民のために閉塞状態に陥った。以前は移民の波が上陸し、そのまま北へと流れていったが、今やブルガリアをはじめとするすべての北隣の政府が政策を転換させようとしていた。ギリシャやその他の受け入れ国は、そうした政策転換の影響で八方ふさがりになった。移民を北上させることも、祖国に送還することもできなくなったのだ。

この混乱の一番の元凶となった女性は、何を言ったか？　2015年9月、ドイツのメルケル首相はスイスのベルン大学から名誉博士号を授与された。短いスピーチのあと、聴衆との質疑応答が始まった。メルケルと同年配のある女性が、首相の発言について質した。先ほど首相は難民に対する欧州人の責任について語りましたが、他の欧州人の幸福を守るという欧州人の責任についてはどうなのでしょう。イスラム教国から欧州にやって来る人々の増加に、多くの欧州人が懸念を抱いています。首相は殺到する移民から、どうやって欧州人と欧州文化を守るのですか。

メルケルは咳払いをして、こう答えた。大勢の欧州人がＩＳＩＳのようなグループの戦士となるために旅立ちました。だから欧州人は、今の状況が自分たちと無関係だとは言えません。質問者が尋ねたのはそんなことではなかった。しかし首相は続けた。「恐怖は劣悪な助言者です。個人生活においても、社会生活においてもね」

さらにメルケルは、イスラム教はドイツの一部だという自身の発言に触れて、こう語った。「イスラム教はドイツの一部なのかという論争がありますが、自国内に400万人のイスラム教徒がいる以上、議論の余地はないと考えます。イスラム教徒はドイツの一部だが、イスラム教は違うとでも言うのでしょうか。それともイスラム教もドイツの一部なのでしょうか」。何より異例だったのは、それに続く言葉だった。

「もちろん私たちは自分たち自身の宗教を信じる機会と自由があります」と、首相は述べた。

私がし残していることがあるとしたら、それは敬虔なイスラム教徒を叱責することではありません。むしろ私たちは、自分がキリスト教徒だと語る勇気を持つべきです。対話をする用意があると告げる勇気を持つべきです。伝統に立ち返るべきでもありますね。時々は礼拝に行き、多少は聖書に親しみましょう。また教会の絵画の解釈を知るのもいいでしょう。ドイツで聖霊降臨祭の意味についての小論などを書かせてみれば、キリスト教や西洋についての知識の乏しさがわかるはずです。イスラム教徒がコーランに精通しているからといって、そのことに不平を言うのは、どこかおかしいと感じます。それにこうした論議を深めることで、私たちは折に触れて自分自身のルーツを熟考し、それについての知識を少しずつ獲得していけるのです。

欧州の歴史上にも劇的で陰惨な闘争が数多くあったのですから、どこか別の場所で何か悪いことが起きたからといって、すぐに不平を言うことには極めて慎重であるべきです。私たちはその逆を行かねばならず、それと戦うようにしなければなりません。尊大に振る舞う理由などないのです。私は今、ドイツの首相としてそう言っています。(11)

ドイツのメディアは、勇気と英知を持った回答だったと、メルケルを大いに称えた。

第13章

精神的・哲学的な疲れ

「欧州疲労」と実存的な疲れ

ドイツ人は言い得て妙な単語を数多く持っている。「歴史への疲れ」を意味する「ゲシヒツミューデ」もその一つだ。ドイツ人と違って、英国人はそのような単語を必要としていないのかもしれない。しかしこれは現代の欧州人がいつ感じてもおかしくないものだ。

常時それを感じている者もいれば、意外な瞬間にその感情の波が打ち寄せるという者もいる。私も最近、ブダペストに向かう機上で、その突然の波に襲われた。目の前のスクリーンにフライトマップを映しだした時のことだ。ドイツ上空を飛行中の搭乗機は、折しもニュルンベルク、レーゲンスブルク、バイロイトを結ぶ三角形の中心に位置していた。

そこに歴史の層を見て取るのはたやすかった。ニュルンベルクはもちろん戦後の軍事裁判の場だが、ワーグナーの楽劇「ニュルンベルクのマイスタージンガー」でも知られている。レーゲンスブルクは、最も新しいところでは、教皇ベネディクト16世があの慎重ながらも運命的な演説を行った場として有名になった。バイロイトは文化の高みと深みを誇る都市だ。

だが、その幾重にも折り重なった想念の波は、何よりも二つのことを思い起こさせた。我々の大陸がいかに古いのかということ、そしてどれほど多くの歴史の層がそこに積み重ねられているのかということだ。そのすぐあとには例の「疲れ」を引き起こすものがやって来る。すなわち、そうした歴史のすべてが忘れ去られることもかなわず、常にそこにあるのだという畏怖である。それらは不意に顔をのぞかせるばかりではなく、時として我々にのしかかることもある。それはドイツ人だけの感情ではないが、ドイツ人なら尚更経験することが多いだろう。

これは必ずしも近年の現象ではない。欧州には何世紀も前から、個人的な疲労感や物憂さ（様々な類型の神経の消耗などを含む）を表現する用語が、インチキ医学のそれも含めて存在した。19世紀には「神経衰弱」と診断することが一つの流行になったほどだ。

しかし19世紀の疲労感にしてからが、単なる神経の消耗ではなく、実存的な疲れだった。20世紀の破局的な戦争が起こるずっと前から、それはドイツの思想や文学における一つの主題だったのだ。19世紀後半から20世紀前半にかけて、フリードリヒ・ニーチェやジークムント・フロイト、トーマス・マン、ライナー・マリア・リルケらが、こぞってそれについて書いている。

現代生活のあわただしさや様々な重圧がのしかかるところ、特有の精神の疲弊が存在するというのが、当時のコンセンサスになった。この問題に取り組んだ人々や苦しめられた人々は、診断だけでなく治療法を探し求めるうちに、自分たちの身体的な生活様式が全面的に変化していることに気づいた。その変化は運動の仕方から、サナトリウムの文化の拡大、食生活の変化、ミューズリー（穀物、ドライフルーツ、ナッツなどの混合食品）を食べることの勧めなどあらゆる面に及んでいた。

解決策を探して海外に目を向けた人々は、自分たちの気だるさが特有の「欧州疲労」に根ざしていることを発見した。彼らの一部は東洋に答えを求めた。そこでは疲れた欧州人が、過去と現在の重荷から解放され、ささくれだった魂を癒すことができた。続く数十年間、この問題への関心は、しばしば枠組を見直されることこそあっても、消えることはなかった。ＩＴ化とグローバル化が進んだ今日の職場環境の中で、ドイツ人は実存的な疲れを現代的にとらえ直し、「バーンアウト（燃え尽き）」という新たな枠組を与えた。

この言葉が人気を博したのは、おそらくただの「疲れ」よりも良い意味に聞こえるからだろう。「疲労」や「倦怠」という言葉にはどこか甘えた印象がつきまとうが、「バーンアウト」にはそれがない。この言葉が示唆するのは、その人が無私の心をもって、あまりにも多くを与えすぎたということだ。しかも大きな善をなすためにそれをしたという含意がある。

とはいえ用語は変わったかもしれないが、旧来の「疲れ」と新たな「バーンアウト」は、症状も原因も依然として同じだ。その疲弊は現代社会に特有の変化の速さと複雑さによって、あるいは現代の資本主義と情報技術が生み出した労働習慣によってもたらされたものである。ただ、バーンアウトは現代的な世俗主義によって引き起こされた混乱にも起因する。近年、ドイツの出版界ではバーンアウトに関する本や記事が非常にたくさん出されているため、「バーンアウトにバーンアウトしそうだ」と不満を漏らす声もあるほどだ。(1)

現在のところ、個人がバーンアウトに苦しむことは認知されているが、社会が同様のものに苦しむことはさほど広く認知されてはいないようだ。しかし孤立した社会で、重要な目的も与えられず、わずかな報酬のために働くことが個人に一定の影響を及ぼすと認められるなら、なぜそれが社会全体にも影響を及ぼすことがないと言い切れるのか。別の言い方をすると、その社会の十分な数の人々がある形態の疲弊に苦しんでいるなら、彼らが生きている社会もまた疲弊しているのだとは言えまいか。

かつての著述家や思想家は、その可能性を認めることに、今日ほど消極的ではなかった。オスヴァルト・シュペングラーは20世紀前半のドイツ思想界きっての悲観的な著作『西洋の没落』(中央公論新社)で、まさにそのことを論じた。彼の主張に従うなら、文明は人間と同様に誕生し、繁栄し、衰退し、死ぬ。そして西洋はそのプロセスの後半のどこかにある。たとえシュペングラー思想へのありがちな反論、すなわち自らの衰退を恐れるのは西洋文化の顕著な特徴の一つなのだという説が正しいとしても、自己憐憫的な西洋がどこかの時点で重要なことに気づくことがないとは言い切れない。

ニーチェはそのひと世代前に同じ可能性を考慮し、いくつかの同じ警戒信号に目を留めていた。「我々はもはや蓄積をしていない」と、彼は晩年のノートに記している。「知識を得ることに関しても、先人たちの資産を浪費しているだけだ[2]」

こうした思想家たちの助けを借りるとわかりやすくなるわけだが、19世紀後半のドイツをすでに冒していたものは、ミューズリーや新鮮な空気の不足から来る疲れなどではなかった。それは意味の喪失によって引き起こされた疲弊であり、西洋文化がもはや蓄積を行わず、乏しくなる文化的資産を食いつぶしているという意識だったのだ。19世紀後半にそうだったのなら、現代にはなおのことそれが言えるだろう。今の我々はさらに細った遺産に頼って生活し、文化的エネルギーの源泉からさらに遠く離れた場所で呼吸しているのだから。

何世紀にもわたり欧州でそうしたエネルギーの——最大のとは言わずとも——大きな源泉となってきたのは、この大陸の宗教の精神だった。それは人々を戦争へと駆り立て、防御を促した。また欧州を人間の創造性の偉大な高みへと押し上げた。それはまた、欧州人にローマのサン・ピエトロ大聖堂を、シャルトルの大聖堂を、フィレンツェのドゥオモを、ベネチアのサン・マルコ寺院を建てさせた。さらにバッハやベートーベン、メシアンらの諸作や、グリューネヴァルトの「イーゼンハイム祭壇画」、レオナルド・ダ・ビンチの「岩窟の聖母」などにインスピレーションを与えた。

基盤となる物語を失った欧州

しかし19世紀になって、その源泉は二つの地殻変動的な打撃を受け、そこから二度と回復することがなかった。その跡には埋めがたい亀裂が残った。

19世紀前半にドイツの諸大学を席巻した聖書批判の波は、2世紀を経た現在もなおその影響力を残存させている。旧約聖書のテキストを他の古文書に適用するのと同じ精密さをもって論じ始めたのは、ゲッティンゲン大学のヨハン・ゴットフリート・アイヒホルンだった。それが及ぼした影響については、今も完全に認められているとは言いがたい。欧州は偉大な神話についての知識を有していた。しかしキリスト教の物語はこの大陸の基盤となる神話であり、それゆえに不可侵とされてきた。

若き日のエドワード・ピュージーは、1825年にドイツの批判派が何をしているのかを調査するためにオックスフォード大学から派遣された時、その仕事の重要性を直ちに理解した。晩年になって、彼はドイツでの発見からどのような影響を受けたのかを、伝記作家に語っている。

「思い出すのはゲッティンゲンの部屋だ。そこに座っていた時、ドイツの宗教思想の真の有り様が突如として理解された。私はこう独りごちた。『いずれこれらすべてが英国の我々にも降りかかる。それに対する用意が、我々にはいかに欠けていることか！』と(3)」

ピュージーは「真に宗教的重要性を持つ物語」に対して、アイヒホルンが「完全に鈍感」であることに衝撃を受けた。やがてその鈍感さの――もしくは敏感さの――波は、ダーフィット・フリードリヒ・シュトラウスとその著書『イエスの生涯』（教文館）などを介して新約聖書にまで広がった。

ついに英国にも、他のあらゆる場所と同時に、それが到達した。今日のイスラム教の聖職者がいかなる批判をも彼らの信仰の基盤から遠ざけようと奮戦しているのと同様に（彼らはそれがいかに全体を損なうかを知っている）、全欧州のキリスト教の聖職者がそうした批判のもたらすものを信徒から遠ざけようとした。しかし、それはかなわなかった。今日の聖職者が、押し寄せてくる批判の潮流を完全にはせき止められないのと同じことだ。それはピュージーが予期したとおり、確実に欧州大陸に浸透していった。

これはドイツの学者たちの研究によって新たな学問の道筋が発見されたというだけの話ではなかった。聖書が批判に耐えられなくなったのは、ドイツの高等な批判派の頭に浮かぶ疑問が彼らに特有のものではなく、多くの人々に共有されていたからだった。今やその疑問が公然と口にされ、聖書は他の文書と同様に、批判的な調査や分析にさらされるようになった。歴史との比較や、書き手についての疑問、内容の不正確さなどからあら探しをされ、シュトラウス以降の世代の信徒はそうした発見との新たな和解法を見つけなければならなくなった。

一部には、そのような変化は起こっていないとか、重要ではないとか、すでに答えは出されているという風を装う者もいた。しかし多くの聖職者は、根本的な変化が起こったのだということ、自分たちもまた変わるしかないのだということに気づき始めていた。

もちろん聖書のテキストの研究が単独でこの仕事を成し遂げたわけではない。1859年にはキリスト教の信仰に対するダブルパンチの2発めが加わった。それがチャールズ・ダーウィンの『種の起源』である。同書の内容もさることながら、むしろ重要だったのはおそらくダーウィンが加速させたプロセスだった。畏敬を起こさせるものすべてが神の設計だと説明されていたところに、ダーウィンはまったく新たな理論を提唱したのだ。

リチャード・ドーキンスが要約するように、「十分な時間を与えれば、遺伝の本質（それは時に複製ミスを起こす）の無作為ならざる生き残りが、設計の複雑さや多様さ、美や幻想を生み出す。それらは非常に説得力があるために、知性あるものの意図的な設計とほとんど見分けがつかない」というのである。(4)

ダーウィンの発見は、現在と同様、当時も激論を招いた。しかし守旧派は敗れ去る運命にあった。神の計画があるのだと主張する人々は、ダーウィン以降、旗色が悪くなった。これはもはや一つの発見というレベルの話ではなかった。人類の知識のとりわけ大きな欠落が埋まったという話でさえない。我々の住む世界が、初めて神を介在させることなく、全面的に説明されたのだ。

生命の起源は依然として謎だったが、宗教的な説明によってすべての謎が解明されるという考え方は次第に信頼性を失った。聖書のテキストに知恵や意味を見出すことは今も可能だが、それはせいぜいホメロスか古代ローマの詩人オウィディウスの作品と同程度のものになった。偉大な真実が含まれてはいるが、それ自体は真実ではないということだ。

今ではほとんどすべての欧州人がこれらの事実を知っている。しかしそれと共生する方法は、いまだ見出されていない。欧州から信念や信仰が失われたという事実はしばしば指摘されるし、また所与のことだと見なされてもいる。だが、それによる影響はさほど頻繁には考察されていない。上記のプロセスが意味するもの、すなわち欧州は基盤となる物語を失ったのだということも、めったに認知されることはない。

宗教の喪失は単に道徳や倫理の面で欧州に穴を開けただけではなかった。地理的な穴さえもうがった。たとえば米国などとは違って、欧州の地理は町や村の寄せ集めだ。どこかの村を出れば、いずれは別の村にたどり着く。高い建物がない地域では、真っ先に目に入るのはコミュニティの中心に建てられた教会だ。今日、そうしたコミュニティの中心は、完全に死んではいないにしても、住宅などに転用されて死につつある。今も教会に集う人々は、廃れゆく運動の参加者であるように感じることだろう。

信仰が今も存続している場所は、福音派のコミュニティのように完全に情報を遮断しているか、または傷つき、弱体化しているかのどちらかだ。かつてのような自信を保持している場所はほとんどなく、いかなる趨勢も彼らの味方をしていない。潮流は一つの方向にのみ流れ、逆方向に向かう主要な流れは一切ない。

アイルランドはここ何十年かの間、欧州きっての敬虔で教条的な政治を行っていた。しかし聖職者の間で大きなスキャンダルが起きたこともあって、10年あまり前からは宗教に背を向けることが国民の支配的なトレンドになっている。

信仰に代わる「欧州の価値」はあるのか

だが物語を失っても、我々はなおここにいる。そして信仰の残骸の間で生きている。パリを旅する群衆の中にノートルダム寺院での礼拝に参加する人々はほとんどいないが、それでも寺院はそこにある。ウエストミンスター寺院やケルンの大聖堂も相変わらず近隣から一際高くそびえ、巡礼の場であることをやめても、いまだ何かを表している（何を表しているのか正確にはわからないが）。

我々は旅行者ならアマチュアとして、また学者なら専門家として、それらの建造物の歴史を学ぶことができる。しかしそれらの意味は失われ、あるいは忘れ去られた。

私たちを囲む栄えある残骸は、もちろん物理的なものばかりではない。道徳的・想像的なものもある。英国の神学者ドン・キューピットは2008年にこう記した。「西洋人は誰ひとり完全な非キリスト教徒ではありえない。自分はキリスト教徒ではないと名乗るのは勝手だが、夢に見るのはキリスト教徒の夢なのだ」(5)

これがもたらす不安の最たるものは、信仰に代わって「欧州の価値」の基盤となるものへの不安だろう。キューピットは「現代の西洋の世俗的な世界は、それ自体がキリスト教の創造物」なのかもしれないとも述べている。[(6)] そうした観念をしばしば喜々として否定する一時期が続いたあと、近年は非常に多くの哲学者や歴史家がその考え方を受け入れる方向に回帰した。もしそうなら、この事実が示唆するものは大いなる不安を誘う。

戦後の文化となった人権思想は、まるで信仰のように自らを主張し、あるいは信奉者によって語られる。人権思想はそれ自体がキリスト教的良心の世俗版を根付かせようとする試みなのだ。それは部分的には成功しているかもしれない。だが必然的に自信を欠いた宗教にならざるをえない。なぜなら、その拠り所に確信が持てないからだ。言葉は隠れた秘密を明かす。人権を語る言葉が立派になり、その主張が執拗になるに連れて、このシステムにその大志を果たす能力のないことが誰の目にも明らかになっていく。

こうした目に見える失敗、そして拠り所の喪失感は、個人にとっても社会にとっても、不安の原因になるばかりではなく、時としてひどく感情を消耗させるプロセスになる。かつてはすべてに優先する説明が（多くの問題を伴っていたにせよ）あった場所に、今ではすべてに優先する疑念と疑問しか存在しない。

それに我々はすでに知っていることを意図的に忘れ去ることはできない。推進力の源にしていた信仰とつながれなくなって残念に思う人がいたとしても、単純にまた信じ直して推進力を回復するというわけにはいかないのだ。また欧州がジョン・ロックのような哲学者から学んできたとおり、信仰を「強制」することは不可能だ(7)。それでもあれこれの大問題に取り組むことを避けたり、それらは重要ではないという振りをしたりしながら、我々の社会は前に進んでいく。

ドイツでは他のほとんどの社会以上に、神の喪失を埋めるものがなかった。宗教の目的の一部（分けても真理や知識の追求）は哲学と文化に引き継がれたが、それらも宗教以上に派手に崩れ去った。ルートヴィヒ・フォイエルバッハらに感化されたリヒャルト・ワーグナーは、宗教から芸術に乗り換えることを考えた。芸術は宗教の代用品以上のものになりえると――あるいは宗教以上のものにさえなりえると――信じてのことだ。というのも、芸術は宗教のような「重荷」を抱えずとも生きていけるからである。

ワーグナーは1880年の小論「宗教と芸術」の冒頭で、こう述べた。「聖職者は宗教的な比喩が事実と受けとめられることにすべてをかけるが、芸術家はそのようなことはまったく気にかけない。なぜなら芸術家はその作品を自身が創案したものとして、自由に、かつ公然と発表できるからである」

こうしてワーグナーは、アルトゥール・ショーペンハウアーが提示した難題――すべてが比喩だと認めることのできない聖職者の悲劇――を解決すると宣言したのだ。

ワーグナーにとって、芸術の役割とは「宗教の精神を救う」ことだった。彼がその音楽と小論の中で語りかけようとしたのは、我々に呼びかけ、質問を投げかけ、回答を求める、この世ならざる無意識の声の源泉だった。「タンホイザー」から「パルジファル」まで、彼の野心と功績は、自立や自給が可能な一種の宗教を創造した。おそらく他のどの作曲家よりも、彼はその目的を果たしただろう。

しかし、それでは不十分だった。そして、もちろんこれもまた失敗した。個人にとっては、それは完全な宗教の代用品とはならなかった。ワーグナーの宗教によって自らの人生を生きようとする人々は、気がつけばとても不幸な人生を生きている。社会全体にとっても、それは失敗だった。なぜなら文化それ自体では人を幸福にも善良にもできないということを、いずれは全世界がワーグナー自身から――正当にであろうと、そうでなかろうと――学ぶだろうからだ。

まだ哲学が残っていた。だがドイツの哲学は、まさに問題の根源近くにあった。19世紀後半に広がった神経衰弱の感覚は、部分的には哲学に伴う疲労感によって生み出されたものだ。その原因は、考えるべきことがどれだけあるかが急に意識されるようになったことだけではなかった。そもそもドイツの思想は、簡単に疲労感や諦観にさえ形を変える重苦しさを特徴としていた。もちろん、それには多くの理由がある。だがその一つは、たゆまず執拗に――それがどこであろうと最後まで――思想を追求していくドイツ独特のやり方だ。

ドイツ語にはこの傾向を表す言い回しも存在する。「ドランク・ナーハ・デム・アプゾルーテン（絶対に向けての突進）」がそれだ。このフレーズもまた、英語や、英国の哲学では使われない。しかし回避不可能に思える――さらには、あらかじめ決まっていたようにさえ思える――終点に到達するまで思考を突き詰めていくドイツ人の習性を、このフレーズは的確に表現している。

ひとたびそのような終点が明かされてしまったら、それを避けるために何ができるというのか。ヘーゲルには人々をそこに――すなわち、歴史はそれ自体が一つの力であり、我々はただそれに従うしかないのだとする思想に――導く著作がある。こうした哲学観と政治観の中にあっては、「絶対に向けての突進」ではなく、むしろ「絶対に向けての引力」とでも表現したほうが正確かもしれない。少なくとも19世紀以来、ドイツ哲学にはある思想や理論を、啓示された真理として提示する傾向があった。そこには、その真理とともに生きることがどれほど辛くても抗うことができない重力のようなものがあった。思想を極限まで突き詰める頑固な習性のおかげで、ドイツ哲学は今日、他のほとんどの哲学を圧倒している。だからこそ欧州はもとより、ロシアから、果ては米国の大学までがドイツ哲学一色になったのだ。実際、ドイツ哲学は一時期、世界の哲学を支配していた。そして、その破綻にも手を貸した。

真理は定められ、人々はそれとともに生きる道を探すしかなかった。マルティン・ハイデガーはその最悪の例を示したとよく言われる。1933年、彼はフライブルク大学の学長就任演説を利用し、この国の未来にとって欠くべからざる決定がすでに下されているのだと聴衆に告げた。彼の見方に従えば、決定は過去に属することだった。なぜなら重要なことはすべて、すでに「決められて」いたからだ。今やできるのは、それらの決定に従うことだけだった。

「絶対」を追求することの問題点は、それが破綻した時にお手上げになることだ。誰もがあらゆるものをもっともらしく責められる自由主義とは違い、「絶対」が破綻するとすべてが破壊の中に取り残される。国民や国家だけではなく、支配的な思想や理論もだ。絶えず破綻するこうした理論の残骸から、一定の倦怠が生まれてくることは、単にありがちなことではなく、避けられないことだろう。

19世紀から20世紀前半、すなわちビスマルクから第一次世界大戦にかけての時代に、ドイツはこのような破綻を繰り返し経験した。一つ破綻が起こるたびに、次の破綻の可能性が高まった。1930年代の一時期をベルリンで過ごした英国の作家スティーブン・スペンダーは、1939年の日記で当時のことを回顧している。究極の破局が始まる前に、彼はベルリンで出会ったドイツ人について熟考した。彼が記すところによると、「ドイツで知り合った善良な人々の問題点は、疲れているか弱っているかのどちらかであること」だった。[8] なぜ善良な人々がそんなにも疲れていたのか。実存的疲労は、単にそれが物憂い人生を作りだすから問題なのではない。あとに続くほとんどすべてのものをその航跡に巻き込んでしまうから問題なのである。

20世紀欧州の知的・政治的な汚染

一握りの研究者のものである哲学にそのような広範な影響力があるはずはないと思う人々もいるかもしれない。だが思想及びその思想が作りだすシステムは、破綻すると一定の影響力を及ぼすのだ。宗教思想や世俗思想はいずれも小さな影響力をもってスタートし、それを国民全体に浸透させていく。日常生活の中の疑問に対する一般的な向き合い方は、「自分自身は答えを知らなくても、どこかにそれを知る人がいる」というものだろう。その答えを知る人々（芸術家や哲学者や聖職者）の誤りをたびたび見せられては、気力が萎えるのも当然だ。また現代西欧の一神論のように時間をかけて衰退していくシステムもあれば、優生学や人種理論のように比較的短期間で馬脚を露すシステムもある。哲学思想や政治思想は確かに一握りの人々によって構想されたものかもしれない。しかしその基盤が崩落した場合、人気の高い思想ほど、あとに残される荒廃の度合いが大きくなる。最も人気を呼んだ哲学——全体主義的な政治観に転化された哲学——とて例外ではなかった。

20世紀の欧州が経験した政治的惨状の多くは、政治的絶対に到達することを意図したある現代的・世俗的な努力から生まれた。実際、マルクス主義は、聖典と直線的な進歩を遂げる預言者に信頼を置く点だけでなく、分派と内部抗争の習性を持つ点において、宗教と極めて近かった。真の炎の保持者、信仰の最も正統な解釈者になるための戦いは、その魅力の一つであると同時に、いつかは露わになる弱点の一つでもあった。

だがマルクスの夢と、そこから生まれた共産主義と社会主義の夢は、すべてに通じる理論を創造し、それを実践しようとする、あの時代の最も誠実な試みだった。欧州のあらゆる国々で果てることなく続いた書物やパンフレットの出版と普及活動は、意味ある夢を見るためのもう一つの試みだった。すなわち、すべてを解決し、全員の問題に対処することを可能にする夢だ。T・S・エリオットが忘れがたい表現で記しているとおり、それは「極めて完璧であるために誰ひとり優秀である必要がないシステムを夢見る」ための努力だった。(9)

信仰の崩壊のプロセスは、例によって段階的に訪れた。レオン・トロツキーの異説、ウクライナの飢饉。そして1930年代中には多くの共産主義者が、模範社会は少しも模範的ではなく、それどころか社会とさえ言いがたいことを徐々に理解した。真実の力を抑えていたとされる対立分子を粛清したことで、一部の信奉者に力を与えたり、立ち戻るべき純粋な心が今も残っているという振りをしたりすることに、一時的に成功した時期もあった。しかしゲンリフ・ヤゴーダらが公開裁判の糸を引いた1930年代後半までに、権力欲以外の何かが残されているという見せかけは消失し、分別ある共産主義者は離脱を促された。

当時そうしなかった人々も、1956年のハンガリー動乱と1968年のプラハの春のあとには変節することになった。これらのできごとは、目と耳を持つすべての共産主義者に対し、彼らが耳にした最悪の——あるいは、それ以上の——ものが真実であることを証明したのだ。ロシアと東欧圏から出たすべての話が——あまりに間断なく似たようなことが聞こえてきたので、最も好戦的な信奉者でさえ相手にしなかった話が——共産主義は世界にとっての悪夢であり、その支配を受けていた人々にとっての惨事であることを示していた。

1970年までに、ジャン＝フランソワ・ルヴェルは主著『マルクスもキリストもいらない』(三修社)の中で、自信を持ってこう言えるようになっていた。「今日では、ソ連が他国にとっての革命的なモデルだなどと真剣に主張する者は、西側の国々の共産党員を含めて誰もいない」[10]

段階的に数を減らしていた忠実な信奉者たちは、1989年にベルリンの壁が崩れると皆無に近くなった。世界は長年彼らに警告しようとしてきたことの正しさを証明した。忠実な信奉者たちが完璧なシステムを作るためにしてきたことは、ほとんど信用に値しなかったと立証したのである。

共産主義が主要な功績の証として残してきた何百万もの亡骸や、生者と死者の破壊された人生は、正気を保ったいかなる信奉者をも立ち止まらせるに十分だった。英国の歴史家エリック・ホブズボームのような忠実な信奉者も一部には残っていた。しかし世界は概して彼らに不信感を向けた。当然だ。死体の山の頂上に立ち、もう少し死人を増やせばすべてを正しい方向に持っていけるのだがと約束する人物には、誰だってそういう反応を向けるだろう。

その崩壊の過程を通じ、共産主義はそれ自体の恐ろしさを露呈したばかりではなく、欧州大陸で最も賢く、事情通だったはずの人々の愚かしさを浮き彫りにした。マルクスの同時代から1989年に至るまで、各世代の多くの賢人たちが、共産主義体制を是認することによって自らの名を汚したのだ。ジョージ・バーナード・ショーからジャン＝ポール・サルトルまでのほとんどすべての世俗の預言者たちが、おのおのの時代の最悪のシステムの擁護者だったと判明した。

なぜ多くの人々が共産主義を擁護したり、その実験自体がこれほど長く続いたりしたのか。一つには、それは共産主義が一時期立ち向かうかに見えたある政治勢力のためだった。ファシストの夢は〝親族〟である共産主義と同様、その時代の深刻な問題を解決しようとする真摯な努力から始まった。特に第一次世界大戦後の荒廃した欧州では、失業や貧困が大きな問題になっていた。共産主義と違ってファシズムはインテリ層を取り込むことはなかったが、一部のロマンチストやサディストを同じように熱狂させることができた。ファシズムは主として共産主義の力によって、共産主義よりも先に破綻したが、残された荒廃は同じように大きかった。

イタリアはその破局を生き延びることができた。一つにはそのファシズムがドイツのそれとは少々異なるものだったからであり、また一つにはその忠実な信奉者が北隣の同盟国ほど数を増やさなかったからだ。イタリアのファシズムを、同国にあまねく広がる混沌への一つの反応に過ぎなかったと片付けることもできた（戦後のイタリア国家の計画者たちはその混沌の存続を図った）。

イタリア人はイタリアとローマの歴史の井戸深くに、自らの国家と役割を正当化する源泉を見出してきたが、その歴史の井戸はドイツのそれとは違い、最初から汚染されたり毒されたりしてはいなかったようだ。ドイツに関してしばしば問われたのは、世界で最も洗練された芸術文化がいかにして最も野蛮なものになりえたのかという疑問である。

この疑問には強い皮肉が込められていた。というのも、そのあとには必ず次のような可能性が持ち出されたからだ。まさにその文化と洗練が、結果的に蛮行を可能にしたのではないかと。言い換えるなら、ドイツの文化と哲学はナチズムによって汚染されたものではなく、まさにナチズムを許し、それに水を与えたものだった。その井戸は初めから汚染されていた。

無数の傷が残された。そのうちのいくつかは時間とともに明らかになった。たとえば時を経過したことで、20世紀に起こった二つの全体主義的な世界観の間の闘争が理解しやすくなっている。その一方で人々は、それらのイデオロギーのみならず、いかなるイデオロギーに対しても、これまでより容易に不安を覚えるようになった。明らかに相反する（と、当時は思われた）二つのものが同じ場所に行きついたのなら、おそらく何であれそこに行きつくのだ。きっとすべてのイデオロギーや確信に問題があるのではないか？

20世紀欧州の知的・政治的な汚染は、おそらく決して消え去らない。それは洗い流せる罪ではないのかもしれない。だが、それが汚染したものの数は今も数えられる。そのいくつかは見逃しようのないものだ。中でも目立つのは人種理論だろう。それは1940年代まで欧州の一部の作家や遺伝学者を魅了していたが、ナチスの強制収容所以降は訴求力を失った。

汚染されたものの中には、その後の欧州人が必要としたかもしれないものもあった。たとえば国民国家というコンセプトや、国民としての感覚、さらにはナショナリズムのイデオロギーなどだ。超国家主義の一類型だったナチズムは、それらすべてを道連れに崩壊した。そして、ひいては愛国心の可能性をも否定した。第一次世界大戦の惨禍によって、すでに愛国心は許しがたく、非常識なものに見えていた。第二次世界大戦の惨禍は、愛国心が悪の源泉になりうることを明らかにした。

これらの闘争とイデオロギーの衝突によって、他には何が破壊されただろうか。それは宗教の最後の痕跡ではなかったにせよ、慈悲深い神という観念の最後の拠り所だった。それはたとえフランドル地方の泥の中で成し遂げられていなかったとしても、ユダヤ人作家のエリ・ヴィーゼルがアウシュビッツで記したように、神の審判の中で完遂されたのだ。

ユダヤ教徒は一つの民族として自分たちの伝統を継続することができたし、たとえ神への信仰を失ったとしても人間を信頼することができた。だが欧州のキリスト教徒は神のみならず、人間への信頼も失った。人間が人間に対して持ち続けていた信頼は、欧州ではすべて破壊されたのだ。啓蒙思想の時代以来、神への信仰と信頼は次第に衰え、人間への信仰と信頼がそれを部分的に置き換えてきた。自律的な人間を信頼する思潮は、啓蒙思想が人類特有の潜在的な知恵を強調したのを受けて加速した。ところが理性を道しるべとした人々は、今や他の全員と同じように愚かしく見えていた。「理性」と「合理主義」が、人間に最も理不尽で不合理なことをさせたのだ。これもまた人間が他者を支配するために使うシステムの一つに過ぎなかった。人間の自律性に対する信頼は人間によって損なわれたのである。

かくして20世紀末までに、欧州人はある種の疲労感を保持し、承継することが容認されるようになっていた。彼らは宗教と反宗教を、信頼と不信を、人間の合理主義を、理性への信頼を試した。偉大な政治プロジェクトと哲学プロジェクトのほとんどすべてを始動させた。さらに欧州は、それらすべてを試し、それらすべてを堪え忍んだばかりか、何より辛いことに、それらすべてを見通してしまったのだ。

その間に、これらの着想は何億人という死者を生み出した。欧州内だけでなく、同種の着想が試された世界の各地でだ。そのような悔恨を抱えて、あるいはそのような知識を抱えて、いったい誰に何ができるというのか。個人がそうした過ちの責任を問われたなら、否定するか、恥ずかしさのあまり死ぬかのどちらかだろう。しかし社会はどうすればいいのか。

2000年代に入ると、この欧州の倦怠は「筋肉質の自由主義」に一定の救済を見出したかに思えた。協調し、時には武力も使って、世界中で自由な権利を守ろうとする試みだ。英国が特に積極的だったが、フランスを含む他の多くの欧州諸国も参加した。しかし人権擁護の名目でイラク、アフガニスタン、リビアに介入したあと、気がつけば我々の背後には破綻した国家が連なっていた。

我々がその事実を完全に自覚するに先立ち、ドイツ政府のある閣僚からこう聞かされたことがある。彼の国もいつか、そのために戦い、死に、さらには殺すことも辞さないような価値が存在するという事実を認めなければならないと。今でも強硬な反軍国主義を貫く国での驚くべき発言だ。私は引用してもいいかと聞いた。何なら匿名にするからと。答えは「絶対にダメ」だった。私は考え込んでしまった。人々がその信念のために戦い、死に、さらには殺すことも辞さないと、オフレコでだけ宣言するような政策に、どれほどの実効性があるのか?

筋肉質の自由主義の時代が過ぎ去り、西洋の介入がないままシリアが分裂する頃には、自分たちが世界の情勢を制御できないことを、我々は認めていたように思える。行動しても行動しなくても責められるのなら、何もしないのが一番だった。欧州人の触れる物はすべて塵埃に帰したのだ。

「脱構築」によって荒廃した思想と哲学

ソビエト連邦の崩壊後、フランスの哲学者シャンタル・デルソルは、ソ連に対する忘れがたい比喩を創案した。現代の欧州人は今、そこに自分たち自身の姿を見ている。彼女は1996年の著書(「落ちたイカロス」[*Icarus Fallen*]というタイトルで英訳版が出された)の中で、現代の欧州人の状況は、イカロスが落下を生き延びていた場合のそれと同じだと示唆した。我々欧州人は太陽に到達しようと挑み続け、太陽に近づきすぎて、地面に叩きつけられた。失敗したのは確かだし、呆然としてはいるかもしれないが、どういうわけか生き延びた。我々はまだここにいる。周囲にあるのは（比喩的なものと現実的なものを取り混ぜて）瓦礫の山だ。すべては我々の夢や宗教、政治的イデオロギー、そして順繰りに誤りだったと証明された無数の大志の残骸である。もはや我々に幻想や大望は残されていないが、それでも我々はここにいる。さて、何をしたらいい？

選択肢は数多くある。最もわかりやすいのは、落ちたイカロスたちが人生を楽しむことだけに身を委ねることだ。デルソルが記すとおり、自らの神を失った人々がこれを頼みの綱とするのは珍しいことではない。「理想が大々的に崩壊すると、しばしばそのあとに冷笑主義が入り込む。『すべての希望が失われたなら、せめて楽しもう！』というわけだ」

デルソルが指摘するように、それはかつてソ連の指導者たちが独自のユートピア的理想への信頼を失った時に実行したことだった。彼らは自分たちが絶対的な信頼を置くものとされ、命まで捧げてきたシステムが、単に機能しないばかりか、ただの嘘っぱちだったと知る。その時、ソビエト帝国内部のエリート層は、想像を超えた惨状の中、個人的な安逸や楽しみに捧げた生活を享受することで、それに対処したのだった。

しかしデルソルによれば、我々の状況は、神の失権後に享楽のみの人生を選んだソ連の指導者たちの状況をも超えている。「私たちが様々な確信を捨てたのは、それらの達成が不可能になったからだけではなかった」と、彼女は強調する。我々は「絶対的な」皮肉屋になったのではなく、すべての真実に対して「疑り深く」なったのだ。[11] ユートピアがことごとく破綻したことにより、我々は単にそれらに対する信頼を失っただけではなく、あらゆるイデオロギーへの信頼を失ったのである。

今日の西欧の社会で暮らしていると、この特殊な世界観がすっかり定着しているように思える。娯楽産業ばかりか情報産業までが、浅薄な個人的楽しみのことばかり大衆に語りかけてくる。英国のあるキャンペーンでは、バスの車体広告に無神論者のスローガンが掲げられた。「たぶん神はいない。思い悩むのはやめて、人生を楽しもう」と。どのように楽しめばいいのかと尋ねても、「お好きなように」という答えが返ってくるだけだ。この真空地帯に何が入り込んでくるかは知れたものではないが、今のところ、答えは消費文化を楽しむことにあるというのがコンセンサスになっているらしい。長持ちしないものを頻繁に買い、同じものの新製品でそれを代替する。もちろんバカンスにも出かけ、だいたいにおいて可能な限り楽しい時を過ごすことができる。

このようなライフスタイルは、その長所が何であれ、多くのものに頼らなければ成立しない。その一つは、社会に属する可能な限り大勢の人々がその生き方に充足感を覚え、それ以外の意味を追い求めないことだ。もう一つはそれが無期限に続かなければならないということ。というのも経済が上げ潮の時にしかそれが持続しないのは、ほぼ間違いないからだ。

政治的過激主義を避けるための条件が順調な経済を保つことだとしたら、欧州人はそのために相当懸命に働かなければならない。大量移民は正味で経済的にプラスになるという主張に人気が高いのは、一つにはそのためである。移民が若くて安価な労働力をコンスタントに供給することによって、私たちが慣れ親しんだ生活様式を維持してくれるなら、数多くの潜在的なマイナス面を我慢してもいいかもしれない。経済が振るわず、欧州人の生活水準が下がるなら、その時にはすべての賢明な政治家が、繰り返しどん底を知るに違いない。しかし当面はこうした不安の薄氷上を滑り、楽しもうと努めることが一つの回答だ。たとえその回答が人類史上の最も興味深いものではないにしても。

こう言っては一般化しすぎになるかもしれないが、こうした表面的な生活の下で、欧州の思想と哲学のすべてが混乱状態になっている。それゆえに、19～20世紀の思想家がどこで誤ったのかを検証している間にも、彼らの思想をある種の羨望の目で回顧することができるほどだ。彼らがどれほど自説を確信していたことか。さらにその先人たちは、より一層強力な確信を抱いていたように見える。

彼我の広大なギャップは思わぬ瞬間に知覚される。アイザック・ウォルトンの『ジョン・ダン博士の生涯』（こびあん書房、原書の発行は1640年）を例に取ろう。ウォルトンはこの小編の末尾に、友人ダンの最後の日々を綴った。彼の遺体は「かつては聖霊の聖堂だったが、今やわずかなキリスト教徒の灰になった」と。そして最後の1行はこうだ。「だが私はその再生を見るだろう」

我々は時々、先人たちと同等の確信があるかのように行動する。しかしそんなものは持っていないし、先人たちの救いとなっていたものも持ちあわせていない。19世紀ドイツの最も冷徹な哲学者たちでさえ、今日の後継者と同じように、確信と救いには悩まされていたようだ。現在のドイツ哲学は、欧州の他の国々の哲学と同様、疑念と数十年にわたる脱構築によって荒廃を余儀なくされている。それ自体を含むすべてのものをバラバラにしてしまったのだ。どうやってそれらを――とりわけ自らを――組み立て直すかが考慮されないままに。

欧州の哲学者たちは真実の精神や偉大な疑問の探索に奮い立つのではなく、いかにして疑問を避けるかに腐心するようになった。思想と言語の脱構築が生みだしたのは、哲学の道具以上のものにはなろうとしない哲学者たちだった。実際のところ、偉大な疑問を避けることが哲学の唯一の務めになったかに思えることもある。その代わりを果たすのが、言語の難しさへのこだわりと、固定化されたものすべてに対する疑念だ。まるでどこにもたどり着きたくなくて、すべてを問いたがっているかに見える。おそらく言葉と思想が導くものを恐れて、その両方の牙を抜こうとしているのだ。ここにも広漠たる自己不信が存在する。

「価値判断は誤りである」という価値判断

何年か前にハイデルベルク大学での会議に出席した時のことだ。現代のドイツ思想の惨状を、突如私は知ることになった。その会議には一群の学者らが顔をそろえ、欧州と中東及び北アフリカとの歴史的な関係について討議していた。すぐに明らかになったのは、ここでは何も学べないということだった。なぜなら何も語られなかったからだ。次々と登場する哲学者や歴史家たちは、自分の持ち時間を、できるだけ何も言わずに済ますことに費やしていた。語られることが少ないほど、大きな安堵と喝采が広がった。最初に現代の学界の〝ピット作業〟を通過しなければ、いかなる思想や歴史や事実を取りあげることもできなかった。いかなる概論も述べられず、いかなる各論も語られない。懐疑を向けられたのは歴史や政治だけではなかった。哲学や思想や言語自体も、まるで犯罪現場のように、立ち入り禁止を示すテープで囲まれていた。その境界はどんなよそ者にもはっきりと見てとれた。学者たちの仕事はその境界を警備することだった。注意をそらすものをいくつか用意し、放浪者がうっかり観念の大地に舞い戻ることを何としても避けようとしていたのである。

発言者が重要な言葉を口にすると、直ちに指摘され、議論された。「国家」という言葉は明らかに問題だった。「歴史」という言葉も即座に中断を引き起こした。誰かが浅はかにも「文化」という言葉を使った時には、会議が轟音を立てて停止した。「文化」は言外の意味があまりにも多様であり、使用に反対する声も非常に高かったので、使うことができない言葉とされていたのだ。この言葉自体、何を意味することも許されなかった。

このゲームの目的は――なにせこれはゲームなのだから――学術的な探究がなされているという見かけを維持することだった。だが一方で、実のある議論は不可能になった。欧州の非常に多くの学会や大学で、参加者に満足感と安心感を与えるためにこのゲームが続けられ、それ以外の全員はフラストレーションを募らせ、あるいは関心を失っていく。

もしまだすべてに優先する思想というものが残っているとしたら、それは「思想は問題だ」という思想である。もし何らかの価値判断がいまだ共有されているとしたら、それは「価値判断は誤りである」

という価値判断である。もし何らかの確信がいまだ残されているとしたら、それは「確信への不信」という確信である。これは哲学にはつながらないかもしれないが、間違いなく一つの態度にはつながっていく。浅薄で、執拗な攻撃を受けたら生き残れそうにないが、取り入れるのはたやすいという、そんな態度である。

だが大多数の人々は、人生において何らかの確信を得ようとする。宗教や政治、個人的な人間関係などは、混沌に包まれる前に確信を得るための数少ない道だ。欧州の——あるいは欧州文化の影響を受けた国々の——外に住む人々は、ほとんどが上記の不安や不信や疑念を共有していない。彼らは自分たちの直観や行動を疑わない。自分の利害のために行動することを恐れないし、自分や仲間の私的な利益が増進されるべきではないとは考えない。自分たちの人生を発展させることを願い、他の人々が生活水準を向上させるのを見れば、それに追いつこうとする。そして彼らはその間に、あらゆる思想を身に着ける。その数はしばしば欧州に匹敵するほどだが、導き出される結論は別だ。

欧州人の疑念と直観を受け継いでいない人々が大挙して欧州にやって来た場合の影響は？　今は誰にもわからないし、過去においてもそうだった。確かなのはただ、一定の影響があるだろうということ。独自の思想と矛盾を抱えた何千万人もの人々を、それとは別の思想と矛盾を抱えた大陸に持ち込めば、軋轢が生じないはずがない。彼らの同化を信じる人々は、時がたてばすべての移民が欧州人のようになると推測する。しかし自分たちが欧州人でありたいのかどうかさえ不確かな欧州人が非常に多いという事実に鑑みれば、そうなることは望み薄だ。自己を疑い、不信を持つ文化が、他者を説得して自分たちのスタンスを取り入れさせるとは考えにくい。一方、移民たちの（少なくとも）多くは自分たちの確信をしっかり保持し続けるだろうし、それどころか――いかにもありそうに思えるが――何世代にもわたって欧州人を自分たちの確信へと誘うかもしれない。

もう一つ、いかにもありそうなのが、多くの移民が欧州のライフスタイルを享受し、経済成長が続く限りはその夢と果実に参加するものの、移民先の文化は嫌悪し、見下すという展開だ。彼らはそれを――トルコのエルドアン大統領が民主主義について語ったがごとく――バスのように使い、望みの目的地に着いた途端に乗り捨ててしまうかもしれない。

社会的な態度についての標本調査で一貫して示されているのは、欧州の外からやって来た移民のコミュニティが、リバタリアニズムどころかリベラリズムに関してさえも、欧州人が怖気を震うような見方をしているということだ。現代欧州のリベラリズムは、こうした移民たちのスタンスをも表面上は正当化している。イスラム教徒の父親は娘を西洋の女性のようにはさせたくない。なぜなら彼は西洋の女性たちを見ているし、彼女らが何をするかを知っているからだ。彼は大量消費文化が生み出すものを見ているから、自分の娘にはそのとりこになってほしくない。彼が反発したくなるものは、彼のまわり中にあふれている。おそらく時がたてば、彼らは移民先の社会に染まるのではなく、まさにその社会のありようのために、自分たちのやり方に閉じこもるだろう。

それと同時にこれまでの証拠から示唆されるのは、欧州人がそうした移民たちの前で自らの価値を頑強に守ることはないだろうということだ。英国のような国では、女性性器切除への反対論が主流になるまでに何十年も要した。30年も前に法で禁じられたその野蛮な処置を、10万人以上の英国人女性が施されてきたというのに、今もってその犯罪の訴追が成功していないのだ。西欧が女性性器切除のような明白なものにさえ立ち向かえないのだとしたら、もっと微妙な欧州の価値を将来にわたって守っていくことなど、とうてい望めないだろう。

だが、すべての移民が明白な脅威だったとしても、そして今後やって来る移民は全員が欧州人を嫌うことになるだろうと見なされたとしても、その時にさえ疲労感がぶり返してくる。というのも、もしそれが事実なら、それに対して一定の態度を示さなければならず、一定の対応を――さらには抵抗さえ――起こさなければならないからだ。

それ以前にも欧州人が疲労感を感じたことはあった。最もわかりやすいのは第一次世界大戦のあとだ。これだけ多くのものを失ったあとで、さらに大規模な別の問題が持ちあがることはあるのだろうか？　このような犠牲と災難を経たのだから、きっと歴史という壮大なカレンダーの中で多少の小休止が与えられるのでは？

欧州で起こりつつある変化について問う声や論議が欠けているのは、多くはこのためかもしれない。悪い答えが返ってくるなら何も聞かないほうがいい。そのことは、大量移民に異議を唱える人々がひどい汚名を着せられていることの説明にもなる。「火事だ」と叫ぶ人々を黙らせたり止まらせたりすれば火事は燃え広がらないと、頑強に信じている人々がいるのである。

2011年に『シャルリー・エブド』誌の社屋が焼かれたあと、ローラン・ファビウス外相は「火に油を注ぐのは本当に賢明なことでしょうか」と同誌を批判した。だがその彼に、誰がフランスの社会を火事場に変えたのかと聞きかえす者は皆無だった。

決断の結果を恐れなかった時代なら、すべての声が黙らせられることはなかっただろう。たとえそれが「一時休止」を求める声であってもだ。しかし疲労感は警鐘を鳴らしてきた人々にさえも――あるいは彼らには特に――のしかかる。イタリア紙による2016年のインタビューで、アヤーン・ヒルシ・アリは第二の故郷であるオランダの状況について質問された。彼女が警告した問題について声を上げた人々は、彼女が国を追われたあと、どうなったのか？　あの作家や芸術家、漫画家、知識人、ジャーナリストたちは皆、沈黙してしまったのか？　彼女は答えた。「オランダでイスラム教とその問題について書いたり発言したりしている人々は、疲れているのです[12]」

東欧は西欧のような罪悪感を抱えていない

だが、前述のすべては別の疑問を提起する。なぜ東欧はこれほどまでに違うのか？　移民危機を通じて、なぜ彼らの国境や国家主権、文化的結束、そしてその他の多くの点に対する態度は、西欧のそれとことごとく違っていたのか？　危機の開始後もそれ以前も、西欧なら右派の指導者でさえとうてい言わないようなことを、東欧では左派の指導者が口にしていた。

2015年夏から現在に至るまで、ドイツ政府と欧州委員会からどんな脅しや呪いを受けようと、スロバキア、ポーランド、ハンガリー、チェコからなる「ビシェグラード・グループ」は、アンゲラ・メルケルやブリュッセルとは正反対の道を進んだ。彼らはメルケルの近視眼を批判し、ベルリンとブリュッセルから命じられた移民の割り当てを頑として拒んだ。

2016年1月にスウェーデン当局や欧州委員会が、前年受け入れた移民の過半数は欧州で難民申請をする権利を持たなかったと認めるようになっても、ジャン＝クロード・ユンケルは移民の割当制に固執し続けた。スロバキアは割当制を「ナンセンス」「完全な失策」と評し、協力を拒み続けた。シェンゲン協定の域外の国境を警備する要員は自主的に300人増員したが、移民の割り当ては受け入れないと主張し続けたのだ。スロバキアの左派政権のロベルト・フィツォ首相は、捨て鉢にこう語った。「EUは儀式的自殺（切腹）を行っているように感じる。我々は傍観するだけだ[13]」

他のビシェグラード・グループ各国もフィツォと同じ見解を保持していた。西欧各国との相違はこれ以上なく際立っていた。同じ大陸の東と西がこのような中心的な課題についてひどく違った考え方をしたのはなぜだったのか。

シャンタル・デルソルは1990年代半ばに、この相違の種子に気づいていた。ベルリンの壁の崩壊後に東欧で過ごし、東欧の人々を次のように見ていたのだ。「彼らは次第に我々を別の惑星から来た生き物だと見なすようになっている。別の部分では、我々のようになることを夢見ていながらだ。私は後に、こうした東欧の社会にこそ我々の疑問の答えを探すべきなのだと確信した。（中略）我々と彼らの相違を通じ、私はこう信じるに至った。過去50年間の幸運は、人生には悲劇的な一面があるという私たちの感覚を完全に消し去ってしまったのだ(14)」

人生の悲劇的な一面は、東欧では消えていなかった。そのことによる帰結を何よりもはっきりと示していたのが、国民の支持を背景にした、東欧の指導者たちの移民危機に対する姿勢だった。

東欧諸国はこぞってEU加盟を望んだ。既加盟国とできる限りの統合を果たし、加盟国に認められる移動の自由と経済的利益を享受したがった。ところがメルケル首相が欧州域外の国境を開放すると、すべての東欧諸国が反発した。それればかりか反抗した。

2016年3月15日、ハンガリーのビクトル・オルバン首相が革命記念日への祝辞を借りて、移民や国境、文化、アイデンティティなどに対する東欧のまるで違ったアプローチを説明している。彼はハンガリーの国民に、自由の新たな敵は過去のような帝政やソビエトの体制ではないと語った。今や爆撃されたり収監されたりすることはなく、ただ脅迫されたり恐喝されたりするだけだと。しかし「欧州の人々は自分たちの未来が危機に瀕していることを、ついに理解したかもしれない」と、彼は述べた。

豊かさと繁栄の中でうたた寝をしていた欧州の人々が、ついに理解したのです。欧州の基盤となってきた生活の原理が、死の危機に瀕していることを。欧州はキリスト教徒の、自由な、独立国家のコミュニティです。男女の平等、公正な競争と連帯、自尊心と謙遜、正義と慈悲を重んじます。

今回の危機は戦争や自然災害のようなやり方で我々を攻撃しているわけではありません。足下の敷物を急に引き抜くわけではないのです。大量移民は岸辺を浸食し続けるゆっくりとした水の流れです。人道主義の仮面をかぶっていますが、その本質は領土の占有に他なりません。そして彼らが領土を手に入れるということは、我々が領土を失うということなのです。物にとりつかれたようになった人権擁護派の群れは、我々を叱責したり、我々に不利な申し立てをしたりしたくて、どうにもたまらないようだ。彼らに言わせれば、我々は敵意に満ちた外国人嫌いらしい。しかしその実、我が国の歴史は人々を受け入れる歴史であり、文化をより合わせる歴史でもありました。新たな家族の一員や盟友として、あるいは命を脅かされた流民としてここに来ることを望んだ人々は、迎え入れられ、新たな家庭を築いてきました。しかし我が国を変化させ、我々の国家を自分自身のイメージどおりに形作ろうとの意思を持ってここに来た人々や、暴力を持ち込んだ人々、我々の意思に反してやって来た人々は、常に抵抗に遭いました。

欧州きっての国力を誇るドイツにとって、ハンガリーのこの見解は受け入れられるものではなかった。それはドイツの現政権の政策に反しているだけではなく、戦後ドイツのどの政権の移民政策とも相容れなかった。ベルリンから容赦のない圧力がかかる。それでも東西の見解の相違が埋まることはなかった。

同年5月、スロバキアがEU理事会の議長国となるわずか1カ月前に、ロベルト・フィツォ首相は自国がブリュッセルとベルリンに命じられた移民の割り当てを拒んでいることを擁護した。拒んだ移民の数に応じて多額の罰金を科すと脅されても、フィツォは譲らなかった。「スロバキアにイスラム教の居場所はない」と、彼は言う。「移民は我が国の性格を変える。我々はこの国の性格を変えたくない」[15]

これら東欧の国々は、その歴史の大半を通じて、西欧の国々と同じ井戸の水を飲んできた。しかし彼らは明らかに異なる態度を身に着けている。おそらく東欧は西欧のような罪悪感を抱えていないか、または元々それに染まっておらず、世界のすべての過ちが自分たちのせいかもしれないなどとは考えなかったのだろう。あるいは西欧の国々を苦しめた倦怠感や疲労感にはさらされなかったのだろう。戦後の大量移民を経験しなかったために（多くの別の経験をしたわけだが）、西欧が想像したり取り戻したりすることに苦心している国民的な一体感を保ち続けていたのかもしれない。また西欧の状況を見て、自国では同じことを起こすまいと決めたのかもしれない。

おそらく、これらすべてが当てはまっていたのだろう。そしてその根底には、ビシェグラード4カ国が前にも一度、西欧の無関心の影響を被っていたという事実があったのかもしれない。確かに欧州の国々の中で彼らだけが、西欧の同盟国が忘れてしまった「人生の悲劇的な一面」を、現在生きている世代の間に経験しているのだ。彼らは手にしていたもののすべてが時として一方向に押し流され、次にはまた別の方向に同じようにたやすく押し流されることがあるのだということを知っていた。歴史はいかなる人々にも小休止など――本人たちがどれほどそれに値すると感じていようと――与えないのだということを。

一方、欧州の他の国々は依然として歴史の囚人であり続けた。2016年夏までにオーストリアとフランスの当局が国境を閉鎖し、ランペドゥーサ島やシチリア島に上陸し、イタリアを縦断してくる移民の波を止めようとする。この制約を受け、北を目指す移民の中にスイス・ルートに頼る者が増え始めた。この山あいのルートは冬季には命取りになりかねないが、夏季には人里離れた細道をたどり、イタリアとスイスの間の国境を越えられる。

その夏、イタリアの『スタンパ』紙が、マッジョーレ湖とスイス国境の間に位置するドゥメンツァ村の住民に話を聞いた。村人たちが移民の使う山道に言及する中で、1人の老人が話のついでにという感じで、こう言った。「戦時中はこの同じ山道を使って、イタリア系ユダヤ人が逃亡したものだよ」(16)

移民について考えるということは、過去の移民について考えるということだった。ドイツに向かう人々のことを考えるということは、かつてその逆方向に向かった移民のことを考えるということだった。今日の移民について考えるということは、昨日のユダヤ人について考えるということだった。それは避けられない道なのだ。

第14章

エリートと大衆の乖離

テロ事件の背後に潜むもの

2016年3月19日、ベルギーの警察は、モロッコ人の血を引くベルギー生まれのフランス市民、サラ・アブデスラムを銃撃し、逮捕した。彼は前年11月にパリで発生した同時多発テロの首謀者だった。テロ攻撃のあと、アブデスラムはベルギーに渡り、イスラム教徒が多いブリュッセルのモレンベーク地区に建つ少なくとも二つのアパートに指紋を残した。最後は同地区の別の住居で、地元のとある一家と同居していたところを逮捕された。逮捕の直後、ベルギー警察の暴動鎮圧部隊がモレンベーク地区に向かい、地元の「若者たち」に対応せざるをえなかった。彼らはアブデスラムを英雄と称え、逮捕に抗議して警察官に石やボトルを投げつけた。

3日後、3人の自爆テロ犯がベルギーの首都で自分自身を吹き飛ばした。2人はブリュッセル空港の出発ゲートで、そしてもう1人は欧州委員会の本部にほど近い地下鉄マルベーク駅で自爆用のベストを爆発させている。犯人たちは、これまた全員が「地元っ子」だった。32人の犠牲者には様々な年齢や国籍の人々が含まれていた。

欧州全域で、例のごとく事件を説明しようとする作業が始まった。モレンベーク地区出身のベルギー人がテロを実行したことについて、都市計画を批判する人々もいれば、同地区の「中流化」が進んでいないことを批判する人々もいた。また別の人々は、ベルギーの外交政策や、植民地主義を含む同国の歴史や、ベルギー社会の人種差別主義をやり玉に挙げた。

この公的な議論がひとわたり済んだあとで、『ニューヨーク・タイムズ』紙が目立たない記事を出し、ベルギーの様々な失政がテロを招いたとしている。同紙はイブ・ゴールドスタインというユダヤ系亡命者の息子（38歳）にインタビューを行った。彼はブリュッセルのスハールベーク地区の議員であると同時に、ブリュッセル首都圏政府首相の首席補佐官も務めていた。彼はテロをイスラム教のせいにするのは間違いだと主張し、「若者の間の過激主義」の高まりを防げなかった彼自身のような立場の人々を批判した。彼はこう語る。

「各都市は大きな問題に直面しています。おそらく第二次世界大戦以降で最大の問題ですよ。どうしてここブリュッセルやパリで生まれた人々が、暴力やテロに走る人々を英雄などと呼べるのでしょうか。それこそが我々の直面する本当の問題です」

その後にゴールドスタイン氏は興味深い話をふと漏らした。イスラム教徒の多いモレンベーク地区やスハールベーク地区の高校で教えている彼の友人たちによれば、「17〜18歳の生徒の90％が、自分たちの町を爆破したテロリストを英雄と呼んでいる」のだそうだ(1)。

別の場所では、ベルギーのヤン・ヤンボン公安・内務相が『デ・スタンダード』紙のインタビューの中で、「イスラム教徒のコミュニティの少なからぬ部分が、テロが実行された時に小躍りした」と語った。例のごとく、ヤンボンはこの発言によって議員仲間とメディアから批判された。彼はそれに対し、複数の治安機関から得た情報だと応じた。

しかし彼の言ったことは、ゴールドスタイン氏の暴露と同様、実際には氷山の一角に過ぎない。そうした話は欧州でテロが起こるたびに語られているのだ。これらの話はテロ自体に負けず劣らず、欧州のムードを決定的に変化させる原因になっている。なぜなら最大の懸念は爆弾や銃やナイフによる攻撃であるものの、2番めの（しかし長期的にはより大きな）懸念は、テロを実行する一握りの過激主義者と、同じバックグラウンドを持つ大衆との関係にあるからだ。

デンマーク紙が例の戯画を掲載した翌年（2006年）に英国で行われた世論調査では、英国のイスラム教徒の78％が、戯画の発行人は訴追されるべきだと考えていた。また、それに近い人々（68％）が、イスラム教を侮辱した者は誰であれ訴追されるべきだと感じていた。同じ世論調査では、英国のイスラム教徒の約5分の1（19％）がオサマ・ビンラディンを尊敬していることも判明した。そのうち6％は「非常に尊敬している」と回答した。(2)

その9年後に「アラビア半島のアルカイダ」の2人のメンバーが、ムハンマドの戯画を掲載したことを理由にパリで『シャルリー・エブド』誌のスタッフを虐殺した時には、英国のイスラム教徒の27％が襲撃者の動機に「一定の共感」を覚えると答えた。また、4分の1近く（24％）が、ムハンマドの絵を出版する人々への暴力は正当化しうると確信していた。(3) この調査の依頼主であるBBCは、「英国のイスラム教徒の多くはムハンマドの戯画への報復に反対」という肯定的な見出しを掲げて報じたが、ニュース自体は見出しほど肯定的には感じられなかった。

非常によく目立つテロ事件と、その背後に潜んでいるものがより大きな問題を作りだしているという意識。この二つが組み合わされることにより、近年、欧州の大衆の見方は政治指導者たちのそれと次第に食い違ってきている。テロ事件が起こるたびごとに、欧州の政治指導者は国民に、「これはイスラム教とは関係ない」「いずれにせよイスラム教は平和な宗教だ」と伝えている。だが国民はそれに同意していないようだ。

2013年6月、世論調査会社の「コムレス」が、BBCラジオ1の依頼を受け、1000人の若い英国人に世界の主要宗教に対する意識を聞いた。3カ月後に結果が公表されると、小さな騒動が巻き起こった。回答者の27%がイスラム教徒を信用しないと答え、44%がイスラム教徒は他の国民と同じ見解を共有していないと考えていたのだ。BBCと英国の他のメディアは、何が間違っていたのか、またこれほど多くの人々がこのように考えているという事実に英国はどのように向き合ったらいいのかを、直ちに探ろうとし始めた。この調査に対する反応として圧倒的に多かったのは、若者がこのように考えていることを懸念する声であり、またその意識をどのように変えるべきかの議論だった。

調査結果にはさらに驚くべき点もあった。その最たるものは、回答者の15%がユダヤ教徒を、13%が仏教徒を、そして12%がキリスト教徒をそれぞれ信用しないと答えていたことだ。ここ数カ月の間にたとえば仏教徒がしたことの、具体的に何がこれほど多くの若い英国人をいらだたせたのかについては、答えが出されていなかった。若者たちの再教育を考えるのもいいだろう。しかし彼らがなぜこのような回答をしたのかを読み解く鍵は、むしろ世論調査のタイミングにあったのかもしれない。調査が実施されたのは2013年6月7〜17日だった。(4)

そのわずか2～3週間前に、アフガニスタンから休暇で帰国していた若い英陸軍兵士のリー・リグビーが、ロンドン南部の陸軍兵舎の外で、白昼に車ではねられた。車から降りてきたマイケル・アデボラージョとマイケル・アデボワールは、被害者を道の真ん中に引きずり出し、その体を刃物で切りつけた。さらに彼らは斬首を試みたが、それは完遂できなかった。武装した警官隊が到着するのを待つ間に、アデボラージョは血塗られた手に刃物を持ったまま、通行人のカメラに向かって、自分たちがなぜこのような行為に及んだのかを語った。

アデボラージョの逮捕後、警察は彼が携帯していた手紙を見つけた（その時までに手紙は血染めになっていた）。自分の子どもたちに宛てたその手紙には、彼の行為に対する弁明が書かれていた。手紙はその後の裁判で証拠として提出された。その一節には「最愛の子どもたちよ、アラーの敵と戦うことは義務であると知れ」とあった。手紙はさらに「臆病者や愚か者との終わりなき論争に日々を費やし、戦場でアラーの敵とまみえる日を遅らせてはならない」と続いた。手紙の末尾にはコーランの句を20カ所ほど指し示した脚注があった。アデボラージョは明らかにそれを、手紙の内容の典拠と考えていたのである。(5)

もしかするとBBCの調査に回答した若者たちは、証拠もなしに「こいつらはこうだ」と決めつける頑固者ではなく、単にニュースを見るという〝罪〟を犯しただけだったのかもしれない。たとえばその数日前に過激派のユダヤ教徒やキリスト教の原理主義者が白昼堂々と英軍兵士を惨殺していたとしたら、ユダヤ教徒やキリスト教徒は信用できないと回答する比率がどれほど跳ねあがったことだろうか。

遺憾なことかもしれないが、この世論調査に回答した人々は、身近でごく最近イスラム教徒が過激な暴力事件に関与したがために、イスラム教やその信者を暴力と結びつけたのだ。

乖離するエリート政治家と大衆

スコットランドのダンディーの某学校が、生徒にイスラム教徒から連想される言葉を答えさせた直後にも、似たような話が伝えられた。子どもたちが自発的に挙げたのは「テロリスト」「おっかない」「9・11」などの言葉だった。

あわてた教師たちは、地元のイスラム教徒の団体に連絡を取り、誰かを寄こして生徒たちの考えを訂正してほしいと依頼する。すぐにある慈善団体がスコットランド一円の学校にイスラム教徒の女性たちを派遣し、イスラム教やその信者に対する生徒たちの見方を〃訂正〃する活動を始めた。その様子を伝えたあるレポートによれば、ヘッドスカーフを着けた2人のイスラム教徒の女性が、「9・11テロの実行犯たちはイスラム教とは何の関係もない」と子どもたちに説明したという。(6)

大衆の再教育に関わっている人々にはお気の毒だが、こうした努力は国民の問題意識が成熟するに連れて効果が薄れていった。欧州のエリート政治家とメディアのほぼ全員が、この問題は誇張されていると国民に言い含めようとして、失敗してきたのだ。その一因はインターネットによって情報源が分散したことにある。しかし主因は次々と起こる事件そのものである。欧州の政治指導者の言動と国民の考え方とを比較すると、その乖離は唖然とするほどだ。

2013年にオランダで行われた世論調査では、回答者の77%が「イスラム教はオランダを豊かにしない」と答えた。73%が「イスラム教とテロの間には関連がある」と言い、68%は「オランダにはイスラム教徒がもう十分にいる」と考えていた。こうした見方は特定の政党の支持者に限られたものではなかった。オランダのすべての政党の支持者の中で過半数を占めていた。(7)

同じ見解は欧州の各地で浮上している。同年の——すなわちパリで同時多発テロが発生する2年前の——フランスの世論調査では、73%がイスラム教を否定的に見ていると回答した。(8) また74%はイスラム教を不寛容だと見なしていた。(9) フランスの人口の約10%がイスラム教徒であることは想起に値するだろう。

同種の世論調査では、オランダの有権者の55%が、自国にこれ以上イスラム教徒が増えることは望まないと答えている。また56%のドイツ人は、イスラム教と、政治的影響力を得るための闘争とを結びつけていた。さらに67%のフランス人は、イスラム教の価値観はフランス社会の価値観と「両立しえない」と確信していた。(10)

2015年のある世論調査では、イスラム教の価値観が英国社会の価値観と「両立しうる」と考えているのは、英国の一般国民のわずか30%であることが示された。(11) 同じ時期の別の世論調査でも、イスラム教の価値観と英国の価値観が「概ね両立可能」だと答えたのは、英国民の5分の1(22%)にとどまった。(12)

事情はどこでも同じだ。2012年にドイツで行われた世論調査では、回答者の64%がイスラム教を暴力と、また70%が狂信主義や過激主義と結びつけていた。イスラム教を開放性や寛容、人権の尊重などと結びつけていたのは、ドイツ人の7%のみだった[13]。

米国の現代イスラム学者のダニエル・パイプスが指摘するとおり、これらの問題についての世論調査をするたびに、一貫した上昇曲線が描かれる。欧州の大衆の懸念は決して減じることがない。まるで一方通行だ。だから「イスラム教はドイツになじまない」と回答するドイツ人は、2010年にはまだ半数以下だったが(47%)、2016年5月には60%まで上昇した[14]。

こうした経緯とは裏腹に、西欧の政治家たちは「国民は間違っている」と口をそろえた。実際のところ、西欧の政治指導者たちはしばしば次のように述べている。そのように考える国民は明らかに多様性をまだ十分に経験していないのだと。特にイスラム教を十分に経験すれば、考え方が変わると。

世論調査が示すのは、実際にはその逆だった。社会にイスラム教が広がるほど、イスラム教に対する嫌悪と不信も広がるのだ。だがエリート政治家は共通して、それとは違う反応を示した。この問題に対処するには、表明される世論に対処しなければならないのだと考えたのである。彼らが優先したのは、国民が反感を持つ対象を抑え込むことではなく、国民の反感を抑え込むことだった。政治がいかに誤ったことをするかの見本が見たいなら、一つ実例を示そう。

2009年、アフガニスタンから英国に帰還したロイヤル・アングリアン連隊のために、ルートンの町でパレードが催された。ルートンは「白人の英国人」が過半数を割っている町の一つで(45%)、特に大きなイスラム教徒のコミュニティがある。多くの地元住民はパレードに出かけ、イスラム主義者の組織「アル・ムハジルーン」の過激派が、中心街を行進する兵士たちに野次を飛ばしたり、抗議したりするのを見て、腹を立てた。イスラム主義者は兵士たちを「殺人犯」「赤ん坊殺し」などと呼ぶ。怒った住民が彼らと対決しようとしたが、英国の警察はイスラム主義者を警護し、いきり立つ住人には逮捕すると脅しをかけた。

続く数週間の間に、一部の地元住民がイスラム主義者に敵対する抗議活動を組織しようとしたが、町庁舎への道を阻まれた。アル・ムハジルーンはそれに先立ち、同じ町庁舎までデモをしていたにもかかわらずだ。また、アル・ムハジルーンはモスクで抗議のビラを配っても処罰されなかったが、イスラム主義者に敵対する地元住民はいかなる印刷物を配ることも警察に禁じられた。

批判の矛先は自国民へ

このダブルスタンダードに唖然とした人々が、その後の数週間の間に「イングランド防衛同盟（EDL）」と呼ばれる団体を結成した。以来、彼らは英国内の多数の都市で抗議活動を組織し、しばしば暴力沙汰を引き起こしている。「トミー・ロビンソン」と名乗る主宰者によれば、原因の一つはそうした抗議活動が惹きつける人々の性格にあった。しかし同時に、彼らの行く先々に「反ファシスト」を標榜するグループ（たいていは多数のイスラム教徒から構成されている）が現れ、暴力的な対決に打って出るからでもあった。

そうした「反ファシスト」グループは、いずれも首相を含む主要な政治家から支援を受けている。かつては反ファシスト集会を催し、そこでリー・リグビーの殺害犯の1人に演説をさせたこともあった。だがＥＤＬに関して何より重要なのは、その活動ではなく、彼らに対する当局者の態度だった。地方の警察にしろ自治体にしろ、中央の警察にしろ政府にしろ、ＥＤＬの側に一理あるとは終始一貫して考えなかったのだ。政府の上層部はＥＤＬに敵対するグループと手を結んだ。たとえそのグループ自体が過激主義や暴力に関与していてもだ。そればかりかＥＤＬを潰し、指導者を訴追するよう命令を下した。

ＥＤＬのリーダーは、あるケースでは仲間1人を連れてイスラム教徒の多いロンドンのタワーハムレッツ区を歩こうとしただけで逮捕されている。別のケースでは、抗議集会の終了時間が3分遅れたからといって逮捕された。当局は当初からあらゆる手を使って、ＥＤＬの指導者の活動を――不可能にはしないまでも――難しくさせた。ロビンソンはＥＤＬを創設した瞬間に、銀行口座を凍結されている。彼や肉親の家は警察の捜索を受け、ファイルやコンピュータを持ち去られた。ついには住宅ローンの不正が発覚。ロビンソンはそのかどで裁判にかけられ、有罪となって刑務所に送られた。(15)

それと並行して、イスラム主義者のグループからは絶え間のない脅迫があった。ＥＤＬの指導者たちはイスラム教徒のギャングに繰り返し襲撃されたばかりではなく、殺害まで企てられた。2012年6月、警察は6人のイスラム主義者を乗せた車を停止させた。車内には爆弾や銃身を切り詰めたショットガン、ナイフ、女王を攻撃するメッセージなどが積まれていた。男たちはＥＤＬのデモから戻る途中だった。そこでの襲撃を計画していたのだが、その日は参加者が少なかったために、デモが早めに終了していたのだ。一般の人々はＥＤＬが自ら襲撃を招いていると感じていたため、彼らにほとんど同情を寄せなかった。

ＥＤＬとイスラム教徒のギャングの出現によって自分たちの町に思わぬ注目が集まったことから、地元の議会は「ラブ・ルートン」と銘打つイベントを開催した。それは様々な料理や大道芸が楽しめる、ルートンの「多様性」と「多文化主義」を祝う祭典だった。

これと同じストーリーの様々な変形が、欧州の各地で繰り返された。ドイツのドレスデンでは、２０１４年に「ペギーダ（西洋のイスラム化に反対する愛国的欧州人）」を自称する運動が産声を上げた。彼らがしたことはＥＤＬや、欧州で人気を集めたその他の抗議運動とほぼ同じだった。急進的なイスラム教徒や大量移民には反感を表したが、移民全般には（特にペギーダの場合、合法的な難民申請者には）寛大であることを強調した。

ＥＤＬと同様、ペギーダのメンバーには少数民族や性的少数派も含まれていたが、メディアでそれが伝えられることはほとんどなかった。ペギーダが抵抗運動の中心に据えたのは、無計画なイスラム移民の受け入れに反対することと、サラフィスト（サラフィー主義者）をはじめとするイスラム過激派に反対することだった。

これもＥＤＬと同様に、彼らは反イスラムだけではなく反ナチスも創設時の信条として掲げていた。

そうした過去の悪夢とは当初から距離を置こうとしていたのだ。メディアではナチスとのつながりが始終取り沙汰されていたが、２０１４年12月にはペギーダの抵抗運動に参加する人々の数が１万人を超え、運動が全ドイツに拡散し始めた。

ＥＤＬの賛同者が英国の労働者階級にほぼ限られていたのとは違い、ペギーダは中間層の専門職を含むドイツの幅広い市民にアピールできたようだ。やがてこの運動は欧州の他の国々にも（参加者数はずっと少なかったが）広がっていった。

ドイツの当局者の対応は英国のそれと同じだった。世論調査ではドイツ人の８人に１人が「自分の町でペギーダのデモがあったら参加する」と答えていたにもかかわらず――あるいは、それだからこそ――ドイツは国を挙げてこの運動を抑えにかかった。最盛期には約１万７０００人がクリスマス直前の月曜日にドレスデンの街に出て、ペギーダの抗議活動に参加した。この抵抗運動に魅せられた人々の割合はドイツ国民全体から見れば比較的小さなものだったが、メルケル首相は異例にも、年頭のメッセージでペギーダのことに触れている。

２０１４年はドイツにとって異例の年だった。振り返れば２０１５年ほど異例ではなかったわけだが、それでも２０１４年の公式な難民申請者数（20万人）は、すでに2年前の約４倍に達し、20年ぶりの水準になっていた。

メルケルは年頭のメッセージを、そうした不安の元凶を攻撃することにではなく、不安を抱く人々を批判することに使った。「言うまでもありませんが」と、彼女は言った。「私たちはこの国に難民申請する人々を助け、受け入れます」。世界全体の難民の数は第二次世界大戦の終結以来、最も多くなっていると、メルケルははっきりと国民に告げた。そしてペギーダへの警鐘を鳴らした。メルケルに言わせれば、ペギーダのような運動は肌の色や宗教を理由に人々を差別するものなのだ。「ペギーダの指導者に従ってはなりません」と、彼女はドイツ国民に警告した。「なぜなら彼らの心は冷酷で、しばしば偏見や、憎悪にさえ満ちているからです」

次の月曜日、ペギーダはケルンで抗議活動を行った。ケルン大聖堂の当局は事前に、その集会に反対して照明を消灯すると発表した。そのほぼ1年後、大聖堂の照明がこうこうと照る中、ペギーダの参加者が歩くことも、立つことも、集まることも反対されたその同じ街路で、何百人もの地元の女性たちが移民たちによってセクハラを受けたり、レイプされたり、強盗被害に遭ったりすることになる。そのことの象徴性を思わないケルン市民はほとんどいないだろう。

問題そのものではなく、問題が引き起こす症状の方を攻撃するというこの悪癖には数多くの原因がある。中でも大きいのは、概して白い肌をした人々（彼らが労働者階級であるなら特に）を批判する方が、概して暗い色の肌をした人々（その背景に関わりなく）を批判するより遥かに容易だということだ。容易なだけでなく、批判が高尚なものにもなる。イスラム主義や大量移民を批判すれば、たとえそれがテロやレイプに対する批判であっても、人種差別主義や外国人嫌いや偏狭さの表れと受けとられかねない。どこから非難が——その当否は別にして——寄せられるかわからないし、それが道徳的なシミとなる可能性は常にある。

それに対して誰かを人種差別主義者やナチスと批判する側は、誰であれ反人種差別主義者や反ナチスとなり、いわば裁判官や陪審員の立場に身を置けるのだ。しかも彼らは異なる基準で証拠を審査する。

たとえばルートン・イスラミック・センターのアブドゥル・カディル・バクシュ議長は、地元の学校の校長も務めており、国会議員を含む政治家とも交流があるほか、「ルートン宗教会議」という宗教横断的なネットワークでは地元の役人と協力し合っている。一方で彼は、イスラム教がユダヤ教徒と1400年の戦争状態にあることや、理想の社会が来たら同性愛者は殺害されるであろうことを信じている。

彼はまた、窃盗犯の両手を切り落とすことや、姦通を行った女性がイスラム法の下でむち打たれることを擁護してきた。これらの事実はいずれも世間に知られ、あるいは容易に知りうることだが、それでも彼はのけ者にされたり、つまはじきにされたりはしていない。地元の警察が彼を逮捕する口実を捜して近親者の家を捜索するなどといったことは一度としてなかった。

それに対して、当局はトミー・ロビンソンが登場した瞬間から、彼が何をしようと「人種差別主義者」や「ナチス」というレッテルを貼りたがった。EDLや同種の運動が敵視するイスラム主義者は罪を犯したと判明しても無罪になり、彼らを敵視する側は無実でも有罪にされた。欧州の各国政府はイスラム主義者を有罪にすることは避けようとしたが、それに敵対する運動を有罪にすることには非常に熱心だった。

大半のメディアも優先順位は政府と同じだった。中でも驚くべきは、イスラム主義者に対する抗議運動内部の反ユダヤ主義を証明しようとした一方で、イスラム主義者が持つ反ユダヤ主義は無視したことだ。かくしてドイツの全メディアがペギーダの幹部やメンバーの反ユダヤ主義を証明しようと殺到したが、サラフィストをはじめとするイスラム主義者の反ユダヤ主義をかぎ出すこととなると、彼らの腰はドイツ政府と同様に重かった。ドイツ政府やメディアの一部が、特に中東からの移民の持つ反ユダヤ主義は問題かもしれないとようやく認め始めたのは、政府が２０１６年の移民の波を受け入れたあとのことだった。

政治の失態と大衆の失態

もっとも、これは単なる政治の失態ではなく、大衆の失態でもある。反ファシズムに関して言えば、今や西欧の大半で需要と供給の乖離があるようだ。すなわちファシズムに対する需要が、実際の供給を大きく上回っている。二度とファシズムの台頭を許すまいという反ファシズムの決意は、戦後政治の数少ない基盤の一つだった。ところが時を経るうちに、確信を持てるものがおそらく他になくなってしまったのだ。ファシズムが歴史の彼方へと遠のき、ファシストたちの姿が目に見えなくなっていくほど、反ファシストを自称する人々はファシズムを必要とするようになった。さもないと自分たちには政治的価値や意義があるのだという見せかけを維持することができないからだ。

ファシストでない人々をファシスト呼ばわりすることは、人種差別主義者でない人々を人種差別主義者呼ばわりすることと同様に、政治的に有効であることが証明された。どちらのケースでも、それぞれの用語は可能な限り拡大適用することが許された。そしてどちらのケースでも、そのそしりを受けた人々は大きな政治的・社会的な代償を支払うことになった。それでいて他人を不当に非難した側は、何ら政治的・社会的な代償を負うことはない。それは政治的・個人的な利点だけをもたらす、コストのかからない行動だったのだ。

それでも、それらとよく似た「反共主義」の熱気は西欧では長続きせず、あるいは「魔女狩り」と同類だと疑われた段階でお払い箱にされたことは留意すべきかもしれない。また欧州の反ファシストが必ずしも何もわかっていなかったというわけでもなかった。これは欧州の社会問題にもう一層の複雑さを加える事実だろう。

米国の場合、大衆的な抵抗運動は種類を問わず(移民やイスラム教に関係したものを含めて)、少し風変わりな人々やクレイジーな人々を呼び込みがちだ。しかし初期段階から(ましてや真っ先に)ネオナチが構成員になることはめったにない。

オランダの国会議員のヘルト・ウィルダースは、トルコのEU加盟を支持した自由民主国民党(VVD)から飛びだし、2004年に自らの新党を立ちあげた。その自由党(PVV)は初めて臨んだ2006年の総選挙で、オランダ国会の150議席中、9議席を獲得した。2016年の世論調査では、同党がオランダきっての人気政党であることが示されている。自由党公認の国会議員の数は次第に増えていったが、実際の党員は今日に至るまでウィルダースただ1人だ。同党が最初に結成された時点で、ウィルダース自身がそのことを明言していた。国民も自由党公認の国会議員も党員になることはできない。そのためにウィルダースは政府からの多額の交付金（政党の規模に応じて支給される）をもらい損ねてきた。

このようなやり方で自党を運営している唯一の理由を、ある時、彼は内々に説明したことがある。党員を公募などしたら、真っ先にオランダ在住のスキンヘッドが何人か入党してきかねず、そうなれば続いて入党しようとする人々が誰もいなくなるからなのだった。[16] 彼は一握りの本物のネオナチに国全体の政治的前途を台無しにさせるつもりはなかった。

このことは現代の欧州の根深い問題を示すとともに、こうした大衆運動にとっての深刻な難問となっている。同じような話は議会の政党でも、市中の運動でも繰り返されてきた。トミー・ロビンソンはEDLを立ちあげた直後に、国外に拠点を置く本物のネオナチが、英国に来て、運動を引き継ぎたがっていると聞かされた。ロビンソンは危険を覚悟でそれを拒絶し、その種の人々を運動から閉め出すことに多くの時間を割いてきた（それにより特に誉められたわけではなかったが）。これもあまり知られていないことだが、彼が2011年に暴行で有罪になったのは、本物のネオナチに頭突きを見舞ったことが原因だったという。

メディアや政治家がその運動は極右だと主張すれば、極右の人々が集まるのは当然だろう。[17] たとえその主宰者たちがそうした人々を真摯に運動から排除しようとしていたとしてもだ。しかし欧州の国々に、本物の人種差別主義者やファシストによる小規模な運動が存在するのもまた事実なのだ。

これらすべては欧州にとっての数々の疑問を提起する。大量移民がもたらす結果に異議を唱える人々は、短期的には人種差別主義者、ナチス、ファシストなどと呼ばれて、議論の現場から排斥された。そう呼ばれた人々の少なくとも一部は不当にそのレッテルを貼られたのだと認められると、今度は、それは支払うに値する代償なのだと考えられた。だが政界のエリートやメディアが政治的な埒外に置こうとしてきた見解が、実際には過半数の国民の見解だったと判明した時、果たして彼らはどう行動するのだろうか？

第15章

バックラッシュとしての「第二の問題」攻撃

「人道主義の超大国」スウェーデンの罪悪感

解答を導く一つの道筋は、大量移民とそれがもたらす否定的な影響に異議を唱える「普通の」人々の言動を考慮することだろう。そのような懸念を表明するのにふさわしい運動とはどのようなものだろうか。そこに労働者階級の人々が参加することは許されるのだろうか。関係者全員が大学の学位を持つべきだろうか、それとも大卒でない人々も「ナチス」になることなしに自国の向かう方向を案じることができるのだろうか。

2014年にメルケル首相は自らそのプロセスを開始することもできた。新年のメッセージの中で、ペギーダの心は冷酷だと非難する代わりに、サラフィストなどの過激派こそ最も恐るべき冷酷さを心に抱えていると、ドイツ国民に告げることができたはずだ。それはドイツ人が世界の難民すべてを遠ざけることなしに、答えを見出さなければならない問題なのだと。

ドイツ政界のエリートたちは、近年創設された「ドイツのための選択肢（AfD）」に対しても同じ反応をした。AfDの政見とその支持者を攻撃する一方、AfDの懸念を生みだす原因は増大するに任せるというのが、彼らの短期的な政策だった。しかし懸念を表明する人々をことごとく攻撃し、その原因に対処することや、何らかの方法で押しとどめることをしないのは——つまり第一の問題ではなく、第二の問題を攻撃するのは——近年の欧州人の習性になっている。それはまた来たるべき大問題の前兆でもあった。

欧州の主要なメディアは同じ悩みを抱えている。ラシュディに対するファトワやデンマーク紙の戯画、『シャルリー・エブド』誌の教訓から多くを学んだ欧州のメディアは、イスラム教の問題を詮索すれば世評ばかりか身体にまで危険が及ぶことを知っているのだ。そこで彼らは、その種の問題では「良識派」の盾の背後に隠れ、常に取りあげやすいテーマに立ち戻る。「極右の台頭」などは特にジャーナリズムに好まれる表現なので、2000年代の英国のように極右が衰退している場合でも、メディアでは極右が台頭していると伝えられた。

力強い表現には、しばしばさらなる強調が加えられる。たとえば右翼や極右が「躍進中」などと書かれるのはその一例だ。「極右が欧州全土で躍進」などとする見出しは、記事にされた人々が右派であろうとなかろうと、近年見境もなく使われてきた。作家のマーク・スタインはピム・フォルトゥインが台頭した2002年に「ゲイの大学教授が躍進中」という一文を著したが、そこには同じ響きはない。(1)

一方には、欧州人の間に人種差別主義が横行しているとする妄念も存在するため、毎日のニュースはそのような問いかけに満ち満ちている。欧州のどこで、どんな普通の1日を無作為に選んでも、2016年夏にオランダの日刊紙『フォルクスクラント』の1面に載った「オランダはどれほど人種差別主義的か?」に類する見出しが目に入る。(2)答えはたいてい「かなり」であり、移民の統合や同化の失敗の責任を真っ向から欧州人に負わせる内容だ。欧州人は自らの身に降りかかっていることで非難され、異議を唱える正当な権利を否定され、多数派の見解は単に危険なものであるばかりか、傍流のものであるかのように見せかけられる。

この実験を試みている欧州のあらゆる国々の中でも、特に興味深いのはスウェーデンだ。この国の政界とメディアには、欧州のどの国よりも厳格なコンセンサスが形成されている。それにもかかわらず、あるいはそれゆえに、この国の政治はどこよりも変転の速度が速い。

一見すると、スウェーデンの状況は他の欧州諸国と異なるかに見える。2015年に人口比でドイツに匹敵する移民を受け入れた唯一の国であるスウェーデンは、ドイツと違ってのしかかる歴史の重みを感じてはいないようだ。むしろこの国のエリート政治家たちは、自由で情け深い「人道主義の超大国」として自国を提示している。人口1000万人にも満たないこの欧州北端の国は、手厚い社会保障支出と高い税率、高度な生活水準で有名だ。しかし移民によってスウェーデンが直面した問題は、他のどの国とも変わらない。

欧州のあらゆる国がそうであったように、スウェーデンも第二次世界大戦の直後に移民労働者を受け入れ始めた。東欧が共産化していた時代にはたびたび難民の波も受け入れており(特に1956年と68年)、多くのスウェーデン人は単に彼らを迎え入れただけではなく、同化に成功したと確信していた。世界中の難民申請者にとっての安住の地というスウェーデンの世評は、この時期を通じて大いに高まり、他国から見たスウェーデンのイメージはもちろん、スウェーデン国民の自国観をも輝かしいものにした。

しかし水面下にはもう一つの真実が隠されている。一見するとスウェーデンは掛け値なしの善意から移民を受け入れているように見えるが、実はこの国の社会にも、他の隣国よりもとらえにくい形で「欧州の罪悪感」が脈打っているのである。植民の歴史は最小限であったため、スウェーデンには深刻な植民地主義者の罪悪感はない。また第二次世界大戦では中立を貫いたため、軍事行動に対する罪悪感にさいなまれることもない。だが、それにもかかわらず罪悪感は長年つきまとっている。

スウェーデンは自国の中立性を高い道徳観の見本として挙げるが、1940年代から遠く離れるほど、その熟慮した中立性は恥ずべきものに見えてくる。そしてスウェーデンが口で言うほど中立を保っていなかったことも明らかになる。隣国ノルウェーが占領されていた時期に、ナチスと軍需物資を乗せた列車が自国領内を通過するのを認めたことばかりではない。スウェーデンはナチスの戦闘継続を可能にする原材料を、ドイツに供給していたのである。

終戦直後にはスウェーデンの自国観をさらに損ねるできごとが起きた。ソ連と戦ったバルト三国からの亡命兵士を引き渡したことは、小さいながらも重要なエピソードだった。スウェーデン人はこの時、難民を送還するのは初めから受け入れないのと同等の道徳的汚点になること、一方でひとたび受け入れた難民をとどめ置くことは純粋な善行になることを、教訓として学んだのだ。あるいは、しばらくの間、そう思っていた。

世界の難民申請者に安住の地を提供できるというスウェーデンの誇りが揺らぎ始めたのは、バルカン半島の戦乱を逃れた難民を数万人単位で受け入れた1990年代のことだった。この時の難民は初めて重要な社会問題をもたらした。ボスニア人のギャングが日常的にスウェーデンのニュースをにぎわすようになったのだ。

このような警戒すべき予兆があったにもかかわらず、21世紀の最初の15年間、移民の受け入れペースは急激に加速した。人口の急増（移民による人口の増加を含む）は、公共サービスに恒常的に負荷をかけた。公式数値によれば、１９６９年に８００万人だった人口は、２０１７年までに１０００万人に到達し、現状のペースで増え続けると２０２４年までに１１００万人になると予想されている。そうだとすると、スウェーデンは２０２０年までに年間７万１０００戸、合計で42万６０００戸の住居を新設しなければならない。[3]

スウェーデンの一般国民は、エリート政治家と同様に、常に移民に賛成してきたと思われている。しかし事実が示唆するところは別だ。１９９３年に『エクスプレッセン』紙がスウェーデン政治の一大タブーを破り、国民の現実的な見解をとらえた稀少な世論調査を公表した。「奴らを放り出せ」という見出しを掲げて同紙が報じたのは、スウェーデン国民の63％が移民を祖国に帰らせたがっているという事実だった。同紙のエリク・モーンソン編集主幹は記事の本文にこう記した。

「スウェーデン国民は移民政策や難民政策に関して確たる意見を持っている。権力者の意見はそれと正反対だ。これでは筋が通らない。これは今にも爆発しようとしている意見の爆弾だ。だから私たちは今日からこのことを書いていく。ありのままを伝えるつもりだ。この紙面で。爆弾が炸裂する前に」

まるで彼が言わんとしたことを証明するかのように、この世論調査は『エクスプレッセン』紙のオーナーが編集主幹の解雇に踏み切るという結果を招いただけに終わった。

性的被害を隠蔽するメディア

2000年代にスウェーデンへの移民が目に見えて膨張し始めた時、公的な議論は均質なエリート政治家だけではなく、政治的に均質なメディアによっても抑制された。おそらく欧州の他のどの国よりも、スウェーデンのメディアは移民に関する議論を軽蔑し、危険視しているのだ。スウェーデンのジャーナリストが共感する政党を調べた2011年の調査によれば、ほぼ半数（41％）が緑の党に共感していた。それに迫るのは左翼党（15％）、社会民主党（14％）、リベラル保守の穏健党（14％）のみ。スウェーデン民主党への共感を表明したジャーナリストはわずか1％と、誤差の範囲内だった。(4)

ところがジャーナリズムのエリートたちからこれだけ嫌われた政党が、2016年の世論調査では支持率トップになっている。彼らがいかにしてここまでになったかの物語は、現代の欧州が抱えるジレンマの一つの断面図として読み取れるだろう。1980年代に結党された時、スウェーデン民主党は議論の余地なく国家主義的で人種差別主義的な政党だった。白人至上主義を唱えるものを含めた欧州各国の極右勢力と連携し、それに沿った政策を掲げた。彼らは英国で英国国民党が見られていたのと同じような目で見られ、政界でいかなる影響力を持つこともなかった。

1990年代に入ると意識的に党を改革する努力が行われ、ネオナチ運動に関わっている人々は排斥された。続く2000年代には70年代生まれを中心とする4人の若者たちが、スウェーデンの現状を打破する方策を模索した。

ジミー・オーケソンとその仲間たちには、新党を結成するか、既存の政党を乗っ取るかの選択肢があった。後者を選んだ彼らは、2000年代を通じてスウェーデン民主党から極右分子を排除し、国家主義的ではあるが人種差別主義的ではない政党に作り替えた。だが彼らを賞賛する声はなかった。メディアや他党の政治家は引き続きスウェーデン民主党を「極右」「人種差別主義者」「外国人嫌い」と呼び、彼らをネオナチ扱いし続けた。

2010年の総選挙で5%を超える票を集めた同党は、初めて国会に議席を得た。他の政党は度を失い、新人議員をのけ者にした。彼らといかなる取り決めを結ぶことも、協力することも、果ては言葉を交わすことも拒否したのだ。

しかしその総選挙以降、スウェーデン民主党が提起した移民とアイデンティティの問題は重大な関心事となる。スウェーデンはその時までに他の欧州諸国と同じ症状を経験していた。それもどの国よりもひどいと言われるほどにだ。同国の自己否定の文化はとりわけ強力だった。保守系の穏健党に所属するフレドリック・ラインフェルト首相は、2006年に「蛮行《バーバリズム》だけが純粋にスウェーデン的なものだ。そこから発展したものはすべて外部からもたらされた」と公言した。

スウェーデンの教会も主流の政治家の見解をことごとく補強している。たとえばスウェーデン国教会のアンチェ・ジャケレン大監督は、移民政策においては「キリストその人も難民だった」ことに留意しなければならないと主張した。

容易に予測できることだが、この時期のスウェーデンではユダヤ教徒に対する襲撃事件が爆発的に増加した。かつてはユダヤ教徒の安息の地だったマルメ市内で、イスラム教徒の移民人口が増加するに連れ、ユダヤ教徒は減少し始めた。ユダヤ人墓地の礼拝堂をはじめとするユダヤ教徒の建物が焼かれた。同市のユダヤ人の数が1000人を割り込んだ2010年には、ユダヤ教徒の10人に1人がその1年間に嫌がらせを受けていた。ついにはユダヤ教徒でない住民が、キッパを身に着けたユダヤ教徒を礼拝やその他の地域行事にエスコートするようになった。

他国と同じ警報が出ていたにもかかわらず、2010年以降、スウェーデンへの移民は急激に加速する。世界中の潜在的な移民がスウェーデンを特に望ましい土地と見ていた。新たな移民に住宅や食料が支給されただけではなく、何より魅力的な家族の呼び寄せ制度があったからだ。

2014年の選挙でスウェーデン民主党は得票率を2倍以上の約13％まで伸ばし、国会の第三党となった。誰もが展開を見越したとおり、スウェーデンのメディアは同党の物語に花を添えたり、その支持を強化したりする可能性のあるニュースを一切伝えなかった。その結果は予想どおり悲劇的なものだった。

2014年夏、「我らはストックホルム」と題する恒例の音楽祭が開催された。ところがその会場で、14歳を含む数十人の少女たちが、主としてアフガニスタン出身の移民の集団に取り囲まれ、性的嫌がらせやレイプの被害を受けた。地元の警察はそのことを隠蔽し、5日間の音楽祭に関する報告書に何ひとつ書かなかった。有罪になった者はなく、メディアもレイプに言及することを避けた。移民の一団による計画的なレイプ事件は、2015年にストックホルムやマルメなどで開かれた音楽祭でも同じように発生している。

数字を見れば歴然だ。1975年にスウェーデンの警察に届け出のあったレイプ事件は421件だったが、2014年には年間6620件まで増加した(5)。人口比でのレイプ発生率を見ると、スウェーデンはレソトに次いで世界で2番めに高くなっている（2015年）。

スウェーデンのメディアはこうしたニュースを報じる際に、意図的に誤報を伝えた。たとえばストックホルムからフィンランドのトゥルクに向かうフェリーの船内で少女が集団レイプされた際には、実際にはソマリア人たちの犯行だったにもかかわらず、犯人は「スウェーデンの男性たち」だと報じられた。

近隣国でも事情は同じだ。2016年にデンマークで公表された研究によれば、ソマリア人男性はデンマーク人男性の約26倍もレイプを犯しがちだった（年齢を調整した数値(6)）。しかしスウェーデンであれ他のどの国であれ、メディアがこの話題に触れることはなかった。

黒字国から赤字国へ

2015年の大晦日にケルンで大勢の女性が襲われ、さらにその隠蔽スキャンダルが発覚して初めて、ようやくスウェーデンのメディアも音楽祭などで何年も前から発生していた事件のことを伝え始めた。数多くのウェブマガジンやブログの働きによって、ついにスウェーデン警察の隠蔽が暴露されたばかりではなく、メディアによる隠蔽までもが白日の下にさらされたのだ。

こうしたできごとが展開されている間にも、日々新たな移民は到着していた。ラインフェルト首相は2014年8月に、これほどのペースで難民申請者が入国して来るようなら「他のことはあまりできなくなるだろう」と認めている。「しかし」と、彼は政策の変更を拒んだ。「彼らは命を守るために逃れてくる人々なのです」

その後に首相を退任したラインフェルトは、同年のクリスマスイブにテレビのインタビューに応じた。彼はその中で、スウェーデン人には「面白みがなく」、国境は「仮想的な」概念であると論じた。さらにスウェーデンは、そこに何世代も住んできた人々ではなく、より良い人生を送るためにそこにやって来た人々のものであると述べた。

そのような水準に照らしてさえも、スウェーデンが2015年に被った経験は、同国史上で未曾有のものだった。メルケル首相の演説後の2015年9月には、数日間で1万人もの人々がスウェーデンに入国。この国は一時的にほとんど麻痺状態になった。同年だけで16万3000人が難民申請を行ったが、他にも数知れない人々が入国し、痕跡もなく姿を消した。

マルメの共同住宅の住民たちは、共用の洗濯室に移民が住みついているのを発見した。この都市は元々、国内のどこよりも税基盤が貧弱だった。ローゼンゴードなどの地区ではすでに移民でない住民は数少なく、一部の地区では15%の住民しか就業していない。それでも、そうした地区は特に不快とは言えない。欧州の他の労働者階級居住地区と比べても必要なものは提供されているし、住民のほとんどが移民に変わってしまうまでは多くのスウェーデン人労働者が金をため、そこに家を買っていた。

しかし移民が同化する見通しは暗いものだった。２０１５年が巡ってくる前でさえ、ローゼンゴード地区の学校では14年間にわたり、スウェーデン語を第一言語とする子どもが１人もいなかった。また救急隊は警察の護衛なしでこれらの地区に入ることを拒んでいた。なぜなら救急車や消防車が住民に襲われたからだ。

一部の都市に移民が集中するのを警戒し、スウェーデン当局は２０１５年に別の戦術を試みた。新たな移民を遠隔地、特に国土の北部の町村に住まわせることにしたのだ。ソレフテオ地方の村ウンドロム（人口85人）には２００人の移民が送られた。カールスハムン地方の村トレンスム（人口１０６人）には３００人が送られた。他の遠隔の村々も一夜にして住民数が3倍になった。もちろん移民たちは、そのような隔絶された聞き慣れない土地で暮らすためにスウェーデンに来たのではない。警察はしばしば移送用のバスから彼らを引きずり出さなければならなかった。

それでもスウェーデンの政治家は、我が国には移民を収容するスペースがたっぷりあると言い続けた。しかし移民政策を加速させてみると、彼らはそこに潜む落とし穴に気づいた。翌年の予算では、移民にかかるコストが約５０４億スウェーデン・クローナになると予想されたのだ。しかもこれは直接的な費用のみであり、実際にかかる費用の一部でしかない。比較の対象として挙げておくと、２０１６年の司法省の予算は４２０億クローナ、防衛予算は４８０億クローナだった。この点でスウェーデンはまれに見る国なのだ。世界経済が低迷していた時期には、スウェーデンは黒字予算を組むことができていた。

ところが世界経済が成長に転じた今、スウェーデンは赤字国となった。

彼らは本当に「極右」なのか

このような現実に直面した頃、移民政策を正当化する最も明白な人道主義的事由も崩れ始めた。2015年に新たに到着した移民の中には、身分証明書類も持たず、同行する大人もいない未成年者がとりわけ多かった。その中には子どももいたが、ソーシャルワーカーたちの話によると、そうした〝子どもたち〟の5人に3人ぐらいは1月1日生まれだと話すという。それにもちろん彼らの圧倒的多数（92％）は男性だった。たとえその意味するところが明白であったとしても、それらの事実は無視するというのがスウェーデン当局の方針だった。

しかし2015年8月、難民申請を却下された男がベステロス市にあるイケアの店内で2人のスウェーデン人を刺殺した。その後の数カ月のうちに、一部のスウェーデン国民の忍耐が切れ始めた。2015年10月にはムンケダルやルンドなど、スウェーデン各地にある10カ所ほどの難民センターが地元住民に放火された。政府はそれ以降、そうした施設の所在地を明かさないことにした。だが翌年1月に若い女性のソーシャルワーカーが、子どもだと偽っていた移民（実は成人と判明）に難民シェルターで刺殺されると、国民感情はさらに悪化した。

いわゆる「ノー・ゴー・ゾーン（「立ち入り不能地区」といった意味合い）」の問題は大きな議論になった。

当局者はスウェーデン国内に官憲が立ち入れない地区はないと懸命に否定したが、そうした地区で日常的に暴力にさらされていた住民や救急隊員は、その実在を知っていた。

同年8月、英国バーミンガムからヨーテボリの親戚を訪ねてきていた8歳の少年（家族はソマリア出身）が、ギャングの絡んだ手投げ弾の攻撃で死亡した。同市ではその1年前にも車載爆弾で3歳の少女が命を落としており、この種の移民ギャング団の暴力事件が日常茶飯事になっていた。2016年には、スウェーデンの警察官の8割が辞職を考えていることが明らかになった。無法化が進む移民地区での職務には、大きな危険が伴うためだ。

他国と同様に、スウェーデンの政府とメディアも、移民のほぼ全員が医者や学者だと伝えていた。だが実際には言葉も理解できない大量の非熟練労働者が、非熟練労働者をほとんど必要としない国に移入されていた。政府が不承不承、入国手続きを厳格化する間にも、政界や地域社会の指導者たちは、国境は存在すべきではない、移民は際限なく受け入れられると言い続けた。国教会のジャケレン大監督も、キリストは政府の移民制限を承認されないだろうと主張した。

2016年夏のスウェーデン訪問中、私は同国中部のベステロスで開催されたスウェーデン民主党の地域大会を訪ねた。集まった数百人の党員は、まるで学術会議のように一日中スピーチを聞いていた。党幹部たちは党員と親しく交流する。全員が国家主義者であることは合意のうえだったが、人種差別主義や過激主義を思わせる様子は毛ほども見られなかった。党員と幹部は、政府の移民政策をいかに食い止めるかについて大いに論議した。だが全体に年若い党幹部たちは、個別の会話でも壇上のスピーチでも、驚くほど謙虚だった。

誰かと個別に話す時に彼らが聞きたがったのは、自分たちと同じように大量移民に反対しているビクトル・オルバンらの欧州の指導者たちのことを、相手がどう思っているかだった。彼らの評判はどの程度なのか？　誰が盟友で、誰が実際には「過激主義者」なのか？　スウェーデン内外のメディアは依然としてこの政党を「極右」「ファシスト」と呼んでいたが、彼らは本当の極右やファシストのことを、他の誰にも劣らないほど憂慮しているように見えた。

彼らの見解がどうあれ、この政党の最近の躍進は驚くに当たらない。人口構成が急激に変わったために、この国の政治も急激に変化した。自身がクルド系のイラン移民であるスウェーデンのエコノミストのサナンダジ博士によれば、１９９０年には非欧州系の移民はスウェーデン人口のわずか３％だった。２０１６年にはその数値が13～14％に増大し、しかも年率１～２％ずつ上昇していた。スウェーデン第三の都市マルメでは、スウェーデン民族ではない人々がすでに人口の半分近くを占めている。サナンダジ博士によれば、現在の世代の間に他の各都市もそのあとを追い、スウェーデン民族はすべての主要都市で少数派になるのだそうだ。移民のため、そして移民の出生率の高さのため、さらに移民が優位になった地区からスウェーデン民族が出ていくためである。

スウェーデン人の意識調査で非常に興味深いのは、いわゆるホワイト・フライト（都市に住む白人中間層の郊外脱出）が進んでいる間にも、平均的なスウェーデン人は依然として、多文化主義的な地区に住むことは大切なことだと答えていることだ。実際にその〝多文化主義的〟な地区から移転した人々は、

そう答える割合が特に高率になる傾向がある。(7)

他の欧州諸国と同様、スウェーデンでも、国民が考えていることと、考えるべきだとされていることとの間には明確なギャップが存在するのだ。そして欧州人の意識が、速度はまちまちながらも同じ方向に向かい続けている一方で、政治指導者たちはそうした意識を一層速く変化させるような決断を下し続けている。スウェーデンはそのトレンドの極端な一例に過ぎない。

欧州の政治的・社会的地盤が動いていたのに、欧州の指導者たちは同じコースを変わることなく進み続けた。２０１６年夏にはトルコとの取り決めによってギリシャ・ルートの移民は鈍化したが、その結果、イタリアに入国する移民が急増した。同年８月、イタリアの沿岸警備隊はリビアのサブラタからのわずか20キロほどの海域で40回以上もの救助任務を実行し、１日６５００人もの移民を助けている。主としてエリトリア人とソマリア人からなる移民船の乗客たちは、救助されると歓声を上げた。

この頃にはもう、密航業者はランペドゥーサ島との中間地点にすら到達できない程度の燃料しか移民船に補給していなかった。その前に欧州の救助艇に発見されるとわかっていたので、そうした救助艇にたどり着ける程度の燃料だけを入れたのだ。そこからは欧州人が引き継いでくれた。(8)

政治家たちは同じ誤った政策を追い続け、さらに多くの移民を受け入れた。しかし欧州の全域で、国民の意識は変わり始めていた。メルケル首相の高邁な演説から１年もたたない２０１６年７月、ある世論調査によって、「ヴィルコメンスクルトゥーア（歓迎文化）」という考え方や、大量移民の受け入れ続行に依然として賛成しているのは、生粋のドイツ人の３分の１以下（32％）だと判明した。ドイツ人の3分の1はこの国の将来が移民によって脅かされると回答。同じく3分の1が、移民の大多数は本当の難民ではなく、経済移民だと信じていた。

2016年夏にドイツで初の自爆テロなどが起こる前から、ドイツ人の半数は移民流入の結果としてのテロリズムを強く恐れていた。おそらく最も興味深いのは、外国生まれのドイツ人でさえ41％しか大量移民の継続を望んでおらず、28％は受け入れを完全にやめるよう願っていたことだろう。言い換えれば、メルケルの移民政策は、移民からの賛同さえ得られなくなっていたのだ。[9]

その翌月には、一時は75％（2015年4月）あったメルケルの支持率が47％まで低下した。[10] ドイツ人の過半数は、今や自国の首相の政策に賛同していなかった。9月にはポンメルンの地方選で、メルケルの所属政党が、結党わずか3年めの「ドイツのための選択肢（AfD）」の後塵を拝し、第三党に転落する。

メディアはその選挙結果を地震になぞらえたが、実際には小さな身震い程度のものであり、必ずしも主要な変化を表すものではなかった。欧州の大衆はそれが始まった瞬間から、大量移民には反対していたのだ。ところが政治指導者たちは、左右を問わず、その事実を思案することも、結果的に政策を変えることもしなかった。メルケルがプロセスを加速させたのは確かだが、それは欧州が何十年間も続けてきたことの一環に過ぎなかったのだ。

こうしたすべてのことの影響は、時として驚くほど明確になった。市民がクリスマス前の最後の買い物にいそしむ2016年12月19日、24歳のチュニジア人、アニス・アムリがポーランド人の運転手を殺してトラックを強奪。西ベルリンきっての繁華街クーアフュルステンダムのクリスマス・マーケットの雑踏に突っ込む。暴走トラックは12人を死亡させ、大勢を負傷させた。

トラックを乗り捨てたアムリは、今度は欧州をまたにかけた逃走に転じた。この大陸きっての手配犯だったにもかかわらず、まず彼は首尾よくオランダに渡航。続いて非常事態宣言から2年めと警戒怠りないはずのフランスに入国し、まんまと縦断する。続いてイタリアに渡ると、ミラノで2人の警官に身分証明書の提示を求められた。銃を取りだしたアムリは、片方の警官を撃つも、もう片方に射殺された。

このテロの前にＩＳＩＳに忠誠を誓っていたアムリは、２０１１年にランペドゥーサ島に着いた移民だったことが明らかになった。イタリアへの居住願いが不許可になったあと、彼は政府提供のシェルターに放火してシチリア島で服役。釈放後の２０１５年にドイツに渡り、少なくとも9つの名前で難民申請を出していた。域外の国境管理が緩く、域内の国境が存在しない欧州のシステムは、アムリには好都合だった。ベルリンのクリスマス・マーケットの買い物客にとっては、同じシステムがむしろ裏目に出た。

こうした大勢の犠牲者の出る惨劇が大ニュースとなり、欧州のメディアを短期間にぎわせる一方で、欧州大陸は全体として休むことなく変化していた。うち続く大量移民と、移民の出生率の高さ、そして生粋の欧州人の出生率の低さから見て、現行の変化が今後も加速する一方であることは確実視された。

ドイツ国民はメルケルの政治生命とて永遠ではないことを、世論調査で示している。しかしメルケルは欧州大陸を変容させ、社会全体を変えることを助長していた。その影響は今後何世代にもわたって及びかねなかった。

第16章

「世俗後の時代」の実存的ニヒリズム

例外だった啓蒙思想の欧州社会

敵が何かに感づいている時には、その事実を認めた方がいい。今日、欧州文化や欧州文明に敵対する人々は、我々に数々の批判を投げかける。たとえば欧州の歴史は飛び抜けて残酷だったと。実際には他のどの文明と比べても残酷さの度合いが勝っていたわけではなく、むしろ多くの文明よりもその度合いは小さかったのだが。彼らは欧州が自分自身のためだけに行動するとも主張する。しかしこれほど自分自身を弁護することに不熱心だったり、批判者の意見を進んで聞き入れたりする社会が歴史上に存在したとは思えない。それに欧州は、自己批判や自らの不正行為の記録を極めてオープンに行い、それによって最大の批判者すらも利してしまうという地球上で唯一の文化でもある。

ただ、ある一つのことに関しては、我々の批判者は確かに何かに感づいているのかもしれない。彼らはその正体をうまく特定できていないし、特定したら考えうる限り最悪の処方箋を書くだろう。しかしそれは特定するに値する問題ではある。特に我々が答えを見出すためには。

その問題は、感得するのはたやすいが、証明するのは難しいという代物だ。しかし、こんなふうに説明できる。現代のリベラルな民主国家での人生はある程度浅薄であり、とりわけ現代の西欧での人生は目的意識を欠いているのだと。我々の人生が丸ごと無意味だというわけではないし、リベラルな民主主義なればこそ与えられる各人それぞれの幸福を追求する機会を我々が空費しているということでもない。日々の生活の中では、大半の人々が家族や友人やその他の多くのものから、深い意味や愛情を見出しているはずだ。

しかし疑問は残る。それは我々の一人ひとりにとって常に中心的な疑問だった。それはまたリベラルな民主主義それ自体では答えられず、答えることも想定されていなかった疑問だった。

「私はここで何をしているのか？　私の人生は何のためにあるのか？　人生にはそれ自体を超えた目的があるのか？」。これらの疑問は常に人類を駆り立ててきた。我々はいつだってそれを問うてきたし、今も問うている。しかし西欧人にとっては、何世紀も抱き続けてきたこれらの疑問に対する答えがすでに尽きたように思える。そのことは喜んで認めるが、我々自身の物語が尽きたにもかかわらず、我々がなお同じ疑問を抱えているのだと認めるのはそれほど喜ばしいことではない。昨今ではそうした疑問を問うことすら、何かマナー違反のようになってしまった。それに応じて、その種の疑問を問える場は——ましてや答えが得られる場は——少なくなり、答えを得ようという気概もしぼんだ。人々がもはや教会で答えを探さないのなら、彼らがたまに訪ねる美術館や読書クラブで十分な意味を見出せるよう祈るしかない。

ドイツの哲学者ユルゲン・ハーバーマスは２００７年にこの問題の一側面に取り組み、ミュンヘンのイエズス哲学学校で「失われていくものの意識」と題する討議を主宰した。彼はそこで「世俗後の時代」の核心に存する欠落の正体を特定しようとしたのだ。ハーバーマスは１９９１年にチューリッヒの教会で友人の追悼式に参列した時のことを話した。友人はその式についての指示を遺しており、指示はきっちりと守られた。棺が置かれ、2人の友人が弔辞を述べる。しかし聖職者はおらず、祝福もなかった。遺灰は「どこかにまかれる」ことになっており、「アーメン」の唱和もなし。不可知論者だったその友人は、宗教的伝統を拒絶したのと同時に、非宗教的な物の見方が成功に至らなかったことも公然と示したのだった。ハーバーマスは友人の考えをこう代弁している。「開明的な現代は、人生を終わりに導く最後の通過儀礼のやり方においても、宗教的なそれの適切な代替法を発見できずにきた(1)」

ハーバーマスの友人が投げかけた難題は、現代の欧州に住む我々の周囲で密やかに聞かれるものだ。疑問に対する答えが出されないままになることの帰結もまた然り。我々がこの議論に慎重なのは、おそらくもはや答えの存在を信じておらず、「好ましいことが言えないなら何も言わない方がいい」という古い格言を地で行くことにしたからだろう。あるいは我々の社会に潜む実存的ニヒリズムに気づいていながら、そのことに当惑を覚えているということもあるのかもしれない。どんな説明を加えるにせよ、この数十年の間に欧州で進行し、ここ数年で幾何級数的に加速した変化の意味するところは、もはやそれらの疑問を放置してはおけないということだ。人生やその目的に対する考え方がまったく異なる――それどころかぶつかり合う――大勢の人々がやって来るということは、それらの疑問に新たな緊急性が加わるということを意味する。その緊急性を生みだす一番の要因は、社会は自然界と同様に空白を嫌い、何らかの方法で空白を埋めるものだという確信である。

主流の政治家たちも、ある種の懸念が水面下で湧きあがり、それらすべての疑問に緊急性を加え始めたことを、時に認めることがあるようだ。ただしその認め方たるや、ひどく疲弊した、運命論的諦念を感じさせるものとなっている。たとえばブリュッセルでの同時テロから1カ月を経た2016年4月25日、ベルギーのクーン・ヘーンス法相は欧州議会の司法・内務問題特別委員会で、欧州在住のイスラム教徒は「極めて近いうちに」キリスト教徒の数を追い抜くだろうと語った。「欧州は気づいていませんが、これは事実です」と。

彼の同僚のヤン・ヤンボン内相は、ベルギーにいる70万人強のイスラム教徒の「圧倒的多数」はベルギーの価値観を共有しているとしながらも、「私が1000回も口にしてきたとおり、絶対にしてはならないのはイスラム教を敵に回すことです。それこそは私たちがなしうる最悪の行動です」と付け加えた。

こうしたことの背景には、当面の米国を含む他の社会とは違って、欧州においてはすべてが容易に変わりうるという感覚がある。英国の哲学者ロジャー・スクルートンが語ったように、何年も前にキリスト教の岸から流れに漕ぎ出した我々の社会は、完全に寄る辺をなくしたり、まるでなじみのない岸辺に打ち上げられたりする可能性が十二分にあるのだ。いずれにせよ、我々の社会の水面下には、大変な不安を誘う疑問が休眠していた。それらが今ほど急速に変化し始める前からだ。

たとえばエルンスト＝ヴォルフガング・ベッケンフェルデが1960年代に提示したこんなジレンマがある。「自由で世俗化された国家は、それ自体が保証することのできない規範的な前提を基盤に存立するのか？」(2)

我々の社会においては、このような疑問が提起されることすらまれだ。おそらく我々は答えが「イエス」であることを察知しているのだが、仮にそれが事実であるとしたら、いったいどうしたものかがわからない。欧州人の自由《フリーダム》や解放《リバティ》が例外的なものであり、実は自分たちが置き去りにされたという信念から生じるものであるとしたら、我々はどうしたらいいのやら。

一つの答えは——20世紀末の欧州ではこれが優位を占めていたわけだが——歴史を否定し、自分たちが手にしたものは当たり前のものだと言い張り、人生だけでなく文明の悲劇的な事実も忘れることだった。知性と教養ある人々は、自分たちが育った文化を支えたり守ったりすることなく、むしろ否定し、攻撃し、おとしめることを自らの義務だと心得ているかに見えた。新たな異国趣味が絶えず我々の周りで芽生えた。「我々は自分自身のことは悪く思っているかもしれないが、それ以外のすべての人々のことはとびきり良く思うつもりだ」とばかりに。

やがて2000年代のある時点で、世論の風は最初は緩やかながらも逆方向に吹き始める。人々は反逆者や反体制派が戦後の数十年間に示唆していたことを肯定し始めた。そして西洋のリベラルな社会は、実はその源流となった宗教に何かを負っているのかもしれないと渋々ながら認め始めた。そうなったのは証拠が変わったからではない。証拠はずっとそこにあった。変わったのは、今や我々の間で増大しつつある異文化が、我々のすべての情熱や偏見、仮定を共有しているわけではないという意識が広がった点である。

現代の欧州で信じられ、実践されてきたことは当たり前のものなのだという振りをする試みは、繰り返し打撃を被った。あちらではテロ攻撃、こちらでは名誉の殺人、別の場所では戯画という具合に驚愕すべき学びの時を経験したことで、我々の社会にやって来る人々全員が必ずしも我々の見解を共有していないという意識が膨らんだ。彼らは両性の平等に関する我々の見解を共有していなかった。道理は天啓に勝るという我々の見解を共有していなかった。そして自由と解放に関する我々の見解を共有していなかった。言い換えれば、古代ギリシャとローマから生まれ出で、キリスト教に影響を与えられ、啓蒙思想の炎によって精錬された欧州社会は、極めて特別な相続遺産だったと判明したわけだ。

多くの西欧人はこの真実とそれが意味するものに長年抵抗してきたが、いずれ実感は訪れた。そして一部の人々はなお口をつぐんでいるものの、たとえば人権の文化はムハンマドではなくナザレのイエスが説いた教義により多くを負っていると認めることが、ほとんどの場所で可能になった。この発見の一つの結果として、我々自身の伝統をもっとよく知りたいという願望が芽生えた。しかし問いかけることはできても解決はされなかった。なぜなら、それを生み出した信仰と無関係にこの社会が持続しえるのかという疑問は、欧州人にとっては依然として極めて今日的で、悩ましいものだからだ。ある伝統に属しているからといって、その伝統の開祖が信じていたものを同じように信じるとは限らない。たとえその伝統を好み、評価しているにしてもだ。人々は誠実な信仰を自らに強いることはできない。おそらくはそれゆえに、我々はあの深遠なる疑問を問うことをしないのだ。それは単に、かつてそれらの問いに返していた答えを我々が信じなくなったためだけではない。自分たちが発展の途上のどこかの段階にあり、答えは変わろうとしているのかもしれないということを、我々が感じとっているためでもある。

結局のところ、源流であり駆動力でもあったものから自ら抜錨してしまった社会は、どれだけ長く生き延びることができるものだろうか。

大きな反動を招く全欧州と米国の動向

ピュー・リサーチ・センターの最近の調査によると、英国のキリスト教徒の割合は他のほとんどの国々よりも急速に減少しつつある。同社の推計によれば、2010年には全体の3分の2近くを占めていた英国のキリスト教徒は、2050年までにその3分の1が減少し、それにより初めて過半数を割る見込みだ。その時には、英国のイスラム教徒の数はフランス、ドイツ、ベルギーを上回り、欧州第3位になっているという。左派の人口学専門家のエリック・カウフマンは、スイスにおいてさえ今世紀の末までに14歳人口の40%がイスラム教徒になるだろうと、2010年に記した(3)。

もちろん、その種の予測はいずれも多くの不確定要素を含んでいる。たとえばキリスト教徒の無宗教化が進む一方で、イスラム教徒はそうならないというのが予測の前提となっているようだが、それは事実かもしれないし、そうではないかもしれない。他方で、こうした統計は現在進行中の大量移民を——ことに近年のような急増を——考慮に入れ損ねている。

いずれにせよ、全欧州と米国(全米の人口に占めるイスラム教徒の数は2050年までにユダヤ教徒をしのぐと見られる)で進むこうした動きは、大きな反動を招くことになる。人口学の研究が示すところでは、スウェーデン民族は現在生きている人々の寿命が尽きる前に、スウェーデンの少数派になりそうだ。そのことはスウェーデン的なアイデンティティが次の世代にも生き残れる可能性があるのかという興味深い疑問を提起する。他のすべての西欧諸国もいずれ同じ疑問に直面しなければならないだろう。

欧州は「国際的な都市」を有することを誇りにしてきた。しかし「国際的な国」を持つことに大衆はどう反応するだろうか。我々は自分たちのことをどう考えるようになるのだろう？　そして我々は誰に、また何になっていくのだろう？

重要性の高い疑問に取り組むことはおろか、その存在を認めることさえ今では非常にまれになったため、その欠落が少なくとも部分的には故意に生み出されているように思えてくる。我々の抱える問題が、倦怠のみならず気晴らしに走りがちな性癖をも昂進させたかのようだ。またとない機会であるにもかかわらず、メディアやSNSはリアクションやゴシップを際限なく伝えずにはいられない。大衆文化に浸るのは、耐えがたい浅薄さに溺れることだ。欧州の努力と功績の総体とは、本当にここに見られるようなものなのだろうか。

周囲を見回せば、また別の浅薄さが目に飛び込んでくる。我々の父祖たちはサン＝ドニ、シャルトル、ヨーク、サン・ジョルジョ・マッジョーレ、サン・ピエトロ、エル・エスコリアルといった偉大な建築物を建てたものだが、今日の巨大建築は高さや輝きや新しさを競うのみだ。自治体の庁舎などは人々を触発するためではなく、消沈させるために設計されているように思える。欧州の都市の摩天楼は気高き地平線を覆い隠していくばかりだ。新たな千年紀を記念したロンドンの巨大建築物は、恒久的な建物でさえなく、大きな空のテントに過ぎなかった。遺された建築物がその文明の最良の評価基準だとするなら、子孫は我々をひどく軽視するだろう。我々は、誰かを触発できるものを何ひとつ持たないがために誰かを触発しようとする願望をすっかり失った者たちに見える。

同時に我々の文化の頂点にある人々も、「世界は複雑だ。我々はその複雑さを単純に受け入れなければならず、答えなど探してはならない」と語ることに満足しているように見える。しかもそれは最良の場合であり、最悪の場合は「すべてにまったく望みがない」などと公言する。もちろん我々は並外れて豊かな時代に生きており、そのおかげで望みをなくした時にさえも快適に過ごせる。しかし永遠にそうだとは限らないかもしれない。いまだ経済力に恵まれた今日でさえ、我々の文化の空隙に気づき、それを埋める方法を探している人々がいる。

イスラム教を「発見」する若者たち

もう何年も前から、私はイスラム教への改宗を選んだ数多くの人々の話を直接聞いたり、手記で読んだりして、強い衝撃を受けてきた。一つには、それらの話がどれもよく似通っているからだ。それらはほとんど常に、若者なら誰もが語りそうな物語のバリエーションになっている。一般にはこういう話だ。「私はこれこれの年齢（たいていは20代か30代前半）になっていた。ナイトクラブに行き、酒を飲みながら、ふと思った。『人生はこれだけのものではないに違いない』と」

「もちろんこれもあるぞ」と言ってくれるものが、我々の文化の中にはほとんど何もない。そのような声を見つけられずにいる中で、若者たちはイスラム教を発見する。彼らがイスラム教を選ぶという事実は、それ自体が一つの物語だ。なぜそれらの若い男女は（女性も非常に多いのだ）キリスト教を発見しないのか？

一つには欧州のキリスト教の大半の宗派が、改宗を促す自信を失い、自分たち自身のメッセージさえ信じられずにいるからだ。スウェーデン国教会、英国国教会、ドイツのルーテル派教会といった多くの宗派が発する宗教的メッセージは、左派寄りの政見や多様性の振興策、社会福祉の事業へと形を変えた。そうした教会は、「開かれた国境」は支持するものの、かつて説いていた聖典を神の啓示として引用することには慎重だ。

もう一つ別の原因もある。イスラム教の起源についての批判的な分析や学術研究は、キリスト教のそれよりも一歩先を進んでいるのである。威嚇と殺人の世界的なキャンペーンは、その潮流を押しとどめることに大いに成功した。今日の西洋においてさえ、コーランの起源や内容についての研究に取り組む数少ない人々（イブン・ワラックやクリストフ・ルクセンベルクら）は、研究成果の発表時に仮名を使っている。イスラム教徒が多数を占める国々では、イスラム教を冒瀆したと見なされた人々は生命の危険にさらされるが、欧州でもイスラム教の起源や開祖を批判する人々は十分な脅威を受け、研究をやめるか、姿を隠すか、ドイツのハメド・アブデル＝サマドのように警察の保護下で生きるはめになる。

これは間違いなく一定期間イスラム教を保護し、その起源と信仰に対する批判の潮流を鈍化させる効果があった。１９８９年以降は西欧においてさえ、イスラム教の聖典や思想、さらには図像までもが厳重に警護されたり自警されたりしてきたのだ。この20～30年の間に政治や宗教に対する意識を高めた若者が、この社会で本当に神聖化され、嘲りや批判を受けつけないものがあるとしたら、それはムハンマドの主張と教えだけなのだという結論に到達したとしてもそう不思議ではあるまい。

しかし冒瀆を取り締まったところで批判の潮流を永遠に阻止できるわけではない。イスラム教の起源を批判的に研究したいという強い欲望がいつしか生まれ、何よりインターネットがその拡散と浸透を歴史上かつてなかったほど容易にした。たとえば元イスラム過激派のデンマーク人、モーテン・ストームは、ある日、イスラム教の信仰を捨て、アルカイダからも抜けた。激情に駆られてパソコンを開き、検索エンジンに「コーランの中の矛盾」とタイプして、出てきた結果を読んだ末のことだった。彼は後に「私の信仰を構成していたものすべてが、一段ごとに積み重ねたトランプの家だった。1枚を取り去れば、他のすべてが崩れ去るのだ」と記している(4)。

ストームはイスラム教徒の典型では決してないが、彼が抱いていたイスラム教の起源や意義を調べることについての恐れや、その衝動を満足させることへの欲望は、大勢のイスラム教徒が感じているものだ。彼らの多くはその衝動と戦っており、それを押しとどめなければならないだろう。そして他者のそれをも押しとどめようと努めなければならないだろう。なぜならそれが自分たちの信仰にどう影響するかわかっているからだ。

この恐れが垣間見られたのが、イスラム教の指導的な聖職者であるユスフ・アル＝カラダウィ師が2013年にあるインタビューに応じた時のことだ。彼は、もし棄教に対する死刑を廃していたら、

「イスラム教は今日、存在しなかっただろう」と述べている。彼のような指導者は前途に待ち受けるものを知っており、自らが信じるすべてのものを守るために、持てるすべてのものを駆使して戦うだろう。それにしくじったら――おそらくしくじるだろうが――望めるのはせいぜい、イスラム教が将来のある時点で他の宗教と同じように傷を負い、牙を抜かれた状態になることだけだ。それで一つの問題は解決されるだろうが、西欧の問題が――軽減はされても――次に解決されることはない。

根源的な変化への欲求と、改宗者のような人々が抱える空虚感は存在し続けるだろう。人々は確信を得たいと望み、探しつづけるだろう。しかしそうした明らかに生得的な願望は、この時代のほとんどすべての前提や熱望とは相反するものだ。意味の探索は目新しいものではない。目新しいのは現代の欧州文化がさほど熱心に答えを提示しようとしないことだ。何ものも「ここに受け継がれてきた思想、文化、哲学、宗教がある。これらは何千年も人々を育んできたし、おそらくあなたのことも満足させるだろう」とは言ってくれない。最良の場合でも、「好きなところであなたの意味を探しなさい」という声が聞こえてくるだけだ。最悪の場合には、「お前は無意味な宇宙における無意味な存在だ」という虚無主義の教条が聞こえてくる。そのような教条を信じた人々は、文字通り何も達成しなくなりがちだ。そのような教条を信じた社会もまた、同じく何も達成しなくなる。一部の個人が虚無主義を信奉するのは理解できるかもしれないが、それが社会の信条になってしまえば致命的だ。

それに我々は答えを探すべき場所を誤っている。たとえば政治家は、大衆の考えをそのまま語り返そうとしたり、できるだけ幅広い人々に訴えようとしたりするあまりに、非常に広範で概論的な物言いをするから、意味のあることをほとんど何も語れない。彼らはまた討議すべき重要な問題は何も残されていないかのように言い、組織の問題に傾注する。そうした組織のいくつかの側面、たとえば教育などは確かに重要だ。しかし意味にあふれた人生とは何かといった深みのある視点を持ち出す政治家はほとんどいない。そしておそらく、彼らはそうするべきでもない。しかし現代の英知が示唆するとおり、教育や科学、情報へのアクセスの向上が我々から深遠なる衝動を排除してきたのだとしても、それらの疑問とその答えを出すことの必要性は我々から排除されてはこなかった。我々がどれほどそうではないという振りをしようともだ。

科学という現代の支配的な声が我々に対して、また我々について語る方式は、それ自体が意味深い。1986年の著書『盲目の時計職人』（早川書房）の冒頭、リチャード・ドーキンスはこう記した。「本書は、かつてあらゆる謎の中でも最も偉大なものとされていた我々自身の存在が、もはや謎ではなく、すでに解明されたものだという確信の中で書かれた。ダーウィンとウォレスがそれを解明したのだ」

ここには一般に認められた世俗の無神論者の持つ我々の文化に対する世界観と、人々がいかに生き、人生を体験しているかという現実の間に存するギャップがある。ドーキンスは我々の謎が解明されたと感じているのかもしれないが——そして科学がその一部を解明してきたのは事実だが——我々の多くは今もって謎が解明されたとは感じていないのだ。我々は解明された存在として自らの人生を生きているわけでもなければ、自らの実存を体験しているわけでもない。むしろ我々は祖先たちと同様に、自分自身やこの世界の持つ理解の及ばない側面に傷つけられがちな、悩める矛盾した存在として、自分自身を生きている。

啓蒙思想の申し子たちが信じた「進歩」

同様に、知性ある人間は今や我々が動物界の一員であることを否定できないが、だからといって単なる動物と呼ばれて喜ぶ者はほとんどいない。無神論者の作家、故クリストファー・ヒッチェンズはしばしば聴衆の前で自分自身を「哺乳類」と呼んだものだった。この言葉は人類に対して――特に本人に対して――使われると、一定のショックを誘う。しかしそれでショックを受けたり、人類の起源や作られた素材を思い起こしたりすることがあるにせよ、我々は人類が動物以上のものであることも知っているし、また単なる動物として生きることは我々の品位を落とすことになるということも知っている。それが正しかろうが間違っていようが、我々はそう直観しているのだ。

我々は自分たちが単なる消費者以上のものであることを知っているが、それと同じことである。自分たちが経済活動の中の単なる歯車であるかのように語ることは、我々にとって耐えがたい。自分たちが歯車ではないからではなく、単なる歯車ではないことを知っているからこそ、我々は反発を覚えるのだ。自分たちが別の何かであることはわかっている。たとえ「別の何か」が何であるかはわからなかったにしてもだ。

もちろん信心深い人々は、このような話にいらだちを感じるだろう。というのも本当の信者が問うのは常に「なぜただ信じないのか?」であるからだ。しかしこの問いは、科学と歴史批判が宗教的主張の信憑性に対して加えたおそらく回復不能のダメージを無視している。そして信仰は強制できないという事実をも無視している。一方で、我々の文化の中の宗教的でない人々は、宗教との妥協につながると信じるあらゆる論争や討議を心底恐れ、そのために信仰を基盤とする議論を公の場に逆流させている。

これは誤りかもしれない。なぜならそれが人々に促すのは、その生命や見解を——好むと好まざるとにかかわらず——同じ木から受け継ぐ者たちと戦うことであるからだ。ユダヤ教とキリスト教の文明及び欧州の啓蒙思想の申し子が、自らの信念や権利の源泉となった信仰の保持者たちと戦う理由はない。同様に、自分たちの間でも理解の違いを抱えているユダヤ教とキリスト教の文明及び欧州の啓蒙思想の申し子たちが、文字どおり神を信じていない人々をそれゆえに敵だと決めつけるのも、あまり道理にかなっていない。なぜなら我々は今後、文化や生き方全般において、遥かに明白な対抗勢力と出会うかもしれないからだ。ベネデット・クローチェ(訳注:イタリアの哲学者)が20世紀半ばに「我々は自らをキリスト教徒と呼ぶべきだ」と述べたのも、より最近になってマルチェロ・ペラ(訳注:同)が同じことを繰り返したのも、おそらくはそのためだった。(5)

宗教的でない人々が自らの文化の源泉と——対立はしないにしても——協働できないというのなら、打つ手は見出しがたい。結局のところ——試みる人々はいるかもしれないが——誰かが新たな信念の体系を丸ごと創作できる見込みは薄いのだ。まったく新たな信仰の体系を創案する者がいない中で、我々は真実や意味について語る能力を失っていく。それればかりか暗喩さえ失うだろう。大衆文化は「天使」や「永遠に続く愛」についての話に満ちている。キャンドルその他の宗教に由来する事物も漂泊している。しかしその言語や思想からは意味が失われている。それは指すべきものを欠いた暗喩であり、空疎を燃料とする文化の症状なのだ。

しかし答えのない謎となったのは、宗教から我々の文化へと流れ込んだ支流だけではない。リベラルを自称する人々は長年、道理や理性や科学に重きを置く啓蒙主義の教えは非常に魅力的なので、最終的には誰もがその価値観を受け入れるだろうと決め込んできた。実際、20世紀後半から21世紀初頭にかけて、多くの欧州人はまるで宗教信条ででもあるかのように人類の「進歩」を信じていた。人類は技術の進歩のみならず、それに伴う思想の進歩をも推進力に、上昇軌道を描いていくという信念だ。我々は祖先よりも「啓蒙」されているし、ここまでの道のりや周囲の宇宙が何でできているかをよりよく知っているから、祖先の過ちも避けられるだろうという思い込みも生まれた。科学や理性や合理主義を介して得られる知識が魅力的であることは非常に自明だと思われたので、それは自由主義などと同様、一方通行になると想定された。ひとたびその道を歩き始め、その利点を自ら享受したら、同じ道を引き返そうとする者など（ことにその喜びを熟知した場合は）出ないと思われたのだ。

しかし大量移民の時代が来ると、そう信じていた人々の眼前で実際にその道を引き返す人々が1人2人と現れ始め、それがだんだんと大きな動きになった。一連の人々の流れがまるごと逆方向に向かうのだ。進化の事実を認める戦いは欧州では終結したと思っていた人々が、進化を信じないどころか、進化は虚偽だと証明しようと決意を固めている人々が雪崩を打ってやって来たことに気づいた。「権利」の体系（女性の権利や同性愛者の権利、宗教的な権利、少数派の権利などを含む）は「自明」だと信じていた人々が、突如として、それらは何ら自明ではないばかりか根本的に誤りであると信じている人々が急増していくのを目にした。

かくしてリベラル派はこんな思いを募らせた。いつの日か、歴史の流れだと思われていた方向に向かう人々よりも、その逆に向かう人々の方が再び多くなってしまうのかもしれない。その結果、全員の向かう方向が次第に変わり、リベラル派は数で及ばなくなるかもしれない。その時、いったい何が？

そんな懸念が浮かんだことがあったとしても、多くのリベラル派の本能はほとんど押しとどめられなかった。実際、西欧の民主主義国のリベラル派は、次第に細分化されていく女性の権利や同性愛者の権利についての討議を長年続けながらも、そもそもそんな権利を認めようとしない人々を何百万人も移入することに賛同し続けた。そして２０１０年代に入り、トランスジェンダーの権利の問題が社会の進歩について考える人々の心を占め始めても、その同じ人々が、女性も男性と同等の権利を享受するべきだとは考えない人々を何百万人も連れてくるようキャンペーンを張った。これは啓蒙主義の価値観に基づく信念の表明だったのだろうか？　自由主義の価値観は非常に強力かつ説得力に満ちているので、いずれはエリトリア人もアフガニスタン人もナイジェリア人もパキスタン人も転向するに違いないとする信念の？　もしそうであるなら、近年の欧州で日々伝えられるニュースは、少なくともその思い込みに対する譴責のようなものであるに違いない。

これを認めた人々は多大な痛みを感じずにはいられないだろう。そして、そのこと自体が、様々な方向に人々を導いていく可能性がある。現実を否定する結果となるかもしれない（たとえば、実際にはすべての社会が少なくとも同程度には「家父長的」で抑圧的なのだと言い張ることによって）。「天が落ちても正義をなせ」というラテン語の格言に固執するのかもしれない。気高い感情ではある。最初の天のかけらが落ちてくるまではということだが。

もちろん過去と現在の欧州がひどく嫌いなので、文字どおり誰にでも来てもらって、喜んで受け入れたいという人々もいる。今回の危機の絶頂期に、私はベルリンでドイツのある知識人と話した。彼が言うには、ドイツ人は反ユダヤ的で偏見に満ちており、この点だけをもってしても移民によって置き換えられて当然だということだった。ドイツ人を置き換えるために新たにやって来た人々の中には、現代どころか20世紀中盤のドイツをも理想郷に見せてしまうような人々がいるかもしれないのだが、彼がその可能性を考慮することはないだろう。

より可能性が高いのは、人々は皆違うということ、異なる人々は異なる物事を信じているということ、そして我々の価値観が実は普遍的なものではないかもしれないということが広く受け入れられていくことだ。これを認めるのはさらに大きな痛みを伴うことかもしれない。というのも、20世紀の社会の進歩から生まれでた権利の擁護運動や、17世紀から欧州一円に広がった理性と合理主義を重んじる動きが、全人類のために用意されたものではないのだとしたら、それらは普遍のシステムではなく、凡百のシステムの一つということになるからだ。そうだとすれば、そのようなシステムは勝利を見ないかもしれないどころか、過去の多くのシステムと同様にやがて一掃されてしまうかもしれない。

多くの人々にとって、この夢の崩壊は宗教の喪失に匹敵するような痛みを伴うものになると言っても過言ではあるまい。啓蒙主義以降の自由主義の夢は、常にかすかな宗教のオーラをまとっていた。宗教と同じ主張をしていたということではないが、同じ修辞を一部取り入れていたのだ。たとえばこの夢には独自の創世神話があった（知性の目覚めの「ビッグバン」は、いくつかの思想の流派が長く複雑な道をたどって発生したのとは対照的だ）。

そして何より重要なことに、自由主義の夢は普遍性の神話を持っていた。今日、西欧の多くの人々はこれらの神話を教えられ、あるいは身に帯びている。それらに疑似宗教的な魅力があるがゆえである。それらは信ずべき何かや戦うべき何かばかりか、生きるべき何かも供給してくれる。人生に意味と秩序を与えてくれる。宗教が約束したような来世を用意することはできないにしても、少なくとも仲間たちからの称賛を得て不朽の存在になれると――ほとんど常に誤りなのだが――示唆することができる。

言い換えれば、自由主義の夢は宗教と同じくらい人々の手からもぎ取ることが難しいのだと判明するかもしれない。なぜならそれは換えのきかない利点を宗教と共有しているからだ。平和と静穏の時代には、宗教は無害なものだと見なされ、それを信じない人々も他者がそれを信じることは問題なく許したかもしれない。しかしそうした信仰が他のすべての人々の生命を害する時代には、信仰を持つ人々に対してより寛容でない態度が噴き出すことになる。

いずれにせよ、すでに宗教によって残されていた巨大な穴が、欧州最後の非宗教的な夢のうがった溝によって、なお一層大きく口を開けることになるのかもしれない。そしてすべての夢を奪われたあとになっても、あらゆる衝動や疑問は依然として残り、答えの探索は続く。

安直な脱構築ゲームに没頭している現代の芸術

今日、これに対する最も明白な答え(19世紀的な答え)は、注目すべきことに存在しない。なぜ芸術は宗教という〝邪魔者〟が消えたのに、そのあとを引き継げなかったのか? その答えは今もこの職業に打ち込む人々の作品中に隠されている。そのほとんどすべてが破壊された都市のオーラをまとっているのだ。ワーグナーのような打ち倒された先人たちが、その種の熱意を、危険なものではないにせよ無益なものであるかのように見せてしまったかに思える。

おそらくはそれを実感したことによって、非常に多くの現代の芸術家たちが、不朽の真理への到達を目指すことをやめ、美や真実を追究する試みを放棄し、代わりに大衆に向けて「私はあなた方と一緒に泥に埋もれています」と言うだけになった。欧州では間違いなく20世紀のある時点で、芸術家の目標と大衆の期待が変化したのだ。大衆が芸術に接する姿勢が、明らかに称賛(「私にもこんなことができたら」)から軽蔑(「子どもだってこれくらいできる」)へと移行した。

技術的な野心は少なからず縮小し、しばしばまったく消失した。さらに芸術の道徳的な野心も同じ軌跡をたどった。これについてはマルセル・デュシャンと、たとえば彼の作品の「泉」（小便器）を責める向きもあるかもしれない。しかし欧州の芸術文化がある程度デュシャンに追随したことからすると、彼は単に他の芸術家がたどりたがっていた道を先導しただけなのだ。

今日、ロンドンのテート・モダンのような美術館を歩くと、技術の欠如に衝撃を受ける。そしてそれ以上に衝撃的な唯一のものが、野心の欠如なのだ。比較的大胆な作品は、見る者に死や苦痛、残酷さや痛みについて語ろうとするかもしれない。しかしそれらのものが存在するという事実を指摘すること以上に、そうした主題について語るべきものを持ちあわせている作品はまれだ。それらの作品は、自ら持ち出した問題に対する答えを何も提供しないのである。

苦痛や死が存在することは誰だって知っている。存在しないなら美術作品にされることもないだろう。だが現代の芸術は我々の中にそれ以上の何かを燃え立たせる努力をすべて放棄したかに思える。特に宗教の精神や、アリストテレスの言う「アナグノリシス（真相の発見、認知）」の興奮に類するものへと我々をいざなう願望を、芸術は放棄してしまった。それらは真実に――常に我々を待ち受けていた真実に――追いついたという感覚を、我々に与えてくれるものなのだが。

そうした感覚は深遠な真実に触れた時にだけ得られるものなのかもしれない。そして芸術家は――他のほとんどの人々と同様に――そうしたいという願望に疑念を抱き、あるいはそうした願望を持てなくなっているのかもしれない。現代文化の殿堂に行けば、非常に大勢の人々が何かを探して歩き回っている。しかし彼らが何を求めているのかは不明確だ。居並ぶ作品の中には、より偉大な傑作を想起させるものがある。

以前、ある美術館をあてもなく、また感興もなくぶらついていた時のことだ。私は「スペム・イン・アリウム」（訳注：英国ルネサンス期の作曲家トマス・タリスが書いた40の声部からなる宗教曲）の旋律を聴き、その音のする方向へ足を進めた。不意に私はこれまでに見てきた展示室がガラガラだったもう一つの理由に気づいた。誰もがジャネット・カーディフ作のサウンド・インスタレーションのところに集まっていたのだ。その作品は楕円形に配置された40台のスピーカーからなり、それぞれのスピーカーから聖歌隊の1人の歌手の歌声が流れてくる。人々は楕円形の中心に立ち、陶然としていた。カップルたちは手を取り合い、あるペアなどは抱き合って座っていた。これはトマス・タリスの合唱曲がE L ジェイムズのサドマゾ小説で取りあげられるといったようなことが起こる前の話である。

それは非常に感動的だったが、同時に衝撃的でもあった。人々はそれがトマス・タリスではなく、ジャネット・カーディフの功績だと思っていたのだ。だがそれが、その場で起きていた「アナグノリシス」だった。鑑賞者のどれほどが、その「サウンド・インスタレーション」の元になった曲の歌詞や意味を知っていたのかはわからない。しかし何か奇妙で調子の外れたことが起きていた。

似たような効果を持つ数少ない現代美術作品の一つが、アントニー・ゴームリーのインスタレーション「アナザー・プレイス」だ。この作品は鋳鉄製の等身大の人体像100体から構成され、リバプール近郊のクロスビー・ビーチに海を見晴らすように設置されている。地元住民の要望で恒久設置されたこのインスタレーションは、夜明けや日没時、満潮時、干潮時、あるいは人体像が沈む夕日を望む形になる時間帯に鑑賞するのが一番いい。その理由は部分的には同一だ。ここには日常の中で体験されるイメージがあり、それが我々の文化の中核にある一つの物語（この場合は復活）の記憶を呼び覚ますのである。それに対する答えはくれないかもしれないが、確かに記憶してはいる。

これらの作品はしかし、エルンスト＝ヴォルフガング・ベッケンフェルデが提起した問題の芸術版でしかない。それらに共鳴するとしたら、それは過去に起こった何かのためであって、その作品固有の偉大さのためではないのだ。実際、この種の作品が成功するのは、その寄生性のためだとも言える。それらは自分では信奉することも支持することもできない伝統から、意味を拝借しているのである。しかしこれらの作品は、少なくとも宗教が取り組もうとする大問題に取り組もうと努めている。宗教よりも答えは曖昧かもしれないし、自信は乏しいかもしれない。しかし少なくとも同じニーズや同じ真実に訴えようとしている。この大陸の根底にあるトラウマを取り扱うのが、欧州の芸術のより本来の系譜だ。これはそうした伝統の一部であり、しかし同時に終止符を構成するものでもある。

第一次世界大戦よりも以前から、欧州の――特にドイツの――美術と音楽には、円熟から爛熟へ、さらには何か別のものへと変わっていく系譜が存在した。グスタフ・マーラーやリヒャルト・シュトラウス、グスタフ・クリムトらに代表されるオーストリアとドイツのロマン派の最後の系譜は、そこからは完全な瓦解以外は何も生まれない円熟の極みに到達したことによって、自壊したように思える。それは単に彼らが死という主題に固執していたということではない。彼らの芸術は、それ以上引き伸ばしたり、より一層の革新を加えたりすれば、折れてしまったように感じられるのだ。そしてモダニズムやポストモダニズムの中で、実際に折れた。それ以来、欧州の——特にドイツの——芸術は、その爆発から生まれた残骸の中に存在することによってのみ、成功が可能だったという気がする。それ以外の出口は誰も見つけることができなかったのだ。

戦後ドイツの主要なビジュアルアートの作家たちは、自分たちの文化の瓦礫の中で作品を制作することに、そのキャリアを費やした。彼らがそれに挑んだから称賛されたのか、称賛されるためにそれに挑んだのかはともかく、目につくのはドイツの最も称賛される芸術家たちがその災厄に浸り込んだままになっていることである。

たとえば1932年生まれのゲルハルト・リヒターのキャリアは、1960年代に写真を油彩画に描き変えた一連の作品から開始された。解釈が比較的容易な作品もあった。最もわかりやすく、またよく知られてもいるのは、サイズの合わないナチスの軍服を着て少し体をかしげた男の写真をもとに描かれた忘れがたい一枚、「ルディ叔父さん」（1965）だ。

他の作品の主題も、鑑賞者にはそれが何かはっきりとはわからないものもあったが、同じように不吉だった。「ハイデ氏」（1965）には年配の男性が警察官と並んで建物に入っていく姿だけが描かれている。だがヴェルナー・ハイデがナチスの親衛隊（SS）の医師であり、15年近い逃亡の末に逮捕され、獄中で首を吊ったことを知らなくても、そのことを特に聞かされる必要はないだろう。「リヒティ家」（1966）のような作品は、線がさらにぼかされている。今見ているのは加害者の家族なのか、被害者の家族なのか？　彼らはあの歳月を生きていた。何かが彼らに起こったことは確かだった。

リヒターの作品は技術の巧拙を超え、しばしばこうしたマニアックな写真を介して、その主題となった時代と、それが制作された時代のすべてが、葬儀用の幕で覆われていた事実をとらえている。罪ととがめの層が文化全体を（素晴らしかろうと陳腐であろうと）霧のように覆っているのだ。(6)

リヒターから13年後の、第二次世界大戦終戦の年に誕生したアンゼルム・キーファーの作品にも同じことが言える。彼の作品はリヒターのそれよりも一層明白に、自壊した偉大な文化の残骸を記録することに捧げられている。大作「インテリア」（1981）は、リヒターの60年代の諸作と同様、恐怖を描いていることが明らかだ。初めて目にした鑑賞者にも、描かれた部屋の広大さと荒廃ぶり（割れたガラスの天井、はぎ取られた壁材）から、これがナチスの部屋であることは推測できるかもしれない。さらに資料を読み進めば、実際にアルベルト・シュペーアがヒトラーのために設計した新たな総統官邸のオフィスであることが判明するだろう。しかし約9平方メートルあるこの大作は、警察署で面通しの列に並ぶいかにも怪しげな男よろしく、この部屋で何か恐ろしいことが起こったことを明白に伝えている。

より近作の「エイジズ・オブ・ザ・ワールド」（2014）も社会的な廃虚を念入りに再現した作品だ。ここではガラクタと折れ曲がった金属棒の間に、廃棄されたカンバスが積みあげられている。まるで破局のあとさながらに、手の施しようはほとんどない。できるのはせいぜい、万物ははかなく、すべてが壊れるものだということ、救えるものは皆無に等しいのだということを、つらつらと考えることのみだ。(7)

一つの伝統にこうした終止符が打たれたあとのことは、誰にもわからない。芸術家が破局を乗り越えることが非常に難しく感じられるのは、欧州の政治と芸術が間違っていたということが知られているためばかりではない。部分的には芸術が間違っていたから政治が間違ったのではないかという、ほぼ確実に自己増殖していく恐怖があるためだ。当然ながらその結果、我々が取り扱っている問題に対する恐怖と、一定の消極性が生じることになる。

現状では、多くの高度な文化が、より広範な欧州の犯罪現場にとどまっている。芸術家らは残骸をつぶさに調べ、何が起こったのかを探り出そうとするかもしれない。しかしその伝統を継続させれば、どこかの時点で燃えさしに火がつき、犯罪の再発を引き起こすリスクがあることを、彼らは知っている。唯一の答えは、起こったことは芸術とは関わりなく起こったと――言い換えれば、芸術は文化にまったく何の影響も及ぼさなかったと――結論づけることだ。それが事実であり、芸術が本当に何も起こすことがないなら、詰まるところ文化に一切の重要性はない。これは以下の2点に対する少なくとも一つの説明ではある。芸術の世界が現在、学問の世界と同じように安直な脱構築のゲームに没頭しているのはなぜなのかの。そしてニューヨークから移入されたものを含む不真面目で、世間知らずで、皮肉で、不誠実な芸術が、多くのギャラリーにあふれたり、大変な高値で売られたりしているのはなぜなのかの。

現代芸術におけるこれら三つの動向（寄生性、繰り返される終止符、作為的な不誠実）は欧州文化における変調ではない。むしろ欧州文化を余すところなく象徴するものだ。第一の動向は自らを維持できず、第二の動向は誰もが最後にはかなぐり捨てたくなるような過酷な重圧を伴っており、第三の動向は意味を持たない。我々はこのことの帰結を至るところで目撃することができる。本書で言及したどの町や都市を訪ねても、「かなぐり捨てる」という行為を目にすることだろう。一部のコンサートは一部の場所でいつもどおりに行われているが、周囲の変化を取り込もうとする試みはどこにでも存在する。マルメで過ごしたある晩には、中東料理のファラフェルに関係したフュージョンのコンサートだけが唯一開催されていた。文化は社会を反映するべきであり、社会は変わってきた。コンサートホールのプログラムには、空になったシナゴーグに負けず劣らず、そのことが反映されている。どちらも現在起こりつつあることの例証であり、我々が生きている時代を的確に示唆しているのである。

こうした一つの文化から他の何かへの移行がなされているという事実は、最近の世代が決め込んできたことに対するこの上ない反駁だ。あらゆる保証や期待に反して、欧州にやって来た人々は、我々の文化に飛び込み、その一部となったりはしなかった。彼らは自分たちの文化を持ち込んだ。それもまさに我々の文化が自らの言い分を押しとおす自信を失ったタイミングでだ。実際、多くの欧州人は幾分かほっとしながら、そうした自分自身からの逸脱を歓迎したり、時代に合わせて喜んで変化したり、自分らしさを希薄にしたり、完全に変わってしまったりしたのだった。

「虚無主義者」ミシェル・ウエルベックの本はなぜベストセラーなのか

次に何が来るのかは、もちろん誰にもわからない。この段階が今後も非常に長く続くのかもしれない。あるいはすべてが一変し、この精神的・文化的な空白に何かがあっという間に入り込んでくるのかもしれない。ミシェル・ウエルベックは当代を象徴する作家になるかもしれないが、それは単に彼が本格的な虚無主義の記録者にしてその典型だからではない。次に何が来るかを力強く、説得力を持って示唆しているからだ。

ウエルベックと彼の登場人物たちにとって、人生とは孤独で無意味な労働だ。時たま(たいていは売春婦に)してもらうフェラチオを除けば、感興も喜びも慰めもまるでない。このような生き様を書く作家がゴンクール賞などを授与されて同業者から称えられている事実もさることながら、さらに驚くべきは彼がかなりの人気を博していることだろう。もう20年近くにわたり、彼の著作は本国フランスはもちろん、翻訳されて国外でもベストセラーになっている。本がこれだけ売れるのは――特にその本が子どもだましではなく質の高い文学でもある場合は――それらが今の時代の何かに語りかけるからに違いない。それは我々の現在の生き様の過激な翻案かもしれない。しかしウエルベックの虚無主義のすがすがしさとて、読者の脳裏を少なくともちらりと不快な自己認識がよぎることがなかったら、十分な魅力とはならなかっただろう。

彼の長編第一作の『素粒子』(筑摩書房、原書は1998年発行)では、何の目的も持たない一つの社会と一団の人々を描いた象徴的な場面が展開されている。家族同士の関係は、欠落していなかったとしても有害だ。死とそれに対する恐れは、かつては神のみわざに占められていた空間を満たしている。

ある場面に至ると、主人公のミシェルは2週間、床に臥し、暖房用のラジエーターを見つめながら繰り返し自問する。「西洋文明は宗教を持たずにいつまで存続できるだろうか」と。しかし何の啓示も訪れず、さらにラジエーターを見続けるのみだ。

「抑鬱性の意識清明」とでも呼べるような状況の中では——セックスを別にすれば——楽しいと感じられる瞬間がない。ブリュノが途切れ途切れの無意味な会話を交わしていたクリスチャヌは、沈黙を破り、ヌーディストビーチに乱交パーティーをしに行くことを提案する。彼らは自分たちの文化の哲学的状況に押し流され、その無意味さの下に沈み込んでいるのだ。あるページには「西洋の自滅のただ中にあって、彼らにチャンスがないことは明らかだった」と書かれている。大量消費の喜びだけでは満たされなかったが、それで気が晴れることは確かだった。ブリュノは母親の遺体の埋葬なり火葬なりの手配をするべき時に、ゲームボーイでテトリスをやりだす。「ゲームオーバー」とゲーム機は言い、「陽気な短い曲」を奏でる。

訴訟の標的にされ、アイルランドに移住したウエルベック

『素粒子』のテーマと登場人物は『プラットフォーム』(河出書房新社、英国版は2002年初版)でも再度使われるが、それらはこの長編第二作で重心となるべきものを発見する。こちらでも変化を加えながら繰り返される生々しいセックスが、暗がりの唯一の光だ。ヴァレリーは主人公のミシェルといかなる性行為をすることもいとわない女性で、良い掘り出し物であると同時に希望の光でもある。それでも生殖器は人生の不幸さや短さ、無意味さに対する「貧弱な代償」だということが明らかにされる。

『プラットフォーム』では、しかしもう一つの世界観が登場人物たちに突きつけられる。公務員の職を辞したミシェルは、ヴァレリーを連れてタイにバカンスに行く。彼は退廃的なその旅や他の参加者をひどく嫌うが、自分自身もまた参加者の一員なのだ。ある日のこと、イスラム過激派のテロリストが（彼らもその地の退廃を嫌っているが、それに対してどういう行動を取るかについては独自の考えを持っている）ビーチを襲撃し、ヴァレリーを含む多くの観光客を虐殺する。2002年にバリ島でテロが発生したあと、同書のシナリオは現実を予知していたと見られた。

だがウエルベックがそれによって獲得した敬意は、同書を一因としてウエルベックが巻き込まれたトラブルのために減殺されてしまう。虐殺の場面のあと、イスラム教に対する侮蔑が高じ、彼はある段落にこんな考察を記した。

ただ復讐の願望に焚きつけられて生きていくことは、間違いなく可能だ。多くの人々がそんなふうにして生きてきた。イスラム教は僕の人生を台無しにした。僕は間違いなくイスラム教を憎むことができた。あれ以降、僕は一身を捧げてイスラム教徒への憎悪を感じようとした。僕はそれが得意だった。国際ニュースも再び追い始めた。パレスチナのテロリストが、あるいはパレスチナの子供や、パレスチナの妊婦がガザ地区で1人撃ち倒されたと聞くたびに、つまりはイスラム教徒が1人減ったのだと考えて、興奮に打ち震えた。そうとも、そんなふうに生きることは可能だったのだ。

この一節や、攻撃的だと見られたインタビューでの発言、そして『素粒子』の記述（ある登場人物が、イスラム教は「あらゆる宗教の中で最も愚かしく、虚偽的で、あいまいだ」と語る）のために、ウエルベックはフランスで訴訟の標的にされた。それが理由なのか、あるいはよく知られた節税願望のためなのか、彼はフランスを離れてアイルランドに移住した。

彼を放逐したのは、おそらく愚かなことだった。結局のところ、実際にウエルベックの小説を読んだ人々は――「攻撃的」な部分の抜粋だけを読んだ場合とは違い――その登場人物たちがイスラム教の戒律や主張や信者に対してよりも、むしろ現代の西洋に対してよほど厳しい批判と侮蔑を向けていることがわかるのだ。ウエルベックの侮蔑は全方向に放たれる。同性愛者にも、異性愛者にも、中国人にも、他のほとんどの国民にも。イスラム教徒に無礼だからという理由でウエルベックを法廷に引き出すのは、感受性という切り札の乱用の実例に他ならなかったが、同時に文学的な無知をも示していた。1人の作家をその表現を理由に訴えたという点だけではなく、ウエルベックのあざけりや侮蔑が特定の利益団体の泣き言や懇願を明らかに超越しているという事実においてだ。彼の怒りと侮蔑はこの時代と人類全体に向けられていたのである。

だが、この種の文学作品の〝アクロバット〟や〝花火〟がいかに見事であろうと、それらはどこかの時点で成熟するか、または気が抜けてしまうのが常だ。ウエルベックの作品から気が抜ける気配のないことは、2013年の『地図と領土』（筑摩書房）で示された。主人公はごくまれに手がける仕事でとんでもなく裕福になった芸術家だ。彼はその富を頼りに、近い将来、ロシアと中国の新興富豪の文化的テーマパークと化すであろうフランスから脱出する。

ウエルベックはこの作品で、かねてこだわってきたテーマ（機能不全の家族生活、空虚なセックス、孤独）を探索するだけではなく、現代文化の奥深い風刺も試みている。作中に登場するのは陽気で痛烈な自画像だ。最も辛辣な批評家は常に自らにも視線を向けているという事実を思い出す。主人公の芸術家はミシェル・ウエルベックという名の酔いどれ作家を、アイルランドの辺地にある魅力的とは言えない隠遁先に訪ねるのである。

その自画像は驚くほど正確だ。『地図と領土』の自堕落で、アルコール依存的で、陰鬱なウエルベックの人物像は、当惑するほど無味乾燥な人生を映している。それはまた敵を作る人生でもある。興味深いのは作中のある時点で、その「ウエルベック」が死体となって発見されることだ。それも斬首され、皮膚をはがれ、四肢を切断された状態で。2016年になると、その場面はあまり愉快ではない含意を帯びた。

『服従』（河出書房新社）は2015年1月7日に出版される予定になっていた。この本は発売前から批評的・政治的な論争を引き起こしていた。描かれるのは2020年代のフランスの政治情勢だ。作中では（架空の）現職大統領フランソワ・オランドの悲惨な2期めが終わりに近づいている。世論調査で優位に立つのはマリーヌ・ル・ペンの国民戦線。中道右派のUMP（国民運動連合）は、社会党とともに衰退している。だが近年勢力を伸ばしている政党がもう一つあった。増加を続けるフランス在住イスラム教徒の支持を受けた、穏健なイスラム主義者の率いる政党だ。決選投票が近づくに連れて、他の主流政党は、国民戦線を権力の座から遠ざけるには、自分たちがイスラム政党の下に団結するしかないと考えるようになる。彼らは実際にそうして、イスラム政党を勝利させた。従順な左翼を盾に、イスラム政党はフランスの変革に乗り出す。特に教育行政を支配し、ソルボンヌを含むすべての公立大学を（潤沢な湾岸諸国の資金を得て）イスラム化した。19世紀の作家J・K・ユイスマンスの研究者である自堕落な主人公までが、次第にイスラム教に改宗することが賢明なのではないかと考えるようになっていく。

同書についての数少ない公式コメントの中で、ウエルベックは苦心してイスラム教への賛辞を口にした。思想警察の威嚇や脅迫が効果を発揮した証拠だ。ある事情が生じなければ、そのような弁解に耳を貸す者はまずいなかっただろう。

故意に人を怒らせているとされたウエルベックの著作をかねてから攻撃したり茶化したりしていたのが、当時フランス国外ではほとんど知られていなかった風刺雑誌の『シャルリー・エブド』だった。左派、世俗的、反教権的な偶像破壊主義を伝統とするこの週刊誌は、繰り返しイスラム教の預言者を戯画にしたことで（2005年のデンマークの戯画事件以降、進んでそうしていたのはほぼ同誌だけだった）、限定的ながら国際的な関心を引くようになっていた。襲撃や法的な脅しやパリのオフィスへの放火を受けても、それ以前にローマ教皇やマリーヌ・ル・ペンらを批評の標的にした時と同様、同誌の方針は揺るがなかった。

新刊の発売が予定された日、例によって醜い小鬼のような姿で描かれたウエルベックの戯画が同誌の表紙を飾った。２０１５年1月の朝、銃を持った2人のイスラム過激派が『シャルリー・エブド』のパリの社屋に押し入り、10人の編集スタッフと2人の警察官を射殺した。イエメンで訓練を受けた、フランス国籍のイスラム教徒の銃撃犯たちは、「預言者ムハンマドの仇を討ったぞ」「アラー・アクバル（アラーは最も偉大なり）」と叫びながら、現場から立ち去っている。朝の編集会議を襲撃され、犠牲になった人々の中には、ウエルベックの親しい友人であるエコノミストのベルナール・マリスもいた。

ウエルベックの出版人は新刊の宣伝ツアーを中止すると発表し、著者自身も姿を隠した。それ以来、彼はボディガードを同伴している。フランス政府は彼の警護には協力したが、決して味方にはつかなかった。『シャルリー・エブド』が襲撃された直後、社会党内閣のマヌエル・バルス首相は、ある演説の中で「フランスはミシェル・ウエルベックではない。フランスは不寛容でも憎悪でも恐怖でもない」と述べている。

出版前の校正刷りを入手していない限り、首相はその小説を読んでいなかった。たとえその小説が挑発的でも首相の関知するべきことではないわけだが、たまたま『服従』は単なる挑発ではなかった。同書はジャン・ラスパイユの「聖徒たちの陣営」やその他のディストピア小説などよりも、ずっと微妙で、よりソフィスティケートされた一冊なのだ。

問題作『服従』の問いの深さと広がり

主人公のフランソワの人生はウエルベック作品の通例で無味乾燥だが、それだけではなく痛いほど救いを必要としている。フランスの文化と社会が彼のまわり中で衰退していく中、彼は二つの特別な事実に気づくことになる。一つめの気づきをもたらしたのは、ユダヤ人のガールフレンドがフランスを離れ、家族の住むイスラエルに行くと決めたことだった。最後の激しいセックスのあと、彼女は主人公にこれからどうするつもりかと尋ねる。イスラム政党が政権に就き、勤め先の大学が閉鎖されそうだからだ。

「僕は彼女の唇に優しくキスして、こう言った。『僕にはイスラエルがないからね』。深く考えたわけではなかった。でも、そういうことだった」。実際には、それは大変に奥深い考えだろう。

とはいえ、より深遠でスピリチュアルな思考に至るのが、まさにフランソワが学問的興味の対象について黙考する場面だ。ウエルベックは多くの批評家と同様に、読者がユイスマンスの著作には明るくないと決め込んでいる。しかし少なからぬ読者が『さかしま』を読んでいるか、少なくともその作品のことを聞いているだろう。同書は19世紀後半のフランスにおけるデカダン派の主要なテキストの一つだった。物語が始まる時点で、フランソワはユイスマンスに対する情熱を失っている。多くの学者が、何年も同じ講義や質疑を繰り返すうちに最初の愛を薄れさせていくように。だが作中で一貫してユイスマンスの存在感を保つことは非常に重要だった。なぜなら物語が進むにつれて、フランソワはユイスマンスへの情熱を再発見するだけではなく、ユイスマンスの人生の中心的な課題にも直面していくからだ。

同時代に欧州各地で活躍したデカダンの多くがそうだったように、ユイスマンスも最後にはローマ・カトリック教会に受け入れられる。フランソワはその旅を模倣しようとする。周囲のすべてが瓦解し、最初は暴力の予告が、次には散発的でショッキングな暴力の激発がフランス中でありふれたものとなっていく中で。

フランソワはユイスマンスが自らの信仰を見出した――そして自身が若い時分に文学上のアイドルを追い求めてひとときを過ごした――修道院を再訪しさえする。彼は聖母像の前に座り、一つのゴールについて懸命に黙想する。しかし彼にはできないのだ。確かに原点には戻ったし、心も開いたかもしれない。しかし信仰に飛び込むという必要不可欠なことができない。

そこで彼がパリに戻ると、今ではイスラム教徒に牛耳られた大学の上層部が、一度は年金付きで退職させたフランソワにイスラムの論理を説く。イスラム教に改宗しさえすれば、ソルボンヌ大学の教職に戻れるだけではなく、人生の別の面でも有利なことがあると。たとえば複数の妻が持てる（最大4人持てるし、望むなら従来の好みよりも若い相手を選べる）。そしてもちろん、初めて意義あるコミュニティの一員になれる。数少ない楽しみの大半はこれまでどおりに続けられるし、慰安を得る方法は考えも及ばなかったほど多様だ。カトリックになるためには「飛び込む」ことが必要であるのとは違い、実際的なイスラムの論理は、全体として服従する用意のできた社会において反駁できないものとなっていくのだ。

『服従』は発売される前から、その世界観に多少なりとも説得力があるのかが問われていた。出版後、その疑問には部分的に答えが出されたように見える。無数の細部が現実と同調している。たとえば天下分け目の決選投票に臨み、フランスのメディアと主流の政治家は故意に真の争点をぼかすのだ。フランスの読者は2014年12月のあのできごとを思い出すことだろう。イスラム過激派が「アラー・アクバル」と叫びながら人混みに車で突っ込んだにもかかわらず、政治家やメディアは特に意味のない交通事故だと片付けた。

ユダヤ人コミュニティの指導者たちの描写も然り。すべてが彼らのコミュニティの破壊を予兆する中で、その場に残り、敵にへつらったり交渉したりする（かつてナチスを相手にそうしたように）。

そして同作中で最も真に迫った奇想は、もちろん左右両派のエリート政治家たちが「人種差別主義者」だと見られまいとするあまりに、最悪にして最も急速に膨張する人種差別主義者にへつらい、ついには自分たちの国を手渡してしまう点だろう。

ただ、そうした政治的な分析よりもなお一層重要なのが、社会的な診断だ。ウエルベックが同時代の小説家の中で頭ひとつ抜け出ているとすれば、それは西欧が現在直面している問いの深さと広がりをはっきり認識しているからである。彼のキャリアにおける最も幸福な偶然は、一つの社会が爛熟から別の何かに傾いていこうとするまさにその時に、それを書けるだけの芸術的成熟に達したことだろう。だが、別の何かとは正確には何なのか？　さらなるデカダンスか、蛮行か、救済か？　もし救済だとするなら、それはどのような種類の、また誰にとっての救済なのだろうか？

第17章

西洋の終わり

押しつけられた慈悲心

メルケル首相の大きな決断から1年後にも、政治家やメディアや有名人らは、欧州は世界の移民を受け入れ続けなければならないと、相変わらず主張していた。この政策に疑問を呈する人々（一般大衆を含む）は、冷酷であり、おそらく人種差別主義者なのだと繰り返し片付けられた。かくして欧州の状況が破局的だと衆目が一致した1年後になっても、地中海南部を巡視する船は数千人の人々を救助し続けている。

実際、ＥＵ傘下の機関によれば、２０１６年7月にイタリアに着いた移民の数は、２０１５年7月より12％増加した。ピークだったはずの時期から1年が過ぎたというのに、平凡な1日にも北アフリカの海岸線近くで６０００人以上が救助されるのだ。つまりはわずか48時間で1万人を超えるということである。

こうしたニュースを報じる時、メディアは常に、移民が地中海から「救われた」とか「救助された」という言い方をした。しかし、たいていは欧州の艦船が北アフリカの沿岸に接近し、船出してそれほど時間のたっていない移民船から人々を乗り換えさせただけだ。それでも実際のところ移民たちは、そもそも船出を余儀なくされた悲惨な状況から「救われ」たり、「救助され」たりしていた。だから従前から、細かい点は何も問題にされなかった。

問題にされなかった細部の一つに、イタリアに流入した移民の中に内戦を逃れたシリア人はほとんどいなかったという事実がある。彼らはほぼ全員がサブサハラ出身の若いアフリカ人男性だった。関心を呼びそうなもう一つの点は、彼らが何から逃れてきたのであれ、今後は数億人の別の人々がもっとひどいものから逃れたがる可能性があるということだ。

ひとたび移民たちが「救われ」ると、この政策の継続を訴えた慈悲深い欧州人は、新たにやって来た人々への興味を失った。2015年の危機が頂点に達した時期、英国ではスコットランド国民党の党首からカンタベリー大主教、数多くの俳優やロックスターといった面々が、難民の家族を個人的に受け入れると発言した。1年以上が過ぎた今、彼らの誰ひとりとしてそれを実行していない。危機の期間中を通してそうだったが、世界中の貧しく抑圧された人々の味方だととりあえず表明しておいて、あとは自分の代わりに誰かが慈悲をなすだろうと期待するのは簡単なことだった。自分の慈悲心が招く結果は、誰かに押しつけることができた。

現場の実務には依然として障害や不手際が数多く残された。私が最後にレスボス島をあとにした翌月の2016年9月、モリアに収容されていた移民がキャンプを全焼させた。きっかけはあらゆるものでありえた。移民たちは半年近くそこで足止めされていた。その間に、他の欧州諸国は救出任務の重要性を強調し続けながら、一方では自国の国境を閉ざしていた。救出が招く事態への対処はギリシャに任せたままでだ。トルコへの送還が差し迫っているという噂が、収容者の間で飛び交っていた。キャンプへの放火につながった暴動は、食料配布の列を巡る口論から始まったと語る者もいた。そのとおりだったのかもしれないし、ふつふつとたぎっていた民族間の暴力が原因だったのかもしれない。焼け落ちるキャンプを撮影したビデオには、「アラー・アクバル」という叫び声が記録されていた。

モリアが放火された翌週、私はまたドイツを訪ねた。前年にメルケル首相が下した決断が至るところで波紋を広げていた。テレビのお笑い番組には移民が出演し、スタジオにいるドイツ人の観客を笑わせている。移民のコメディアンは流入する人波に「人間の顔」を与え、観客は身を乗りだして芸を楽しんでいた。だが圧倒的多数の新参移民にとって、テレビのスターになることなど夢物語だった。

ベルリン郊外にある福音ルーテル教会の地下で、私は14人の難民が二段ベッドを並べて暮らしているのを見つけた。全員が20代の男性で、多くはイラン人だ。ドイツに来たのは2015年だった。その1人はギリシャに渡る船賃として1200ドル払ったことを明かした。彼はまずノルウェーに行ったが、そこは気に入らなかったという。彼らはキリスト教に改宗したと話した。だから教会が住まいを提供しているのだ。それは真実だったのかもしれないが、キリスト教への改宗を騙る手口はすでによく知れわたっていた。そう主張することで、ほぼ確実に難民申請が認められたのだ。

ドイツの連邦議会では1人の国会議員と話す機会を得た。彼は危機の発生以来、一貫してメルケル首相とその見解を強く支持していた。移民問題は単なる行政上の問題だと、彼は話した。たとえば住居の不足も「災難ではなく、職務ですよ」と。国家としてこれ以上の同化政策が図れますか? 移民は現在、ドイツの価値観を学ぶ60時間のコースを受講するのです――。ちなみにその国会議員は、コースを100時間に延長するべきだと考えていた。

最も印象に残ったのは――私がドイツで何年も前から聞かされていたことだったが――問題があるのはドイツ人の方だと、彼が信じていたことだった。近隣の変化を不安がる人々は、「ブログにばかり時間を費やし、現実に十分な時間を割かない」と、その国会議員は言う。移民の犯罪的な活動について質すと、彼はこんな持論を開陳した。「平均的なドイツ人住民の方が難民よりも犯罪的ですよ」

年間100万人もの移民を受け入れることも、「別にたいしたことではない」と彼は話す。想像してみたまえと、その国会議員は言った。この部屋に81人（訳注：ドイツの人口がおよそ8100万人であることを踏まえた暗喩）が座っている中で、ノックの音が聞こえる。どうやら誰かが「このまま廊下にいたら殺される」と言っているらしい。我々はどうするだろう？ もちろん入れてやる。私（マレー）は尋ねた。その82人めを部屋に入れたあとで、再びノックが聞こえたらどうするのですか。83人めも入れなければなりませんか？ 当然だと、国会議員は答えた。ドアを開くことができなくなる限界点はないようだった。

そこで我々は話題を変えた。2015年にドイツ政府はシリア人の難民申請者を優遇する措置を取っている。私はレスボス島のアフガニスタン人から指摘されたとおりのことを指摘した。なぜシリア人が優遇されるべきなのか？ ドイツはアフガニスタン人を入国させることも優先課題にするべきではないのか？ その他の国の人々は？ エリトリアをはじめとするアフリカの国々の状況も間違いなく劣悪だ。私がこれまでに出会った極東やミャンマーやバングラデシュの出身者についてはどうなのか。なぜドイツはそれらの人々にも優遇措置を与えないのか？

国会議員は私の質問を机上の空論だと思ったらしく、いらだちを募らせた。彼はこう主張した。それは現実の状況ではないのだから、対応する必要もなかった。それにドイツに来る移民は、もはやそれほど大人数ではない。ゆえにそのようなシナリオを考慮する必要はない。

正直なところ、私はその時、雷に打たれたような思いがした。なぜならこのドイツの国会議員が、2016年後半の時点で、新聞の読者なら誰もが知っているようなことを知らなかったはずはなかったからだ。移民の流入が鈍化したのは、ニーズが鈍化したからではなかった。それは欧州各国の政府が――特にドイツの政府が――水際で手を打ったからだった。

2016年の移民の数が前年よりも減った理由があるとすれば（減ったといっても、数十万人は新たに来ていたわけだが）、それは次の二つだ。一つめはEUが（ドイツ政府の主導で）同年前半にトルコ政府と協定を結び、金を支払う代わりに移民を同国内にとどめさせたり、ギリシャに向かう船の出航を妨げさせたりしたこと。二つめは、あるケースでは密かに、また別のケースではにぎにぎしく、欧州の国境が復活していたことだ。それらの決断のすべてが必ずしもドイツの反対を受けたわけではなかった。マケドニアの国境管理の強化は、ドイツ政府にとってはとりわけ有益だった。ギリシャに着いた移民の出口が狭まり、彼らが前年のように大挙してドイツやその先に押し寄せなくなるからだった。

彼の詭弁に満足できず、私はさらに国会議員に迫った。あなたも同僚の議員たちも、移民の流入が鈍化したのは二つの要因によるものだと知っているはずだ。ドイツが世界の抑圧された人々、苦しんでいる人々、戦乱に引き裂かれた人々のことを本当に口で言うほど気にかけているなら、その窮状に対する明らかな解決策がある。ギリシャに犠牲を払わせ続ける必要はない。なぜ航空機の編隊を組織して、ギリシャの島々からベルリンへと直接移民を連れてこないのか？　欧州きっての有力国が本当に国境の再導入を──公式に主張するとおりに──嫌悪しているのなら、それらの国境に人道的な積極行動主義を妨害させるべきではない。欧州の周縁部から中心部へとチャーター機の大編隊を飛ばすのが明らかな正解だ。

国会議員は同意しなかった。私はその時、彼のような人々（メルケルと移民政策を忠実に支持する緑の党所属の国会議員）でも我慢の限界に達することがあるのだと理解した。我々はまさにその瀬戸際にいた。彼は進んですべての移民の窮状を代弁し、すべての国境を非難した。そして同時に移民の流入は自然に鈍化したのだという振りをしようとした。そうすることで彼の良心と生存本能は折り合える余地を見出せたのだ。移民は勝手に来なくなったのだというふりをする一方で、移民の来訪を妨げる政策を支持していれば、人道主義者のままでいられたし、権力の座にもとどまれた。彼が自分自身と交わしたような契約を、他の多くのドイツ人も結び始めていた。

シナゴーグに通うのを避けるユダヤ人

ドイツのニュースは不思議なことに、もはやそれほど遠くまで伝わらない。外国での取材は、フルタイムの特派員を１人置くだけでもけっこうなコストがかかるというのが、その理由の一端だ。大衆の興味がニュースからゴシップやエンターテインメントに移っているということもある。もちろん選挙は、他の避けがたい大事件と同様に、今でも報道されている。しかし完全につながり合っているというふりをするのが大好きなこの大陸にあっても、進行中の事実を伝える本当のニュースが一つの国から別の国へと伝わることはまれだ。だがドイツを知る人なら誰もが知るとおり、ドイツ語のメディア以外にはほとんど伝わらない日々のニュースに、よろめきながら厄災に近づいていくこの国の姿が浮かびあがる。

2016年9月のある1日を見れば十分かもしれない。第一面は——ニュース専門チャンネルと同様——ドレスデンでモスクが放火されたというニュースだ。もはや珍しくもないできごとで、怪我人も出ず、建物のダメージも軽微だった。悪いニュースには違いないが、メディアもこの種の話題の取り扱い方は心得ている。記事は何らかの頑迷さが——特に反移民的な頑迷さが——招いた結果だと示唆するにとどまっていた。

次の面にはずっと小さな扱いで、今では日常茶飯事となったいくつかのできごとが伝えられている。ある村ではドイツ人の暴走族と難民のグループが暴力的な衝突を起こしていた。難民が暴走族を圧倒していたところに警察が到着。深刻な事態は辛くも避けられた。

別の記事にはベルリンの難民センターで前の日に起こったできごとが書かれていた。9月27日の夕刻、センターの移民から警察に、別の移民が茂みの中で子どもを虐待しているとの通報が入る。到着した3人の警官は、27歳のパキスタン人がまさに茂みの中で6歳のイラク人少女をレイプしているのを発見。1人が少女を引き離し、残る2人がパキスタン人に手錠をかけてパトカーに乗せようとした。するとその時、虐待された少女の父親（29歳のイラク人）が難民センターから飛びだし、ナイフを手にしてパトカーに突進。警官は「止まれ」と叫んだが、復讐心に駆られた父親は止まろうとせず、警官に射殺された。事件を報じた各紙の記事は、警察は適切な行動が取れなかったのかと、官僚的な疑問を提起した[1]。だが、こうした取り返しのつかない形で無計画に奪われた人命の話題が、今や新生ドイツのごく普通の1日を構成していることは、どの記事にも触れられていなかった。

その新生ドイツの属する大陸が、かつてと大きく変わったということではない。その同じ9月、ユダヤ教の休日である新年祭と贖いの日を前にして、欧州在住のユダヤ人を対象とする新たな調査結果が公表された。二つのユダヤ人団体が、英国からウクライナに至る各地のユダヤ人コミュニティの意識を調査した労作だった。それによると、欧州全域のシナゴーグで警備が強化されたにもかかわらず、欧州在住ユダヤ人の70％がシナゴーグに通うのを避ける傾向にあった。２０１６年現在、欧州のユダヤ人の過半数が、反ユダヤ主義とテロへの恐怖から信仰上の務めを果たせずにいたのである[2]。

同じ9月、ドイツ国民はついに、首相が自国に対して行ったことへの感情を吐き出す機会を得た。同月初め、アンゲラ・メルケルが所属する「キリスト教民主同盟（ＣＤＵ）」は、首相の選挙区があるメクレンブルク・フォアポンメルン州での地方選挙で第三党に転落したのだ。同じ選挙結果の中で少なくとも同程度に重要だったのは、結党わずかに3年めだった「ドイツのための選択肢（ＡｆＤ）」が第二党を占めたことだった。

同月中に行われた首都ベルリンの地方選では、ＣＤＵがこれまでで最低となる17・5％の得票率にとどまった。一方、AfDは14・1%を獲得し、初めて市議会に議席を得た。これでAfDはドイツの大半の地方議会に自分たちの代表を送ることになった。

AfDが旧東ドイツの領域で特に強いのは、社会経済的な状況に比較的恵まれていないからだと考えられることが多かった。他の要因（たとえばドイツ東部の住民は西部の住民が忘れてしまったことを覚えているのではないかという可能性）は、メディアで詳しく論じられることさえめったになかった。メルケルがしたことはどういうわけか正しいと見なされ、別の考えを持つ人々（大衆を含む）は、奇妙で一時的な理由により、そのことにまだ気づいていないのだと決めつけられたのだ。

だがベルリンでの選挙結果は「旧東独の最も有名な娘」ことメルケル首相から、めったに聞かれない言葉を引き出した。メクレンブルク・フォアポンメルン州の選挙後には、メルケルもまだ移民政策についての方針を堅持しようとしていたのだ。ところがベルリンでの選挙後、彼女は世界のメディアが「メア・クルパ」（自己の過失を認める際のラテン語の文句）と伝えた発言を行う。ベルリンでの惨敗後にメルケルはこう述べた。「できることなら時間を何年も巻き戻したいものです。そうすれば私は、2015年の晩夏に私たちを準備不足に陥らせた状況に備え、自分自身や政府全体に、そして責任者全員にもっと良い準備をさせることができるのですが」

だが、もちろんその状況が彼らを準備不足に陥らせたわけではない。ドイツは他のすべての欧州諸国と同様に、長年、大量移民を経験していたのだ。そして何十年にもわたって国境管理を緩ませ、難民申請を却下された者たちの送還を怠り、新たな移民の同化に失敗してきた。メルケル自身、

2010年にはそのことを認めているではないか。「多文化主義は失敗だった」という演説が口先だけのものでなかったなら、ドイツはその5年後に押し寄せる移民の津波にいち早く備えられただろう。そうならなかったのは、まさにそれが口先だけの演説だったからだ。

2016年9月に行われたベルリンの選挙後の記者会見で、メルケルはその前年の「ヴィア・シャッフェン・ダス（我々にはこれができる）」というフレーズが、「単なるスローガンであり、ほとんど中身のない慣用表現」だったことを、そして課題の大きさをかなり過小評価しての発言だったことを認めた。しかし、これまた言葉遊びの類いだったことは、CDUのある同僚議員が報道陣に認めたとおりだった。その国会議員はこう主張した。「政府はしばらく前から政策を正しい軌道に乗せています。しかし私たちはコミュニケーションをもっと良くしなければなりません。首相も今ではそのことを認めているようです」

CDUにとって「メア・クルパ」の発言は選挙対策として有効だった。だが自分たちが自国に押しつけたものに対する真摯な自責の念はなかった。それが証拠に、あまり広く引用されることはなかったが、メルケルは同じ記者会見でこうも言っている。前の年に100万人以上の移民を受け入れたのは「絶対的に正しかった」と。そして、それにもかかわらず、「私たちは歴史から学びました。あの状況が繰り返されることは、私を含めて誰も望みません」と。(3)

しかしドイツが歴史から学んだ教訓は、いつものあれだけだったように思えた。つまり80年前のあの教えだ。ベルリンでの地方選でAfDが躍進する前夜、左派の社会民主党（SPD）に所属するベルリン市長のミヒャエル・ミュラーは、次のように警告した。ＡｆＤの得票率が2桁になれば、「ドイツに右翼とナチスが帰ってくる前兆だと、世界中から見られる」だろうと。同じ警告は欧州の全域で、あらゆるできごとのあと、あらゆる党派から出され続けた。

ドイツ各地で地方選が行われたのと同じ月に、つまりはドイツが門戸を開いた1年後に、英国政府はカレー（フランス）にある大規模な移民キャンプの近くに保安フェンスを増設しなければならないだろうと発表した。その長さ1キロのフェンスは英国との接続点の防備を固めるためのものであり、とりわけ移民が英国に向かうトラックによじ登るのを防ぐためのものだった。

この提案に対し、フランスの上院議員で、上院外交問題委員会の副委員長も務めるナタリー・グレは、「第二次世界大戦時にワルシャワのゲットーの周囲に築かれた壁を思い出す」と応じた。国境はナチスを連想させるというお決まりの非難のあとに続くのは、国境は過去のものでもあるというおなじみの決めつけだ。「壁を築くことは歴史を通じて行われてきました」と、グレは説く。「しかし結局は、人々が迂回路を見つけたり、壁が崩れたりするのです。中国の万里の長城をご覧なさい。今では観光客がその上を歩いたり、写真を撮ったりしていますよ」(4)

英国内ではカレーの問題が議論の的になった。キャンプにいる人数はたいがい6500人に満たないという事実を踏まえると、解決策は常に自明であるように思えた。社会活動家も左右の政治家も、必要なのは一度だけ寛大な措置をとり、キャンプを空にしてしまうことだと主張した。だが、これは欧州が犯した大きな過ちの縮図だった。彼らを英国に迎え入れさえすれば問題は解決される。あるいはそう思える。一度キャンプを空にしても再び満杯になるだけだという事実は少しも考慮されなかった。なにせ6500人というのは、平均的な1日にイタリアに到着する移民の数でしかなかったのだ。

英国政府とフランス政府がカレーの現状に責任を負うべきは誰かを論じている間にも、移民たちは昼夜を分かたず、幹線道路と英国行きの乗用車やトラックに物を投げつけていた。あわよくば停止した車両にこっそり乗り込み、英仏海峡を渡ろうと願ってのことだった。

カレーを巡る議論のすべてが、この数十年間のあらゆる議論と同様に、近視眼的で短期的だった。英国政府がキャンプの移民のうち、保護者のいない子どもを一定数受け入れることに同意した時、彼らの写真が新聞に載った。その「子どもたち」の一部は、どう見ても大人だった。中には30代の者もいただろう。

保守党の「軽量級」国会議員のデビッド・デイビーズはそのことを指摘し、歯科検査をするよう提案した。するとメディアとエリート政治家が一斉に彼に襲いかかった。テレビ番組の司会者たちはその機をとらえてデイビーズを招き、さんざんに非難する。他の国会議員たちも、彼と同じ議場に座っているのは不愉快だと口にした。議論は突如として、歯科検査をするのは人種差別的かどうかにすり替わった。欧州全域で使われている年齢判別法が突然、想像もつかないほど野蛮な行為として非難されたのだ。

すべての移民を招き入れるのは良いことだというのが、依然としてコンセンサスだった。その数に何であれ制限を加えるよう提案するのは悪いことだった。場合によっては、すでに存在する法律を適用することさえもがだ。過去にもしばしば見られたことだが、英国政府は一線を守るかどうかの賛否両論を天秤にかけたうえで、守らないという決断を下した。

言うまでもなく、カレーまで到達し、英国に潜り込もうとしていた移民は、それまでの間にあらゆるEU法を犯していた。彼らは最初に入国した国で難民申請をせず、ダブリン規約を破ってフランス北部までやって来たのだ。彼らを受け入れることは善行をなすことだと、英国政府は考えていた。実際には、多くのルールを破り、他のもっとふさわしい移民たちを飛び越えてきた人々を利していた。これは何年も前から行われていた慣例だったが、しかし賢明とは言いがたい慣例だった。

事情はどこでも同じようなものだ。移民の側に立つことは、天使の側に立つこと。欧州の人々を代弁することは、悪魔の側に立つこと。それに「欧州はもう1人を部屋に入れてやるだけだ」という奇妙な思い込みも常に存在する。その人物が本当に廊下で殺されかけているのかは重要ではなくなった。彼が寒かったり、貧しかったり、単純に部屋の中の人々よりも暮らし向きが悪かったりするなら、彼にも部屋に入る権利があるのだ。もはや欧州は誰ひとり追い返そうとしなかった。かくしてついに、ドアは中に入りたがるすべての人々に開放されたままになった。

第18章

ありえたかもしれない欧州

「保守主義者」エドマンド・バークが示した可能性

指導者が政治的・道徳的に正しい判断を下していたら、すべては違う結果になっていたかもしれない。メルケル首相やその前任者たちが当初から違う道を歩んでいれば、支持や支援が失われることはなかっただろう。

彼らは最初にこう自問することもできた（実際には誰もしなかったが）。欧州は世界中のすべての人々がやって来て、「我が家」にできる場所であるべきなのか？　欧州は戦争から逃れようとする世界中のすべての人々の避難所であるべきなのか？　より良い生活水準を希求する世界中のすべての人々に、この大陸でそれを提供するのは欧州人の責務なのか？

このうち二つめと三つめの問いには、欧州の大衆は「ノー」と答えただろう。一つめの問いについては、引き裂かれた思いを味わったかもしれない。だからこそ大量移民の支持者たち（三つの問いのすべてに「イエス」と答えたであろう人々）は、戦争から逃れる人々と、それ以外の何かから逃れる人々の境界線を無視することに決めたのだ。戦争に脅かされるのも飢えに脅かされるのも大きな違いはないではないかと、彼らは問うた。

メルケル首相が、あるいはその同世代と前世代の政治家たちが、自らの大陸を変容させる前にこのことをじっくり考え抜いていたなら、欧州の偉大な哲学者たちに、わけてもアリストテレスに知恵を借りたかもしれない。そうすれば、なぜこれらの問いがかくも複雑に思えるのかが学べただろう。彼らは善と悪とのバランスではなく、競合する徳目（この場合は「正義」と「慈悲」）のバランスを取ろうとしていたのだ。

二つの徳目が相反するように見える時には、その片方が誤解されているのだと、アリストテレスは説く。抑制なき大量移民の時代を通じ、「慈悲」は一貫して勝利を上げてきたようだ。慈悲は最も容易に敬意を払うことのできる徳目である。迅速に短期的な利益が得られるし、そうした利益が達成された社会の中で、より一層称賛されるものでもある。もちろん住居も仕事もほとんどなく、彼らが必要とされる機会もますます減っていくであろう大陸への渡航を人々に促すことが、どれほど本当に「慈悲深い」ことなのかは、めったに問われなかった。

しかし「正義」もまた——それは欧州のすべての法が踏みにじられている時にも二の次にされてきたわけだが——尊重されるべきだった。たとえダブリンⅢ規約や不法移民の送還に関する法律を守らせよという正義への訴えがあまりに事務的なものに思えたとしても、より大きな正義に訴えることはできて然るべきだったはずだ。

ところが「正義」が議論に顔を出すのは、その正義が移民によって、または移民のために要求される時ばかりだった。欧州の大衆に対する正義はまったく考慮されず、常に置き去りにされてきた。彼らは為される物事の影響を受ける立場であったにもかかわらず、自分たち自身の訴えは、たとえそれを声に出せた時でも聞き入れられなかったのだ。

膨大な移民が押し寄せる中で、メルケルやその前任者たちの決断は、正義を求める大衆の権利をことごとく踏みにじった。リベラル派の政治家たちが不公正だと感じるのも当然だった。彼らの慣習や法律が踏みつけにされていたうえに、リベラルな社会を構成する慎重にバランスを保たれた生態系が、無限にも思える変化によって脅かされてもいたからだ。長期にわたる政治的・文化的な進化の産物である社会が、これほどの比率で移民を受け入れても維持できるのか。欧州のリベラル派がそういぶかしむのも無理はなかった。

大量移民の時代の最前線では、性的・宗教的・人種的な少数派が絶えず脅威にさらされた。そのことをもっと多くのリベラル派が警告として受け取るべきだったのだ。「リベラル」な移民政策を追求すれば、リベラルな社会を失う可能性があるのではないかと。

それとは別種の正義への訴えが、より保守的な考えを持つ人々から出されてもよかった。そうした人々は、たとえば18世紀の政治家エドマンド・バークと同様の見解を持っている可能性がある。保守主義者のバークは次のように洞察した。文化や社会というものは、たまたま今そこにいる人々の便のためにではなく、死者と生者とこれから生まれてくる者たちが結ぶ大切な契約のために働くものだと。

そうした社会観においては、尽きることなく供給される安価な労働力や、多様な料理、特定の世代の良心を慰謝することなどを通じて人々がどれほど大きな恩恵を得たいと望んでも、その社会を根底から変えてしまう権利までは持ちえない。なぜなら自分たちが受け継いだ良いものは、次に引き渡すべきものでもあるからだ。仮に祖先の考え方やライフスタイルの一部は改善可能だという結論に達するとしても、だからといって次の世代に混沌とし、粉砕され、見分けもつかないようになった社会を引き渡すべきだということにはならない。

2015年までに、欧州は移民問題の最も容易な部分さえ解決し損ねていた。戦後期から今世紀の大量移民に至るまで、欧州は個人的な慰謝や怠惰な考え、政治的な愚かさのために、社会の性質の根源的な変革を企ててきたのだ。だから欧州がより困難な試練に失敗したのも驚くには当たらない。メルケル首相はその移民問題という難題に、テレビの生放送で孤独なレバノン人少女と出会った時には立ち向かった。だがその後、数百万人を相手にして譲歩した（たいていの人々は群衆を嫌い、個人を哀れむものだが、メルケルの譲歩はその正反対だった）。

彼女は二つの徳目を誤って理解していた。メルケルは困っている人々に慈悲を示しながら、一方で欧州の大衆に対する正義を通すこともできたのだ。では、どうすればそれができたのだろうか。

第一の方法は、この問題の原点に立ち返ることだっただろう。つまり、主として欧州は誰のためのものかと問うことだ。欧州は世界のためのものだと信じている人々は、なぜこのプロセスが一方通行でなければならないのかを説明してこなかった。なぜ欧州人が世界の他の場所に行くのは植民地主義なのに、世界の他の場所の人々が欧州にやって来るのは正義で公正なのか。

彼らは移民の流入の終着点も、ただ一つしか示してこなかった。すなわち欧州以外の国々がそれぞれの国民の故郷にとどまる一方で、欧州が世界に帰属する場所になるという結末である。

彼らはまた、大衆に嘘をつき、自分たちの目的を隠すことによって得られた範囲の成功しか手に入れていない。1950年代以降の西欧の指導者たちが、「移民政策の目的は欧州の概念を根本的に変え、世界の故郷にすることだ」と自国民に告げていたら、欧州の大衆はかなりの確率で蜂起し、それぞれの政府を転覆させていただろう。

近年の移民危機の前でさえ、最大の難題は常に正真正銘の難民に関することだった。大衆と同様に、政治指導者もまた難民については相矛盾する見解を抱えていた。各人の見解が違っていただけではなく、1人の人間の心に相矛盾する見解が同居していたのだ。誰だって地中海で子どもを溺れさせてはおけないが、世界が自国の岸辺にやって来たからといって入れてやるわけにもいかない。

2016年の夏に、私はギリシャで2人のバングラデシュ人と話した。1人は26歳で、インド、パキスタン、イラン、トルコを経由し、レスボス島に着いていた。旅の途上、「至るところで死体を見た」と、彼は言う。彼はこの旅のために1万5000ユーロをはたいた。バングラデシュを離れなければならなかったのは、政治的な反対派と関係していたからだという。「僕の父は銀行の支配人だ」と、彼は話した。「金の問題じゃないんだ。命の問題なんだよ。誰だって母国を愛しているさ。でも10人中9人は死にたくないからここに来たんだ」

証拠が示すのは別の事実だ。つまり経済的な魅力が主たる誘因なのである。しかしたとえ欧州に来る全員が祖国で死の危険に直面していたとしても、欧州がその何百万人かを受け入れる現実的な道はない。そのため移民政策の誤りの改善策も、それ自体が誤りに基づくものとなっている。

危機はそもそも欧州のものではなく世界のものであり、これを論じることすらが欧州中心の物の見方を反映していると言う人々もいる。だが欧州人が欧州中心的になったり、そうした感じ方をしたりしてはいけない理由はない。欧州は欧州人の〝家〟なのだ。そして我々は米国人やインド人、パキスタン人、日本人など、あらゆる国の人々と同等に自国中心的になる権利がある。

それに続けて、だから我々のエネルギーを世界の問題の「解決」に投じるべきだと主張するのは脱線だ。シリアの状況を「解決」するのは欧州の権限から外れる。ましてやアフリカのサブサハラ地域の生活水準を向上させ、世界のすべての紛争を解決し、リベラルな権利をあまねく守り、世界中の汚職政治を正すなどのことを同時にこなすのは、欧州の権能の及ぶところではない。これらが欧州の手で解決可能だとする人々は、まずはエリトリアの問題を解決する詳細なプランを説明することから始めるべきだろう。あるいは地図上でその国の場所を探すことから。

インクルージョン（包含）とエクスクルージョン（除外）

移民の支援を心から望む為政者なら、誰であれ数多くの政策を実行できたはずだ。たとえば移民たちを、追い立てられた国の近くにとどめ置く政策だって優先させられた。ポール・コリアーやデビッド・グッドハートのような移民問題の専門家たちは、現行の危機が起こる以前から、そうした政策の重要性を説いていた(1)。

その種の政策を採用すれば、人々を別の大陸の端まで移動させることから生じる文化的な難問を回避できる。彼らを追い立てた災厄が終息した際には、比較的容易に帰国も促せる。シリア危機の期間中ずっと、トルコ、レバノン、ヨルダンは非常にたくさんの難民を受け入れた。英国をはじめとする国々は、シリア難民が暮らすキャンプその他の場所の状況を改善するべく、多額の支援金を拠出した。コリアーが提言したように、欧州の国々が中東で仕事をする移民に金を払う政策は建設的だった（中東では地元住民の感情に配慮し、しばしば労働法によって難民が労働力から排除されている）。その根底には、シリア人にとっても、スカンジナビアのどこかで仕事にあぶれているより、ヨルダンで仕事ができた方がいいだろうという視点があった。

それに加えて、たとえばスウェーデンなどは、今や自国内の移民に住居を与えるために法外な費用を負担している。スウェーデンの住宅不足は、英国と同様に主として移民によって引き起こされているもので、政府に多大な課題を（特に財政面で）突きつけている。イタリアやギリシャのような南欧の国々では、当座の解決策として、移民をテントに住まわせている。しかしスウェーデンは寒冷であるため、1人の移民をテントに住まわせるのに、中東の50〜100倍のコストがかかる。ティノ・サナンダジ博士が指摘するとおり、スウェーデンで3000人の移民を仮設のテントに収容するには、ヨルダンで最大規模の難民キャンプ（10万人前後のシリア難民を収容）が作れる以上の金額が必要なのだ。(2)

欧州の指導者が当初から採るべきだったもう一つの政策は、難民申請を欧州の域外で処理するようにすることだった。移民が欧州の域内に入ってから、誰が正当な難民申請者で、誰がそうでないのかの審査を開始するのは、法的・組織的に理にかなわない。

これはオーストラリア政府が2000年代に、主としてインドネシアからやって来る移民船の洪水にさらされて、導入した政策だった。地中海での状況と同様、数多くの移民船が沈没し、国民は多大な同情を寄せた。だがオーストラリアの難民センターは満杯だったし、移民を入国させてから申請を処理するのは法的な悪夢だった。移民の渡航元との距離は地中海の例よりもずっと遠かった、移民の数は遥かに少なかった。それでもオーストラリア政府は緊急的な政策を実施し、たちまち出航する移民船の数を減少させた。彼らはパプアニューギニア沖のナウル島とマヌス島を待機センターとして使用し、そこで難民申請を処理したのだ。政府の船を巡回させ、違法にオーストラリアに向かう船を見つけ出しては、引き返させることもした。

状況は完全に同じではないが、オーストラリアの当局者は欧州で移民危機が発生した当初から、いずれ欧州もこの方式で対処せざるをえなくなると内々に話していた。政治的意志と財政的インセンティブをもってすれば、欧州の政府がいくつもの北アフリカの政府と協定を結び、その領内に施設を開設できない理由はないだろう。リビアの領土を「賃借」することも、やがて不可能ではなくなるはずだ。チュニジアとモロッコでは間違いなく実行可能だし、フランス政府はアルジェリアに同様の協力を説得できる。エジプトにも欧州との協力のパッケージの一環という形で、インセンティブを与えられるだろう。

北アフリカで難民申請を処理すれば、オーストラリアのケースと同様、申請者の意欲をくじく効果が得られる。また、そればかりではなく欧州の難民処理システムがひと息つく機会も持てる。

もう一つの解決策は、全欧州が協調し、難民申請者ではないと判明した人々を残らず送還することだろう。これは「言うは易く行うは難し」だ。現在の欧州には法的な権利を持たずに滞在している人々が何百万人もいる。その一部にはギャングの下で働く羽目になっていたり、そこまでいかずとも欧州の生活に期待を裏切られていたりして、送還を歓迎する向きもあるかもしれない。それでも、これは大変な大仕事になるだろう。しかしそれを実行する方が――近年のドイツとスウェーデンの政府内に見られるように――本当はその気もないのにそうする振りをするよりもずっといい。

ある人々を社会に迎え入れるということは、必然的にそれ以外の人々を除外するということだ。政府としては「インクルージョン（包含）」という共感的な言葉を持ち出している方が楽だろうが、正当な難民申請者を含む大衆としては「エクスクルージョン（除外）」という言葉も聞かせてもらいたい。

賢明な移民政策の助けとなり、大衆の信頼回復にも役立つのが、一時的な難民保護のシステムだろう。2015年のあの決定的な数カ月間に、メルケル首相が欧州各国に対し、適法かつ然るべく審査を済ませた一定数のシリア難民を、たとえばシリアに安定が戻るまで受け入れようと呼びかけていたら、大衆からも政界からもより大きな支持が得られていたかもしれない。そうした支持がなかったのは、そして大衆ばかりか各国政府までがメルケルの割り当てシステムに大反対しているのは、難民保護がほとんど常に恒久的なものになるとわかっているからだ。

スウェーデンの国民に、「シリアの移民はシリアが安定するまでの間、スウェーデンにとどまるだけだ」と納得させるのは難しい。なにせこの国には何万人ものバルカン半島からの移民が、半島に平和が戻って20年もの歳月が経過した現在も住み続けているのだから。

一方、一時的な難民保護のシステムにも明らかに独自の問題点がある。移住したあとにも人生は続くのだ。子どもたちはその国のシステムで教育されるし、別の面でも同化が進む。それにより家族全員が出身国に戻るのは次第に難しくなっていく。

しかし、だからこそ欧州の政府はそうした政策に厳格であらねばならないのだ。保護を申請し、認められた人々は、その措置があくまでも善意に基づくものであり、永遠のものではないことを認めなければならない。このような政策が採用されれば、保護のシステムや移民問題全般への信頼が大いに回復されることだろう。

意味が失われてしまったファシズムへの警告

現行の移民問題を収束させ、すでに存在する難題を解決に導くには、欧州の政治指導者たちが過去の誤りを認める必要もある。たとえば、欧州が人口の高齢化を懸念するなら、アフリカから次世代の欧州人を移入するよりも、もっと賢明な政策があるということを。あるいは、人数が少ないうちは多様性にも利点があるが、大人数になると我々の知る社会が消えてしまい、元には戻らないのだということを。彼らはそのうえで、本当はこの社会を壊したくはないのだと力説するかもしれない。こうしたことを認めるのはエリート政治家にとっては辛いことだろうが、欧州の大衆からは圧倒的な支持を集めるだろう。

近年、大衆はイミグラント（個人としての移民、あるいは人間としての移民）こそ寛大に受け入れてはきたが、イミグレーション（集団としての移民、あるいは現象・行動としての移民）には抵抗してきた。政治指導者たちが移民《イミグレーション》に不安を持つことは理解できると語るずっと前から、大衆はそのとおりのことを思っていた。社会学者たちがそれを証明する以前から、大衆は移民《イミグレーション》が社会的な「信頼」の感覚を弱めることを知っていた。

それに大衆は、政治家がそれを認める前から、定員を超過した地元校に我が子を通わせるのに苦心していた。医療ツーリズムは問題ではないと聞かされながら、他国から来た人々でごった返す病院の待合室で予約を取るために並んでいたのは大衆なのだ。

大衆はまた政治指導者よりも遥かに以前から、移民《イミグラント》がもたらす利益は無限ではないことを知っていた。そして、それを口に出せるようになるずっと前から、それほど多くの移民《イミグレーション》を受け入れたら自国が根底から変わってしまうだろうと感じていた。彼らは権利を巡る20世紀の激論が、21世紀にまた蒸し返されるに違いないと指摘していた。それに反対する人々が増大するためだ。

たとえば社会自由主義に関して言えば、イスラム教は間違いなく「クラスで一番遅れた子ども」だった。その結果、欧州がその種の問題の多くは解決済みになると期待していた21世紀の初頭に、とりわけ宗教を政治や法律から分離することに関して、社会全体が再び「クラスで一番遅れた子ども」の歩調に合わせなければならなくなった。だからこそ、その人々がある特定の信仰を持つ場合、女性は公の場で顔を覆うべきなのかとか、夫によって彼ら独自の特殊な法廷に引き出されるべきなのかといった議論が増加したのである。

最初にやって来た移民たちは異なる文化や独自の刺激、独特の料理をもたらすことで、欧州の利益になった。だが1000万人めの移民はそれまでのものとは違う何かをもたらしただろうか。欧州の大衆は政治家よりも遥かに先んじて、そうした利益が無限ではないことを認めていた。政治家がそれに気づくずっと前から、世界の人々を招き入れれば、世界のトラブルを招き入れることになるのだと知っていた。

それに人種関係産業の言葉とは裏腹に、欧州にやって来る移民には、元々の住民との共通点より相違点の方が遥かに多かった。また移民が増えるほど、そうした相違も増加していった。

なぜなら問題点は少数派と受け入れ国との間にだけではなく、受け入れ国における様々な少数派の間にも存在したからだ。英国の「アンチ人種差別主義者」らは「イスラム嫌悪」の恐ろしさを喧伝するが、実際のところ英国内では、イスラム教徒が教義上の理由で別のイスラム教徒を殺害する例が圧倒的に多い。確かにウクライナ人のネオナチが、英国に来て数時間後にイスラム教徒を殺害した例もあった。しかしそれを除くと、イスラム教徒に対する深刻な攻撃の大半は別のイスラム教徒の手で実行されている。

少数派のアフマディー教団に属するイスラム教徒は、祖国パキスタンではひどく迫害されることから、大勢が英国に渡ってきた。だが2016年の復活祭の前にグラスゴーまで出かけていき、背教者であり異端者だと見なすアフマディー教団員の店員の頭部をめった刺しにしたのは、英国ブラッドフォードに住むスンニー派のイスラム教徒だった。またその事件後に被害者の家族が国外に逃れることを余儀なくされたのは、粗野な白人人種差別主義者のせいではなく、スコットランドのイスラム教徒のコミュニティに属する他のメンバーのせいだった。

今日の英国では、白人の人種差別主義者が公然と少数派の殺害を擁護することはめったにない。一方でパキスタンから訪英する聖職者は、意見の合わない他のイスラム教徒を殺害することの必要性を、何千人もの英国市民に説いていく。少数派の内部で起こるこの種の問題は、来たるべき不寛容の前触れだ。

多数派にとってさらに大きな懸念の種になっているのは、欧州に来た人々の多くが——たとえ誰かを傷つけたり殺したりすることは望んでいなくとも——欧州の社会を変容させることを楽しんでいるように見えることだ。政治家はこの問題に対処することはできないだろう。なぜなら彼らは共謀者の立場だったし、隠蔽に手を貸してもきたからだ。しかし誰もがそれに気づかないわけにはいかない。たとえばシリアにルーツを持つイスラム教徒のラムヤ・カドルは、移民危機の絶頂期にドイツのテレビ番組に出演し、全国民にこう述べている。将来ドイツ人であるということは、「青い目と金髪」を持つことではなく、「移民のバックグラウンド」を持つことを意味するようになるだろうと。

ドイツでだけは、このような意見もまだしばらくは喝采を浴びるかもしれない。しかし欧州人のほとんどは、自分たちの社会の過激な変化に歓声が上がるのを好ましくは思わない。主流の政治家たちはこの事実を認識し、そこから生じる懸念は根拠のないものではないのだと認めることが賢明だろう。

その一環として、政治の主流と見なしうる政党の範囲を広げることも、また賢明だ。この数十年の間に中道右派と中道左派の政党は、彼らの偏狭なコンセンサスに与しない人々を人種差別主義者、ファシスト、あるいはナチスなどと呼ぶことが非常に有益であることを学んできた。たとえそれが事実でないことを知っている場合でもだ。彼らは自らを中道の反ファシストと位置づける一方、すべての政敵に前世紀の犯罪をなすりつけることができた。

欧州の状況が複雑なのは、もちろんファシストや人種差別主義者のルーツを持つ政党があることだ。ベルギーの「フラームス・ベランフ」、フランスの「国民戦線」、スウェーデンの「スウェーデン民主党」は、いずれも人種差別主義者を含んでいた過去がある。だが近年はどの政党もそれぞれ違ったやり方で、一定程度変わった。政治的主流派にとっては、欧州大陸の中でそれらの政党だけが変わらない、変われないという振りをしていた方が——あるいは変わったように見えても、何年たとうとその本性を偽り、隠しているのだと決めつけた方が——有利であることははっきりしている。しかし、どこかの時点で極右が穏健化することも認めなければなるまい。多くの社会主義政党や極左政党が主流に加わることを認められ、その過程で政見を穏健化させたようにだ。永遠に過去の罪を告発し続けるのではなく、そうした国粋主義政党が政治論争の中で一定の座を占めるのを容認するべきである。

たとえば「国民戦線」の党首がジャン＝マリー・ル・ペンから娘のマリーヌ・ル・ペンへと引き継がれたのは、間違いなく重要な動きだった。人種差別主義的な国粋政治を真に信奉する者たちにとって、今日の国民戦線に入党するのは父親の時代に比べて難しいだろう。

もちろん端々には深刻な疑念を呼ぶ要素もある。今でもこれらの政党には、ホロコーストを否定するなどの過激な思想の持ち主が一枚噛もうとしてくるのだ。これは部分的には――英国のEDLやドイツのペギーダの例と同様――メディアとエリート政治家が口をそろえて、これこそがそれらの政党の主張なのだと国民に言うためだ。そうすることで彼らは事実上、それらの政党に本当の過激主義者を送り込んでいるのである。

それらの政党に鼻持ちならない政治的見解の持ち主がいることもまた事実。しかしその点に関しては、左右両派の主流政党も同じであることを指摘しなければならないだろう。世論調査でしばしば主流政党を上回るような支持率を獲得する政党を、完全なナチスやファシスト、人種差別主義者と見なすことは不可能だ。なぜならベルギーやフランスやスウェーデンの国民を知る政治家にとって、その国民の大半がナチスでもファシストでも人種差別主義者でもないことは明白なのだから。

言い換えるなら、政治的コンセンサスの幅を広げ、かつては極右に分類されていた思慮深く、明らかに非ファシストの政党を受け入れることが今後は不可欠になるということだ。何年も前から警告を発していた人々を、その警告が現実のものになりつつある時に無視し続けるのは賢明ではない。それにハンガリーの「ジョビック党」、ブルガリアの「アタカ国民連合」、ギリシャの「黄金の夜明け」のような本当のファシスト政党が今後台頭してきた時に、彼らに正当な非難が向けられないような状況を続けるのも、やはり賢明とは言えない。欧州人は「反ファシズム」という言葉の価値を、それが必要になる時が来る前にしぼませてきた。欧州においては、ファシズムへの警告は極めて慎重に発せられるべきなのだ。近年はそうした警告が使い古され、あまりにありきたりになってしまったので、ほとんど意味が失われた。欧州の政界とメディアのエリートたちにとっても、一般大衆の見方を受け入れず、大量移民を支持する比較的少数で極端な人々の見方が欧州政治の主流に唯一適合するものなのだという立場を取り続けることは、いずれ難しくなるだろう。

宗教と哲学の間の大きな溝

人種差別主義の問題には別の方法で適応しなければならないかもしれない。この用語が軽々しく使われ続けるのを防ぐ方法の一つは、虚偽の告発をすることの社会的コストを、少なくともその告発で有罪になるのと同じくらい重いものにすることだろう。あるいは欧州人がこの先、全方向との非難合戦に陥る中で、以下のような暗黙の合意が生まれるかもしれない。人種差別主義は不快なものではあるが、それは一部の人々が抱えがちな数多くの欠点の一つであり、すべての政治論議や文化論争の基礎になるものではないと。

我々の危機への解決策はまた、未来に対する前向きな態度だけではなく、過去に対するよりバランスの取れた態度を伴うものになるだろう。ある社会が自らのルーツを日常的に抑圧したり、それと戦っていたりしたのでは、生き残ることは不可能だ。自らの過去を批判することを一切許さない国家が繁栄できないのと同様、自らの過去を肯定することをことごとく抑止する国家も生き残ってはいけない。欧州が自らの過去に疲労感や消耗感を覚えるのは理由のないことではないが、過去と向き合う際には自らを責める気持ちと同じだけ、自らを許す気持ちを持っていい。少なくとも欧州は過去の痛みだけでなく、過去の栄光ともつながりを維持する必要がある。

ここでこの難問に対する包括的な答えを示すことは不可能だが、私自身はこう感じずにはいられない。欧州の未来はおおむね、この地に受け継がれてきた教会の建物や、偉大な文化的建造物に対する我々の態度で決まるのだろうと。果たして我々がそれらと敵対するのか、憎悪するのか、無視するのか、つながりを保つのか、はたまた尊び続けるのかという疑問に関しては、多分に状況次第ということになろう。

ここでもまた、世界の他の地域の人々が追いついてくることによって、あるいは「普通」の生活水準を期待する欧州人が限度を超えた負債を積みあげることによって、バブルが弾け、次世代の欧州人が急激な生活水準の低下に直面したらどうなるかという問いは考察に値する。それが続いている間は楽しいかもしれないが、単なる消費者として送る人生に、真の意味や目的が欠けていることは言うまでもあるまい。むしろそれは人生の隙間を露わにする。これまで歴史上のすべての社会がそうした隙間を埋めようとしてきた。我々自身の社会がそれに対処しないなら、何か他のものが隙間を埋めようとするだろう。

楽しさだけを売り物にする社会は、急速に魅力を喪失しかねない。ナイトクラブを出たあとに宗旨替えした人々は、楽しいことを体験したうえで、それでは不十分だと悟ったのだ。我が社会を特徴付けるのはもっぱらバーとナイトクラブ、放縦と権利者意識だと語るような社会は、深い根を持つとは言えず、生き残る可能性は低い。一方、我が社会は大聖堂や劇場、スタジアムやショッピングモール、そしてシェークスピアからなると考える社会には、一定の可能性がある。

それでもなお、こうした根深い問題に直面することを渋る傾向は残っている。それを突き詰めれば、ある運命論的な感覚に――ことに、そうしたことはすべて前に試したという感覚に――行き着くのだという気がする。なぜまたすべてを繰り返すのかというわけだ。これは信仰を取り戻せという欧州人への訴えが――教会の指導者による訴えも含めて――かつてのような説諭の口調でではなく、弾劾ないし部分的敗北の精神でなされる理由の一つであるに違いない。

教皇ベネディクト16世が「神が存在するかのように」行動せよと欧州人に懇願した時、彼はその前任者たちがめったに認めることのできなかった何かを認めていた。それは一部の人々が今も信じることのできないものであり、それにもかかわらず教会が何らかの取り組みをするべきものである。実際、この訴えによって、神を信じることのなかった晩年のオリアーナ・ファラーチも、教皇ベネディクトには信頼を寄せた。教皇は別の場所でも、宗教と哲学の間の大きな溝を打ち破るようにと訴えている。ことに宗教と哲学は、敵になるのではなく、少なくとも互いに対話をしなければならないと。(3)

そうした訴えの根本には、欧州人が別の文化やより良い文化を簡単に見つけだしたり思いついたりする可能性は薄いという意識がある。そしてまた学齢期以上の現代の欧州人は、現在、非常に貧弱な仕事をしているのだという認識がある。すなわち過去の世代の信じる者と疑う者を育ててきた、そして現世代の信じる者と疑う者を育てるのかもしれない文化を称えるという仕事である。信じる者と信じない者の双方に、こう気づく人々が増えてきた。今後大変動が勃発した場合、まず自分自身を丸裸にすることによってそれに立ち向かうのでは不十分だろうと。そうしたやり方はもちろんフランスの伝統の一部であり、この国がイスラム教徒のヘッドスカーフやブルカを禁じようとする時には、ユダヤ教徒とキリスト教徒のシンボルも同時に禁止することによって、そのことの弁解をしなければならない理由でもある。

多くの人々はこれを道理にかなったことだと見るだろうが、一方では負けたプレイヤーが服を1枚ずつ脱いでいくストリップ・ポーカーに陥り、自分が裸になっているのに、相手が完全に服を着ているという羽目にもなりかねない。イスラム過激派が公共の建物内でのヘッドスカーフ着用を禁じられてもフランスにとどまることはありえる。その一方、イスラム過激派と彼らが招いた厳格な世俗化の板挟みにあって、ユダヤ教徒が立ち去ることもありえる。どちらも望ましい展開ではない。

西欧を形成した文化が将来その役割を失えば、別の文化や伝統が入ってきて、確実にその座を占めるだろう。我々の文化により深い目的の意識を再注入することは、宗旨を変えるような使命である必要はなく、我々がそれを望みさえすればいい。もちろん19世紀に長い轟音を立てて引き始めた信仰の潮流が、再び満ちてくる可能性は常にある。しかし、そうなろうとなるまいと、信心深い者たちが同じ木から袂を分かった者たちこそ最大の問題であると考え、一方では世俗の枝にいる者たちが、自分たちは完全にその木から切り離されていると見ようとするのでは、文化の修復は不可能だろう。

多くの人々がそうした分離の痛みと、その結果として浅瀬から湧きあがる意味への希求を感じとれる。我々の文化の中で、修復するのにひと世代分の労役を要する断絶が起こったのだ。

第
19
章

人口学的予想が示す欧州の未来像

それはもはや欧州ではない

欧州の政治家が現在していること及び大衆の態度に鑑み、前章で論じたシナリオ以上に蓋然性の高いそれについても考慮してみる価値があるだろう。たとえば大規模な政治的Uターンが起こる可能性よりも、これまでと大差のないできごとや有権者の不安が来たるべき数十年間にも欧州全域で継続する可能性の方がよほど高そうだ。エリート政治家たちは、数十年にわたる大量移民の時代にしてきたことが遺憾なことであったとは、実質的にほとんど認めてこなかった。彼らが政策の反転を望んでいる証拠は何もない。逆にそう望んでもできないのではないかと示唆する証拠はたっぷりある。2015年以降の展開は、長らく進行してきたプロセスを単に加速させただけのことだった。

西欧に新たにやって来る移民は皆、定住期間が長くなるほど、追い出すことが難しくなる。それに、そもそも私たちのほとんどは、彼らの大半を――あるいは多くを――追い出すことなど望んではいない。だが新たな移民がやって来るごとに、今後の欧州の意識のバランスは変わっていく。移民が連れてきた子どもたちは自分たちのルーツを忘れず、その他の国民に比べて移民の制限に反対しがちになるだろう。自らが移民である国民がかつてなく増えていき、移民の制限を提案する政党の支持率がかつてなく下がっていきそうだ。たとえその綱領が比較的穏健であっても、彼らはそうした政党には疑念を感じるに違いない。我が身の心配は脇に措くとしても、よそから欧州にやって来た人々にしてみれば、自分たちと同じような人々がその航跡を追ってきてはならない理由は納得しがたいのである。

合法移民と不法移民の境界はさらに曖昧になっていくだろう。1日を経過するごとに大量移民を押しとどめるに足る数の国民を見つけることが困難になり、その流れを逆転させたり、少なくとも継続を止めたりするための政策が推し進められなくなる。そのため今世紀中にも、大都市を皮切りに国土の津々浦々で、我々の社会はついにあの――我々がしばらく前からこの国は昔からそうだったという振りをしてきた――「移民国家」になることだろう。

そうした先細りの状況に抗議せんとする政治家も、そのために支払わなければならない特有の代償に意気をくじかれ続ける。オランダやデンマークなどのいくつかの欧州の国々では、大量移民に――わけても特定のコミュニティの流入に――反対する政治家が、常に警察の保護を受ける状態にある。彼らはほとんど夜ごとに寝場所を変え、時には陸軍基地で過ごさなければならない。たとえ誰かがキャリアを傷つけられたり中傷にさらされたりする危険を冒して論陣を張っても、結果的にそのような生活に陥ることが避けられないのであれば、どれだけの人々が続いて立ちあがり、欧州の大衆を擁護しようとするだろうか。

そのうえ状況は悪化していくばかりだ。当面、ほとんどの政治家は短期的な利益を追求し、個人的な好感を得られるよう「共感的」で「寛大」で「開放的」な行動を取り続けるだろう。たとえそれが長期的には国家を揺るがす問題を引き起こすとしてもだ。彼らはこれまでの数十年間と同様、難しい問題は先送りにして、後継者たちにその後始末をさせた方がいいと考え続けるだろう。

かくして彼らは、欧州は世界で唯一、世界に帰属する場所だと保証し続ける。その結果、どのようなタイプの社会が生まれるかは、すでに明らかだ。今世紀半ばになっても、おそらく中国は中国らしく見え、インドはインドらしく見えているだろう。そしてロシアはロシアらしく、東欧は東欧らしく見えている。しかし西欧は、最善の場合でも国連の拡大版に似たものに見えているはずだ。

これを歓迎する人々も多いだろうし、もちろんこれにはこれなりの良い点がある。すべてが破局的というわけではない。数多くの人々がそうした「欧州」での暮らしを楽しむことだろう。新たにやって来る人々が従来の住民と競い合うようにしてますます安い賃金で仕事をするから、少なくともしばらくの間は安価なサービスを享受し続けられるに違いない。新たな隣人や仕事仲間が次から次へと到来し、数々の興味深い会話が交わされるだろう。国際都市が「国際的な国」に似たものへと発展するこの場所は、様々なものに変貌していくはずだ。しかし、それはもはや欧州ではない。

欧州的なライフスタイルや文化、物の見方は、おそらく局所的に生き延びていくはずだ。すでに進行しているのは、移民のコミュニティが居住地として選ぶことのない一部の田園地帯に、移民ではない人々が隠棲するというパターンである。資力に恵まれた人々は、すでに見られるように、まだしばらくは従前のライフスタイルを維持できるだろう。それほど資力のない人々は、自分たちが自らの祖国に住んでいるのではなく、「世界の祖国」に住んでいるのだと認めるしかない。

移民が各人の伝統やライフスタイルの維持を奨励される一方で、何世代もここで暮らしてきた欧州人は、その伝統が抑圧的で時代遅れだと言われ続けることだろう。人口に占める彼らの割合がどんどん少なくなっていく間にもだ。これはサイエンス・フィクションではない。これは単に西欧の多くの場所で見られる現状であり、人口学的な予想が示す欧州の未来像である。

我々の社会は、一部で不安がられていたよりは上手に人々を組み入れてきた。しかし結局のところ、あらゆる物や人を際限なく投入し、常に同じ結果を出し続けられるような巨大なるつぼではない。「テセウスの船」の比喩に戻れば、船が元の船のままだと言えるのは、それと判別できる時だけだ。そうするためには船の補修が必要になった時、全体にフィットする判別可能な部材を使って補修しなければならない。ところが今日の欧州社会は徐々にそれと判別できなくなりつつある。全体を保持できる可能性は、欧州が自らのデザインに戦争を仕掛けることを決めた時に失われた。追加された船の部材は慎重に選ばれたものではなく、古い形状にフィットしなかった。むしろ政府の計画と無能さによって船はばらばらにされ、元の場所に立っていたものはすべてバールではぎ取られたが、なおそれが「欧州」と呼ばれているのだ。

それにもかかわらず、欧州の政治指導者たちは欠陥と矛盾を抱えた同じ思想の周囲を堂々巡りし、同じ過ちを繰り返すだろう。だからこそドイツ国会で私が聞かされたたとえ話が重要なのだ。対話の相手の国会議員は欧州を一つの部屋にたとえ、外の廊下で死の危険に瀕した人物を室内に迎え入れなければならないのだと話した。

英国からスウェーデンに至る多くの国の政治家は、時として、我々の部屋は広大だから簡単にコンクリートを敷いて世界の貧者を住まわせられるなどと公言することを好む。しかし我々の社会はそういうものではない。時には周囲の海で遭難者を助けることもあるかもしれないが、あまりに多くの人々を乗船させたり、あまりに急いで彼らを乗せたり、あるいは船に対して悪意を持つ人々を受け入れたりすれば、どこかの時点で我々欧州人が持つ唯一の船を転覆させてしまうのだ。移民や同化に関する政策が賢明であったなら、必ずそのことを考慮に入れていたことだろう。

移民危機のさなかに全世界を「乗船」させるのは賢明な政策だと信じていたのは、国境開放運動の活動家だけではなかった。その中にはギリシャ政府や欧州各国の政権党のメンバーも含まれていた。ある者はそれをイデオロギーとして信奉した。別の者は単純に、世界の住民の入国を拒む筋の通った道徳的説明が見つからなかった。またある者は必死になって口実を探した。

英国が国民投票でEU離脱を決めたあと、デビッド・キャメロンの政策チームで副ディレクターを務めていたダニエル・コースキーは、英国がいかにEUからより多くの移民を受け入れるよう説得されていたかを話した。EUが持ち出した議論の中には、移民は公共サービスの中で受け取る以上の金額を税金として支払うというものがあった。危機の絶頂にあったこの時にさえも、欧州はすでに論破された古い嘘に頼っていたのだ。

事態をさらに悪化させたのは、コースキーの言葉を借りれば、「我々はその議論に反論できなかった」ことだった。探してはみたものの、「確かな証拠がなかった」からだという(1)。

きちんと探していれば、証拠は至るところにあった。地元の学校なり、病院の救急外来なりに行き、これだけの数の移民が事前に応分の費用を負担できたはずがあろうかと考えてみればよかったのだ。

していた。

英国の大衆はそのことを考えていた。彼らの代議士だけが気にもせず、関心も持たず、あるいは否定していた。

かくして生粋の英国人をすでにその首都の少数派にしていた政策が、欧州全域の人口構成の変化を不可避的に加速させた。フランス人の「陰気な専門分野」は、「欧州の陰気な発見」だったと判明した。すなわち生まれてこの方、この変化は一時的なものだとか、現実的なものではないとか、何も意味しないと言い含められてきた欧州人が、今生きている世代の寿命が尽きる前に自分たちが自国の少数派になることを発見したのだ。

その国が自由主義で知られているか、強烈な保守主義で知られているかには関わりなく、向かう方向は同じだった。ウィーン人口研究所が今世紀半ばまでに15歳未満のオーストリア人の過半数がイスラム教徒になると確言した時、オーストリア国民は――他のすべての欧州人と同様――自らの文化の終点に目をつぶるか、ただそれが来ないように願うことだけを期待された。結局のところ、陰気なブレヒト的ジョークは現実になったように見える。大衆に不満を感じたエリート政治家たちは、現にいる人々を消し去り、別の人々をその後釜に据えることで、問題を解決したのだ。

それに加えて、この政策は「すべての文化は平等だが、欧州の文化は他の文化より劣る」という笑止千万な仮定に基づき実行された。エリトリアの文化よりドイツの文化の方が好きだという人物は、最も穏健な解釈でも時代遅れの無知な意見の持ち主であり、より一般的な解釈においては完全なる人種差別主義者だとする仮定だ。これらすべてが年々歳々多様さを欠いていく「多様性」の名の下に行われたことは、考えうる限り最悪の警戒信号であったに違いない。

なぜならこの政策を成功に導くには、アフリカなり他のどこかなりから来た新たな欧州人たちが、過去の欧州人と同じくらい欧州的になることを迅速に学ばなければならなかったからだ。

おそらく当局もこれについては幾分神経質になっていたのだろう。英国ではここ何年か、国家統計局の発表する最も人気のある新生児の名前リストが論議の的になっていた。「モハメッド（Mohammed）」という名前（同じ名前の異なる綴りである「Muhammad」などを含む）が年々順位を上げていくのだ。そこで当局は「Mohammed」を「Muhammad」などの他の綴りと分けて集計することにした。だが2016年になって、それは些末なことだったことがはっきりする。というのもすべての綴りを合わせると、実際にその名前がイングランドとウェールズにおける最も人気のある男児名になっていたからだ。

そこに至って当局者の態度は「で、それが何か？」というものに変わった。将来の「モハメッド」は、従前の世代の「ハリー」や「ダヴィズ」と同じくらいイングランド的あるいはウェールズ的なものになっているだろうと言いたいのだ。その伝で行けば、英国は男性の大半がモハメッドと呼ばれてもなお「英国的」であり続け、同じくオーストリアは男性の大半がモハメッドと呼ばれてもなお「オーストリア的」であり続けるということになる。それがありえないことは、ほとんど言を俟たない。

同じイスラム教徒からの酷評

実際、ほとんどすべての証拠が逆の方向を指しているように見える。疑う向きは少数派の中の少数派のことを考えてみるといい。たとえば欧州で最も脅威にさらされているイスラム教徒は誰か。過激主義者か？　欧州に住むサラフィストやホメイニ派やムスリム同胞団やハマスの幹部らは、何らかの脅威を感じたり、ましてや自分の評判を思いわずらったりしているだろうか？　それを示唆する証拠はない。

欧州人の首をはねるような者たちを輩出している集団さえもが、「人権団体」を自称し、人種差別的で家長的な欧州社会にはびこる不公正と戦うことに専心している。そのおかげで2015年には、英国陸軍のために戦う英国在住イスラム教徒の数よりも、ISISのために戦うそれの方が多くなっていた。

欧州のイスラム教徒のコミュニティ内部で、そしてより広範な社会の中で、最も批判され、危険にさらされているのは、実際にはリベラルな欧州に同化することを誰よりも強く望んだ人々だ。オランダを離れたのはアヤーン・ヒルシ・アリを迫害したイスラム教徒や非イスラム教徒ではなく、ヒルシ・アリ自身だった。21世紀のオランダで、彼女は当のオランダ人以上に啓蒙主義の原則を信じていた。

ドイツで警察の保護を受けながら生きているのは、サラフィストではない。その批判者のハメド・アブデル＝サマドのように、単に自由で世俗的な社会の中で民主的な権利を行使したがために命を狙われる羽目になった人々だ。

英国で国内のイスラム教徒の怒りを買い、結果的に身辺に注意しなければならなくなっているのは、国中のモスクを埋めた聴衆に背教者を殺害せよと説いている人物ではない。パキスタンにルーツを持つ進歩的なイスラム教徒で、社会活動家兼コラムニストでもあるマージド・ナワズのような人々だ。ナワズの唯一の失敗は、英国が法的な平等と全国民に対する単一の法を望む社会だと自称した時に、それを信じたことだった。

フランスではアルジェリア生まれの作家カメル・ダウドが、『ル・モンド』紙[2]の記事（2016年1月31日付）の中で、ケルンで起きた性的暴行事件について率直に語り、そのことで大勢の社会学者や歴史家などから「イスラム嫌い」「欧州の極右のようだ」と批判されている。

西欧のあらゆる国々で、移民してきた、あるいはそこで生まれたイスラム教徒たちが、言論の自由をはじめとする欧州の理想のために立ちあがっては、同じイスラム教徒から酷評されたり、かつては「礼儀正しかった」欧州社会から注意深く縁を切られたりしてきた。長い目で見ればこれが社会的破局の進展を予兆するなどと語るのは、あまりに控えめな表現だ。

ここでは何も予想することができない。しかし欧州の至るところで、我々の進む方向を示唆する新たなできごとがすでに起こり始めている。外交政策に関して言えば、欧州はもう何年も協調した戦略的見解を表明できずにきた。そして今や我々の移民政策のおかげで国際政治も国内政治と化し、欧州はソフトパワーとハードパワーのどちらをもってしても、世界の舞台でほとんど明確な行動を取れなくなっている。

2016年6月に国連がエリトリア政府を人道に対する罪を犯したとして非難した時には、数千人のエリトリア人がジュネーブの国連ビルの外で抗議した。(3) スイス国民は、他のすべての欧州人と同様に、彼らはその政府の下にいては命が危ないからスイスに逃れて来たのだと聞かされていた。ところが欧州の誰かがその同じ政府を批判すると、数千人もの「難民」がその政府を支持するのだと判明した。

2014年には英国国防省のある報告書がリークされ、軍の計画立案者たちが、英国の多文化主義と多様化が進行することにより、外国における英国の軍事介入が不可能になりつつあると考えていることが明らかになった。政府は英軍が「英国市民やその家族」の出身国に部隊を派遣することへの国民的支持を、次第に失っていくだろう。(4)

国内的には状況が無限に悪化していく可能性がある。「(肌の色を気にしないという意味での)色覚異常」や適切な同化ではなく、「多様性」や「違い」を目標に掲げれば、それが招くのは、21世紀の欧州が人種にとりつかれるということだ。その問題は縮小していくどころか、日増しに大きくなっている。政界でもスポーツ界でも、そしてテレビ界でさえも同じこと。人種への飽くなきこだわりから解放されたリアリティ番組は、今や一つとしてないように思われる。

ある非欧州系の非白人が良い仕事をすれば、彼または彼女は万人にとっての模範であり、同化政策の成功のモデルだと称揚される。もしその人物が排除されれば、それは民族性が原因だったのかと、またぞろ人種差別に関する国民的議論が巻き起こる。より深刻なレベルにおいては、これらが長期的にどこに向かうのか誰にもまったくわからない。

人種問題をてこにした政治

たとえば英国では、少なくとも１９８０年代以降、人種的な不和は大いに解消されたと考えられてきた。ところが社会の国際化のおかげで、世界のどこかで起こるできごとの余波や、それが国内政治に及ぼす影響を、誰も予測できなくなっている。

２０１２年に米国で始まった「ブラック《B》・ライヴズ《L》・マター《M》（黒人の命も大切だ）」運動はその一例だ。警察が非武装の黒人男性を何人も殺害したことに端を発したこの運動は、やがて英国をはじめとする欧州各国にも波及した。米国におけるＢＬＭ運動の妥当性がどうあれ、英国にはそのような運動が起こるべき状況はほとんど存在しない。

２０１６年に、私はＢＬＭの抗議行動のために集まった数千人の人々が、ブラックパワーを称え、「手を挙げる。撃つな」というＢＬＭのスローガンを叫びながら、ロンドン中心部を練り歩くのを見た。その間ずっと彼らのデモ行進のルートをエスコートしていたのは、もちろん銃を携行しない英国の警察官だった。

しかしこの件にまつわる喜劇的な要素は、何であれ数週間後に消え失せた。その年でも一番というくらいの暑さになったその夜、ＢＬＭのスローガンを叫ぶ大勢の群衆がハイドパークに集結。その夜が明けるまでに警官1人が刺され、他の警官4人が怪我をしていた。別の場所では群衆がロンドンの繁華街にあふれ出し、そこで1人の男性がマチェーテを持った3人の男に襲われた。ロンドンでは数年ぶりとなる深刻な暴力事件だった。

将来、その種の運動がどこからもたらされるのか誰にもわからない。だが世界の様々な場所からやって来た人々が大勢近隣に住んでいて、彼らが様々な程度の恨みを抱くに至れば、いずれ世界中の問題がその近隣に降りかかってくるということもありえる。そして世界は常に問題を抱えている。

一方、欧州の大衆が永遠に人種の問題を持ち出さずにいるかは定かではない。他のすべてのグループや社会運動が人種を明かし、それについて明示的に話せるのだとしたら、なぜ欧州人がそうしてはいけないのか？　それと同様に、自分たちが歴史的・遺伝的な悪行を犯したのだと欧州人が永遠に確信したままでいるとも限らない。従っていずれは我々が次のように言いだすこともあるかもしれない。他の全員が人種問題をてこにした政治をしているのに、我々だけがしてはいけないなんて冗談じゃないと。

当面、物事は現状のまま続いていくように思える。今でさえ欧州人には、世界中の人々を受け入れることによって、世界中の問題を解決するという重荷が負わされている。「もうたくさんだ」などと言おうものなら、我々だけが厳しく非難され、次にはその非難を気に病むことになるのである。そんな反応を他の多くの国家や独裁政権が依然として満足げに促している。

どの西欧の国家も、シリアの体制の不安定化やその後の内戦の長期化にはさほど加担してこなかった。一方で実際にそれを行ったカタールやアラブ首長国連邦などは、シリア難民を1人も受け入れていない。イランはその息のかかったヒズボラなどの武装組織を２０１１年以来、シリア国内でイランの権益のために戦わせているにもかかわらず、難民への支援が足りないと欧州を叱責してきた。２０１５年9月には、イランのロウハニ大統領がハンガリーの駐イラン大使に、難民危機の中での貢献が足りないと臆面もなく説教をしている。

サウジアラビアもまた、内戦が始まってからというもの、シリア国内のお気に入りの勢力を支援してきた。それでいてこの国は、１人のシリア人も自国の市民にしていないばかりか、メッカへの巡礼者によって年に5日間だけ使われる10万張りのエアコン付きテントの使用も認めていない。２０１５年の危機が頂点に達した時期にサウジアラビアが唯一申し出たのは、ドイツに新たに入国した移民たちのために２００カ所のモスクを新築することだった。

「特に大きな事件もなく」

欧州の善意が食い物にされ続けること以外にも、ある程度確実に予想できることがもう一つある。欧州の大衆の感情が損なわれ続けるだろうということだ。近年の歴史が示すとおり、政治家は多数派の国民の意見を何十年も無視し続けることができる。しかしそのような状況が永遠に続くことは阻めないわけではない。

２０１４年に実施されたある典型的な世論調査によれば、自国の人口が増加することを望んでいる英国人はわずか11％だった。(5) ところがその後の２年間で英国の人口は急増した。２０１０年以降、国外で生まれた英国在住者の数は１４０万人も増加している。同じ期間に英国内では、94万人の新生児が外国生まれの母親から誕生した。しかもこれは２０１５年の危機から最悪の影響を受けることを避けられた国での話である。

各国政府は自身の作為と不作為が生みだす結果から身をかわし続けられるのだろうか。おそらくいくつかの国ではできるだろう。別の国では冷笑とともに、瞬時に軌道を変えるかもしれない。この危機の間に、私はフランスの中道右派に属するある政治家と話した。彼は自党の移民政策と国民戦線のそれとの残る違いをほとんど明確にできなかった。すでにフランス国民になった移民が生みだす難題にどう対処するのかと聞くと、彼はいともあっさりと「それにはたぶん憲法の一部を改正する必要がありますね」と答えた。おそらく皮肉な政治的地盤の奪い合いが、ありふれたものになっていくのだろう。

ドイツの政治家はすでに――より有意義な政策を考案することなく――二重国籍を有する市民が外国のテロ組織とともに戦ったら、ドイツの市民権を失わせるべきだと提案している。デンマークは移民が国内にいることのコストを補うために、当局者が移民から金品を没収することのできる法律を導入した。

国家を転覆させる者たちをどう扱うかという問いについては、至るところで議論が繰り返されている。今のところどの国も国際法を犯してまで彼らを無国籍にすることはしていないが、もう一度テロ攻撃があれば欧州はゲームのルールを完全に変えるだろうという見方も広がっている。そうなった時には、欧州人はいかなる人物をも〝アンパイア〟として指名しかねない。

おそらく今後数年の間に、欧州のどこかの国（たぶんオーストリアかスウェーデン）で、かつては「極右」と呼ばれた政党が政権を取るだろう。そしてそれが実現しようとしまいと、その少しあとにはさらに右寄りの政党が政権を握るだろう。

一つ確かなのは、政治が悪化するとしたら、それは思想が徐々に悪化したためだということだ。そして思想が悪化するなら、それは修辞が徐々に悪化したためだ。ケルンなどで集団暴行事件が続いたあと、至るところで言語が劣化するのが聞かれた。街頭の運動家たちは、欧州に来るすべての移民が「レフュジー（難民）」ならぬ「レイプフュジー」だと言い始めた。私がパリで出会ったある公職者は、移民全員を指して「レフュジハーディスト」と呼んだ。

これらの言い回しは、少なくとも一部の移民がレイプやジハードから逃れてきたことを直接知る者にとって、笑えないだけではなく無礼千万だった。だがこうした言語の劣化は、別の方面で不正直な行為が行われてきたあととあっては避けがたかったように思える。明確な反証があるにもかかわらず、欧州に来るすべての移民は合法的な難民だという振りを長らく続けていれば、やがては合法的な難民など皆無だと信じる人々の運動を呼び起こしてしまうものなのだ。

そうした運動がまだ本格的に起こっていないのは、ある意味では驚くべきことだろう。大衆の意見は不可避的に一つの方向に向かい続けている。２０１０年の世論調査に、ドイツのエリート政治家たちは大いに懸念を表明した。ドイツ人の47％がイスラム教はドイツになじまないと考えていたからだ。

2015年までにドイツ在住のイスラム教徒の数はさらに増加したが、イスラム教はドイツになじまないと考える人々の数も、同年には60％まで上昇した。その翌年には、その割合がドイツ人の3分の2近くに達しており、イスラム教がドイツ社会に不可欠だと答えたのは全人口の22％に過ぎなかった。[6]

2017年2月には、ロンドンのシンクタンク「チャタムハウス（王立国際問題研究所）」が1つの意識調査の結果を公表した。[7] 米国の新大統領となったドナルド・トランプが、国情が不安定な7つのイスラム教国の市民に対して一時的な渡航制限を導入しようとしたあとのことだ。チャタムハウスは欧州10カ国の1万人に、「イスラム教国からこれ以上の移民を受け入れるのは一切やめるべきだ」とする意見への賛否を尋ねた。すると10カ国中8カ国（ドイツを含む）で、過半数の人々が賛成だと答えた。英国は、これ以上のイスラム系移民の受け入れはやめたいと考える人々が過半数に達しなかった、わずか2カ国のうちの1つだった。英国でのその値は47％にとどまっている。

欧州人は自分自身の物語を十分に信用せず、自らの過去に不信感を持つ一方で、自分たちが望まない別の物語が入ってくるのを知るという立場に追い込まれている。すべての選択肢が閉ざされつつあるという感覚が、至るところで膨らんでいる。あらゆる出口はすでに試され、破滅を招くと証明されており、再び足を踏み入れることはできないように思われるのだ。

欧州で唯一、そうした閉塞の外へとこの大陸を導ける国はドイツだろう。しかし近年の歴史を経験する以前から、欧州人にはドイツのリーダーシップを恐れる理由がたっぷりある。今日の若いドイツ人などは、その点を親世代以上に恐れがちだ。そのため全般的に「漂流」し、「リーダーを欠いている」という感覚がずっと続いていく。

一方、政治家や官僚は事態をできる限り早く、できる限り悪化させるために、できる限りのことをし続けている。2015年10月にドイツ、ヘッセン州の小都市カッセルで住民集会が開かれた。800人の移民が到着するのを前に、懸念を抱いた住民が、自らの選んだ公職者に疑問点を質そうと集まったのだ。集会を録画したビデオを見ると、市民は冷静で礼儀正しいが、不安げだった。やがてある段階で、その行政区の首長のヴァルター・リュプケという人物が、静かに市民にこう告げた。この政策に賛成しない者は誰であれ「ドイツから出ていって構わない」と。

ビデオの映像と音声に記録されているとおり、市民は息を呑み、驚いて失笑し、野次を飛ばし、最後に怒りの叫びを上げた。(8) まったく新たな人々が自分たちの国に入ってくる一方で、自分たちは気に入らないならいつでも出ていっていいと言われるのか？　欧州の政治家たちには、欧州の大衆をこんなふうに扱い続けたらどうなるかがわからないのだろうか？

明らかにわからないようだ。移民たちにもそれがわかっていない。2016年10月、ドイツの『フライターク』紙と『ハフィントン・ポスト』の同国版が、アラス・バチョと名乗る18歳のシリア移民の書いた一文を掲載した。彼はその中で、「人を侮辱し、扇動」する、「仕事にあぶれた人種差別主義者」の、「怒った」ドイツ人に対してドイツにいる移民たちは、「うんざりしている」と不満を述べた。彼はさらに呪詛を書きつらねる。「僕たち難民は、あなた方と同じ国に住みたくない。あなた方はドイツから出ていけるし、出ていくべきだと思う。ドイツはあなた方に似合わない。あなた方はなぜここに住んでい

るの？　新たな住みかを探したら？」(9)

ケルンの集団暴行事件から1年後の2016年大晦日、同じような事件がインスブルックやアウクスブルクをはじめとする欧州の多数の都市で発生した。ケルンの警察は社会民主党と緑の党の国会議員から厳しく非難された。前年の非道な事件を再発させまいとする取り組みの中で、中心部の広場に向かおうとしていた人々を「人種的にプロファイリング」したというのがその理由だ。ドイツが新たな現実に目覚めた1年後に、検閲が復活し、支配権を取り戻していた。

同夜、フランスでは1000台近い車が放火された。前年の大晦日に比べて17%の増加だ。フランスの内相はその夜について、「特に大きな事件もなく」経過したと話した。

日一日と欧州大陸は変わっていき、のみならずその変化に対する〝軟着陸〟の可能性も失われていく。エリート政治家たちは皆、欧州に住む我々の多くが、我々のものだった欧州を愛しているという事実を正しく認識してこなかった。我々は政治家たちに――その弱さや自己憎悪、悪意、倦怠、自暴自棄などを通じて――我々の故郷をまるで違った場所に変えてほしくない。それに欧州人は半永久的に哀れみ深いかもしれないが、限りなく哀れみ深いとは限らない。

大衆は様々な相矛盾することを望むかもしれないが、政治家が偶然にであれ故意にであれ我々の大陸を完全に変えてしまったら、彼らを許さないだろう。そのように変えられてしまったら、その時、我々の多くは静かにこれを悔やむはずだ。一方、それほど静かとは言えない悔やみ方をする人々も現れるだろう。過去と現在の囚人となった欧州人にとって、未来に向けての穏当な回答は結局存在しないように思われる。最後の致命的な一撃は、このようにして加えられるのだろう。

あとがき（ペーパーバック版）

ダグラス・マレー
２０１８年１月26日

「ドント・ルック・バック・イン・アンガー」

本書のハードカバー版は２０１７年５月４日に英国で刊行された。その６週間前の３月22日、英国生まれでイスラム教への改宗者のハリド・マスード（52）がウェストミンスター橋を車で暴走。米国人観光客１人とルーマニア人観光客１人、そして２人の英国人を殺害した。さらに数十人が車の進路から逃れようとして負傷し、何人かはテムズ川に転落した。マスードは国会議事堂の柵に激突すると、そのレンタカーから飛び降りて議事堂の正面ゲートを走り抜ける。そこで勤務中だったキース・パーマー巡査を刺殺したあと、武装警官に射殺された。最後の電話のメッセージから、マスードが「ジハードを実行」するつもりでいたことが明らかになった。

その直後、英国のメディアはお決まりの常套句を並べた。ある著名な英国人ジャーナリストが『ニューヨーク・タイムズ』紙に書いた記事は、多くのメディアに転載されたものだ。その中で彼はこう主張した。「ロンドンはテロの翌朝までに、平常に復したとは言わずとも、間違いなく動きを再開していた。私はロンドン南部からチェルシー、さらにキングズクロスへと回ってみたが、市民は他のどの1日とも変わらない生活を送っていた。こうした行動は、意識的な反抗よりも一段深いところにある何かを映しているように思う。この巨大都市の860万人の市民が1人の男のために逃げ隠れするような事態には、金輪際ならないだろう。イーストエンドでよく聞かれるとおりだ。ふざけちゃいけないよ《ユア・ハビング・ア・ラフ》」

彼がこのフレーズを口にする地元っ子でいっぱいのパブを、最後にイーストエンドで見たのはいつのことだったやら。たぶん彼らは「ロール・アウト・ザ・バレル」も歌っていたことだろう。

事件の2週間後、パーマー巡査の葬儀に先立ち、刺殺現場である議事堂の向かいのウェストミンスター寺院で、国を挙げての「希望の礼拝」が挙行された。同寺院のジョン・ホール司祭長は、その宗教横断的な礼拝での説教で、国民に「当惑している」と語った。「何が1人の男性にレンタカーを借りさせ、それをバーミンガムからブライトン、ロンドンへと運転させ、その後に会ったこともなければ、おそらく知っているはずのない、個人的な恨みもなければ憎むべき理由もない人々に猛スピードで突っ込ませ、さらには国会議事堂のゲートに走らせて、もう1人の死を引き起こすよう駆り立てたのでしょうか？おそらく私たちには永遠にわからないままでしょう」。当惑を誘うできごとは、すぐそのあとにも続いた。

5月22日月曜日、数千人の若い女性たちがアメリカ人ポップシンガー、アリアナ・グランデのコンサートが終了したマンチェスター・アリーナから退出しようとしていた。それを待ち受けていたのが、1990年代にカダフィ体制下のリビアから英国に逃れてきた両親を持つサルマン・アベディ（22）だ。アベディはロビーで、ボルトやナットなどを詰め込んだ持参の爆弾を爆発させ、22人の子どもたちや親たちを即死させた。怪我人は数百人にのぼり、大勢が一生癒えることのない障害を負った。ISISはアベディが自分たちの戦士の1人だと主張した。

マンチェスターの事件後、テロ攻撃のたびごとにジョン・レノンの「イマジン」（♪国家がないと想像してみて／難しくはないさ／何かのために殺したり死んだりしなくていい／それに宗教もない）を流すという欧州の新たな伝統に、一つの進展が見られた。テロのすぐあとに営まれた追悼式で、参列者たちが1人のマンチェスター市民にリードされ、1990年代のオアシスのヒット曲「ドント・ルック・バック・イン・アンガー（怒りを抱いて振り向くな）」を歌ったのだ。

これは政治家やメディアが助長したかったムードに完璧に合致していたようだ。死者や障害を負わされた人々のストーリーはたちまちかき消えた。テレビ業界人たちは、頭部や背骨から釘やボルトを摘出した少女たちにスポットをあてたいとは思わなかったらしい。代わりにマンチェスターのテロから24時間あまりが経過するうちに、テロへの反応のメインテーマは「怒りを抱いて振り向くな」になっていた。

「なぜだ？　月曜日の晩にお気に入りの歌手のコンサートに行っただけで娘たちが吹き飛ばされたと

いうのに、なぜ怒りを抱いて振り向いてはいけないのだ?」と問う者はほとんど皆無だった。なぜ怒ってはならないのか? 22歳のアベディが、この国から与えられた人生の経過年数と同じ数だけ、人を殺したというのに。

テロの2週間後、アリアナ・グランデがマンチェスターを再訪し、ジャスティン・ビーバーをはじめとする他のポップスターらと一緒に「ワン・ラブ」コンサートを開いた。悲劇を悼むコメントのあとには〝パーティー〟が始まり、人々は楽しむことを再開した。それを見て、恐怖をものともせずに立ちなおる力を示したと称えた者もいる。それに対して、死者の埋葬も済まないうちから誰もが「次に進み出している」ことを気に留める者は、前月の「希望の礼拝」の時と同様、ほとんどいなかった。

事件が執拗に続くのではないかと思われ始めた中で、マンチェスターの「ワン・ラブ」コンサートの前夜、またもやロンドンに順番が回った。6月3日土曜日の夜、1台のバンに同乗した3人の男がロンドン橋を渡る歩行者に突っ込んだのだ。続いて彼らは車から飛びだすと、歩行者の喉や体を切り裂き始めた。特に女性を狙ったようだった。その後、彼らは観光客やロンドン市民を無差別に切りつけながら、バラ・マーケットのパブや街路を駆け抜けた。彼らの上げた叫びの中には、「これはアラーのためだ」という声もあった。

3人の男たちは8人を殺害し、大勢に重傷を負わせたあと、武装警官に射殺された。身元は後にユセフ・ザグバ(22)、クラム・バット(27)、ラシド・レドゥアン(30)と判明した。ザグバとレドゥアンはモロッコで生まれた。その後にわかったところでは、レドゥアンはリビア人だと偽り、偽名を使って英国に入国しており、年齢も自称より5歳上だった。偽のリビア人としての難民申請を却下され、不服申し立ても受け入れられず、彼は逃亡して、モロッコ人として暮らしていた。一方、クラム・バットはパキスタン生まれで、1998年に「子どもの難民」として英国に到着。彼の家族は英国に移住し、「政治的弾圧」を理由に難民申請を行った。

3人が実行した虐殺の直後、付近には厳戒態勢が敷かれた。ナイトライフを楽しんでいたロンドン市民は、両手を頭の上に乗せるよう命じられた。そして武装警官に銃を突きつけられ、現場から一列縦隊で退去させられた。他にもテロ犯がいた場合に備えてのことだ。ロンドンの「立ちなおる力」のテーマは絶えず湧きあがったが、その夜の市民は捕虜として連行される敗残者にしか見えなかった。

それに続く日々の間に、さらに多くの保安用の柵や壁や杭が、英国各地のランドマークと狙われやすいインフラの周囲に設置された。オープン・ボーダーズ（国境を開放せよ）の運動は長年、「壁ではなく橋を築こう」をスローガンにしてきている。その運動家たちは今日のロンドンを訪ねるべきだ。2017年末までに、ロンドンのすべての橋は壁で覆われた。

それにもかかわらず、テレサ・メイ首相をはじめとする政治指導者たちは、テロを前にした「立ちなおりの力」を強調した。折しも総選挙を控えていたこともあり、対立する労働党はそつなくテロ攻撃を政治利用し、少なくとも部分的には警察力の削減が招いた結果だと主張した。首相は官邸の玄関先に立ち、英国は過激主義に寛容すぎたということ、そしてこの3度めの攻撃以降は「もう黙ってはいない」ということを発表した。ただ、さほど詳しいことは語らず、過激主義の問題を調査する責任者を任命すると約束するにとどめた。

他に強調されたのは、「平静を保ち、頑張り抜こう」というブリッツ・スピリット（ロンドン大空襲時の精神）だ。だがその言葉は、9月を迎えるとより一層うつろに響くことになる。同月15日、アハメド・ハッサンがロンドン地下鉄のディストリクト線に乗り込み、ラッシュアワーの車内に爆弾を放置した。この18歳のイラク人は、2015年に英国に不法入国し、以来里親と暮らしていたことが判明した。実際、彼はその朝ラッシュの車内に持ち込んだ爆弾を、里親の家で組み立てていたのだ。乗っていた多くの学童らにとっては幸いなことに、起爆装置は作動したものの、爆弾の本体は爆発しなかった。おかげでその客車から乗客たちが駆けだし、数十人が軽い火傷やその他の怪我をしたものの、数十人が遺体袋で運び出される事態にはならなかった。

もちろんロンドン市民が旺盛な（あるいは多少なりとも）ブリッツ・スピリットを保持し続けるべき理由はない。２０１１年の国勢調査が示すとおり、現在のロンドンに住む家庭の多くは、大空襲時には英国内にさえいなかったのだ。なぜその人たちが、たまたま同じ地区に住んだからといって、前世代の人々の記憶を我が物としているだろうか。

ブリッツ・スピリットがロンドンの水に溶け込んでいないという事実を強調するかのように、それらのテロが続いた――そして他の多くが未然に防がれた――年の11月、英国であるできごとが発生した。11月24日金曜日の夕方、オックスフォード・サーカス駅で銃声の報告があった。それに続いて、数百人の人々が恐怖に駆られ、ロンドンの繁華街を疾走した。おびえた歩行者は、主要なデパートにバリケードを築いて閉じこもる。オリー・マーズという名の歌手兼セレブが、800万人近いフォロワーに向けて「セルフリッジズ」の店内にいるとツイートした。「全員セルフリッジズから逃げろ。銃声だ‼ 俺は店内」。さらに浅はかなことに「何が起きたのか本当にわからん！ 俺は奥のオフィスにいる。だがみんなは叫びながら、出口に向かって走ってる！」と続けた。

英国の警察はこのできごとにテロ事案としての対応を取っていると発表した。ソーシャルメディアや主要紙のウェブサイトには、車がオックスフォード街の歩行者に突っ込んだとか、そこら中が血の海だ、死体だらけだといった話が上げられた。

1時間もせずに、これらすべてが茶番だったと判明した。車での攻撃も、銃撃犯も、死体も、血の海も存在しなかった。16人が怪我をしたのは事実だが（1人は重傷）、オックスフォード・サーカス駅や周辺エリアを疾走する中で負ったものだ。すべてはギャング同士の争いによって誘発されたとの報告があった。それも真実ではないことが発覚した。

事件の翌日、意図せずパニックを引き起こしたのかもしれないと考えて怖くなった2人の男が、警察署に出頭した。しかし間もなくおとがめなしで釈放された。

12月26日にも同様のできごとが繰り返された。虚偽の発砲の報告を受けて、またもやオックスフォード街を人々が疾走。ボクシングデー（クリスマスの翌日の休日）の買い物客が、恐怖の叫びを上げながら、商店や近くの通りに逃げ込んだ。

もちろんこうしたできごとは——2015年11月にパリでテロ攻撃が発生したあとに見られた同種

のパニックと同様――たちまちニュースから消え、誰もそれについて書かなくなる。当惑の中で忘れ去られてしまうのだ。しかしこのことは、オピニオンリーダーや政治家が主張するほど、大衆がストイックではないことを示唆している。むしろ大衆は非常に臆病で、小さな誤解をきっかけに雪崩を打って逃げだすこともあるのだ。セレブであろうと一般人であろうと、まったくの想像上の恐怖から暴走し始める。

政治的な戦場としての国境

現今の風潮に逆行する唯一の例が見られたのは、6月19日にフィンズベリー・パーク（ロンドン）のモスク近くで襲撃事件があったあとのことだった。その夜、カーディフから来た4児の父親ダレン・オズボーン（47）が、モスクやイスラム教施設がある界隈で、乗っていたバンを人混みに突っ込ませた。はねられた男性1人が現場で死亡し、10人前後が怪我を負った。

この攻撃にはいくつもの驚くべき側面があった。最もわかりやすいのは、「反動」が出るのではないかという恐れが現実化したことだろう。だが何よりも衝撃的だったのは、イスラム主義者のテロのたびごとに非難の対象をできるだけ限定しようとする動きが見られていたにもかかわらず、この時にはそれがまったくなかったことだ。

フィンズベリー・パークのモスク近くでのテロ後、イスラム主義者の団体と一部の主要なメディアが、非難の対象をできる限り押しひろげた。コミュニティ全体が、またテロには関係せず、それを擁護したこともない個人が、さらには彼らの恨みを買ったあらゆる個人がやり玉に挙げられた。「怒りを抱いて振り向くな」というテーマは、フィンズベリー・パークのテロ後にはさほど幅広く採用されなかったのだ。

大半のイスラム教徒が順法精神と慎みを持った市民であることには、ほとんどの人々が同意するだろう。しかしこの同じ推定は、いまだに虐殺者と紙一重だと判定される残りの人々には適用できないように見える。おそらくはかくも異なる推定無罪の基準のために、いわゆる「アイデンティタリアン」のような運動が欧州で芽吹き始めているのだろう。そうした運動が何から構成されているのか、ましてどこに向かうのかを判断するのはあまりに時期尚早だ。そうした思想や行動が、まさに彼らが敵対しようとした反動を次第に正当化していくのではないかと、誰もが恐れている。

偶然ながら、英国で2017年の最初のテロが発生した時、私は中欧に築かれたばかりの、ある国境のフェンス沿いを歩いていた。移民の流入は減少していたが、当局者の備えは2015年とは比べ物にならないレベルになっている。ハンガリーとセルビアの国境にいた警備兵たちは、新たなドローンカメラの技術を披露し、24時間体制で自国の国境を守っていると説明した。

もちろん、どんな国境だってハリド・マスードを閉め出すことはできなかっただろう。ウェストミンスター橋の襲撃者は英国生まれだった。しかし国境の必要性は——あるいは、少なくとも実際的かつ効率的な難民政策の必要性は——政治的な戦場であり続けた。一方では、欧州の各都市の街路も続々と戦場になっていった。

4月7日にはストックホルムにお鉢が回った。同日午後、難民申請を却下されたウズベキスタン人が、トラックを盗み、スウェーデンきっての繁華街で買い物をしていた人々に突っ込む。男は故意に家族連れを狙ったようだとの報道もあった。5人が死亡し、大勢が負傷した。犯人は2014年にスウェーデンに到着し、難民申請を行っている。しかしスウェーデン当局は、その申請に合法性がないことを早々に見抜いた。彼は2016年後半に国外退去を命じられたが、居座っていた。

8月17日には再びスペインの番が来た。22歳のモロッコ人、ユネス・アブヤークブがバルセロナの繁華街のランブラス通りをバンで暴走。歩行者14人を殺害し、100人以上に怪我を負わせた。犯人は逃走用の車を盗もうとして、さらに別の1人も殺している。彼はあるテロ組織の支部員だったことが判明した。

その支部のメンバーは後日、同じ州のカンブリスでも車で歩行者に突っ込み、死者1人と負傷者6人を出した。別のメンバーはその前夜、アルカナルのとある家屋で爆弾を製造中に殺害されていた。後に伝えられたところによると、その支部はアントニ・ガウディの傑作、サグラダ・ファミリア教会の爆破を含む、より派手なテロを計画していたという。1カ月後には「怪しげな」バンが付近にいるとの報告を受け、対テロ警察が同教会に急行。人々を避難させたうえで、周辺の全域を封鎖した。

バルセロナのテロの翌日、フィンランドのトゥルクでは「アラー・アクバル」と叫ぶ男が2人の女性を刺殺し、8人に怪我をさせた。意図的に女性を標的にした襲撃者は、またもや近年の欧州への移民の最大勢力であることが判明した。すなわち欧州にいる権利がまったくない人間である。アブデルラーマン・ブアナネは２０１６年に偽名を使ってフィンランドに入国し、子どもの難民だと主張した。実際には22歳で、完全に平和な国モロッコの出身だった。難民申請を却下されたにもかかわらず、彼は別の偽名を使って国外退去を免れていた。そのためにまた何組かの家族が人生を変えられてしまった。

だが、そうしたテロを阻むための行動はほとんど、あるいはまったく取られなかったように見える。頼れたのは警察と情報機関、そして欧州の各都市に増えていった保安用の杭だけだ。より大局的な問題については、誰もが政治的コンセンサスの枠から踏みだしたくないようだった。

２０１７年12月、欧州委員会のディミトリス・アブラモプロス移民・内務・市民権担当委員は、「欧州の移民は今後もここに残る」と題した記事を著し、政治的主流派の現行の政策を概説した。「真実に向き合う時だ」と、彼は主張する。「我々は現在も、また将来も移民を止めることはできないだろう」「EUは昨年、70万人以上に保護を与えた」と彼は誇り、それは「道徳的に避けられないこと」であるのみならず、「この高齢化する大陸にとって経済的にも社会的にも避けられないこと」なのだと論じた。

「詰まるところ」と、彼は記す。「我々全員が移民や移動性、多様性を新たな標準として受け入れ、それに応じた政策を策定する必要がある。我々の難民政策や移民政策を未来に耐えるものにする唯一の方法は、まず我々の思考法を組織的に変えることなのだ」

アブラモプロスは遺漏も認めた。「もちろんEU内でなされねばならないことも数多く残されている。

今後数カ月の間に、再定住か自発的な帰還の支援を通じ、リビアから数千人の移民を退去させるという約束を果たす必要がある」

イタリア政府はそのすぐあとに、このEUの移民政策の遺漏を正すと約束した。そして同月のうちに、初めてリビアからローマへと航空機で移民を運び始めた。マルコ・ミンニーティ内相は、密航業者から人々を守るために、翌年はさらに1万人を航空機で連れてくると約束した。内相はリビアから空路でやって来た移民の第一陣を自ら出迎え、こう述べている。「これは歴史的瞬間だ。なぜなら我々は、国連によって難民の地位を与えられた移民を犯罪者の手から救う、初めての人道的な空中回廊を創設したのだから」

移民が危険を冒して地中海を渡らなくて済むよう、新たな政策では、EUが船ではなく航空機を使って密航業者の仕事を肩代わりすることになるのだった。この発表を行う前年、イタリアの当局は潜入捜査を通じて、数多くのNGOが実際には密航業者のネットワークと協力関係にある証拠をつかんでいた。そうしたNGOは密会の場所や時間を調整したり、ネットワークに移民船を返却したりしていたのだ。イタリアの国民はその発見に怒りはしたが、驚きはしなかった。

もちろんミンニーティも他のイタリアの当局者も、この新たなスキームによってイタリアに来ることが許されるのは正真正銘の難民だけだと主張した。だがすべての欧州諸国のこれまでの実績が示唆するのは、これもまた他の多くのスキームと同様に、幻想だったと証明されるだろうということだ。

ミンニーティは、イタリアにいるべきではない移民はこれまで以上の比率で送還するとも、誇らしげに告げた。しかしこの主張にもまた、欧州の大衆が懐疑的になる理由がある。実際、同じ時期に英国で発表された数字によれば、年齢を偽ることで保護者のいない子どもの移民として英国にとどまった者たちであっても、わずか5人に1人しか送還されていなかった。

スウェーデンの法医学庁は「子どもの難民」と称してやって来た８０００人近い人々の年齢を特定する研究を行った。すると年齢に疑いありとして調査対象になった８０００人中、６６００人が実際には18歳以上だった。実に82％以上だ。彼らは今度どうなるのか？　ほとんどすべての人と同じである。そのまま居続けるのだ。

欧州の当局者の入国審査が手ぬるかったのも確かだが、その手ぬるさの――そしてその長期的な影響をほとんど考慮しなかったことの――ツケは最悪の形で立ち現れた。中でも、ある不可逆的な事実が目立っていた。世界の人々を移入すれば、（これまでになかったものを含めて）世界の問題を移入するということだ。世界のどこかで起こったことが、今や欧州内部にも影響をもたらした。

誰もが認めないが、誰もが知っていること

２０１７年12月、米国大統領が、イスラエルの米国大使館をテルアビブからエルサレムに移すつもりだと発表した。批評家や大統領の反対派は、アラブの抵抗運動が起こるだろうと直ちに警鐘を鳴らした。実際には、アラブ世界は驚くほど平静を保った。大統領の発表のあとの金曜日、エルサレム旧市街

のダマスカス門では、当ての外れたＢＢＣの記者が、「抗議するパレスチナ人よりも、集まった報道陣の方が多かった」と認めたほどだ。だがアラブの抵抗運動は、欧州で起こっていた。

大統領の発表を受けて、多数のイスラム教徒がロンドンの米国大使館の外に集結。「ユダヤ人よ、ハイバルを思い出せ。ムハンマドの軍勢が戻ってくるぞ」とシュプレヒコールを行った。7世紀にムハンマドの軍勢がメディナの近くでユダヤ人のコミュニティを虐殺した故事を思い出せというわけだ。

アムステルダムではパレスチナ旗とアラブ風の頭巾を身に着けた男が、ユダヤ人地区にあるユダヤ教徒向けレストランの窓をたたき割った。

スウェーデンではさらにひどい事態になった。マルメでは群衆が「ユダヤ人を撃ってやる」とシュプレヒコールし、ヨーテボリでは20名ほどの仮面の一団が地元のシナゴーグに火焔瓶を投げつけた。近くの公民館にいた20〜30人の若いユダヤ人たちは、辛くも無傷で逃げのびた。2日後にはマルメのユダヤ人墓地にある礼拝堂の外で2発の火焔瓶が見つかっている。ストックホルムでは、ベルリンと同様に、群衆がダビデの星（ユダヤ教のシンボル）を燃やし、ユダヤ人を「サルどもとブタども」と呼んだ。殉教の約束がなされた。マルメに残ったユダヤ人コミュニティのスポークスマンは、明確にこう述べている。「首元にダビデの星を見せない方がいい。普通の暮らしをするだけでも絶え間ない戦いになる」

本書（ハードカバー版）の刊行後に、文中に記載した運命的な決断に関する細かな事項が明らかになった。ドイツ紙『ヴェルト』のある記者は、２０１５年8月にメルケルが考えたいくつかのことについて報じた。特に、移民を追い散らすドイツの国境警備兵の写真が世界を駆け巡るのを、彼女が恐れていたのだと。

一方、欧州の元政府高官は、2015年10月にブリュッセルで開かれた緊急会議での会話を明かした。メルケルは「溺れそうだわ」とため息をつき、こう続けた。「今でもオーストリアから大変多くの難民が入ってきているのです。明日はどうなることやら」。その後、彼女は自分が壁とともに生きなければならなかった国の出身であることに触れ、新たな壁を造ったなどと自身の経歴に書き加えたくはないのだと話した。

政治的なレベルでは、新世代の欧州の政治家の政策に予想された影響が現れ始めた。3月のオランダの総選挙では、政権党の「自由民主国民党（VVD）」がかろうじて第一党にとどまった。ヘルト・ウィルダースの政党に敗れて第二党に転落するという事前の世論調査結果を覆した形だ。新党「民主主義のためのフォーラム」がウィルダースの支持票の一部をさらった。

だが、より衝撃的だったのは、投票日が近づくに連れて、VVDの有権者への訴えが、ウィルダースのそれとどんどん見分けがつかなくなっていったことだった。オランダ紙に掲載されたある意見広告の中で、再選を目指していたマルク・ルッテ首相は、「普通に行動せよ。さもなくば去れ」と移民に通告している。

また、選挙を前にした数日の間に、トルコとオランダの政府間で注目すべき対立が見られた。当時、閣僚を含む多数のトルコ人政治家がオランダ入りすることになっていた。エルドアン大統領へのさらなる権力集中を企図したトルコでの国民投票に、賛成票を投じるよう呼びかけるためだった。オランダの当局は、自国内でトルコの政治家がそうした運動をすることに反発。トルコの外相の搭乗機には着陸さえ許さず、別のトルコの閣僚も国外へ退去させた。こうしたタフな振る舞いが実を結び、ウィルダースに政権を奪われずに済んだのだった。

翌月、フランスではマリーヌ・ル・ペンが大統領選の決選投票に進んだ。その決選投票で彼女を破ったエマニュエル・マクロンは、どの主流政党の支持や組織を頼ることもなく、異例の選挙戦を勝ち抜いた。対立候補たちが慢心したのかもしれない。ル・ペン家の一員との「人気投票」に持ち込めたのは、彼にとって幸運だったのかもしれない。しかしマクロンの当選は、一部の人々にとって、欧州政治が全体として現状を維持することを示唆するものだった。祝賀ムードの中で、長期的な行く末を気にかけていた者はほとんどいなかったように思える。２００２年のフランス大統領選の決選投票で、マリーヌ・ル・ペンの父親は17・８％の票しか獲得できなかった。２０１７年にはその娘が33・９％を集めていた。

9月のドイツでの総選挙は、欧州の中道政治がいつものごとく続いていくと考えていた人々を沈黙させた。選挙の前にはメルケル政権で内相を務めるトーマス・デメジエールのような中道主義者までが、『ビルト』紙の紙面を借りて、オランダのＶＶＤが政権にとどまるために使ったのと同じゲームをプレーしようとした。「我々はブルカではない」というのは、オランダのルッテ首相の戦術と成功を真似ようとして、デメジエールが述べたことの一つだ。

そうした努力にもかかわらず、メルケルの運命的な国境開放から2年後の２０１７年9月、ドイツの有権者は首相に手痛い打撃を与えた。それは彼女が率いるCDUにとって、1949年以来、最悪の選挙結果だった。CDUは第一党にとどまったものの、ドイツの有権者は結党4年めのAfDを連邦議会の第三党（94議席）にして、同国の政界を揺さぶる。メルケルがSPDとの連立に復していれば、AfDが連邦議会の野党第一党になっていたところだ。AfDは選挙結果が判明した1時間後に、共同党首のアレクサンダー・ガウラントが「政府とメルケル夫人を追いつめ、我が国と国民を取り戻す」と宣言した政党である。

CDUの姉妹政党でバイエルン州を地盤とするCSUは、移民政策の厳格化の要求をメルケルが受け入れようとしないことに気づいた。また自らが壊滅的な敗北に見舞われたSPDは、メルケルとの連立に戻ることを拒んだ。連立協議が不調に終わった11月には再選挙の話も出たが、大きく違った結果が出るとは誰にも思えなかった。選挙から半年近くが過ぎた本稿執筆時点で、アンゲラ・メルケルは依然として連立を組めておらず、ドイツはいまだに政府の存在しない状況にある（訳注：その後の3月にCDU／CSUとSPDの大連立が成立した）。

もちろん約束はしばしばなされた。それまで何度もされてきたようにだ。ベルリンのクリスマス・マーケットが襲撃された1年後には、メルケルがドイツ国民の「安全を保証する」と約束した。だが、それらは空約束だった。1年前の襲撃者はチュニジア人の難民申請者だ。メルケルも欧州の他のどの政治家も、そうした人物が欧州に入ったり居座ったりしないようにするための政策やシステムは作りだしていない。彼らがしてきたことといえば、保安用の杭のメーカーに商機を提供することと、欧州全域のクリスマス・マーケットを向こう何年にもわたって武装警官と保安用の柵に囲まれた悪夢にすることだけだ。

マーク・ステイン（訳注：カナダの著述家・政治評論家）はこれらすべてに対する好奇心を、次のような問いで表現した。「自由な国々が見るに堪えない治安対策をとらなければならないのなら、国境の内部のあらゆるものを囲うより、国境のまわりを囲った方がいいんじゃないのか？」

ある意味でドイツの総選挙以上に驚かされたのが、その翌月に隣国オーストリアで起こった変化だった。年若い元外相のゼバスティアン・クルツは、移民と同化の問題を争点に選挙戦を戦い、自らが率いるオーストリア国民党（中道右派）を首尾よく第一党（62議席）にした。短い協議のあと、彼は51議席を獲得した自由党（極右）と連立政権を樹立する。

一般に「極右」と見なされる政党がオーストリアの政権の座に戻ってきたことは、国際的に大いに注目を集めた。だがこの選挙は二つのことを証明した。一つめはオーストリア国民が、移民とアイデンティティの問題に関して、より強硬な政府を求めたということだ。そして二つめは政治的なレベルにおいて、主流派の政党が非主流派の政党の手を借りて統治を行うことが可能だということだ。

欧州政治の未来にとっては、このオーストリアの選挙と連立こそが、２０１５年以降の時代の中で、これまでのところ最も重要かもしれない。この新たな取り決めがうまく行くなら、他の欧州諸国の主流政党にとっても手本になるだろう。少しでも悪い方に転べば、それは警鐘になるだろう。

中欧と東欧の国々はベルリンやブリュッセルとの対立を続けている。ビシェグラード４カ国は数を一定の頼みにしている。移民の割り当てを拒み続け、２０１５年の災厄を導いた政策に、これまでも、そしてこれからも首を縦に振らない構えの各国に対し、ブリュッセルは次第に脅しを強めてきた。

２０１７年12月、欧州委員会はブリュッセルとベルリンが求めた移民の受け入れを拒んだとして、ポーランド、ハンガリー、チェコを欧州司法裁判所に提訴すると発表。制裁と多額の罰金を科すと威嚇した。しかし本稿執筆時点で、これらの国々は欧州委員会の脅しに屈していない。

本書の刊行以降、私はこうした東欧の国々の数多くの高官が、いずれ起こるであろう危機のことを口にするのに驚かされてきた。これらの国々の圧倒的多数の国民はＥＵ加盟を支持している。しかし彼らは同時に、ブリュッセルからの移民の受け入れ要求に屈しない自国政府も一貫して支持している。彼らはまた、「いじめ」に反発してもいる。

無駄な抵抗だと決めつけるのは誤りだ。物事はしばしば、ぎくしゃくしながらも非常に長期間持ちこたえる。だが欧州の分断ではなく統合を目指してきた委員会が、ベルリンの過ちのツケを回されるのを拒んだからといって、加盟国を脅迫するのはいかがなものか。ベルリンがさほどの悔恨を示しておらず、同じ過ちを再び繰り返す可能性が十分とあっては尚更だ。

中欧と東欧は基本的に、西欧で何が起こっているのかを見ている。そして西欧のようになりたくないと思っている。彼らは、マルメの住民が、増加するレイプ事犯をもっと訴追するようスウェーデン政府に求めたのを見た。２０１７年の大晦日、ベルリン市がブランデンブルク門の近くに女性向けの「安全地帯」を設け、彼女らがレイプの恐怖にさらされずに新年を祝えるようにしなければならなかったのを見た。そして「誰もが認めないが、誰もが知っていること」を追認する報告書を見た。

２０１８年1月、ドイツにおける近年の暴力犯罪の増加には特定の原因があることを示すデータが公表された。その原因とは――官僚以外は誰も否定しようとしなかっただろうが――移民の流入だった。実際、ニーダーザクセン州のデータを使用したその研究では、暴力犯罪の増加の90％以上が若い男性の移民に起因すると示されている。まだそのような状況になっていない国々が、なぜそんな問題を欲しがったり、許容したりするだろうか。

２０５０年、イスラム教徒人口が３倍に

本書は英国で発売されると、すぐさまベストセラーリストに入った。『サンデー・タイムズ』紙のリスト（ノンフィクション部門）では20週近くにわたってトップ10入りし、年間を通したベストセラーの１冊ともなった。そのようなできごとは大半の著述家にとって紛れもない喜びだろう。だが、この本の場合は違った。

本書が『サンデー・タイムズ』紙のリストのナンバーワンになった時、私はフランスに滞在中だった。ちょうどその頃、ロンドンではロンドン橋とバラ・マーケットのテロが発生し、心配した友人や仕事仲間から電話が入り始めた。

本書は一般読者のみならず、批評家からも好評を得た。だが何より印象的だったのは、多くの政治

家や新旧の政治指導者が本書を読んだことを認めたばかりか、心から同意すると述べたことだった。有力な政治指導者たちからこのような反応を得て、私は何度か首をひねったほどだ。これほど多くの同意が得られるのなら、なぜ事態がこれほど悪化したのかと。それらすべてが、私がかねて疑っていたことを証明していた。すなわち、現状を維持して、それに不平を言っている方が、短期的な批判を甘受して社会の長期的な幸福を図るよりも楽なのである。

本書は他国、特にアメリカとオーストラリアでも好評を博した。両国の読者と政治家からは、「これは私たちのことですよね?」としばしば聞かれたものだ。それに対する私の答えは「ええ、もちろんです」だった。

これだけ長い本なので、いくつかの間違いが見つかるのは避けられないことだと思う。ハードカバー版が出たあと、私は様々な人々が統計や数値の誤りを主張するのではないかと覚悟していた(それらは事実であり、正確ではあったが)。また欧州が受け入れた移民の数や、政治的な決断によって影響を被った人々の数、これから入ってくるであろう人々の数などに異議を唱える人々がいることも予想した。私が政治家らの発言を「都合の良い部分だけ選んだ」とか、「文脈を無視して引用した」などと言ってくる人々もいるのではないかと考えた。

しかし本書に収めた多くの事実は一つとして論駁されることはなく、それらに異議を唱えたり否定したりしようとする重要人物は皆無だった。本書で言及した人物の中で、自身の描写に不満を述べたのは、私の知る限りジョナサン・ポーテスだけだ。1997年の労働党政権成立後に門戸開放政策を推進させる役割を果たした人物の1人として、私は彼の名を出した。その政策は彼の雇い主たちが長らく悔恨を口にしている代物だ。

勤務先であるロンドン大学キングス・カレッジのソーシャルメディアを介し、ポーテスは彼自身及び、あの有害な政策に対する彼の関与についての描写は誤りに満ちていると述べた。彼は事実に異議を唱えたわけでも、私の主張を論破したわけでもなかった。ただ、サラ・スペンサーとセットで「学者」と書かれたことに対し、次のように反発した。その役目を仰せつかる前は学者だったし、その役目を終えてからも学者をしているが、その当時は学者ではなかったと。それに自分は、サラ・スペンサーのように移民についての見解を買われたわけではなく、実際は英国政府に雇われるまで「移民について研究したことはなかった」のだと。

従って、私は彼が学者、またはこの分野の何らかの専門家であったとする「言いがかり」を取り下げる。彼のした仕事が、その十分な証拠になるだろう。

いまだに我々が現在経験しているすべてのことは――そして我々が今後経験するすべてのことは――正常なことだという振りをしようとする人々がいる。あるいは何も進行していないと。この嘘を推し進める人々も、ごくまれに欧州人が至るところに見ている現実に譲歩する。

去る11月、「ピュー・リサーチ・センター」が新たな驚くべき研究を公表した。それは本書の主張を強力に擁護し、人々にさらなる警鐘を鳴らすものだった。この研究では、欧州のイスラム教徒人口が、近年のような移民の急増がなかった場合でも一定程度増えていくことが示された。たとえばスウェーデン（2016年のイスラム教徒人口は8%）では、今後まったく移民を受け入れなかったとしても、2050年にはイスラム教徒人口が11%になる。「通常の」流入があった場合は21%、近年の大量移民が維持されれば31%だ。

英国の『ガーディアン』紙までがこのニュースを伝え、「一部のEU加盟国ではイスラム教徒人口が3倍に」との見出しを掲げた。同紙の愛読者は記事にショックを受けたに違いない。その後に、なぜ自分たちのお気に入りの左派系新聞がこれほど扇動的な人種差別主義者になったのかと、首をかしげたことだろう。

本書が示唆するとおり、欧州の大衆が日常生活の中でつかんだ証拠を信じさせまいとする動きがある。本書の目的の一つは、そんな振りを――進行しているすべてのことが、一つの文化のこの上なく重要な変化を構成しているわけではないのだという振りを――しても無意味だと指摘することだ。

1950年のスウェーデンはほとんど移民がいない、民族的に同質の社会だった。それから1世紀後の2050年には、見た目が一変していることだろう。そして私たちの多くがまだ生きている間に、スウェーデンは西欧の多くの国々と同様、かなり最近の住民にとってもそれと見分けがつかないような場所になっていくだろう。

もしかしたら、それでも構わないのかもしれない。スウェーデンが、フランスが、英国が、そして他の欧州諸国がどんなだったかを覚えている人々は、ただ死に絶えていくのかもしれない。おそらくその時、すべての問題は――特に「それは問題だ」と認識してしまうことの問題は――なくなるのだろう。

おそらくは。しかしことによると、問題だらけのまったく新たな世界が、今しも誕生しつつあるのかもしれない。

西洋の自死

移民・アイデンティティ・イスラム

2018 年 12 月 27 日　第 1 刷発行
2023 年　8 月 23 日　第 5 刷発行

著　者――ダグラス・マレー
訳　者――町田敦夫
発行者――田北浩章
発行所――東洋経済新報社
〒103-8345　東京都中央区日本橋本石町 1-2-1
電話＝東洋経済コールセンター　03(6386)1040
https://toyokeizai.net/

装　丁…………秦　浩司（hatagram）
ＤＴＰ…………アイランドコレクション
印刷・製本……図書印刷
編集協力………パプリカ商店
編集担当………渡辺智顕

Printed in Japan　　ISBN 978-4-492-44450-4

著者紹介

ダグラス・マレー (Douglas Murray)

1979年生まれ、新進気鋭の英国人ジャーナリスト。英国の代表的な雑誌の一つ『スペクテーター』のアソシエート・エディター。『サンデー・タイムズ』紙や『ウォール・ストリート・ジャーナル』紙へも寄稿多数。英国議会や欧州議会、ホワイトハウスでも講演を行った実績がある。ツイッターのフォロワー数は15万人を超える。本書は英国で10万部を超えるベストセラーとなり、世界23カ国で翻訳。『サンデー・タイムズ』紙のナンバーワンブック、『イブニング・スタンダード』紙のブックオブザイヤーにも選ばれた。

解説者紹介

中野剛志 (なかの たけし)

1971年、神奈川県生まれ。評論家。元・京都大学大学院工学研究科准教授。専門は政治経済思想。1996年、東京大学教養学部（国際関係論）卒業後、通商産業省（現・経済産業省）に入省。2000年よりエディンバラ大学大学院に留学し、政治思想を専攻。2001年に同大学院より優等修士号、2005年に博士号を取得。2003年、論文“Theorising Economic Nationalism”（*Nations and Nationalism*）でNations and Nationalism Prizeを受賞。主な著書に山本七平賞奨励賞を受賞した『日本思想史新論』（ちくま新書）、『TPP亡国論』『世界を戦争に導くグローバリズム』（ともに集英社新書）、『国力論』（以文社）、『真説・企業論』（講談社現代新書）、『保守とは何だろうか』（NHK出版新書）、『官僚の反逆』『日本の没落』（ともに幻冬舎新書）、『富国と強兵 地政経済学序説』（東洋経済新報社）などがある。

訳者紹介

町田敦夫 (まちだ あつお)

翻訳家。『20世紀最高の経済学者 ケインズ 投資の教訓』『金持ちは税率70％でもいいvsみんな10％課税がいい』『欧州解体』（いずれも東洋経済新報社）、『背番号10のファンタジスタ』（ベースボール・マガジン社）、『目で見る脳の働き』（さ・え・ら書房）などの訳書を出す一方、『ナショナルジオグラフィック日本版』『フォーブス ジャパン』などで雑誌記事を翻訳。映像メディアの翻訳も多い。

注

イントロダクション

1 Stefan Zweig, *The World of Yesterday*, Pushkin Press, 2014, p. 425.（シュテファン・ツヴァイク『昨日の世界』原田義人訳、みすず書房、1999年）

2 “Merkel confronts Facebook's Zuckerberg over policing hate-posts,” *Bloomberg*, 26 September 2015.

3 Pope John Paul II, *Ecclesia in Europa*, 28 June 2003.

4 1996年2月5日、ヘルムート・コール首相によるルーヴェン・カトリック大学でのスピーチ。

5 以下にはこれらの諸点に関する興味深い論考が。Samuel Moyn, *The Last Utopia: Human Rights in Hist*ory, Harvard University Press, 2012.

第1章　移民受け入れ論議の始まり

1 2002年12月2日、英国国会議事録。ブランケットは『タイムズ』紙の記者アンソニー・ブラウンについて述べた。

2 英国国家統計局（ONS）、2011年国勢調査。URLは次のとおり（https://www.ons.gov.uk/census/2011census）。

3 以下で引用されたガイ・グッドウィンの発言。“Census shows rise in foreignborn,” BBC News, 11 December 2012.

4 2007年1月20日、ロンドンでの会議 “World civilisation or clash of civilisations?” での発言。

5 以下参照。David Miles, *The Tribes of Britain*, Weidenfeld & Nicolson, 2005, p. 236.

6 Simon Heffer, *Like the Roman: The Life of Enoch Powell*, Weidenfeld & Nicolson, 1998, pp. 467–468.

7 全文は以下を参照のこと。*Reflections of a Statesman: The Writings and Speeches of Enoch Powell*, Bellew Publishing, 1991, pp. 373–379.

8 同上。

9 以下参照。2008 BBC documentary, “Rivers of Blood.”

10 たとえば以下の法案の審議で。the Commonwealth Immigrants Act, 1962.

11 1977年の「フランクス報告」を受けたもの。

12 以下参照。“Ray Honeyford: Racist or right?,” BBC, 10 February 2012.

13 Andrew Neather, “Don't listen to the whingers – London needs immigrants,” *Evening Standard*, 22 October 2009.

14 Tom Bower, *Broken Vows: Tony Blair the Tragedy of Power*, Faber & Faber,

2016, pp. 171–178.

15 Hugh Muir, "Hideously diverse Britain: The immigration 'conspiracy'," *The Guardian*, 2 March 2011.

16 Bower, *Broken Vows*, pp. 175–176.

17 ONSの数値。

18 同上。Migration Statistics Quarterly Report, November 2015.

第2章　いかにして我々は移民にとりつかれたのか

1 これはド・ゴールの同僚であり親友でもあったアラン・ペルフィットが*C'était de Gaulle*（1994）の中で回顧した1959年3月の逸話だが、一部で論争の対象になっている。

2 Boris Johnson, "Let's not dwell on immigration but sow the seeds of integration," *The Telegraph*, 17 December 2012.

3 以下で引用された発言。"Census shows rise in foreign-born," BBC News, 11 December 2012.

4 サンデー・タイムズのための世論調査。Fieldwork 13–14th December 2012. 以下参照（http://cdn.yougov.com/cumulus_uploads/document/w0hvkihpjg/YG-Archive-Pol-Sunday-Times-results-14-161212.pdf）。

5 BBC Newsnight, 11 December 2012.

6 ルイーズ・キャシーによるロザラム議会への調査。2015年2月4日。

7 Robert Winder, *Bloody Foreigners: The Story of Immigration to Britain*, Little Brown, 2004, pp. x and 2.

8 TEDxEastEndでの講演。2011年10月3日にアップロード。"The British story of migration"（https://www.youtube.com/watch?v=_fMpxkHJRtk）.

9 BBC Question Time, 13 December 2012.

10 Principal Projections（PP）of the ONS. 2014年の数字を元に推計。

11 以下参照。David Coleman, "Uncontrolled migration means Finis Britanniae," *Standpoint*, June 2016, issue 83.

第3章　移民大量受け入れ正当化の「言い訳」

1 "Migration: an economic and social analysis," Home Office Economics and Resource Analysis Unit and the Cabinet Office Performance and Innovation Unit, November 2000（https://www.gov.uk/government/uploads/system/uploads/attachment_data/file/61131/migrationreportnov2000.pdf）.

2 Peter Sutherland and Cecilia Malmström, "Europe's migration challenge," Project Syndicate, 20 July 2012.

3 たとえば以下を参照。"Recent immigrants to UK 'make net contribution'," BBC

News, 5 November 2013.

4 Professor Christian Dustmann and Dr Tommaso Frattini, "The fiscal effects of immigration to the UK," University College London, Centre for Research and Analysis of Migration, 27 November 2013.

5 Dustmann and Frattini, "The fiscal effects of immigration to the UK," *The Economic Journal*, vol. 124, issue 580, November 2014. 特にTable 5を参照。

6 Sutherland and Malmström, "Europe's migration challenge."

7 出生率については以下を参照のこと。Eurostat, "Total fertility rate, 1960–2014 (live births per woman)" (http://ec.europa.eu/eurostat/statistics-ex plained/index.php/File:Total_fertility_rate,_1960%E2%80%932014_ (live_births_per_woman)_YB16.png).

8 Eurostat.

9 Population Trends, Summer 2002, ONS.

10 ONS, "Average age of retirement rises as people work longer," 16 February 2012.

11 "Merkel warns on cost of welfare," *The Financial Times*, 16 December 2012.

12 Richard Reed, in *The Daily Express* debate, 3 June 2016.

13 Sarah Spencer (ed.), *Strangers and Citizens: A Positive Approach to Migrants and Refugees*, Paul and Company, 1994, p. 340.

14 同上、p. 109。

15 Sarah Spencer, *Migrants, Refugees and the Boundaries of Citizenship*, IPPR pamphlet, 1995.

16 Sarah Spencer (ed.), *The Politics of Migration*, Blackwell, 2003, p. 6.

17 "Muslims in Britain have zero tolerance of homosexuality, says poll," *The Guardian*, 7 May 2009.

18 以下で報じられたICM社の世論調査。"Half of all British Muslims think homosexuality should be illegal, poll finds," *The Guardian*, 11 April 2016.

19 YouGov survey, fieldwork, 23–24 February 2015.

20 アレクシス・ジェイ教授による、ロザラムにおいての子どもの性的搾取に関する独自の調査(1997–2013年)。

21 たとえば「オペレーション・ブルフィンチ」裁判のあと、ロンドンの中央刑事裁判所の外で見られた光景。

22 ラマダン財団のモハメッド・シャフィク。

23 "Innvandrere bak alle anmeldte overfallsvoldtekter i Oslo," *Dagbladet*, 15 April 2009.

24 "Norway offers migrants a lesson in how to treat women," *The New York Times*, 19 December 2015.

25 Tom Bower, *Broken Vows: Tony Blair the Tragedy of Power*, Faber & Faber,

2016, p. 175.

第4章　欧州に居残る方法

1　IOM, "IOM applauds Italy's life-saving Mare Nostrum operation: 'Not a migrant pull factor'," press release, 31 October 2014.
2　Alan Riding, "Aliens find a European gateway at Spain's coast," *The New York Times*, 18 October 1992.
3　同上。
4　この事件は2年後、スペインの法廷に持ち込まれた。以下参照。"Muslim migrant boat captain faces murder charges for pushing Christians overboard," *Daily Telegraph*, 19 September 2016.

第5章　水葬の墓場と化した地中海

1　2014年12月31日、ドイツ連邦議会、連邦首相アンゲラ・メルケルによる新年の演説。
2　Sommerpressekonferenz von Bundeskanzlerin Merkel, Die Bundesregierung, 31 August 2015.（2015年8月31日、ドイツ連邦議会、連邦首相アンゲラ・メルケルによる夏の記者会見）
3　*The Economist*, 5 September 2015.

第6章　「多文化主義」の失敗

1　以下参照。Paul Scheffer, *Het Land van Aankomst*, De Bezige Bij, 2007.
2　"Merkel says German multicultural society has failed," BBC News, 17 October 2010.
3　2010年10月、フリードリヒ・エーベルト財団による調査。
4　2011年2月5日、デビッド・キャメロンのミュンヘン安全保障会議でのスピーチ。
5　*Le Figaro*, "Sarkozy: le multiculturalisme, 'un chec'," 10 February 2011.
6　以下は「イデオロギーとしての多文化主義」という考え方について最良の論考がなされたものの1つ。Rumy Hassan, *Multiculturalism: Some Inconvenient Truths*, Methuen, 2010.
7　"Sharia law in UK is unavoidable," BBC News, 7 February 2008.
8　Samuel P. Huntington, *Who Are We?*, Free Press, p. 171.（サミュエル・ハンチントン『分断されるアメリカ』鈴木主税訳、集英社、2004年）
9　1996年の彼の小論"Multikultureller Werte-Relativismus und Werte-Verlust"より。
10　以下の記事の中で引用された。Karen Jespersen in *Berlingske Tidende*, 19 February 2005.
11　Hege Storhaug, *But the Greatest of These is Freedom*（ノルウェー語の原書は、

2006年Kagge Forlag社から刊行), 2011, pp. 282–283.

12 Edward Gibbon, *The Decline and Fall of the Roman Empire*, John Murray, 1855, vol. 6, ch. 52, p. 387. (エドワード・ギボン『ローマ帝国衰亡史　1〜10巻』中野好夫他訳、筑摩書房、1995–1996年)

13 たとえばニコラ・サルコジが以下の著書でそれをした。*Tout pour La France*, Plon, 2016.

14 著者マレーとの会話における発言。2016年7月12日。

15 *The Camp of the Saints*のあとがき(1982年)。

16 同上、pp. 9–13。

17 Jean Raspail, *The Camp of the Saints*, trans. Norman Shapiro, The Social Contract Press, 1995, p. 34.

18 Matthew Connelly and Paul Kennedy, "Must it be the West against the Rest?," *The Atlantic*, December 1994.

19 *Le Figaro* magazine, 26 October 1985.

20 "French article sets off furor on immigrants," *The New York Times*, 3 November 1985.

21 OFPRA (Office français de protection des réfugiés et apatrides).

22 INSEE (Institut national de la statistique et des études économiques).

23 Raspail, *The Camp of the Saints*, 1995, "Author's Introduction to the 1985 French Edition," p. xiii.

24 "Le tabou des statistiques ethniques," *Le Point*, 18 February 2016.

25 Ipsosがフランス国立科学研究センターとグルノーブル政治学院のために実施した世論調査。

第7章　「多信仰主義」の時代へ

1 2013年12月、ドイツの連邦移民・難民庁、亡命についての現状の数字。

2 2015年11月、ONSによる移民についての四半期統計レポート。

3 "Get rid of the immigrants? No, we can't get enough of them, says German Mayor," *The Guardian*, 6 August 2015.

4 Eugenio Ambrosi, "Europe can cope with the influx of migrants," *The Wall Street Journal*, 25 August 2015.

5 この会議の動画は下記で視聴できる(https://www.youtube.com/watch?v=YNXECcltt9U)。

6 以下に引用された発言。Kenan Malik, *From Fatwa to Jihad*, Atlantic Books, 2009, p. 8.

7 Salman Rushdie, *Joseph Anton: A Memoir*, Jonathan Cape, 2012, p. 143.

8 1989年5月に放送されたBBCの番組"Hypotheticals"(司会は勅選弁護士ジェフ

リー・ロバートソン）での発言。番組の動画はインターネット上に断続的に現れたり消えたりするが、関連する動画は現在もユーチューブで視聴できる。

9 以下に引用された発言。*The Independent*, 10 June 1989.

10 Rushdie, *Joseph Anton*, p. 252.

11 同上、p. 152。

12 同上、p. 186。

13 以下に掲載されたラシュディ、ル・カレらの間の公開書簡。*The Guardian*, 18–22 November 1997.

14 Tony Benn, *The Benn Diaries*, ed. Ruth Winstone, Arrow Books, 1996、に記載された15 February 1989, pp. 616–617の記述。

15 Rushdie, *Joseph Anton*, p. 147.

16 Fay Weldon, *Sacred Cows: A portrait of Britain, post-Rushdie, pre-Utopia*, Chatto & Windus, CounterBlasts, no. 4, 1989, p. 7.

17 Ziauddin Sardar, *Desperately Seeking Paradise: Journeys of a Sceptical Muslim*, Granta Books, 2004, p. 285.

18 以下に引用された発言。Christopher Hitchens, *Hitch-22: A Memoir*, Atlantic Books, 2010, p. 271.

19 Malik, *From Fatwa to Jihad*, p. 197.

20 こうしたできごとについての興味深い論考が下記で行われている。Malise Ruthven, *A Satanic Affair: Salman Rushdie and the Rage of Islam*, Chatto & Windus, 1990, esp. pp. 68ff and 107.

21 Shikha Dalmia, “The Iconoclast,” *Reason*, 1 August 2005. サルマン・ラシュディへのインタビュー。

第8章　栄誉なき預言者たち

1 Frits Bolkestein, “On the collapse of the Soviet Union”（1996年10月6日、スイス・ルツェルンでの自由主義インターナショナルの会議での講演）と、Frits Bolkestein, “De integratie von minderheden,” *De Volkskrant*, 12 October 1991を参照のこと。

2 以下参照。Frits Bolkestein, *Breakthrough: From Innovation to Impact*, ed. Henk van den Breemen, Owls Foundation 2014, p. 221.

3 Paul Scheffer, “Het multiculturele drama,” NRC Handelsblad, 29 January 2000.

4 この調査はPaul M. Sniderman と Louk Hagendoorn が1998年に実施し、下記の著書に掲載した。*When Ways of Life Collide: Multiculturalism and its Discontents in the Netherlands*, Princeton University Press, 2007, p. 22.

5 Pim Fortuyn, *De Islamisering van onze cultuur: Nederlandse Identitieit als Fundament*, Karakter Uitgevers BV, 2001 edn.

6 この著名な論戦はユーチューブで視聴可能（https://www.youtube.com/watch?v

=tMxS_xSKujU)。

7 聞いたのはJort Kelder。事実関係は下記に掲載された。Ian Buruma, *Murder In Amsterdam*, Atlantic, 2006, p. 100.

8 2016年3月12日、アムステルダムにて。著者マレーとHans Teeuwenとの会話。

9 Ayaan Hirsi Ali, *The Caged Virgin*, The Free Press, 2006, p. ix.

10 同上、p. 76。

11 Ayaan Hirsi Ali, *Infidel*, The Free Press, 2007, p. 32.

12 同上、p. 287。

13 同上、p. xii。

14 "Germany investigating Imam who urged God to 'destroy the Zionist Jews'," Haaretz, 23 July 2014.

15 以下参照。Oriana Fallaci, *Interviews with History and Conversations with Power*, Rizzoli, 2011.

16 たとえば以下などを参照。Riccardo Nencini, *Oriana Fallaci: I'll Die Standing on My Feet*, Edizioni Polistampa, 2008, pp. 18 and 28.

17 彼女の若い頃のこうした傾向については、怒れる自称伝記作家サント・L・アリコの著書*Oriana Fallaci*, Southern Illinois University Press, 1998、が参考になる。

18 Oriana Fallaci, *The Rage and the Pride*, Rizzoli, 2002, p. 22.

19 同上、p. 57。

20 同上、p. 85。

21 たとえば同上、p. 116。

22 同上、p. 129。

23 同上、p. 98。

24 同上、pp. 137–138。

25 ファラーチ自身が下記の著書で、このことを悪びれもせず論じている。*The Force of Reason*, Rizzoli, 2006, p. 53.

26 "Brigitte Bardot unleashes colourful diatribe against Muslims and modern France," *Agence France Presse*, 12 May 2003.

27 "Calling Islam stupid lands author in court," *The Guardian*, 18 September 2002.

28 以下参照。Fallaci, *The Force of Reason*, p. 287.

29 同上、p. 56。

30 *Oriana Fallaci intervista Oriana Fallaci*, Rizzoli, 2004.

31 レーゲンスブルク大学での演説。2006年9月12日。

第9章 「早期警戒警報」を鳴らした者たちへの攻撃

1 特に以下の2冊を参照。Bruce Bawer, *While Europe Slept*, Doubleday, 2006、と*Surrender*, Doubleday, 2009.

2 Jeffrey Goldberg, "Is it time for the Jews to leave Europe?," *The Atlantic*, April 2015.

3 "Tories attack Islamic terrorism 'rebranding'," *The Daily Telegraph*, 18 January 2008 (http://www.telegraph.co.uk/news/uknews/1575925/Tories-attack-Islamic-terrorism-rebranding.html).

4 David Cameron, "Statement on Woolwich incident," 23 May 2013 (https://www.gov.uk/government/speeches/statement-on-woolwich-incident).

5 David Cameron, "Statement on the killing of David Haines," 14 September 2014 (http://www.bbc.co.uk/news/uk-29198128).

6 Fraser Nelson, "Woolwich was a case study in the banality – and the idiocy – of evil," *The Daily Telegraph*, 23 May 2013.

7 Dan Hodges, "Woolwich attack: confusing, horrific, bizarre – the horror that made literally no sense," *The Daily Telegraph*, blogs, 23 May 2013.

8 Simon Jenkins, "Woolwich attack: This echo chamber of mass hysteria only aids terrorists," *The Guardian*, 23 May 2013.

9 Salman Rushdie and Sam Harris, "Abandoned to fanatics," *The Los Angeles Times*, 9 October 2007.

10 "Turkish Prime Minister says 'assimilation is a crime against humanity'," *The Local*, 11 February 2008.

第10章　西洋の道徳的麻薬と化した罪悪感

1 France 24 Arabic TV, 17 March 2015.

2 Maddy Savage, "Swedes will compare this to the Holocaust," *The Local*, 20 April 2015.

3 "Migrant crisis: British student drives Syrians to Munich," BBC News, 6 September 2015.

4 "Refugee crisis: Danish yachtswoman smuggles refugee on her boat from Copenhagen to Malmo," *The Independent*, 8 September 2015.

5 「盗まれた世代」についての支配的な世論に対し、以下は厳しく反論している。Keith Windschuttle, *The Fabrication of Aboriginal History, Volume 3: The Stolen Generations 1881–2008*, Macleay Press, 2009.

6 たとえば以下を参照。Prime Minister Kevin Rudd's, "Apology to Australia's indigenous peoples" 2008年2月13日、豪州議会。

7 Ashraf H. A. Rushdy, *A Guilted Age: Apologies for the Past*, Temple University Press, 2015, p. xi.

8 Prime Minister Stephen Harper's, "Apology on behalf of Canadians for the Indian Residential Schools system," 11 June 2008.

9 この点に関してはシャンタル・デルソルの見解が特に興味深い。特に以下を参照。"Historical forgiveness in question," *Hungarian Review*, vol. 3, no. 3, pp. 72–80.
10 たとえば以下参照。Roger Sandall's book *The Culture Cult*, Westview Press, 2001.
11 ニューヨークのコロンバス・サークルの中央に立つ像はその一例。
12 David Stannard, *American Holocaust: Columbus and the Conquest of the New World*, Oxford University Press, 1992, p. 246.
13 Kirkpatrick Sale, *The Conquest of Paradise: Christopher Columbus and the Columbian Legacy*, Alfred A. Knopf, 1991, p. 369.
14 "More cities celebrating 'Indigenous Peoples Day' amid effort to abolish Columbus Day," *Washington Post*, 12 October 2015.
15 Ta-Nehisi Coates, "The case for reparations," *The Atlantic*, June 2014.
16 「インテリジェンス・スクエアード」という団体がロンドンで主催した以下の討論会では、作家のチャールズ・グラスとウィリアム・ダルリンプルがこの主張を展開した（動画はユーチューブで視聴可能）。"We should not be reluctant to assert the superiority of Western values," 9 October 2007.
17 ケネス・クラークの質問に対するデビッド・キャメロンの答弁を参照。2015年10月19日付、英国下院議事録。
18 "His blood be on us, and on our children." King James Bible, Matthew 27: 25.
19 Pope Paul VI, "Nostra Aetate."
20 以下参照。Pascal Bruckner, *La Tyrannie de la pénitence: essai sur le masochisme occidental*, Grasset & Fasquelle, 2006.
21 Andy Beckett, "Heirs to the slavers," *The Guardian*, 2 December 2006.
22 "My ancestor traded in human misery," BBC News, 23 June 2006.
23 Karsten Nordal Hauken, "Jeg ble voldtatt av en mann," *NRK*, 6 April 2016.

第11章　見せかけの送還と国民のガス抜き

1 Immanuel Kant, *Perpetual Peace: A Philosophical Essay* (1795), George Allen & Unwin, 1903, pp. 155–156.（イマヌエル・カント『永遠平和のために』池内紀訳、集英社、2015年）
2 "Orbán accuses Soros of stoking refugee wave to weaken Europe," *Bloomberg*, 30 October 2015.
3 *The Atlantic*, December 1994.

第12章　過激化するコミュニティと欧州の「狂気」

1 "Swallow fears and shop, Parisians told," *The Times* (London), 21 November 2015.
2 "Norway offers migrants a lesson in how to treat women," *The New York Times*, 19 December 2015.

3 “Polizei fühlt sich bei Migranten-Kriminalität gegängelt,” *Die Welt*, 24 January 2016.

4 https://linksjugendbhvcux.wordpress.com/2016/02/24/kein-pegida-shit-in-bremerhaven-2-0

5 “Attivista stuprata da un migrante ‘Gli altri mi chiesero di tacere’,” *Corriere Della Sera*, 25 September 2015.

6 https://www.facebook.com/ob.boris.palmer/posts/1223835707655959

7 イプソス・モリ社の移民と難民についての世論調査。11 August 2016（https://www.ipsos-mori.com/researchpublications/researcharchive/3771/Global-study-shows-many-around-the-world-uncomfortable-withlevels-of-immigration.aspx）.

8 “Aliens find a European gateway at Spain's coast,” *The New York Times*, 18 October 1992.

9 Tom Bower, *Broken Vows: Tony Blair the Tragedy of Power*, Faber & Faber, 2016, p. 173.

10 “Terror suspect protected,” *The Sun*, 8 August 2016.

11 “Müssen wir Angst vor dem Islam haben, Frau Merkel?,” *Bild*, 10 September 2015. スイスのテレビ局のオリジナル動画は下記で視聴可能（http://www.srf.ch/play/tv/news-clip/video/merkel-ueber-die-angst-vor-einer-islamisierung?id=18886c54-51e4-469b-8a98-45f1a817219b）。

第13章　精神的・哲学的な疲れ

1 ほかにも資料は多いが、以下を参照するとよい。Byung-Chul Han's *Müdigkeitsgesellschaft*, Matthes & Seitz Berlin, 2010.

2 Friedrich Nietzsche, *Writings from the Late Notebooks*, Cambridge Texts in the History of Philosophy, ed. Rüdiger Bittner, trans. Kate Sturge, Cambridge University Press, 2003, p. 267.

3 H. P. Liddon, *The Life of Edward Bouverie Pusey*, Longmans, 1893, vol. I, pp. 73–77.

4 Richard Dawkins, “Why Darwin Matters,” *The Guardian*, 9 February 2008.

5 Don Cupitt, *The Meaning of the West: An Apologia for Secular Christianity*, SCM, 2008, p. 67.

6 同上。

7 たとえば以下参照。John Locke, “A Letter Concerning Toleration,” in *Two Treatises of Government and A Letter Concerning Toleration*, ed. Ian Shapiro, Yale University Press, 2003, p. 219.（ジョン・ロック『市民政府論』角田安正訳、光文社、2011年及び『寛容についての手紙』加藤節、李静和訳、岩波書店、2018年）

8 Stephen Spender, 8 September 1939, in *New Selected Journals 1939–1995*, ed.

Lara Feigel and John Sutherland with Natasha Spender, Faber & Faber, 2012, p. 13.

9 詩劇「ザ・ロック」第6幕のコーラス。

10 Jean-François Revel, *Without Marx or Jesus*, MacGibbon & Kee, 1972, p. 17.（ジャン＝フランソワ・ルヴェル『マルクスもキリストもいらない』松本ミサヲ他訳、三修社、1990年）

11 Chantal Delsol, *Icarus Fallen: The Search for Meaning in an Uncertain World*, trans. Robin Dick, ISI Books, 2003, p. 46.

12 ジュリオ・メオッティによるアヤーン・ヒルシ・アリへのインタビュー。*Il Foglio*, 31 January 2016.

13 "Fico: EU's migration policy is 'ritual suicide'," EurActiv, 26 January 2016.

14 Icarus Fallenの英語版の序文、p. xx。

15 "Fico sieht keinen Platz für Islam in der Slowakei," *Der Standard*, 27 May 2016.

16 "Refugees and migrants stuck in Italy open up new route," *The Daily Telegraph*, 22 July 2016.

第14章　エリートと大衆の乖離

1 "Blaming policy, not Islam, for Belgium's radicalised youth," *The New York Times*, 7 April 2016.

2 チャンネル4が依頼した国民世論調査。2006年8月。

3 コムレス社がBBCラジオ4の"Today"のために実施した調査。2015年2月25日。

4 コムレス社が2013年9月24日に公表した調査。BBC, "Young People and Prejudice" (http://comres.co.uk/wp-content/themes/comres/poll/BBC_Radio_1_Newsbeat_Discrimination_Poll_September_2013.pdf).

5 元の手紙は以下で見られる (http://www.bbc.co.uk/news/uk-25298580)。

6 "Muslim project aims to break down barriers and educate youngsters on the human side of Islam," *Daily Record*, 27 November 2013 (http://www.dailyrecord.co.uk/news/real-life/muslim-project-aims-break-down-2856192).

7 この調査は2013年6月に、PVVの依頼を受けた調査会社Maurice de Hond が実施した (http://www.geertwilders.nl./images/Reactie_op_Islam_in_Nederland.pdf)。

8 Harris Interactive, "Le Regard des Français sur la religion musulmane," April 2013 (http://www.harrisinteractive.fr/news/2013/Results_HIFR_PAI_16042013.pdf).

9 "Les crispations alarmantes de la société française," *Le Monde*, 24 January 2013 (http://www.lemonde.fr/politique/article/2013/01/24/les-crispations-alarmantes-de-la-societe-francaise_1821655_823448.html).

10 Harris Interactive, "Le Regard des Français."

11 調査はサーベーション社が2015年4月に実施（http://survation.com/british-muslims-is-the-divide-increasing）。

12 調査はユーガブ社が2015年3月に実施（http://cdn.yougov.com/cumulus_uploads/document/ogqzisd2xq/Islam%20and%20British%20values.pdf）。

13 2012年11月、アレンスバッハ世論調査研究所（http://www.ifd-allensbach.de/uploads/tx_reportsndocs/November12_Islam_01.pdf）。

14 "Für fast zwei Drittel der Bürger gehört der Islam nicht zu Deutschland," *WDR*, 12 May 2016.

15 著者マレーによるトミー・ロビンソンへのインタビューは以下で。*The Spectator*, 19 October 2013.

16 著者は2008年3月にウィルダースへのインタビューを行った。

17 著者よるロビンソンへのインタビューは以下で。*The Spectator*, 19 October 2013. 以下も参照。Tommy Robinson, *Enemy of the State*, The Press News, 2015.

第15章　バックラッシュとしての「第二の問題」攻撃

1 Mark Steyn, "Gay professors on the march," *The Daily Telegraph*, 11 May 2002.

2 *de Volkskrant*, 4 June 2016.

3 Eva Jacobsson, "Boverket: Bristen ännu värre än väntat," *Hem & Hyra*, 1 April 2015.

4 ヨーテボリ大学ジャーナリズム・メディア・コミュニケーション学部による研究。2011年。

5 スウェーデン国立犯罪防止委員会（Brottsförebyggande rådet – Brå）が出した数字。

6 Frederic Morenius, "Våldtäkt och förövarens nationella bakgrund," 12 August 2016（https://fredricmorenius.wordpress.com/2016/08/12/valdtakt-och-forovarens-nationella-bakgrund）.

7 Erico Matias Tavares, "Sweden on the brink? – An Interview with Dr. Tino Sanandaji," 21 February 2016（https://www.linkedin.com/pulse/sweden-brink-interview-dr-tino-sanandaji-erico-matias-tavares）.

8 "Thousands of migrants rescued off Libya," BBC News, 30 August 2016.

9 "Bye bye, Willkommenskultur," *Die Zeit*, 7 July 2016.

10 ドイツの放送局ARDのために実施された調査。

第16章　「世俗後の時代」の実存的ニヒリズム

1 Jürgen Habermas et al., *An Awareness of what is Missing: Faith and Reason in a Post-Secular Age*, trans. Ciaran Cronin, Polity Press, 2010, p. 15.

2 E. W. Böckenförde, "Die Entstehung des Staates als Vorgang der Sakularisation"（1967）, in *Recht, Staat, Freiheit*, Frankfurt am Main, 1991, p. 112.

3 Eric Kaufmann, *Shall the Religious Inherit the Earth?*, Profile Books, 2010, p. 182.

4 Morten Storm with Paul Cruickshank and Tim Lister, *Agent Storm: My Life inside al-Qaeda*, Viking, 2014, pp. 117–119.

5 Benedetto Croce, "Why we cannot help calling ourselves Christians," in *My Philosophy*, George Allen & Unwin, 1949; Marcello Pera, *Why We Should Call Ourselves Christians*, Encounter Books, 2011.

6 以下参照。Dietmar Eger, *Gerhard Richter, Catalogue Raisonné, Vol. I, 1962–1968*, Hatje Cantz, 2011: *Onkel Rudi*, p. 208; *Herr Heyde*, p. 233; *Familie Liechti*, p. 249.

7 以下参照。Richard Davey, Kathleen Soriano and Christian Weikop, *Anselm Kiefer*, Royal Academy, 2014: "Interior," p. 144; "Ages of the World," pp. 172–173.

第17章　西洋の終わり

1 "Tödliche Schüsse in Berliner Flüchtlingsheim," *Die Welt*, 29 September 2016.

2 "European Jews are too afraid to go to synagogue on religious holidays due to fears of anti-Semitic attacks," *The Daily Mail*, 20 September 2016.

3 "Merkel admits she would turn back the clock on refugee policy," *The Financial Times*, 19 September 2016.

4 "Trump wants border wall, but Britain is building one in France," NBC News, 12 September 2016.

第18章　ありえたかもしれない欧州

1 Paul Collier, *Exodus: Immigration and Multiculturalism in the 21st Century*, Allen Lane, 2013; David Goodhart, *The British Dream: Successes and Failures of Post-war Immigration*, Atlantic Books, 2013.

2 Erico Matias Tavares, "Sweden on the brink? – An Interview with Dr. Tino Sanandaji," 21 February 2016 (https://www.linkedin.com/pulse/sweden-brink-interview-dr-tino-sanandaji-erico-matias-tavares).

3 特に以下を参照。Joseph Ratzinger and Marcello Pera, *Without Roots: The West, Relativism, Christianity and Islam*, Basic Books, 2006; Jürgen Habermas and Joseph Ratzinger, *The Dialectics of Secularization: On Reason and Religion*, Ignatius Press, 2006.（ユルゲン・ハーバーマス、ヨーゼフ・ラッツィンガー『ポスト世俗化時代の哲学と宗教』三島憲一訳、岩波書店、2007年）

第19章　人口学的予想が示す欧州の未来像

1 Daniel Korski, "Why we lost the Brexit vote," *Politico*, 20 October 2016.

2 Le Monde, 31 January 2016.

3 “It’s bad in Eritrea, but not that bad,” *The New York Times*, 23 June 2016.

4 “Multicultural Britain rejecting foreign conflict, MoD admits,” *The Guardian*, 23 January 2014.

5 2014年5月、ユーガブ社による人口問題の調査。

6 “Umfrage zeigt: Das denken die Deutschen wirklich über den Islam,” *Focus*, 5 May 2016.

7 “What do Europeans think about Muslim immigration?,” Chatham House, 7 February 2017.

8 動画はユーチューブで視聴可能。タイトルは以下。“Erstaufnahme Asyl RP Lübke Kassel Lohfelden 14.10.2015.”

9 “Die Wutbürger sollten Deutschland verlassen,” *Der Freitag*, 12 October 2016.